JORNAL DO BRASIL
HISTÓRIA E MEMÓRIA

BELISA RIBEIRO

JORNAL DO BRASIL

HISTÓRIA E MEMÓRIA

2ª edição

EDITORA RECORD
RIO DE JANEIRO • SÃO PAULO
2016

CIP-BRASIL. CATALOGAÇÃO NA PUBLICAÇÃO
SINDICATO NACIONAL DOS EDITORES DE LIVROS, RJ

R379j
2ª ed.
    Ribeiro, Belisa
    Jornal do Brasil, história e memória: os bastidores das edições mais marcantes de um veículo inesquecível / Belisa Ribeiro. – 2ª ed. – Rio de Janeiro: Record, 2016.
    il.

    Inclui bibliografia
    ISBN 978-85-01-10645-2

    1. Jornal do Brasil (Jornal). 2. Jornalismo – Brasil. I. Título.

15-27787
    CDD: 079.81
    CDU: 070.81

Copyright © Belisa Ribeiro, 2015

Todos os direitos reservados. Proibida a reprodução, armazenamento ou transmissão de partes deste livro, através de quaisquer meios, sem prévia autorização por escrito.

Texto revisado segundo o novo Acordo Ortográfico da Língua Portuguesa.

Direitos exclusivos desta edição reservados pela
EDITORA RECORD LTDA.
Rua Argentina, 171 – Rio de Janeiro, RJ – 20921-380 – Tel.: (21) 2585-2000.

Impresso no Brasil

ISBN 978-85-01-10645-2

Seja um leitor preferencial Record.

Cadastre-se e receba informações sobre nossos lançamentos e nossas promoções.

Atendimento e venda direta ao leitor:
mdireto@record.com.br ou (21) 2585-2002.

Para a professora que me ensinou a gostar de ler e escrever,
companheira em muitos momentos alegres,
amiga firme em tempos mais difíceis,
minha mãe,

Eneida

Porque o jornalismo é uma paixão insaciável que só se pode digerir e humanizar mediante a confrontação descarnada com a realidade. Quem não sofreu essa servidão que se alimenta dos imprevistos da vida não pode imaginá-la. Quem não viveu a palpitação sobrenatural da notícia, o orgasmo do furo, a demolição moral do fracasso não pode sequer conceber o que são. Ninguém que não tenha nascido para isso e esteja disposto a viver só para isso poderia persistir numa profissão tão incompreensível e voraz, cuja obra termina depois de cada notícia, como se fora para sempre, mas que não concede um instante de paz enquanto não torna a começar com mais ardor do que nunca no minuto seguinte.

Gabriel García Márquez
(discurso na 52ª Assembleia Geral da
Sociedade Interamericana de Imprensa,
em Los Angeles, em 7 de outubro de 1996).

Sumário

Apresentação — 11
Introdução: Na diagonal — 13

1. Dois quadradinhos e uma lavada de alma — 17
2. Um morto sem manchete e o corpo em 18 — 37
3. Golpe de Estado com cobertura premiada — 55
4. A Reforma e as reviravoltas do Quarto Poder — 69
5. Cultura não é adereço: o Caderno B — 97
6. Essa rainha, a reportagem — 143
7. Mais que mil palavras — 207
8. É a economia, estúpido! (E cuidado com a CIA) — 247
9. Imprensa 10 a 0 em um tiro pela culatra — 275
10. Apuração vence fraude: o caso Proconsult — 331
11. Do apogeu ao on-line — 361

Fontes de pesquisa — 401

Apresentação

Estas páginas que você tem em mãos contam a história de outras páginas. E é narrada por quem viveu o *Jornal do Brasil*, único nome que poderia sintetizar o peso histórico desta publicação que atravessou os períodos mais marcantes do nosso país.

O *JB* era o sonho de quem resolvia ingressar no jornalismo e passava em frente ao prédio da avenida Rio Branco ou à colossal construção da avenida Brasil. De quem lia as crônicas dos mestres do gênero, que é só brasileiro e que, veja só, nasceu também dentro do *JB*, podemos afirmar. O jornal que foi personagem de cinema, como vimos naquela redação enfumaçada e barulhenta em *Cidade de Deus*, cujo protagonista queria ser... fotógrafo do *JB*.

O Caderno B, símbolo da cobertura jornalística da cultura, assunto tão caro a nós da Petrobras, foi molde para todos os outros. O *JB* foi o exemplo para tudo o que se fazia em jornalismo no Brasil, em tempos românticos de máquinas de escrever, antes da internet, do fax, das câmeras digitais.

Em nossos patrocínios, prezamos pela memória da cultura e do saber. Desejamos, assim, que o público tenha acesso a episódios tão importantes para a nossa formação como país como foi a trajetória do *Jornal do Brasil*.

Introdução: Na diagonal

"Jornal, minha filha? Jornal? Jornal amanhã está embrulhando o lixo, forrando gaiola de passarinho! Jornal???"

Não, nem ouvi isso, eu que, em menina, queria ser psiquiatra ou cantora de boate para mexer com a cabeça das pessoas, lidar com a emoção delas. Entrei para o *Jornal do Brasil* como modelo fotográfico, aos 17 anos, estudante do segundo grau, por um teste com o fotógrafo Evandro Teixeira. Indo lá, na velha sede da avenida Rio Branco, 110, para ver minhas fotos que seriam publicadas na seção de Moda do Caderno B, comecei a conhecer repórteres, conversar sobre matérias, entender um pouco seu dia a dia, gostar do barulho das máquinas de escrever, do cheiro de cigarro, do que eles falavam sobre tiroteios, sobre os personagens insólitos que apareciam no cotidiano da cidade, sobre a dureza da ditadura. Um dia, no restaurante que funcionava dentro do prédio do jornal, uma jornalista foi chamada às pressas para a cobertura de um deslizamento em uma favela. Pedi para ir junto. Nunca mais quis voltar daquele mundo dos que contam o que não era para ser sabido, dão eco a quem não tem voz. E fui lidar com a emoção das pessoas no atacado.

Começando pelo *JB*, como estagiária, na década de 1970, e para lá retornando já em sua decadência, nos anos 2010, participei do fechamento da sede da avenida Brasil, 500, quando a redação retornou ao velho prédio da avenida Rio Branco. Também testemunhei tentativas de sobrevivência a partir de experiências de descentralização de impressão do jornal em Brasília. Trabalhei, neste longo intervalo de tempo que separou as duas passagens pelo jornal e, posteriormente, na maioria dos grandes veículos da imprensa brasileira. Quase quarenta anos no jornalismo.

Se tivesse ouvido a frase típica do desmerecimento da nossa profissão, eu diria que não importa a duração tão efêmera do produto mais antigo e tradicional que produzimos. Um jornal não muda o mundo. Mas é como o bispo no jogo de xadrez. Anda na diagonal.

O *Jornal do Brasil* provou isso. Marcou para sempre a história do jornalismo no Brasil e no mundo. Foi referência gráfica e, através de coberturas que mexeram com a mente e o coração de seus leitores, influiu diretamente na vida política, econômica e social do país.

Este livro selecionou algumas de suas mais marcantes edições. Por trás destas edições, capazes, por exemplo, de evitar a fraude em uma eleição ou denunciar o envolvimento de militares do governo em um atentado que poderia ter matado milhares de jovens em um show onde cantavam Chico Buarque e Gonzaguinha, estavam decisões. E por trás de cada decisão, tomada necessariamente em pouco tempo, na hora do "fechamento", sob a pressão de mandar "baixar as páginas" para a oficina onde seria impresso o jornal, estavam pessoas. Por isso este também é um livro que conta um pouco sobre quem eram as pessoas por trás das decisões que fizeram as páginas, as edições e o veículo ímpar que se tornou inesquecível. O *Jornal do Brasil*.

Entrevistei, gravando em vídeo — o que resultou em um documentário homônimo, também patrocinado pela Petrobras, a quem agradeço o apoio —, os colegas Affonso Romano de Sant'Anna, Alberto Dines, Carlos Lemos, Evandro Teixeira, Ique, Luiz Morier, Luiz Orlando Carneiro, Marina Colasanti, Malu Fernandes, Paulo

Henrique Amorim, Janio de Freitas, José Carlos Avellar, José Carlos de Assis, José Silveira, Norma Couri, Roberto Quintaes, Tarcísio Baltar, Walter Fontoura e Wilson Figueiredo. Outros colaboraram com relatos sobre suas trajetórias que, durante meu período de pesquisa, foram sendo veiculados no site www.jbmemoria.com.br, onde também exibi trechos das entrevistas.

Estes depoimentos e relatos foram fundamentais. E este livro só foi possível por causa deles. Sinceros, emocionados e emocionantes, fizeram mais do que relatar a própria trajetória desses jornalistas no *Jornal do Brasil*. Traçaram um panorama do que foi o papel da imprensa na segunda metade do século XX e mostraram homens e mulheres excepcionais, muito além do âmbito profissional. Aqui vocês poderão perceber seu caráter, suas personalidades, suas posições, sua disposição, seus sonhos, sua determinação, as vitórias e derrotas de vidas dedicadas ao jornalismo. Em grande parte, ao *Jornal do Brasil*. A todos os que me deram o privilégio de compartilhar suas memórias, devo o meu agradecimento sincero. Foi um dos períodos mais gratificantes da minha vida o ano e meio que dediquei a este projeto.

Milhares, ou talvez dezenas de milhares (desde 1891...), colaboraram para que o *JB* tenha chegado a ser o que foi: o melhor jornal brasileiro de todos os tempos. Inigualável. Até hoje. Seria impossível contemplar todos. Escolhi edições históricas, temas, momentos importantes. Que me perdoem os tantos que mereciam estar nestas páginas e ficaram de fora. Estão na minha memória também, como as minhas matérias do dia a dia. Porque fazíamos com garra qualquer coisa. Era para o *Jornal do Brasil*. Realmente não importava se, no dia seguinte, fosse embrulhar o lixo ou forrar gaiola de passarinho. Era o nosso jornal. Era o *Jornal do Brasil*.

Boa leitura.

1
Dois quadradinhos e uma lavada de alma

— Quintaes, você já viu o tempo?
— Já vi.
— Então usa os atos para fazer a previsão do tempo para amanhã. Já falei com o Lemos.

Dines falou para Quintaes de passagem, andando por entre as mesas da sala do copidesque, que ficava ao lado do amplo salão da reportagem, no terceiro andar do prédio sede da redação do *Jornal do Brasil* na avenida Rio Branco, 110. O prédio tinha sido, na primeira década do século XX, o mais alto da América Latina e o primeiro a ser construído com estrutura metálica — informações que o departamento de pesquisa, criado por Dines, guardava entre milhares de pastas e que, algumas vezes, nas matérias de aniversário de jornal, eram até usadas. Mas, no dia a dia, o toque das pretinhas, como os jornalistas se referiam às teclas das máquinas de escrever, tinha primazia sobre os toques de *art nouveau* presentes na decoração.

Alberto Dines, editor-chefe, o maestro que comandava todo o conceito do mais poderoso jornal brasileiro de todos os tempos até então, um homem elegante, bonitão, reservado e de méritos reconhecidamente brilhantes até por seus invejosos, estava acompanhado quando passou por Quintaes. E mal. Acompanhado dos representantes da Censura, que vinham se certificar de que o jornal cumpriria as ordens da ditadura militar, que acabava de editar, naquele 13 de dezembro de 1968, seu mais terrível ato, o Ato Institucional nº 5.

O *JB* não cumpriria. E naquele recado breve de Dines para um de seus redatores estava tomada uma das decisões que tornaram aquele um jornal inesquecível, um jornal capaz de ir muito além de dar notícias. Um veículo com o poder de provocar transformações e interferir diretamente na vida política, econômica e social do país.

Roberto Quintaes — um cara alto e magro, sagaz e sério, mas capaz de finas ironias e de um humor bastante ferino e um dos poucos mais de dez dos que compunham, então, o chamado Time do Butantã, ou Celeiro de Cobras, como era conhecido o corpo de copidesques do *Jornal do Brasil* — não pestanejou. Mas esperou que o grupo se afastasse e confabulou com o secretário de redação, José Silveira. Este era um gaúcho duro e decidido, considerado um deus por todos os que passaram pelo *JB*, por sua grande capacidade de trabalhar, sem fazer qualquer firula. Ele também não piscou. E as cinco linhas do pequeno quadradinho à esquerda do logotipo da primeira página, que cotidianamente informavam aos leitores simplesmente as condições climáticas, no dia seguinte ao AI-5 saíram praticamente de estalo da cabaça daquele redator inconfundível pelos óculos de lentes de fundo de copo de chope. E as linhazinhas escritas por Quintaes e aprovadas por Silveira, o fechador da primeira página, abalaram o comando geral dos generais ditadores.

A preparação daquele jornal, feito por mentes jovens, brilhantes, revoltadas e destemidas, foi uma verdadeira tática de guerrilha, armada às pressas e sem muito espaço para articulação, com os inimigos presentes e atentos. Os militares do Exército queriam ver as páginas do jornal prontas antes de irem para a impressão. E toda uma edição falsa foi feita e a eles apresentada para aprovação, enquanto a que seria realmente rodada era produzida às escondidas.

Quintaes, hoje com 74 anos, lembra:

> Estávamos revoltados, indignados. O AI-5 era terrível, e a presença dos militares na redação, insuportável. Foi uma coisa que foi se encaixando e dando certo, com a participação de todos os que eram responsáveis pelo fechamento do jornal. E ainda tripudiamos. As páginas que vinham para eles aprovarem, o Maneco [Manoel Aristharco Bezerra, chefe da oficina de impressão, falecido em julho de 2012, aos 78 anos] não passava no secador — a máquina que secava a tinta das páginas. Alguém teve essa ideia. "Ah, não passa as páginas pela máquina de secar a tinta não, sobe pingando!" Então eles se borravam todos, melavam as mãos e a roupa. Pena que não podíamos dar risada... Se bem que o clima não estava para dar risada. Estávamos com muita raiva. E a adrenalina corria solta.

Os olhos desse carioca do subúrbio brilham como se ainda fosse aquele seu primeiro e inesquecível dia de ingresso no copi. Ele, que pensara em ser médico ao ganhar da tia um estetoscópio aos 15 anos, foi parar em uma redação obrigado e se apaixonou perdidamente pela profissão. Quiseram as circunstâncias que, atendendo ao pedido da mãe — "põe esse menino para trabalhar que ele está muito rebelde" —, seu pai o levasse para o próprio local de trabalho, ele ainda com seus 17 anos. Era a Cia. Editora Americana, que publicava, entre outras revistas, *A Cena Muda* (onde Alberto Dines começou a carreira) e a *Revista da Semana*, onde Quintaes começou a escrever as primeiras matérias, ao lado de nomes já consagrados no jornalismo como Hélio Fernandes e Luiz Lobo. Depois de ser aprovado na difícil triagem para o curso de jornalismo da Faculdade Nacional de Filosofia, a glória foi conseguir o estágio no *Jornal do Brasil*. Entrou com outro mocinho, Luiz Orlando Carneiro, que depois chegaria a chefe de redação.

Trabalhou primeiro na Rádio JB, até chegar ao sonhado copidesque, sentando-se ao lado de bambas como Nelson Pereira dos Santos e Sérgio Cabral, para, mais tarde, ser promovido a chefe da pesquisa. Foram treze anos no total. Conta:

> Quando Dines me aceitou como copidesque, me chamou à sala dele e me disse: "Vamos fazer leitores melhores. Você agora é o curador do caráter dos nossos leitores, para que eles sejam cada vez melhores." Jamais esqueci. Jornalista é que nem onça, nunca perde as pintas. O jornalismo vai nos equipando com uma nova maneira de ver as coisas ao nosso redor. Ainda mais em um ambiente como era o do *Jornal do Brasil* daqueles tempos, em que o clima era regido pela busca do novo, do criativo, da excelência. E em que as pessoas honravam princípios e valores.

Os militares sujos de tinta que, pelo menos naquele ambiente, não estavam treinados para ver muito bem as coisas ao seu redor e estavam ali para defender valores e princípios opostos aos da moçada da redação aprovavam as páginas que eram trocadas, lá embaixo na oficina, pelas que realmente seriam publicadas no dia seguinte.

Historicamente, poucos anos se passaram. Tecnologicamente, a mudança do processo de se imprimir um jornal foi enorme. Custa imaginar, hoje, este cenário de uma redação sem computadores. Os repórteres escrevendo em máquinas manuais. Quase duzentas máquinas trabalhando ao mesmo tempo em um imenso salão. Só o departamento de pesquisa — o primeiro criado no Brasil — e o jornalismo da Rádio JB eram separados por divisórias de madeira. Todas as demais editorias trabalhavam juntas. Com uma divisão curiosa: a cor das máquinas de escrever era diferente. Uma cor para as máquinas da editoria Brasil, outra para as da Internacional, outra para as da Economia. Escrevia-se usando papel nem de longe parecido com o que se usa hoje para imprimir em casa ou no escritório. A lauda, como se chamava o papel usado para se redigir as matérias, era de um papel meio amarelado e mais fino. Batia-se (como se dizia) a matéria em três vias, usando carbono: o original que o chefe de reportagem repassava para o copidesque, uma via para a Agência JB e outra para a Rádio JB. Depois de passar pelo copidesque e ser devidamente corrigida pelo redator, a matéria era paginada, ou seja, definia-se a sua localização no corpo do jornal. E, então, diagramada. À mão. Com régua, esquadro e muita matemática. Se tivesse relevância para tal, a reportagem, a fotografia ou até mesmo um artigo poderiam ganhar uma chamada na primeira página. À medida que as páginas iam ficando prontas, o jornal ia sendo enviado para a oficina. Como a oficina ficava no térreo, a expressão usada era "baixando para a oficina".

Custa ainda mais imaginar que lá os linotipistas, profissionais que usavam a máquina Linotype, inventada na Alemanha por Ottmar Mergenthaler, em 1886, reescreviam cada matéria, cada título, em letras de chumbo, digitando tudo novamente!

E o jornal saía no dia seguinte. E chegava, sim, ainda antes do café da manhã na casa dos assinantes e em todas as bancas do país. Com mais furos de reportagem que os de hoje em dia, mais criatividade e mais ousadia, como mostrou aquela edição de 14 de dezembro de 1968, publicada com a manchete "Governo baixa Ato Institucional e coloca Congresso em recesso por tempo ilimitado".

Era uma primeira página estranha para os padrões do *JB*. Os classificados, normalmente em formato de um L, na lateral esquerda e no rodapé, estavam espalhados em meio às notícias. Um bloco sobre hipotecas, outro sobre telefones. Partes da íntegra do AI-5 e do Ato Complementar nº 38 (o que fechava o Congresso) estavam reproduzidas. Mas, abaixo das fotos do presidente Costa e Silva na entrega de espadas aos novos guardas-marinha e dos ministros militares, uma se destacava pela forte dose de ironia. A imagem, maior que as outras, mostrava um Garrincha de semblante desolado, com uma multidão de torcedores ao fundo, a legenda informando o dia de sua expulsão da Copa no Chile, em 1962. Foto linda, notícia velha. Sacada que permitiu o título, em maiúsculas, que se queria na manchete: HORA DRAMÁTICA.

As poucas linhas do quadradinho do tempo, depois de serem escondidas dos censores e passarem por todo aquele processo da digitação em chumbo na linotipia, flan, clichê, calandra e rotativa, foram finalmente publicadas e assim diziam: "Tempo negro. Temperatura sufocante. O ar está irrespirável. O país está sendo varrido por fortes ventos. Máx.: 38°, em Brasília. Mín.: 5°, nas Laranjeiras."

Não bastava. Carlos Lemos, chefe de reportagem, tinha o outro quadradinho da primeira página — o da direita, normalmente usado para uma pequena chamada de alguma matéria — vazio. Não ficou.

Lemos era um chefe de reportagem de cinema — explosivo, irreverente, desbocado, implacável e generoso ao mesmo tempo. Um cara que saiu, aos 20 e poucos anos, da *Tribuna da Imprensa*, mandando o dono, o poderoso Carlos Lacerda — ex-governador do extinto estado da Guanabara, estrela da UDN e algoz de Getúlio Vargas —, enfiar o jornal no fiofó. Saiu direto da redação da *Tribuna* para chegar ao *Jornal do Brasil* dizendo ao seu então diretor-geral, Odylo Costa Filho, que podia contratá-lo imediatamente porque, ao contrário do que diziam, não era genioso nem dava faniquito (como o que tinha acabado de dar!). Ficou por três décadas, marcadas por tiradas de uma genialidade inigualável, que terão bons exemplos quando relembrarmos as grandes reportagens.

A atenção à vida da cidade, a cobertura de suas peculiaridades com um olhar diferenciado, era essa a marca que ele imprimia à pauta que dava a seus repórteres, e dia 13 de dezembro era dia de Santa Luzia. Lá havia ido para a Igreja de Santa Luzia, no Centro do

Rio de Janeiro, na rua de mesmo nome, a jovem repórter Virgínia Cavalcanti, incumbida não apenas de uma reportagem sobre a missa especial do Dia dos Cegos, mas de, ao melhor estilo *JB*, buscar a alma daquele momento. Uma reportagem com a descrição cinematográfica do dia na igreja e a pesquisa da história da santa foi mesmo publicada na página 12. Mas o resultado da cobertura acabou indo bem mais além.

"Ontem foi o Dia dos Cegos", apenas isso, como um anúncio, no quadradinho ao lado da logomarca do *Jornal do Brasil*, no alto da primeira página, foi... política. Mais uma estocada no fígado da ditadura e uma lavada de alma sem preço para os brasileiros, estarrecidos com a extensão, quase inacreditável, da suspensão de seus direitos civis.

Virgínia Cavalcanti lembra esse dia:

> Eu era "foca" no *Jornal do Brasil*. Fui designada para ir até a igreja e fazer a matéria. Quando voltei para a redação, um grupo no departamento de pesquisa escutava num silêncio denso a leitura do Ato Institucional nº 5, Fernando Gabeira com o ouvido colado no rádio [Gabeira, que pouco tempo mais tarde decidiria sair do jornal para combater a ditadura e, em setembro de 1969, participaria do sequestro ao embaixador dos EUA no Brasil, Charles Burke Elbrick, era o chefe da pesquisa].
>
> Aquele momento mudou o rumo das nossas vidas para sempre.
>
> Minutos depois, um frenesi tomou conta da redação. Decisões rápidas, argutas e cruciais tinham que ser tomadas para compor a edição do jornal que sairia no dia seguinte. A partir dali nossa função jornalística, de formar e informar a opinião pública, se tornaria mais do que nunca um desafio diário e um marco na luta contra a ditadura. Foi uma noite para não se esquecer.

> Esperei o jornal ficar pronto, e, quando o segurei nas mãos, senti uma emoção que até hoje me cala fundo: minha reportagem, que era para ser uma matéria sem importância, acabou gerando a chamada impressa no alto da primeira página à direita, ao lado do nome do *Jornal do Brasil* — "Ontem foi o Dia dos Cegos". Uma honra. Naquele dia me tornei repórter.

Virgínia, que havia começado naquele ano a trabalhar no *JB*, tornou-se muito mais que repórter naquele dia. Tanto que, em 1971, teve que ir para o exílio.

O Ato Institucional nº 5 foi o mais duro dos atos institucionais do governo militar do Brasil. Assinado pelo general presidente Costa e Silva no ano em que haviam sido muitas as manifestações contra a ditadura, a partir de um protesto contra a morte do estudante Edson Luiz. Ele foi assassinado durante uma manifestação na Cinelândia, iniciada por um motivo tão simples quanto a alta de preços do bandejão do restaurante estudantil Calabouço, que funcionava no centro da cidade.

A recusa da Câmara dos Deputados, naquela sexta-feira, 13 de dezembro, do pedido de licença do governo para processar o deputado Marcio Moreira Alves, por um discurso que ele havia feito na tribuna, convocando a população a boicotar as manifestações de 7 de setembro daquele 1968 tumultuado, fora a gota d'água para o recrudescimento dos militares.

O AI-5 concedia poder ao presidente da República para fechar a Câmara, as Assembleias Legislativas e Câmaras de Vereadores; suspender os direitos políticos, pelo período de dez anos, de qualquer cidadão brasileiro; e cassar mandatos de deputados federais, estaduais e de vereadores. Também proibia manifestações populares de caráter político; suspendia o direito de *habeas corpus* e impunha a censura prévia para jornais, revistas, livros, peças de teatro e músicas. Um dos itens dizia simplesmente que estava instituída a "liberdade vigiada"!

As pessoas, mesmo aquelas que nada tinham a ver com política, estavam com medo. Em grande parte, revoltadas. A primeira página do *Jornal do Brasil* no dia seguinte à mais violenta violação arbitrária de direitos dos brasileiros foi uma desforra não só para os jornalistas. Leitores comemoravam, ligavam para a redação. Choveram cartas. Mas o enfrentamento teve suas consequências.

José Silveira, que não era apenas o secretário de redação do *Jornal do Brasil*, mas também um dos jornalistas mais respeitados do país neste período, relembra, com uma memória impressionante, os desdobramentos daquela ousadia. Com suas oito carteiras de trabalho no colo. Não, não mudou muito de emprego, pelo contrário. Seu Silveira, como todos nós do *Jornal do Brasil* o chamávamos, trabalhou no jornal de agosto de 1964 até maio de 1980 e voltou por mais um ano entre 1985 e 1986. Foi redator, chefe do copidesque, secretário de redação e responsável pela aprovação das primeiras páginas. Muitas e muitas e muitas primeiras páginas.

As carteiras de trabalho começaram a ser assinadas bem cedo, aos 16 anos, quando começou, como varredor, em um escritório em Porto Alegre, para pagar os custos do ensino de segundo grau, que não existia na época em sua cidade natal, Santana do Livramento, já na divisa do Rio Grande do Sul com o Uruguai. Por causa de um curso de datilografia que seu pai havia pago para ele em Santana, logo melhorou um pouco de vida, e foi fazer as faturas de um atacadista de tecidos e, em seguida, de um brechó com uma loja de penhores ilegal dirigida pelo sr. Brzezinski, polonês, tio do ilustre Zbigniew Brzezinski, ex-assessor de segurança nacional dos EUA na administração Carter.

As carteiras de trabalho foram se acumulando mais tarde com suas promoções, que, no entanto, não fizeram de Seu Silveira um homem rico. Jornalista honesto e homem de bem, orgulhoso de ter conseguido proporcionar a compra de um apartamento para cada uma de suas duas filhas, essas lembranças compartilhou conosco no pátio do Retiro Humboldt — um lar para idosos mantido pelos mesmos alemães donos do Colégio Cruzeiro (um dos melhores do Rio de Janeiro) —, em Jacarepaguá, onde vive, aos 81 anos, com a segunda mulher, Vera.

Filho de um sargento da Brigada Militar, Seu Silveira não quis seguir carreira no Exército, desgostando o pai, que queria muito vê-lo oficial, para realizar seu próprio sonho frustrado. Por ironia, foi justamente ouvindo pelo rádio as notícias da Segunda Guerra Mundial que se decidiu mais firmemente pelo jornalismo, carreira que já cobiçava desde muito cedo, lendo a revista *O Cruzeiro*, quando nem sabia direito o que era esta profissão. Silveira acompanhou os dramas e tragédias da História de perto e também viveu os seus. Um acidente com o carro que ele dirigia feriu gravemente sua primeira mulher, deixando sequelas que acabaram por matá-la. Não se tornou um homem amargo. É com humor que conta o dia seguinte ao dia seguinte ao AI-5. O mesmo bom humor com que relembra uma das coberturas mais importantes da sua vida, quando ainda era repórter iniciante e teve que seguir de perto o maior quebra-quebra da história do Brasil:

> Eu havia entrado no jornal por um concurso. Foi uma luta. Passei um tempo procurando trabalho em Porto Alegre, mas não conhecia ninguém. Até que me disseram que em um semanário tinha um concurso de reportagem. Quando eu cheguei, dois sujeitos me receberam, mas com um desprezo... e disseram que já tinham encerrado o concurso, e eu insisti para falar com o dono do jornal. Insisti tanto tempo que o dono acabou passando e eu disse a ele: "Tudo que eu

quero na vida é ser jornalista." E ele disse: "Ok, então manda reabrir o concurso." E olha que besteira de matéria que me deram! Mandaram eu escrever sobre o desaparecimento da manteiga do mercado! Falei com vendedores, fornecedores, atacadistas, fiz um levantamento. E tive a primeira lição do exercício do jornalismo. Falei para o fotógrafo: "Faz uma foto assim assado para mim." Ele foi tirando a máquina do pescoço e empurrando para o meu lado, como quem diz "faz você". Nunca mais me meti nesse negócio. Aí minha matéria foi publicada, recebi por ela. E assinaram a minha carteira no mesmo dia. Semanário *Hoje*. Isso foi em junho ou julho de 1954. Em agosto, me deparei com a minha primeira grande matéria.

Naquela época, aos 20 anos, Silveira tinha uma namorada que estudava piano no mesmo prédio do semanário. Ele ia muito mais cedo que o necessário para a região do trabalho, para levar a moça à aula de música. Ficava, então, no Largo dos Medeiros, tradicional local de rodas de conversas políticas e de fofocas em Porto Alegre. Afinal, para um jornalista, era fundamental se tornar "uma pessoa do Largo", fazer parte das rodinhas, para se inteirar do que acontecia. Em dado momento, avistou-se na janela do prédio do *Diário de Notícias*, jornal do grupo dos Diários Associados, um pequeno quadro-negro com os dizeres: "Notícias não confirmadas do Rio de Janeiro informam que Getúlio morreu." Eram cerca de 8 horas da manhã. Poucos minutos mais tarde, mudaram o quadrinho: "Getúlio Vargas suicidou-se."

Os olhinhos puxados de Silveira, olhos de descendente de índios brasileiros legítimos — explicação, segundo ele, para que suas oito décadas de vida não tirem sua jovialidade —, brilham ao contar que pulou na cobertura imediatamente como se fosse repórter não do semanário *Hoje*, mas do mais importante jornal do país. Acompanhou, minuto a minuto, um dos momentos mais dramáticos da história do Brasil.

Quando o segundo quadrinho apareceu na janela, um cara que ia passando pegou um caixote, subiu e começou a gritar lá pra janela: "Vocês são responsáveis pela morte do nosso chefe. O *Diário de Notícias* é responsável pela morte de Getúlio." Aí, entraram rachando. Era térreo, e lá ficavam as máquinas, mas eles não ligaram para as máquinas, subiram direto para a redação e foram jogando tudo para a rua, papel, mesas, fotografias, o quadro do Chateaubriand [Assis Chateaubriand, dono dos Diários Associados, que de aliado do movimento revolucionário de 1930 que levou Getúlio ao poder passou a forte opositor no final de seu governo].

O negócio adensou e já saíram de lá gritando: "E foi a UDN que matou!" E partiram para a sede da UDN e quebraram a UDN e já ao lado, o Partido dos Libertadores, onde era o escritório do Paulo Brossard [na época eleito pela primeira vez deputado estadual], foi todo quebrado também. Nesse momento se juntou a mim o Pacheco, o cara que tirou o segundo lugar no concurso do semanário *Hoje* e pegou o lugar de fotógrafo. Dali seguiram e quebraram o jornal *Liberal*. Jogaram na rua a bobina de papel, que se desenrolou e cobriu uma quadra inteira. Estava uma excitação tal, juntou tanta gente, que quebraram também a Rádio Farroupilha e a Difusora, que eram dos Diários Associados. Mais um pouco e alguém grita: "Vamos para o Consulado Americano!" Ficava no último andar de um prédio. E foi quebrado como todos. Assim como uma importadora americana que não tinha nada a ver com nada. Até a American Boate, as putas argentinas saindo correndo. Pegaram até um trator do cais das frutas e saíram destruindo tudo. E outro clamou: "Vamos quebrar o Citibank." Era todo de vidro. E quebraram andar por andar até chegar ao último, onde tinha um sofá muito comprido. Conseguiram jogar aquele sofá imenso lá de cima. Quando ele caiu sobre o fio do bonde, deu um curto e pegou fogo aquilo tudo. O fogaréu animou a multidão: "Vamos botar fogo no jornal *Libertador* também."

Acontece que, pertinho do jornal, tinha um QG do Exército que mandou fazer uma barreira de soldados, todos de armas na mão. Os caras dizendo: "Vamos quebrar, vamos quebrar." Aí saiu o major lá de trás e disse: "Eu quero falar para os senhores, se não largarem daqui, eu vou dar ordem para atirar, mesmo que eu morra. Preparar, apontar..." E alguns começaram a gritar: "O major é nosso, o major é nosso!" E eu nunca vi coisa igual. Os caras começaram a recuar, começaram a andar de costas. Mas os quebra-quebras ainda continuaram em lugares afastados, como na fábrica da Brahma, onde um grupo quebrava e outro grupo bebia! Eu e o Pacheco, o fotógrafo, estávamos bem perto do major e de um cara com o fuzil engatilhado. O Pacheco ainda pegou a Rolleiflex, deu um jeito de tirar uma foto e disse: "Amanhã vou meter o pau neles no jornal."

Depois de umas dez horas correndo pelas ruas atrás deste caos completo e de escrever às pressas a matéria para a edição especial, Silveira viu chegar à redação um amigo do dono do jornal, que nunca havia escrito uma linha sequer para o *Hoje*. Ele conseguiu emplacar, na primeira página, o artigo sobre a morte do presidente, que escrevera sem sair de casa, "Mas o título", conta Silveira, modestamente, "fui eu quem deu: 'Há um homem pelas ruas'".

Antes de completar a maioridade, que pelo Código Civil daquela época se dava aos 21 anos, José Silveira não só havia feito uma baita de uma reportagem, que acabara obrigando o semanário a lançar uma edição extraordinária, como inaugurava seu brilhante futuro de redator e fechador de primeiras páginas. A história profissional desse jornalista de qualidades raras, que gosta de dizer que a nossa responsabilidade é a de lembrar sempre que o que se imprime não se "desimprime", passou por muitas outras coberturas históricas — nada que abalasse alguém que soube desde menino ser neto de padre. E seu talento cunhou tantas edições e títulos exemplares como aquele do "homem pelas ruas" que mereceu uma citação de Paulo Francis durante uma entrevista no programa *Roda Viva* da TV Cultura, definindo-o muito bem: "Aquele José Silveira — o maior dos copidesques — pegou um artigo do Antônio Houaiss de oito laudas e transformou em duas. E não ficou faltando nada."

A memória prodigiosa em detalhes com que Silveira descreve o quebra-quebra que sucedeu à morte de Getúlio guardou também um episódio, lá de trás, da época do polonês do penhor. A loja se chamava Brzezinski & Lanfredi. Lanfredi era um homem bem grosso e desalmado. Silveira nunca esqueceu o dia em que chegou ao brechó uma mulher em uma carroça com o filho pequeno, trazendo um armário na boleia.

Silveira reproduz o diálogo:

— Olá, eu preciso vender esse armário para comprar penicilina para meu filho. Penicilina, o senhor sabe, é muito caro.
— Ah, não, eu estou muito cheio de armário aqui dentro.
— Mas, por favor, eu não tenho dinheiro nem para pagar a carroça. Nem o da vinda nem o da volta.
— Quanto a senhora está querendo aí?
— Cinquenta cruzeiros, foi da minha avó...
— Mas não vale isso não. Vou lhe dar trinta. A senhora compra a penicilina e paga a carroça.

Eu nunca, nunca esqueci isso. Daí ele chamou o cara da carpintaria e o mandou lá para dar uma pintura e colocar o armário na porta. Pouco tempo depois, chegou uma mulher bonita, que não era gaúcha, e disse que queria o armário. E o Lanfredi: "Não, esse não está à venda, coloquei aqui na porta porque é para a minha mulher, o frete já vem buscar."

E a dona insistindo: "Mas eu quero é esse." E ele fingindo resistir até que disse: "Trezentos cruzeiros, tá bom?" E ela levou o armário. Nunca esqueci. Mas eu fiquei como uma raiva desse velho!

Se Seu Silveira consegue lembrar com tanta clareza dessa mesquinharia tão grande, vivenciada quando ele ainda não havia completado 18 anos — e que, como ele mesmo diz, serviu para ir moldando o seu caráter —, lembra melhor ainda, nos mínimos detalhes, como foi a resposta, dentro do *Jornal do Brasil*, à reação violenta do governo militar à edição que acabou fazendo de bobos os censores do Exército. Talvez a marca daquele momento do passado tenha feito o jornalista ver com um olhar ainda mais arguto a amplidão da atitude da Condessa Pereira Carneiro e a complexidade das consequências daquelas páginas que haviam sido aprovadas por ele mesmo antes de descer às escondidas para a oficina. Afinal, em ambos os casos, estava lá envolvido o dinheiro.

Os milicos ficaram p. da vida. Baixaram os alunos da Escola de Comando do Estado-Maior e mais um tenente-coronel e todo o jornal parou. Era uma edição de domingo e tinha muito anúncio, né? E tinha o Caderno B que era impresso antes. Implicaram com uma bolsa de mulher. Disseram que tinha uma menção ao Clube da Lanterna. O Clube da Lanterna, do Carlos Lacerda [fundado em 1953 por Lacerda, o "clube" reunia parlamentares, principalmente udenistas, e militares ligados ao brigadeiro Eduardo Gomes e ao general Juarez Távora. Tinha sede na casa do jornalista Amaral Neto e combateu ferozmente Getúlio Vargas, Juscelino Kubitschek e João Goulart].

A implicância dos militares que chegaram dessa vez para censurar foi com a imagem de uma bolsa que era quadradinha. Cismaram que parecia uma lanterna, a lanterna do clube do Lacerda! Mas era só para implicar mesmo. Na verdade, já tinham até prendido um diretor do jornal, o Sette Câmara. Aí a Condessa engrossou com eles. Ela disse: "Não roda o jornal!" Mas não entenderam nada. Falaram: "Como?" E ela: "Estou dando ordens para não rodar o jornal! Com o diretor do jornal preso, o jornal não roda! É um protesto contra a prisão do diretor do jornal!" O impacto foi tão grande que subiu uma comissão até para cumprimentar a Condessa pelo ato de não rodar a edição.

E era uma edição de domingo, em um mês de dezembro, aquelas edições que são cheias de anúncios de presentes. Negócio de Natal e tal. Mas ela disse: "Ah, o povo brasileiro vai saber quem são os que prendem diretor de jornal. Isso é contra a liberdade, contra a liberdade de imprensa!" E não rodou mesmo...

O enfrentamento deu duplamente certo. A ausência do *Jornal do Brasil* nas bancas, em pleno domingo, dia de maior circulação, foi um escândalo. As pessoas não paravam de se telefonar, de telefonar para o jornal, era o assunto entre os jornalistas de toda a imprensa, era o tema das conversas da praia no domingo.

É preciso lembrar que os jornais, em 1968, eram os veículos de prestígio, onde se buscavam a verdade, a consolidação dos fatos, a opinião, o posicionamento político. Televisão, na época, era incipiente, presente em pouquíssimos lares e considerada, se tanto, mero entretenimento. Para se ter uma ideia, só em 1966 a TV Globo havia comprado a TV Paulista, primeiro passo para se montar, muito mais tarde, a Rede Globo.

Sette Câmara — que foi chefe de gabinete de Getúlio Vargas, conselheiro internacional de Juscelino Kubitschek e membro da delegação brasileira permanente junto à Organização das Nações Unidas, entre outros cargos políticos e diplomáticos — acabou sendo solto logo no início da madrugada de domingo. E os anunciantes prestigiaram o *JB*, publicando na edição seguinte — a de terça-feira, já que o *Jornal do Brasil*, à época, não circulava às segundas — tudo o que estava contratado para a edição dominical que havia sido cancelada. Uma nota foi publicada na primeira página da edição numerada duplamente no cabeçalho — abaixo do logotipo, ao lado da data de terça-feira 17 de dezembro de 1968, lia-se Ano LXXVII ns. 214 e 215, os números das edições acopladas. A nota, bem no meio da página e ironicamente abaixo de uma chamada com o título "QG cita razões da censura", registrava o feito da suspensão da circulação do jornal e do apoio dos anunciantes, informado em negrito: "Os anúncios classificados programados para a edição de domingo passado, que não circulou, são todos publicados com o JORNAL DO BRASIL de hoje em quatro cadernos. Em um quinto Caderno de Classificados estão os anúncios programados para hoje mesmo." Foi mais uma prova de que uma grande parte da sociedade já estava contra a ditadura.

Alberto Dines atribui a decisão de não rodar o jornal a M. F. do Nascimento Brito, diretor, que o chamou para passar a ele, na condição de editor-chefe, esta informação, referindo-se à prisão de Sette Câmara. Mas foi a Condessa quem assumiu rapidamente as rédeas da situação. Encarou uma briga de homem a homem no território plebeu e venceu. Aproveitou para angariar seu momento de aplausos. Não só recebeu a comitiva de jornalistas em sua sala, como lembrou Silveira, mas também, logo depois, deu uma passada pela redação, comemorando a volta da circulação do jornal.

A Condessa Pereira Carneiro assumiu o controle do *Jornal do Brasil* em 1954, quando morreu seu marido, o conde Ernesto Pereira Carneiro, de quem havia sido, primeiro, enfermeira. Muito católico, recebeu este título que era papal, não nobiliárquico. Então a Condessa não era nada condessa mesmo. Mas era uma mulher, apesar de pequena em tamanho, forte, entusiasmada, decidida e vaidosa.

Viúva, Maurina Dunshee de Abranches Pereira Carneiro, niteroiense de Icaraí, convidou o genro, Manoel Francisco do Nascimento Brito, para ser consultor do jornal e da Rádio JB. E fez uma grande transformação. Formando uma equipe de bons jornalistas, tornou o jornal completamente diferente. O *JB*, que havia se tornado um boletim de anúncios, a ponto de ganhar o apelido pejorativo de "jornal das cozinheiras", de tantos classificados que havia em sua primeira página, foi se tornando um veículo forte, a ponto de influenciar toda a imprensa brasileira. Ganhou prestígio nacional e internacional. E a Condessa Pereira Carneiro chegou a ser qualificada pelo jornal inglês *The Guardian* como "uma das mulheres mais influentes da América do Sul" e pela revista francesa *Marie Claire* como "uma das cinquenta mulheres mais importantes do mundo". Uma de suas frases preferidas era: "Sou filha, neta e bisneta de jornalistas. Tenho até a impressão de que trago o jornalismo no sangue."

Era, se não querida, respeitada pela redação, até porque não se intrometia no dia a dia das publicações, na linha editorial. Mas, gordinha e baixa, não escapou. O *Jornal do Brasil* tinha como símbolo de seus anúncios classificados, durante um bom tempo a maior fonte de seu sustento financeiro, o desenho de um elefante, um elefantinho simpático, com o corpo coberto de letrinhas de classificados. Para a jornalistada (que raça!), a Condessa era o elefantinho do *JB*. Mas, comparada a outros proprietários de jornal no Brasil, de todas as épocas, ela não envergonhou, em postura, Ruy Barbosa.

Sim, Ruy Barbosa esteve à frente do *Jornal do Brasil*, de abril a setembro de 1893. Sua passagem já deixava a marca da garra que o diário iria ter. Redator-chefe, ele apoiou os militares que comandaram a Segunda Revolta da Armada contra a ditadura de Floriano Peixoto. Sendo o *JB* o único periódico a publicar seu manifesto e a informar a decretação de estado de sítio, o presidente Floriano mandou prender Ruy Barbosa — que conseguiu fugir para o exterior — e fechar o jornal, que assim ficou sem circular durante mais de um ano.

O *Jornal do Brasil* fora fundado em 1891 pelo ex-ministro da Justiça Rodolfo Dantas, para defender a monarquia deposta dois anos antes e logo teve como chefe de redação nada menos que Joaquim Nabuco, também ele um feroz crítico da República. Mas, naquele episódio da edição de 14 de dezembro de 1968, o dia seguinte ao AI-5, o jornal, como já fizera com o Águia de Ouro e outras vezes no passado, posicionou-se francamente a favor dos melhores princípios republicanos.

Maurina Pereira Carneiro manteve a majestade (seu nome no expediente como diretora-presidente do jornal) por muito mais tempo. Morreu aos 84 anos, em 1983, com luto oficial decretado no seu estado natal, o Rio, e no Maranhão, origem de sua família, e honras fúnebres celebradas pelo então cardeal do Rio de Janeiro, Dom Eugênio Sales.

Discreto, Manoel Francisco do Nascimento Brito (ao lado de Sette Câmara, diretor, no expediente) não mereceu confetes pela edição dedicada ao AI-5. Mas soube, desde o início, pela decisão primeira de seu editor-chefe, de tudo que iria se passar. E a tudo deu o seu aval.

Ainda assustado com o que acabara de saber sobre o futuro do país, assim que ouviu o anúncio do AI-5 em *A Voz do Brasil*, Alberto Dines se dirigiu à sala de Brito e conversou com ele, certo de que os censores chegariam a qualquer momento:

> Subi para falar com o Brito e disse: "Pelo menos uma vez temos que dizer para o nosso leitor que não estamos sendo verdadeiros. Que estamos sob censura, que não somos os donos do jornal. E acho que tem que ser amanhã." Ele me disse: "Olha, eu não quero bagunça. Você comanda isso." E eu respondi: "Ok, claro, não haverá provocação contra os censores, eles vão ficar na minha sala."
>
> Então os censores chegaram, todos fardados. Eram cinco. Majores, alunos da Escola do Comando do Estado-Maior e

capitães da ESAO [Escola de Aperfeiçoamento de Oficiais]. Argumentei que aquela era a única sala que tinha ar-condicionado, com mesa de reunião. E me apressei em estabelecer as regras, dizendo que traria as provas de página para eles liberarem. "Vocês marcam e a gente obedece." Só que eles não sabiam que poderiam receber ali as provas e elas serem depois modificadas lá embaixo na oficina. Lembro que o Oldemário Toguinhó, um grande repórter de Esporte, aliás, um grande jornalista, ponto, teve uma sacada genial, e duas fotos simplesmente substituíram os editoriais na página de Opinião.

Uma das fotos mostrava o campeão mundial de judô Anton Geesink, de quase 2 metros de altura, em pose de luta com um menininho, também vestido a caráter, e que não chegava à sua cintura. O título em letras maiúsculas dizia: TAREFA HERCÚLEA. Na outra foto, o não menos vitorioso Nélson Pessoa (campeão brasileiro de hipismo), flagrado em pleno ar, é usado para dar vazão à legenda: "O cavaleiro logra êxito invulgar ao saltar com brilho os obstáculos que lhe antepõem." Tiradas magistrais que salvaram o espaço de uma crítica que não poderia ser escrita. Mas foi feita.

Dines frisa bem:

> O importante era mostrar que aquele jornal estava desequilibrado. Tínhamos que quebrar tudo, para que o leitor tivesse um choque. Todo mundo se virou para fazer alguma coisa, para passar o que estava acontecendo para o leitor. Com toda essa operação de troca de páginas, o jornal acabou rodando muito tarde. Eu saí com o Lemos já estava clareando. E cheguei a comentar com ele: "Acho que fizemos uma edição histórica."

Não seria a última.

2
Um morto sem manchete e o corpo em 18

Não precisou ser 13 como a sexta-feira do Comício da Central que desgraçou a vida política do presidente João Goulart, nem como foi 13 a sexta de dezembro do AI-5. Mas aconteceu na sexta-feira logo após a edição histórica do dia seguinte à promulgação do famigerado ato.

Dines havia sido convidado para ser paraninfo de uma turma de formandos em jornalismo da PUC-Rio. Tinha preparado um discurso sobre a violência da invasão da Checoslováquia por centenas de milhares de soldados da Alemanha, Bulgária, Polônia e Hungria, sob o comando da então União Soviética, para sustar os avanços da Primavera de Praga, que buscava democratizar o país. Dada a invasão mais próxima, que acontecera uma semana antes em seu próprio terreno — a redação do *JB*, comandada por ele desde janeiro de 1962 —, Dines mudou o tema para os abusos da ditadura militar brasileira. Antes de sair do jornal, deixou o discurso na mesa do chefe de reportagem para que fosse publicada uma nota sobre sua participação na cerimônia de formatura. Os censores já estavam, então, lendo todo o jornal antes que baixasse à oficina, e já haviam aprendido a não se deixar ludibriar. E leram, também, o discurso que havia se transformado em uma matéria. Antes mesmo que Dines falasse na PUC.

Fiz o discurso, fui muito aplaudido e segui para casa, onde não me demorei muito, pois, à época, tinha uma casa de campo em Itaipava e fui passar o fim de semana lá. Era minha folga e Lemos estava me cobrindo. Quando chego em casa, domingo, logo batem na porta da frente e na dos fundos ao mesmo tempo. Era a Polícia Federal, e me levaram. Sem violência. Mas passei a noite toda rodando por várias unidades até chegar de madrugada à Vila Militar, onde me deixaram em um cubículo embaixo de uma escada. Sem poder me comunicar, ligar para o jornal. Nada. Até que apareceu um capitão que era de um grupo dissidente do Albuquerque Lima, e que ia muito ao jornal. Fiz um sinal para ele e finalmente ele comunicou ao Lemos que eu estava lá. Foram dias muito complicados. Até porque a Vila Militar é um dos lugares mais quentes do Rio de Janeiro!

No sexto andar do prédio da Rio Branco funcionavam as agências internacionais AP e UPI, e a toda hora eles iam lá na redação saber o que estava acontecendo. Então a notícia saiu no *The New York Times*, na página de editorial. Me soltaram para passar o Natal em casa, com a condição de voltar ao meio-dia do dia 26 de dezembro. Ainda fiquei preso até janeiro. Na mesma semana em que fui solto, recebi um comunicado para me apresentar ao Comando do II Exército, no prédio do Ministério do Exército, porque haviam aberto um IPM [Inquérito Policial Militar] contra mim. Por causa daquele discurso! Pensei que iria lá dar um depoimento, mas não. Fiquei horas e horas com um sujeito com fama de maus bofes, o coronel Cesar Montanha, que tinha tomado o Forte de Copacabana com um tapa em uma sentinela, no dia do golpe, muito católico e seguidor do Gustavo Corção [escritor, membro da UDN e expoente do pensamento conservador no Brasil]. Foi um interrogatório absurdo.

Nos dias de hoje é até difícil acreditar nos temas levantados neste interrogatório, para não falar no motivo da prisão e da abertura do inquérito. Um discurso contra o cerceamento da democracia! O "coronel do tapa" considerava Dines uma pessoa muito suspeita, por ele ter feito, no ano anterior, 1967, uma viagem à antiga União Soviética e, ainda por cima, ter escrito uma série de matérias elogiosas à evolução da educação, da saúde e da cultura por lá depois da revolução comunista. Montanha também não se conformava e insistia em inquirir Dines sobre o porquê de um judeu dirigir um jornal católico, de proprietários agraciados com títulos nobiliárquicos concedidos pelo Vaticano. Seria possível que não existisse um jornalista católico para dirigir o *Jornal do Brasil*? Até mesmo uma matéria publicada em um Caderno Especial de Natal — inspirada em um estudo do médico, teólogo e músico Albert Schweitzer (1875-1965), ganhador do Prêmio Nobel da Paz de 1952 — sobre o perfil psicanalítico de Jesus Cristo foi motivo de questionamentos dignos da verdadeira Inquisição. Gustavo Corção, guru do Montanha, já havia se insurgido contra esta publicação. O bate-boca sobre o pobre Jesus foi forte, com o inquisidor proclamando aos berros que Jesus era filho de Deus e não podia ser tratado como uma figura histórica, para espanto de um atônito escrivão que datilografava laudas e mais laudas de um depoimento que parecia nunca ter fim.

E não teve. Após a última pergunta, Montanha virou-se para Dines e disse em tom sarcástico: "Olha, eu tenho para você uma boa e uma má notícia. A boa é que você está esclarecendo tudo muito bem, está colaborando. A má é que você vai ficar conosco aqui esta noite."

Exausto, Dines saiu de lá escoltado por seis catarinas (soldados do Exército) armados de metralhadora, sentindo-se humilhado, mas com a revelação de um enigma que lhe rondava o pensamento havia meses. Em novembro, pouco antes de sua prisão e da promulgação do AI-5, na tradicional cerimônia que os militares realizavam no cemitério São João Batista em memória dos mortos na Intentona Comunista, em discurso, o general da vez havia citado "o ouro de Moscou infiltrado na imprensa brasileira". Agora Dines sabia! Era ele, então, segundo a cabeça dos militares, o receptor do tal do ouro moscovita! E dormiu no Batalhão de Guardas, em São Cristóvão. Sua volta ao mundo livre e ao *Jornal do Brasil*, entretanto, não foi feliz:

> Quando fui solto, descobri uma canalhice do Brito. É ruim falar assim sobre uma pessoa morta, que não pode se defender. Mas foi assim que se passou. Lá no Batalhão do Exército — depois, conversando, descobrimos —, fiquei na mesma cela onde ficaram também Antonio Callado, Carlos Heitor Cony e Joel Silveira. No dia seguinte, continuou o depoimento e, logo depois do almoço, me liberaram e fui direto para o jornal. E o Lemos me disse: "Os censores saíram ontem." [Até então os censores liam o jornal dentro da redação e decidiam o que podia ou não ser publicado, cortando eles mesmos as matérias antes de o jornal ir para a oficina.]
>
> Então percebi que eles não queriam que eu ficasse no jornal na noite em que os censores saíssem. Porque naquela mesma noite já chegava, por telefone ou mensageiro, a ordem dos censores de que não pode isso, não pode aquilo. Então, a partir daí, teria a comunicação das ordens da censura. Infelizmente, eu não tive, a partir daquele dia, a ideia de já começar a colecionar as ordens, foi só um pouco depois. Mandei comprar cadernos da papelaria União para copiá-las e ir colecionando. Foi uma pena, porque quando começamos já tinha se passado mais de um ano. Então muito da história das ordens da censura se perdeu.
>
> Eu não me senti trapaceado pelo Brito imediatamente. Achei estranho e só algum tempo depois avaliei mais esta

fraqueza do seu caráter. Ele queria mostrar na SIP [Sociedade Interamericana de Imprensa, fundada em Washington em 1926 com o objetivo de defender a liberdade de expressão nas Américas] sua bravura, livrando-se dos censores. Só que esta bravura foi um disfarce para uma canalhice maior: aceitar a vergonhosa autocensura. Primeiro, as ordens vinham diretamente dos generais. Depois, os generais cansaram e mandaram os inspetores da Polícia Federal falarem com ele, então seu sangue azul ferveu e Brito passou a PF para falar com a redação. Nós fomos obrigados a aceitar aquela situação vexatória. É indecente obrigar os jornalistas a se autocensurarem.

O jornalista que conta com tanta indignação este episódio é o mesmo que desobedeceu às ordens de censura do poderoso Assis Chateaubriand, dono do *Diário da Noite*, depois de ter feito, como editor-chefe do vespertino, no início da década de 1960, uma transformação de enorme sucesso, tirando o jornal do buraco. Chatô, como era chamado, mandou para a redação a proibição de se publicar uma linha que fosse sobre o sequestro do vapor *Santa Maria*, que estava no porto de Recife, vindo de Portugal. Um sequestro feito por anarquistas espanhóis e portugueses que se infiltraram no navio para chamar a atenção do mundo em relação à ditadura que subjugava o povo português há décadas.

Dines lembra:

> Meu chefe de reportagem, Calazans Fernandes, grande jornalista, já tinha colocado um repórter dentro do *Santa Maria* e conseguido que os filmes fossem mandados para o Rio. Filmes, naquela época, tinham que vir fisicamente, não é? E veio aquela ordem: não pode dar uma linha. Ah, eu pensei, não vou perder essa! Dei a capa, a contracapa, dei a página central. Dei e, no dia seguinte, fui demitido. Fui

demitido com muito carinho pelo João Calmon, que era o diretor. Ele disse: "Você conhece o velho, ele gosta muito do Salazar [Antônio de Oliveira Salazar, ditador de Portugal durante 41 anos], mas eu sei que você vai se arrumar logo." E realmente veio um convite para a revista *Fatos & Fotos*, que tinha acabado de ser lançada. E eu fiquei com a minha liberdade.

Dines não queria ser jornalista. Sempre sonhou em ser cineasta, sonho que mantém ainda hoje, aos 83 anos. O jornalismo, ele costuma dizer, o escolheu. E cedo. Aos 11 anos, estreou na carreira, escrevendo para o jornal da escola. Em plena Segunda Guerra Mundial, preocupado com questões de sobrevivência. E liberdade.

Estávamos em guerra, os submarinos aliados, que estavam aqui desde 1942, interromperam a navegação. O Brasil não tinha ferrovias; as carnes vinham do Sul; o açúcar e o sal, do Nordeste. Tudo dependendo de transportes marítimos. O governo, muito inteligentemente, através da Legião Brasileira de Assistência, obra da Darci Vargas [esposa do presidente Getúlio Vargas], criou a Horta da Vitória, incentivando o plantio de verduras e hortaliças em praças, jardins, casas, clubes, escolas. Plantar para ter comida. Nosso colégio aderiu. Tínhamos um grupinho muito aguerrido politicamente. E um rapaz, Moisés Weltman, que deu uma contribuição muito grande à mídia brasileira, teve a ideia e lançamos nosso jornalzinho de mimeógrafo.

Eu escrevia direito e tive grandes professores de português, então usava isso como ferramenta, mas não era o meu sonho. O que se transformou em um sonho mais consistente, que eu conservo até hoje de certa forma, era o cinema. Estudava cinema e via filmes praticamente toda noite. O caminho natural era obter uma bolsa no Instituto de Cinematografia de Paris. Eu me candidatei na embaixada francesa. Não consegui a bolsa, mas logo surgiu a oportunidade de começar a fazer críticas. Até que uma revistinha de um grupo jornalístico importante me convidou. Era a Editora Americana, que tinha sede na Lapa, com várias revistas, uma delas a *Revista da Semana*, famosa, onde o Hélio Fernandes fez mudanças espetaculares e a tal revistinha, antiga, chamada *A Cena Muda*, dos anos 1920, muito popular, semanal, de cinema, onde fui ser redator. O diretor, Levi Kleiman, me disse: "Olha, você não quer fazer uma crítica mais séria, tem quatro páginas para você. Só que você vai ter que ver filme, a gente te dá um vale aí por semana." Era o que eu queria, ver filmes e escrever! Comecei a participar da Associação de Críticos de Cinema, me tornei ativo nesse negócio.

Só que o que ganhava era muito pouco, e eu não queria pesar no orçamento do meu pai e... Caiu do céu. Me telefonou o Naum Sirotsky, um jornalista muito ativo. Ele estava como chefe de reportagem de uma revista americana chamada *Visão*. Naquela época era permitido estrangeiros terem publicações no Brasil. Saía quinzenalmente, muito bem-feitinha. Ele queria um repórter jovem para cobrir a área cultural. No dia 25 de agosto de 1952 fiz o registro profissional e entrei para a ABI [Associação Brasileira de Imprensa]. Era mais difícil entrar para ABI do que tirar o registro. Tinha que apresentar textos e ser aprovado por quatro ou cinco sócios. A ABI foi muito importante e acho que ainda tem chance de continuar sendo.

Esse Dines que dá importância aos órgãos de classe da categoria trabalha hoje e desde 1996 no *Observatório da Imprensa,* uma instituição não governamental e apartidária que se vale de um site, um programa diário de rádio, transmitido por várias emissoras públicas e educativas, e um programa semanal de TV exibido pela TV Brasil para analisar o que é produzido pela mídia brasileira. Cumpre o slogan: "Você nunca mais vai ler jornal do mesmo jeito..."

A trajetória de Dines até chegar ao *Observatório* não foi apenas longa. Foi rica. Ele ficou durante cinco anos na *Visão* e passou pela importante experiência da mudança da revista para São Paulo. Os americanos tomaram uma decisão audaciosa. Toda a imprensa estava na capital do país, o Rio de Janeiro. A exceção era o *Estado de S. Paulo*, que já era um grande jornal, enquanto a *Folha*, à época, ainda não. E a Editora Abril publicava apenas revistas em quadrinhos. Mas o dinheiro e a crescente indústria automobilística estavam na terra da garoa. E para lá foram eles, e com eles um Dines, que pôde ver de perto e escrever sobre a Primeira Bienal, a preparação do Quarto Centenário da capital paulista e o auge do TBC, o Teatro Brasileiro de Comédia de Cacilda Becker, Sérgio Porto e Paulo Autran. Além disso, seu amado cinema nacional estava começando ali, e ele fazia, paralelamente ao serviço jornalístico, alguns trabalhos como argumentista. O ambiente era muito bom. Pessoas muito competentes, todas. E Dines lembra com saudade que havia uma hierarquia, que convivia e aprendia com pessoas mais velhas, ao contrário de hoje, em que jornalistas são barrados de empregos pela idade e os repórteres são um ano mais jovens do que o chefe de reportagem ou o editor-chefe. "Existe um aprendizado em uma redação com diferentes faixas etárias. A vida tem diferentes faixas etárias. Aprendi até a tomar uísque, que nunca tinha tomado", comenta dando risada, mas falando sério.

Na *Visão*, depois desses cinco anos de prática, Dines já fazia de tudo, não apenas a parte cultural, mas fotografava, fazia capas, tudo. Até que Naum foi convidado a dirigir a revista *Manchete*. E lá veio Dines de volta para o Rio de Janeiro. Depois da *Manchete*, ainda passou pela *Última Hora* e pelo *Diário da Noite*, aquele da demissão pela revolta contra a censura, antes de chegar ao *Jornal do Brasil*. Mal sabia ele que, no *JB*, não seriam poucos os seus problemas com censores. Externos e internos.

Para se ter uma ideia de quanto tempo durou esse sofrimento com a censura, um dos episódios mais marcantes aconteceu quase cinco anos depois da saída dos censores da redação, naquela noite em que Dines estava na prisão, iniciando-se a fase das ordens que chegavam por telefone. Era setembro de 1973. Quem conta como aconteceu é Carlos Lemos, na época o chefe de reportagem do *Jornal do Brasil*.

Hoje com 85 anos, Lemos tem uma coleção dos tais cadernos de ordens da censura, na verdade fichários de capa dura, em seu apartamento na Lagoa, no Rio de Janeiro. Com os caderninhos pretos na mão, ele relembra:

> Eu recebia as ordens, a maioria das vezes, por telefone. Às vezes eu tinha que ir lá. Aí eu relatava às editorias, transcrevia a ordem para a Dejair, que era minha secretária, e ela batia e eu arquivava. Um dos mais visados era Dom Hélder [Arcebispo de Olinda e Recife, fundador da CNBB — Conferência Nacional dos Bispos do Brasil —, grande defensor dos direitos humanos e único brasileiro indicado quatro vezes ao Prêmio Nobel da Paz]. Olha essa aqui: "31 de maio de 1973, proibida a divulgação ou comentário sobre o discurso do Dom Hélder Câmara na Ilha do Governador, Polícia Federal." E sempre o nome de quem mandou, por exemplo, general Bandeira.

Muitas vezes as ordens eram bizarras, como a proibição de qualquer notícia sobre derrame de cédulas falsas, ou a determinação: "Qualquer ação da Polícia Federal na área da Guanabara não poderá ser publicada sem que a mesma seja oriunda do Gabinete do

Superintendente ou do Serviço de Comunicações Social SR/GB." Como se vê, escreviam mal os censores...

Mas não foi por escrito nem por telefone que foi dada a ordem do episódio tão marcante daquele setembro de 1973. Mais precisamente do dia 11 de setembro. Lemos estava se preparando para ir para casa depois de um dia e tanto de trabalho.

Ele conta, com a sua verve ímpar:

> O cara da censura chegou lá na redação — eu até estranhei, porque eles não iam mais lá — e disse para mim o seguinte: "É proibido fazer escândalo e sensacionalismo com a morte do presidente." Eu respondi para ele: "Bem, meu senhor, o que eu tenho a lhe dizer é que esse jornal não faz sensacionalismo, esse jornal não faz escândalo. Não estou entendendo o que o senhor está dizendo." Ele então me perguntou se podia usar o telefone. Ligou para alguém lá e voltou para mim. Me disse, então, que não podia dar manchete com a morte dele. "Ah", eu disse, "agora eu entendi".

Já eram quase 22 horas e o jornal estava praticamente fechado. O Caderno B com a capa dedicada à morte de Salvador Allende, então presidente do Chile, vitimado por um golpe e àquela altura não se sabia bem se morto assassinado ou por um suicídio (àquela altura e até janeiro de 2014, quando o Supremo Tribunal chileno confirmou que ele se matou no Salão Independência do Palácio La Moneda, sede do governo do país, com um fuzil AK-47). Lemos, é claro, mandou suspender o fechamento do jornal, que, é claro, tinha como manchete a morte de Allende.

> Eu mandei alguém ligar: "Liga aí, chama o Dines, chama o Bernard [Bernard Souza Campos, braço direito de Brito], chama o Otto Lara Resende [diretor do jornal naquela época]." O Brito estava viajando. Aí, porra, chegaram todos lá...

"O que que houve?" E eu até cantei: "Lá lá lá, não pode dar manchete." O Dines olhou para a minha cara e retrucou: "Não pode dar manchete? Então não dá manchete!" Eu digo: "Vai ficar mais sensacional do que com manchete!"

Dines tinha acabado de jantar quanto o telefone tocou e era Maneco, chefe da oficina, informando a ordem da censura. Não demorou mais que vinte minutos para chegar da garagem de seu prédio em Ipanema ao estacionamento da nova sede do *Jornal do Brasil*, já na avenida Brasil, 500, a bordo do seu Dodge Charger movido a gasolina azul. Foi tempo suficiente para ir arquitetando como resolver o dilema.

Fui pisando fundo e pensando: vamos fazer um negócio assim, um texto grande, vamos usar a máquina Ludlow, uma máquina tituleira, que o menor corpo que fazia era o 18. Então vamos contar esta história na tituleira e não na linotipo, para sair um corpo maior. E vamos contar tudo que aconteceu, a derrubada e a morte dele, com as hipóteses de ele ter sido morto ou ter se suicidado, em corpo 18. Com isso a gente não dá a manchete e faz um escarcéu maior do que a manchete.

Quando eu terminei de combinar estas coisas todas com o Lemos, o Bernard, que estava presente — depois da censura sempre ficava um diretor presente até a hora da rodagem, para ver se tinha alguma exigência qualquer —, disse: "Você tem certeza que você quer fazer isso?" E eu respondi: "Tenho, nós não estamos fazendo a manchete."

No dia seguinte foi um escândalo. O primeiro telefonema que eu recebi foi do Armando Nogueira, que já tinha saído do jornal e estava na TV Globo: Porra, que coisa maravilhosa! Na maior felicidade, e muita gente telefonou também.

Lemos também se lembra da repercussão:

> Foi uma sensação, meu pai que não era jornalista, amanuense, era um funcionário público, telefonou para mim: "Porra! Censura passou brabo aí, deu pra perceber!" Foi sensacional essa capa, muito boa, muito boa...

Em quatro colunas e ocupando integralmente a primeira página do jornal do dia 12 de setembro, o texto sobre a morte de Allende, sem título, informava:

> O Presidente Salvador Allende, do Chile, suicidou-se ontem com um tiro na boca no Palácio de La Moneda, segundo dois repórteres do jornal *El Mercurio*, que entraram no Palácio e viram o corpo reclinado no sofá, no meio de uma poça de sangue. O Palácio fora submetido a intenso bombardeio de aviões e tanques durante mais de quatro horas.
>
> As autoridades se recusaram a confirmar ou desmentir a morte do Presidente, prometendo para hoje um comunicado sobre o destino de Allende. Segundo um dos jornalistas de *El Mercurio*, Allende, antes de morrer, disse a dois dos seus mais próximos colaboradores, Orlando Letelier e José Toba: "Estas são as últimas palavras que vocês ouvirão de mim. Confiem em seus dirigentes. Continuem a confiar no povo."

O *Jornal do Brasil* contava com um correspondente no Chile, Humberto Vasconcelos, e o texto da primeira página encerrava informando que ele assistira aos últimos momentos do governo Allende e destacara que os esquerdistas foram tomados de surpresa com a ação militar que pôs fim a 41 anos de normalidade constitucional no país. A inusitada capa terminava com a informação de que a cobertura se estendia pelas páginas 2, 3, 4, 5 e 7 e estava presente ainda no Caderno B, no editorial na página 6 e na Coluna do Castello. [Carlos Castello Branco, colunista político do jornal.] O nosso governo militar, solidário ao golpe que acabou levando Allende a se matar, com certeza ficou fulo da vida. Mas, desta vez, não podia retaliar. Afinal... o *JB* não dera manchete.

* * *

O gostinho dessa vitória deve ter sido muito, muito saboroso, duplamente saboroso para Alberto Dines. Cerca de um ano antes, em dezembro de 1972, ele havia sofrido uma humilhação tão grande que chegara a ponto de pedir demissão do jornal. Ia em meio ao governo de Emílio Garrastazu Médici, o mais duro dos generais presidentes. A tortura era comum. Absurda a ponto de o jornalista Luiz Edgar de Andrade, que já havia sido editor de Internacional do *Jornal do Brasil*, ter sido levado ao temido Batalhão da Polícia do Exército na rua Barão de Mesquita, sem mandado. Após ficar durante três dias de pé, nu em uma sala gelada, sob sons altíssimos, ouviu de seus algozes ao ser libertado: "Não era com você." Isso para dar apenas um único e, hoje sabemos um pouco mais, muito pequeno exemplo. Dines, chocado com esse caso, conta com horror nos olhos até hoje. Já fazia psicanálise desde o início dos anos 1970 para, segundo ele, suportar um pouco melhor as pressões de todos os lados e relembra o que nem imaginava que pudesse um dia acontecer.

> Lembro como se fosse hoje. Ainda estávamos no velho prédio da avenida Rio Branco. Abro a gaveta da minha mesa e tem um envelope fechado, vindo do sexto andar [onde ficava a diretoria do jornal]. Nunca tinha acontecido isso, porque o pessoal do sexto andar mandava os editoriais direto à oficina para compor. Aí, de repente, abro e tomo um choque. Era uma reportagem em lauda da redação, com título, chamada

de primeira página e um texto enorme sobre as confissões de um militante do partidão que tinha dado com a língua nos dentes. Naquela época já se suspeitava, e hoje parece que é certo que essa pessoa era um infiltrado do próprio Exército. Mas veja bem, o Serviço Secreto mandou para o Brito o material, não sei quem pegou o papel do jornal, fez um título mais ou menos dentro de nossas medidas, e o Brito mandou eu publicar manchete e página inteira. Eu falei: "Não, não, não dá!" O que estou fazendo aqui? Publiquei, não tinha como não publicar. Era sábado. Na segunda-feira reclamei com o Brito e disse que não queria mais ficar, que ele não precisava mais de mim, porque já tinha quem fizesse o trabalho.

Sob o título "Agente do PCB revela toda a ação subversiva no país", a segunda chamada do alto da primeira página do dia 3 de dezembro de 1972 tinha o seguinte lide: "Todo o processo de subversão do Partido Comunista no Brasil e na América Latina — inclusive um golpe armado na Guatemala, marcado para 1973 — foi denunciado em entrevista secreta ao *JB* pelo agente Carlos (ou Alcindo), que nos últimos anos foi o braço direito de Luís Carlos Prestes." A edição informava ainda que, desiludido com o comunismo, o ex-agente comunista revelava que o PCB fazia um esforço para se infiltrar nas Forças Armadas, e aconselhava o aproveitamento da Igreja católica em toda a sua estrutura, ressaltando que Carlos só havia consentido em dar a entrevista desde que o *JB* assumisse o compromisso de manter o seu nome em sigilo, para preservar sua segurança.

A matéria que ocupava quase toda a página 5 sequer podia ser chamada de matéria. Assemelhava-se a um panfleto, seu texto fugindo totalmente a qualquer padrão do *JB*. Procurava colocar Carlos no papel de vítima ("com um câncer no estômago", "amigo da verdade") e dar ênfase a seus relatos sobre as mordomias que o

Partido Comunista e a KGB ofereceriam aos militantes em viagens e à boa vida que Luís Carlos Prestes estaria levando em Moscou. Um pouco mais assemelhado ao que se possa chamar de notícia é o boxe ao lado da matéria, que informava sobre um suposto golpe em planejamento para derrubar o governo da Guatemala no ano seguinte, 1973 — golpe que nunca se consumou.

Decidido a deixar o jornal que comandava havia onze anos, Dines comentou o assunto com Carlos Castello Branco, seu principal colunista político e diretor da sucursal de Brasília. Castelinho, como sempre foi carinhosamente chamado pelos mais íntimos, estava no Rio, em um apartamento alugado, na rua Joaquim Nabuco, a poucos metros de Dines, recuperando-se de um enfarte. Reagiu com veemência à decisão informada por seu editor-chefe:

> Não, Dines. Não faça essa burrada. Você ainda pode reclamar, você tem força. Se for embora do *JB*, vai ser muito pior para nós. Não vamos saber o que vem por aí. Seja mais maduro, menos juvenil!

Dines conta que Brito também argumentou com ele:

> Brito tentava se desculpar: "Eu não podia recusar, você sabe", e dizia "são os generais pra cá e os generais pra lá". E eu fraquejei e não levei adiante a demissão. Mas fiquei muito chateado, muito engasgado com aquilo, porque uma coisa é você obedecer à censura, não tem outro jeito, outra coisa é você dar uma colaboração.

Manoel Francisco do Nascimento Brito era um homem alto, de ares aristocráticos, filho de mãe inglesa, Amy Avoegno do Nascimento Brito. Prezava tanto sua ascendência que, durante a Guerra das

Malvinas, em 1982, as ilhas disputadas pela Argentina e pela Grã-Bretanha eram chamadas no *Jornal do Brasil* pelo nome britânico — Falklands. Era vaidoso e não abria mão do tratamento de doutor. Foi um empresário moderno e procurou, não sendo jornalista, se especializar no jornalismo, chegando a fazer cursos no exterior. Gostava de relatar sua visita ao *The New York Times* e a adoção de critérios de imparcialidade inspirados nos princípios inabaláveis do jornalão norte-americano.

A contratação da empresa Montreal para fazer a reengenharia administrativa do jornal, no início da década de 1960, foi uma iniciativa dele, audaciosa e pioneira, que reviu processos encarquilhados de administração, ajudou Dines a estabelecer novas formas de trabalho na redação — por exemplo, estabelecendo o horário integral para os jornalistas e, consequentemente, aumentando os salários — e estabeleceu padrões posteriormente seguidos por outras empresas, inclusive *O Globo*, o arquirrival do *JB*.

Formado em direito pela Universidade do Brasil (hoje Universidade Federal do Rio de Janeiro), o oficial aviador da reserva da Força Aérea Brasileira (FAB) durante a Segunda Guerra Mundial e ex-consultor do Banco do Brasil, que foi chamado pelo conde Pereira Carneiro para ser consultor jurídico da Rádio Jornal do Brasil em 1949, aos 27 anos de idade, Brito havia se casado com Leda Marchesini, filha da Condessa, três anos antes. Garante que sem pensar em jornalismo. Com dois diplomatas na família, sonhava com o Itamaraty, mas, segundo ele, acabou cedendo às pressões do sogro e, em poucos anos, já em 1952, chegava a superintendente do "sistema" Jornal do Brasil, que incluía o jornal, a agência de notícias, uma gráfica e as emissoras de rádio.

M. F. do Nascimento Brito, como ficaria imortalizado, comandou por 52 anos a empresa. E, mesmo após ter sofrido um derrame, em 1978, e tendo passado a direção ao filho, José Antônio do Nascimento Brito, o Josa, manteve presença nas reuniões que decidiam os editoriais. E continuou no jornal até o ano 2000. Morreu em fevereiro de 2003, vítima de novo acidente vascular cerebral.

Em meio século à frente do jornal que havia se tornado, em plena ditadura militar, o mais respeitado e o mais lido do Brasil, o dr. Brito frequentou a mesa de presidentes civis e generais. Tinha motivos para se considerar poderoso. Afinal, os governos passavam e o jornal continuava... E ele fez apostas políticas. Algumas não muito bem-sucedidas.

3
Golpe de Estado com cobertura premiada

Prêmio Esso Equipe 1965: Luiz Orlando Carneiro, *Jornal do Brasil*. Título da obra: "Revolução de 31 de março." Ele foi lá receber. Orgulhoso. A melhor cobertura mesmo.

Repórteres no Forte de Copacabana, em Minas, um estouro! E resistência! O *JB* havia sido invadido, quase que tomado à força, a edição fora feita em uma noite virada, até a Condessa havia estado à frente daquela movimentação toda. Mas... na altura da premiação, um ano após o golpe, o jornal já era de opinião contrária aos militares que havia apoiado para a derrubada do presidente João Goulart.

A opinião quanto à cobertura dos repórteres que chefiava e do jornal que comandava como recém-incumbido do cargo de chefe de reportagem continuava a mesma — eram excelentes, e, independentemente de aquela edição ter registrado o início de uma ditadura militar que perduraria terríveis 25 anos, Luiz Orlando Carneiro celebra até hoje o prêmio, um dos mais importantes concedidos aos jornalistas no Brasil, e que considera ter sido merecidíssimo.

> Naquela época, nós chamávamos, e eu até hoje acho que deve ser chamado, de o Movimento Militar de 64. Não chegou a ser uma revolução. Foi um movimento militar. Não era golpe militar no sentido de que não se queria colocar os militares no poder. O que se queria era tirar o Jango, o João Goulart, do poder. As pessoas mais jovens, hoje, não se lembram

disso, não têm a mínima ideia, mas o mundo estava numa guerra fria bem quente. A União Soviética querendo botar uma base de mísseis em Cuba... Quase houve a terceira guerra mundial. O presidente Kennedy mandou deter os navios russos que estavam trazendo as ogivas nucleares para Cuba. Se não voltassem para a União Soviética, eles seriam afundados, e aí começava o pau a comer.

Havia uma tensão mundial que a pessoa, hoje, não tem a mínima ideia do que era. E realmente o Fidel Castro e a União Soviética queriam aproveitar o sucesso da Revolução Cubana para exportá-la, e o Che Guevara estava na América do Súl fomentando as guerrilhas, e até em Angola. E o João Goulart, um sujeito tíbio, dominado por aqueles líderes sindicais que eram populistas ou comunistas, ou socialistas, seja lá o que fossem, e eles queriam realmente implantar a República Sindicalista no Brasil. Então, o *Jornal do Brasil*, o *Correio da Manhã*, *O Globo*, todo mundo queria tirar o Jango.

Luiz Orlando Carneiro, ou Luiz O., como os mais íntimos o conhecem, tem razão. A pessoa, hoje — quando a ampla maioria repudia com veemência os arbítrios do longo período ditatorial sofrido pelos brasileiros —, pode se espantar ao ver ou rever o governo Jango e o Golpe de 64 (ou o Movimento Militar de 64...) noticiado e comentado como um verdadeiro carnaval democrático! Inclusive pelo *Jornal do Brasil*.

O texto mais emblemático da época foi o editorial de 31 de março do *Correio da Manhã*, intitulado "Basta!", que começava assim:

> Até que ponto o Presidente da República abusará da paciência da Nação? Até que ponto pretende tomar para si, por meio de decretos-leis, a função do Poder Legislativo? Até que ponto contribuirá para preservar o clima de intranquilidade e insegurança que se verifica presentemente na classe

produtora? Até quando deseja levar ao desespero, por meio da inflação e do aumento do custo de vida, a classe média e a classe operária? Até que ponto quer desagregar as forças armadas por meio da indisciplina que se torna cada vez mais incontrolável?

Após afirmar que seria compensador para a democracia aturar o presidente até 1966, desde que ele desistisse de sua política em curso, capaz de levar o país a uma guerra civil, o editorial termina por sentenciar: "O Brasil já sofreu demasiado com o Governo atual. Agora, basta!"

As manchetes e os editoriais dos dias seguintes à "Revolução" atestam a adesão da imprensa:

> A população de Copacabana saiu às ruas, em verdadeiro carnaval, saudando as tropas do Exército. Chuvas de papéis picados caíam das janelas dos edifícios enquanto o povo dava vazão, nas ruas, ao seu contentamento. (*O Dia* — 2 de abril de 1964)

> Escorraçado, amordaçado e acovardado, deixou o poder como imperativo de legítima vontade popular o sr. João Belchior Marques Goulart, infame líder dos comuno-carreiristas-negocistas-sindicalistas. Um dos maiores gatunos que a história brasileira já registrou, o sr. João Goulart passa outra vez à história, agora também como um dos grandes covardes que ela já conheceu. (*Tribuna da Imprensa* — 2 de abril de 1964)

Alberto Dines garante que a edição do *Jornal do Brasil* era isenta:

> As manchetes eram objetivas. A posição contra o Jango não era no dia a dia porque eu estava no comando e não tinha nenhum interesse em derrubá-lo. A gente tinha repórter em

Minas, em São Paulo, na Vila Militar, no Forte de Copacabana, tinha um repórter que cobria o gabinete do ministro da Guerra passando as informações que ele conseguia obter. Tinha cobertura. O Luiz Orlando assumiu devido ao chefe ter pedido demissão. O chefe era o Jaime Negreiros, grande jornalista, socialista, muito puro. Ele me disse: "Não dá para continuar." E pediu demissão. E quem o substituiu foi o Luiz Orlando. Porque, editorialmente, o jornal ficou a favor do golpe.

M. F. do Nascimento Brito se considerava amigo pessoal de João Goulart, condição que manteve após o presidente seguir para o exílio. Viajou com ele a Washington e lembrava, em público, de como o presidente retirou um fotógrafo e um político dos assentos mais próximos ao dele, na parte dianteira do avião, um 707, para que ele não fosse alocado em um dos lugares mais ao fundo. "Na cozinha eu não viajo", dava risada ao contar.

Nas vésperas da ida de João Goulart ao Automóvel Clube, para falar sobre as reformas a um grupo de sargentos — encontro que foi considerado a gota d'água para a deflagração do golpe contra seu governo —, o dr. Brito recebeu um convite para visitar o presidente no Palácio Laranjeiras, entrando pela porta dos fundos. O motivo: Darci Ribeiro, ministro da Educação, que estava no palácio, o odiava. Brito não aceitou, e as negociações com Marcello Alencar, que, como procurador-geral do Instituto de Aposentadoria e Pensão dos Comerciários (IAPC), havia se tornado muito próximo de Jango, demoraram tanto que a visita acabou acontecendo às 4 da manhã. Com entrada pela porta da frente.

Foi um João Goulart cobrador quem recebeu o empresário.

"Você anda telefonando para o Arraes [Miguel Arraes, na época governador de Pernambuco]. Está conspirando contra mim?", perguntou o presidente, à guisa de cumprimento.

Brito se esquivou revidando com outra pergunta: "Ou será que é o Arraes que anda telefonando para mim?" E procurou desanuviar o ambiente entregando a Jango uma fotografia, devidamente acompanhada do negativo, da primeira-dama de biquíni. Um fotógrafo do *Jornal do Brasil* havia flagrado Maria Tereza Goulart nos trajes sumários em uma piscina em outro estado e Brito havia impedido a publicação da foto. Decisões jornalísticas são da redação, mas aquela ele havia considerado política. O presidente não deu atenção à gentileza e continuou na cobrança provocadora.

"Fica comigo porque eu vou dar o golpe e vai ser o golpe do povo."

Brito não ficou. Era um homem que prezava a obediência à Constituição, às leis e, sobretudo, à hierarquia. Estava perplexo com os desmandos, com o faz-se-o-que-se-quer que achava estar imperando na sociedade brasileira. Ficou assustado com a proposta presidencial. Ainda naquela madrugada, assim que saiu do Laranjeiras, conversou com um general. E decidiu que, entre a legalidade e o amigo, ficaria com a legalidade.

A primeira página do *Jornal do Brasil* do dia 31 de março, até mesmo na foto, a de um Jango de dentes arreganhados, trucidava o presidente. Em meio a notícias sobre a crise na Marinha, deflagrada pela sublevação dos fuzileiros que apoiavam o governo, efeitos nefastos no escalonamento da dívida externa e a preparação de uma greve geral pela Confederação dos Trabalhadores, um editorial extra, em itálico, sob o título "Reincidência", criticava duramente a ida de Jango ao encontro dos sargentos. Como supremo chefe das Forças Armadas — e aí estava ele reincidindo no erro —, não poderia ter anistiado os marinheiros e fuzileiros sublevados e, em seguida, ter se reunido com sargentos revoltados por, naquela época, não poderem votar nem ser candidatos em cargos eleitorais. Frise-se que até hoje há os que eram sargentos naquela época e que lamentam que João Goulart não tenha, com o apoio deles, resistido ao golpe. Pelo tom deste texto do *JB*, perderiam. Assim eram os primeiros e o último parágrafos:

> O Presidente da República sente-se bem na ilegalidade. Está nela e ontem nos disse que vai continuar nela, em atitude de desafio à ordem constitucional, aos regulamentos militares e ao Código Penal Militar. Ele se considera acima da Lei.
> Mas não está.
> [...]
> A disciplina facciosa não vingará no Brasil, que já protesta em Minas Gerais unido contra ela. Não vingará nem mesmo sob o manto protetor de um reformismo demagógico e insincero.

O editorial tradicional, publicado à época, e durante décadas, na página 6, estampava em um texto mais sóbrio o recado "fora Jango", escrito por ninguém menos que Antonio Callado, como, anos mais tarde, o próprio Brito revelaria. Sob o título "Desgoverno e ilegalidade", vaticinava:

> Num País em que o trabalho parou e em que qualquer atentado à ordem parece possível e até mesmo glorificado, o Presidente da República, no discurso de ontem aos sargentos e suboficiais, deu mais a impressão de um homem perdido num processo que se acelera dia a dia do que de um comandante desse processo.
> [...]
> Agora temos o espetáculo do timoneiro perdido na tormenta, cavando o túmulo da democracia e o seu próprio.
> [...]
> O Brasil acelerou a sua marcha. Mas parece ter perdido o rumo. Convença-se o Presidente de que agitar os outros e se agitar a si mesmo não é governar. Lamentamos repetir: o Presidente continua não governando, e agora na ilegalidade.

Não deve ter sido fácil a Callado, que havia sido redator-chefe do combativo *Correio da Manhã* entre 1954 e 1960, além de redator da BBC durante toda a Segunda Guerra Mundial, redigir tais linhas. O ambiente na redação era de polvorosa. Dines lembra:

> Na véspera do 1º de abril de 64, o jornal foi tomado pelo almirante Aragão [Cândido da Costa Aragão, comandante-geral do Corpo de Fuzileiros Navais nomeado por Jango], que era o almirante de esquerda e comandou uma sublevação dos fuzileiros. E os fuzileiros tomaram o Jornal do Brasil. Simplesmente entraram. A Condessa saiu na frente, o Brito atrás, com os repórteres acompanhando. Todo mundo foi para a rua! Em seguida, com a queda do Jango, menos de um dia depois, eles saíram, deixaram o Jornal do Brasil, mas a ideia deles era invadir o próprio *JB* e *O Globo* e tomar posse das publicações.

Luiz Orlando estava lá, no comando, havia poucos dias. E teve que esperar os fuzileiros saírem para poder efetivamente sentar-se na sua cadeira de chefe de reportagem e comandar a cobertura daquela loucura. Notícias chegando de várias frentes, montes de repórteres na rua, fechamento mais do que atrasado.

As lembranças de Luiz O., agora aos 76 anos, sobre aquele dia são as de um chefe de reportagem com os olhos brilhando, como se voltasse aos 25, idade que tinha naquele dia do seu batismo de fogo:

> Começou aquela revolta. Era revolta de sargento, de marinheiro, de fuzileiro. No caso do *Jornal do Brasil*, o jornal foi invadido. Enquanto isso nós tínhamos mais de trinta repórteres na rua. Esperava-se a chegada das tropas do II Exército do general Kruel, que estava em São Paulo, e do outro chefe militar, do Israel Mourão Filho, que era de Belo Horizonte. O João Goulart estava no Palácio Laranjeiras. Era

uma situação de iminência de um conflito entre militar e civil. Eu me lembro da rua cheia de gente com espingarda na mão, revólver, andando livremente para poder dar apoio ao Carlos Lacerda lá no Palácio Guanabara, até que chegaram aqueles tanques que desceram do Palácio Laranjeiras e prestaram continência para o Lacerda, e aí viu-se que o Jango tinha caído. Então, nesse momento, voltamos ao jornal. Foi meu batismo de fogo, porque nós tínhamos uma porção de repórteres. E imagina o que era cobrir aquele movimento todo. Mandar repórter e fotógrafo para esperar as tropas que vinham de São Paulo, as tropas que vinham de Minas, botar gente lá perto do Forte de Copacabana, onde poderia haver informação, como realmente ocorreu, porque o forte se rebelou contra o Jango.

Nessa cobertura toda, eu fiquei, nós ficamos, no jornal 24 horas seguidas. Não havia jornalismo on-line, *of course*. Tinha muito o que fazer. Tinha que ler as matérias, depois mandar para o revisor lá embaixo para rodar o jornal, e foi o meu batismo de fogo. Nós ganhamos o Prêmio Esso de Reportagem de Equipe, o único prêmio que eu ganhei de jornalismo como chefe de reportagem. E fui lá receber.

A edição premiada, do dia 1º de abril de 1964, trazia na primeira página a notícia do perrengue da noite anterior. O título era "Gorilas invadem o *JB*". E o texto mais parecia o de um editorial:

> Quem chegasse às 8h30 da noite de ontem ao Edifício do JORNAL e da RÁDIO JORNAL DO BRASIL não poderia entrar pois encontraria na porta, metralhadora em punho, um fuzileiro naval. E se olhasse pela parede de vidro dos estúdios da Rádio teria a impressão de assistir a um filme de *gangsters*: quatro outros fuzileiros, comandados pelo Tenente Arinos, moviam-se como gorilas pelo estúdio, seus movimentos tolhidos pelas metralhadoras que ameaçavam

microfones, painéis de instrumentos e os funcionários, estupefatos com aquela irrupção de selvajaria tecnológica em plena Avenida Rio Branco.

Era o Brasil regredindo ao estado de republiqueta latino-americana. Os fuzileiros navais, ao chegarem, dispararam dois tiros para o ar diante do prédio, entraram de metralhadoras em punho. Deixaram um colega na porta da rua e subiram, metralhadora em punho, pistolas na cinta, até o 5º andar. Tinham ordem de quem? Indagamos. Do Ministro da Marinha, disseram. Onde estava a ordem? Era verbal. Da Rádio o Tenente telefonou a um Almirante sem lhe dizer o nome. O prédio era muito grande, disse. Precisavam reforços. Deixaram dois de guarda na Rádio, outro na porta da rua e foram em busca dos tais reforços, sem dúvida para ocuparem todas as dependências do JORNAL DO BRASIL.

Mas deve estar em desespero o Governo do Sr. João Goulart. Dentro de meia hora, em lugar dos reforços, veio a ordem de retirar. Amontoados no elevador, capacetes na cabeça, metralhadoras se entrechocando e se apoiando nas costelas deles próprios, desceram. E passaram diante dos populares boquiabertos, na calçada da rua.

Quem humilha assim os bravos Fuzileiros Navais da Marinha do Brasil? Quem os transforma primeiro em *gangsters* violentos e os faz evacuar em seguida, confusos, um pugilo de homens envergonhados sob o peso de tanto material bélico? Quem estimula a indisciplina de marujos e fuzileiros e depois os transforma em bandidos e em seguida em pobres-diabos pilhados em flagrante?

A partir de 13 de março o sr. João Goulart tem injuriado muitos, em muito pouco tempo. Agora, ao que tudo indica, já lhe resta muito pouco tempo para injuriar quem quer que seja.

Nada mal o começo de carreira do jovem Luiz Orlando Carneiro. Principalmente levando-se em conta que ele nem queria ser jornalista. O destino quis assim. Aluno já formado do tradicional colégio São Bento, no Rio de Janeiro, Luiz Orlando foi buscar seus papéis para prestar vestibular de direito, oriundo que era de uma família de advogados e juristas. Encontrou no pátio do mosteiro o reitor, Dom Basílio, conversando com um senhor alto e elegante que lhe perguntou qual carreira pretendia seguir. Ao ouvir que seria advogado, não se convenceu e o convidou para um estágio. O senhor alto era nada mais nada menos que M. F. do Nascimento Brito. E lá se foi o Luiz O. De estagiário foi subindo na carreira até se tornar chefe de redação. Ficou por mais de cinquenta anos no *Jornal do Brasil*. E segue exercendo o jornalismo, trabalhando em um portal que aborda informações sobre o mundo jurídico, ou seja, próximo da área em que um dia sonhou viver.

É preciso entender que Luiz Orlando Carneiro é uma mistura paradoxal necessária e perfeita para tudo dar certo em uma hora como a daquela edição do 31 de março. Ele consegue ser fleumático e carioca da gema. Gosta de música erudita e escreveu sobre ela colunas e mais colunas informativas, educativas e deliciosas no *JB*. É um exímio desenhista que presenteia os amigos com suas obras detalhistas, geralmente imagens que retratam cenas musicais. Mas pega bem no pesado, como demonstrou com o fechamento da edição histórica em que, ideologias à parte, a cobertura foi um ato de heroísmo dele e de uma equipe inteira. Guarda os modos finos de ex-aluno do São Bento, mas tem sangue-frio para, sozinho, mandar parar as máquinas.

O ano era 1978. O dr. Brito havia sofrido um AVC. Estava fazendo pesca de oceano na Venezuela e quase morreu. Walter Fontoura, que era o editor-chefe, e a Condessa foram com ele para os Estados Unidos em busca do melhor tratamento. Luiz Orlando ficou à frente do comando do jornal ao lado de Bernard Costa Campos, que comandava a parte administrativa e financeira. Ele lembra, também com aquele brilho no olhar, esse outro momento marcante de sua longa trajetória jotabeniana:

> Era meia-noite e meia mais ou menos, tocou o telefone. Eu estava dormindo, nem acordei. Quem atendeu foi a Branca, minha mulher. Era o Clóvis Bastos, o segundo secretário da oficina, que trabalhava com o Maneco, o titular. E ele pediu: "Branca, eu preciso falar com o Luiz O. agora." Ela disse: "Que que você quer? A essa hora ele está dormindo." Ele disse: "Mas é importante." E ela, relutante em me acordar: "O que é que houve?" Ele: "O papa morreu." Aí ela aumentou o tom de voz: "Como? Você está de porre? O papa morreu há um mês." Tinha morrido o Paulo VI há um mês, mas ele continuou: "Não, Branca, é o novo, que tomou posse há pouco tempo." E ela: "Morreu?" Ele: "Morreu!"
>
> Era isso mesmo. O João Paulo teve um pontificado que durou pouco menos de um mês. Aí a Branquinha me acordou e eu perguntei logo para o Clóvis: "Quanto é que rodou? Já está rodando?" E ele me respondeu: "Já estou começando a rodar." E eu: "Quanto rodou?" Aí quando ele respondeu: "Uns 10 mil, não sei." Eu disse: "Pare a máquina." Foi a primeira vez na minha vida que eu usei essa expressão. Tantas vezes a gente que é jornalista brinca com isso, "parem as máquinas"..., e acabou acontecendo mesmo.
>
> Luiz Orlando foi no carro da Branquinha, que ficava fora da garagem, para ir o mais rápido possível para a avenida Brasil. Lembrou de levar os três volumes de *La historia de los papas*, livros que tinha em sua repleta estante. E cruzou o túnel já montando a estratégia de distribuição, preocupado em cobrir primeiro Juiz de Fora, Petrópolis, as cidades que ficavam mais longe, mas principalmente como faria com o Rio de Janeiro, tirando vários clichês e deixando o jornal

mais completo, o último clichê para os bairros onde o jornal vendia mais e que eram mais próximos. Boa logística.

Éramos só eu, o Clóvis Bastos e o Maneco, o secretário da oficina e que sabia escrever e muito bem. Tirei a última página do Esporte, fiz uma página fotográfica, já com mais detalhes na chamada da primeira. Aí nós tiramos mais 10 mil exemplares naquela direção de Campo Grande, pela avenida Brasil, para ir para Bangu, Campo Grande, Madureira. Nós fizemos, se eu não me engano, quatro clichês.

Nessa época, a banca que vendia mais jornal no Rio era a banca Piauí, em frente à farmácia Piauí no Leblon, na Ataulfo de Paiva com a General Espíndola. Vendia oitocentos jornais por dia. Quando cheguei em casa, por volta das 6h, 6h30, logo depois toca o telefone. Era o Bernard Campos: "Estou ligando para você para te dar uma bronca e um elogio." Eu digo: "Qual é a bronca?" E o Bernard: "Você não me acordou, pô, eu fui andar e vi a manchete do jornal e pensei: 'o Luiz O. está de porre', mas depois entendi. Demos um banho, hein?"

O Bernard morava na Visconde de Albuquerque e tinha o hábito de caminhar bem cedo. *O Globo* tinha rodado sem a notícia e só foi fazer uma edição extra mais tarde, saiu lá pelas 10 horas. Então nós vendemos 150 mil jornais ou mais, sei lá quanto foi. Estourou a banca quando eu parei as máquinas.

Luiz Orlando conta essa história dando risada, mas leva a sério o orgulho pelo jornal onde passou cinco décadas da sua vida. Tem em casa, em Brasília, onde dirigiu por anos a sucursal do *JB*, bem guardadas, fotos com os colegas de redação de quem se lembra com carinho, como lembra com saudades a época da *nouvelle vague* francesa, do auge do velho Paissandu, quando a capa do Caderno B do *Jornal do Brasil* ficava colada no vidro da bilheteria do cinema da rua Senador Vergueiro, no bairro do Flamengo, que passava os filmes de vanguarda. Época em que ele costumava dizer que a *Down Beat* (a revista lançada em Chicago, em 1935) era a bíblia do jazz e o *Jornal do Brasil* era a bíblia do pessoal da área cultural do Rio.

Em 1958, quando Luiz O. era um simples estagiário, o *Jornal do Brasil* iria viver sua grande transformação, que ficou conhecida como "a Reforma". Ele considera uma sorte ter vivido este momento que revolucionou a maneira de se fazer jornal no Brasil. E tem uma definição peculiar e emocionante sobre como e por que o *JB*, a partir daquele momento, foi se transformando em um grande jornal:

> A Condessa Pereira Carneiro e o dr. Brito deram carta branca para as ideias dos jornalistas. Então a redação do *Jornal do Brasil* tinha uma independência. Não independência de cada um escrever o que quer. Havia uma linha bem definida, uma linha democrata-liberal, mas a direção do jornal era aberta a coisas novas, como foi o caso do Caderno B e do Suplemento Dominical, praticamente o lançador do movimento concretista no Brasil, com o Reynaldo Jardim e o Ferreira Gullar. Nós tínhamos José Carlos de Oliveira, o Carlinhos de Oliveira, que veio a ser o melhor cronista do Rio e um dos copidesques. O Hélio Pólvora, o grande contista, era outro. Nelson Pereira dos Santos, grande cineasta, de *Rio 40 graus*, *Vidas Secas*, também. Difícil citar, era muita gente de alto quilate.
>
> Houve um momento em que essas pessoas, esses corações e mentes se juntaram e fizeram do *Jornal do Brasil* o jornal de referência nacional e internacional. Nós passamos a ser o *The New York Times* do Brasil. Lá fora, quando eu viajava, os telegramas da Associated Press, quando queriam falar sobre a situação do Brasil, informavam: "O influente *Jornal do Brasil*, em editorial hoje..." Eu nunca vi um telegrama dizer assim: "O influente *O Globo*..." O *Correio da Manhã* ainda teve

isso, antes. Mas o *Jornal do Brasil* se consolidou com pessoas criativas que se uniram. E foi isso que fez um grande jornal. As pessoas. Corpo e alma. É muito difícil explicar. Muito mal comparando... Como é que surgiu o universo? É muito fácil dizer que foi o Big Bang. Mas quem é que apertou aquele negócio que causou o Big Bang?

Não foram muitas as pessoas que apertaram aquele negócio que causou o Big Bang da Reforma do *Jornal do Brasil*, embora ela tenha demorado cerca de três anos para se consolidar. E não é que tudo pode ter sido desencadeado em um jantar em que a Condessa foi espezinhada por sua rival, Niomar Bittencourt, dona do *Correio da Manhã*?

4
A Reforma e as reviravoltas do Quarto Poder

A invasão dos fuzileiros, no dia do golpe que derrubou Jango, não foi a primeira sofrida pelo *Jornal do Brasil*. O jornal nasceu envolvido com a política e viveu imbricado com ela. Criado para defender a monarquia quando o Brasil vivia seus primeiros anos de República, foi invadido, depois que publicou uma série de artigos críticos ao governo do marechal Floriano Peixoto, intitulada "Ilusões republicanas" e, em dezembro de 1891, ainda em seu primeiro ano de fundação, e ainda por cima lançou uma edição especial por ocasião da morte de Dom Pedro II.

Rodolfo de Souza Dantas, ex-ministro do Império, e Joaquim Nabuco, escritor e intelectual, foram afastados do comando do jornal e a gestão passou a Henrique de Villeneuve, que, também monarquista, enfrentou um curto período de gestão, difícil em termos financeiros. Em abril de 1893, um novo grupo, favorável à República e liderado por Ruy Barbosa, comprou o jornal. Ruy, entretanto, era contrário ao regime ditatorial de Floriano Peixoto e fez com que o *Jornal do Brasil* fosse o único veículo a noticiar quando o presidente decretou estado de sítio, enquanto todo o resto da imprensa silenciava. Embora Ruy, fugindo do país, tenha conseguido escapar da prisão, decretada logo em seguida a esta publicação ousada, o *Jornal do Brasil* não teve boa sorte. Foi fechado e assim permaneceu por mais de um ano.

Com a proclamação da República, o jornal voltou a circular, agora sob propriedade da família Mendes, que optou por um veículo voltado para as classes sociais mais baixas, criando seções de reclamações, aumentando o noticiário policial e apostando nos anúncios classificados. O jornal ganhou o apelido de "O Popularíssimo" e prosperou. Começou a construção de sua sede na avenida Rio Branco, comprou suas primeiras máquinas de escrever para substituir as canetas de bico de pena com que escreviam seus jornalistas e um maquinário novo para impressão. Vivia-se a primeira década do século XX no Rio de Janeiro de Pereira Passos, o prefeito da modernização. A chegada da Primeira Guerra Mundial mudou o cenário: os investimentos recém-feitos, somados ao súbito encarecimento do papel, em consequência do conflito, levaram o *Jornal do Brasil* a uma grave crise financeira. Os classificados passaram a cobrir quase que inteiramente a primeira página, em uma opção que perduraria por mais de quarenta anos. Mesmo assim, os irmãos Mendes não conseguiram honrar a hipoteca feita ao conde Pereira Carneiro, que, em 1919, passou a ser o proprietário da empresa.

O jornal tornou-se menos popularesco, porém manteve a principal fonte de recursos: classificados na primeira página. E o conde Pereira Carneiro se meteu na política. Apoiou abertamente a candidatura de Nilo Peçanha nas eleições presidenciais de 1922. Perdeu a aposta. Mas, surpresa! O eleito contra Peçanha, Artur Bernardes, nomeou um diretor do *Jornal do Brasil*, Aníbal Freire da Fonseca, ministro da Fazenda. Este diretor (que chegaria a ser ministro do Supremo Tribunal e membro da Academia Brasileira de Letras) voltaria mais tarde ao *JB* e testemunharia grandes transformações no jornal.

O conde não parou mais de apostar na política. Parece que nunca acertou... Ou que, desde aquela época, iniciou uma tradição de jornal de oposição. Ficou ao lado do presidente Washington Luiz até mesmo quando o povo já estava a favor das forças oposicionistas. Com a Revolução de 1930, o golpe que tirou do governo o presidente da República um dia antes do término do seu mandato, levando Getúlio Vargas ao poder, o *Jornal do Brasil* foi novamente invadido, empastelado, e ficou fechado por quatro meses.

Depois de se aventurar ele mesmo na vida político-partidária — ingressou no Partido Autonomista do Distrito Federal e se candidatou à Constituinte, em 1934 —, o conde Pereira Carneiro foi sempre explicitando suas posições políticas através das páginas do *JB*. Apoiou as políticas de direitos sociais e trabalhistas de Vargas no Estado Novo, mas era contra sua continuidade no poder e fez campanha para o oposicionista Eduardo Gomes. Perdeu de novo. Venceu as eleições presidenciais de 1945, contra o brigadeiro Gomes, o general Eurico Gaspar Dutra. Mas, com os classificados imperando na primeira página, ocupando-a quase que inteiramente, o *Jornal do Brasil* ia muito bem, obrigado. E podia manter sua independência. Apesar de ter conquistado aquele não muito elegante apelido de "o jornal das cozinheiras", pelos anúncios que estampava em suas primeiras páginas serem principalmente ofertas de empregos para amas e babás. Em 1954, morreu o conde Pereira Carneiro, e sua viúva, Maurina Dunshee de Abrantes, a Condessa, assumiu a direção do jornal.

Nem bem tinha assumido o posto, logo após o suicídio de Getúlio Vargas, a Condessa é convocada, por membros de um governo de transição acossado pela oposição udenista, para uma reunião de que participariam os altos dirigentes dos maiores jornais do país. Foi um jantar, na capital, Rio de Janeiro. Após as conversas mais formais, criou-se um grupinho de mulheres. Curiosamente, alguns dos principais jornais do país estavam, naquele momento, sob o comando de mulheres. O *Diário de Notícias*, de grande circulação entre a classe média, por exemplo, estava sob a direção de Ondina Portela Ribeiro Dantas, viúva de Orlando Vilar

Ribeiro Dantas, falecido no ano anterior, 1953. Ondina assinava em seu jornal uma coluna sobre música com o pseudônimo D'Or e era uma mulher tão autoritária que ganhara o apelido de "marechala". O *Correio da Manhã* ainda não tinha como diretora-presidente do jornal Niomar Moniz Sodré Bittencourt, que só viria a assumir o cargo em 1963 ao se tornar viúva de Paulo Bittencourt. Mas ela estava presente ao convescote. Era uma mulher de vanguarda, chique e politizada, defensora das liberdades democráticas, afeita a expressar em alto e bom som suas opiniões e a boas doses de uísque, com uma participação ativa na vida social da capital (ela e o marido haviam sido fundadores do Museu de Arte Moderna, em 1948).

Dadas tantas, Ondina perguntou a opinião da Condessa sobre um dos candidatos às eleições presidenciais, já marcadas para outubro, em que concorreriam Juscelino Kubitschek, Juarez Távora, Adhemar de Barros e Plínio Salgado. Maurina começou a responder, usando, com certa empáfia, a sua instituição: "O *Jornal do Brasil* é de opinião..." Foi bruscamente interrompida pela sempre sem papas na língua Niomar: "Ué? O 'jornal das cozinheiras' já tem opinião?"

Formou-se um ambiente gélido. A Condessa não deu mais uma palavra. Mas pôde ali, com seus calos tão pisados, ter tomado a decisão de fazer a Reforma. De qualquer maneira, pouco depois seguiu em viagem para os Estados Unidos, a ver novidades no âmbito dos jornais. Na volta, convidou para ser o novo editor-chefe do *Jornal do Brasil* Odylo Costa Filho, um intelectual maranhense, jornalista desde os 15 anos, escritor premiado em prosa e verso, literato incensado por Manuel Bandeira e membro de várias academias de letras. Começavam novos tempos.

Manoel Francisco do Nascimento Brito também foi para os Estados Unidos, ver de perto modernizações editoriais. Mais tarde, ao repassar sua vida, relembrar sua história, atribuía a seus próprios méritos o sucesso que acreditava ter conseguido em sua chegada ao *Jornal do Brasil*:

> Eu tive uma grande resistência de entrar para o jornalismo, pois queria muito seguir a carreira diplomática, mas acabei cedendo às pressões do conde e da Condessa e inaugurei a rádio em 2 de dezembro de 1949. Era uma rádio de 50 quilowatts. Só existiam duas ou três no país. Estava dando muito prejuízo e eu reverti a situação. Então o Aníbal Freire, que comandava a parte administrativa e financeira, me convidou a dar opiniões também no jornal. Eu tenho temperamento perfeccionista. Disse: "Não vou", quase apanhei na rádio, porque havia mandado muita gente embora. Mas ele insistia em me colocar a par. De repente eu não tinha função, mas já dava ordem em todo lugar e cada vez mandava mais. Tomei gosto pelo jornalismo.
>
> A Condessa teve a ideia de trazer o Odylo Costa e começamos a Reforma. Eu lembro do Amílcar de Castro. Ele botava um cubo aqui, um cubo ali, ficava olhando para se inspirar e mudou a cara do jornal. O Reynaldo Jardim inventou o Suplemento Dominical, trazendo Ferreira Gullar e outros deste jaez, e o jornal começou a crescer muito.

O Suplemento Dominical do Jornal do Brasil (SDJB) circulou entre junho de 1956 e dezembro de 1961. O poeta Reynaldo Jardim, Rey para os íntimos, considerado gênio, irreverente e brincalhão, tinha um programa cultural na Rádio JB. Foi convidado a redigir uma coluna no jornal sobre livros de autores contemporâneos e esta coluna foi o embrião do suplemento.

Reynaldo Jardim, filho de um militar negro e uma descendente de espanhóis, nasceu em 1926. Foi redator nas revistas *O Cruzeiro* e *Manchete*, trabalhou em várias rádios, dirigiu a revista *Senhor* e o telejornalismo da TV Globo; liderou novidades como o jornal-escola

O Sol e o *Jornal de Vanguarda*, na TV Rio, e viu transformado em filme premiado um de seus muitos poemas, como também ganhou prêmio — o Jabuti — com um de seus vários livros. Morreu aos 84 anos, em Brasília.

No *JB*, a Condessa, ávida por se livrar da pecha de "jornal das cozinheiras", deu-lhe liberdade e ele convidou outros poetas. A nata. Vieram para a redação do SDJB, que funcionava dentro da rádio, nada menos que Mário Faustino, os irmãos Augusto e Haroldo de Campos, José Carlos Oliveira, José Guilherme Merquior, Assis Brasil e muitas outras mentes brilhantes e inovadoras, como Barbara Heliodora, que passou a assinar a coluna "Teatro", em março de 1958.

Somando-se a isso, pouco depois do lançamento do suplemento, chega ao jornal, em fevereiro de 1957, o escultor, gravador, desenhista, diagramador, cenógrafo e professor Amílcar de Castro, com obras já expostas em uma Bienal Internacional de São Paulo e na Primeira Exposição Nacional de Arte Concreta. Amílcar revolucionou a diagramação do suplemento, criando espaços brancos e retirando os fios que entremeavam as notícias.

Ficou na história da cultura brasileira a página do SDJB do dia 23 de junho de 1957, que lançou o movimento de poesia neoconcretista. Sob o título "Cisão no movimento da poesia concreta", contrapunha as posições dos poetas cariocas e paulistas. Do lado esquerdo da página foi publicado o texto "Poesia concreta: poesia intuitiva", assinado por Ferreira Gullar, Oliveira Bastos e Reynaldo Jardim. Do lado direito, intitulado "Da fenomenologia da composição à matemática da composição" e assinado por Haroldo de Campos, o outro texto explicitava a posição contrária. Acima, uma nota explicativa informava que os dois manifestos situavam "atualmente (e para o futuro)" os poetas do Rio e de São Paulo dentro da experiência concretista. Foi um marco.

As chamadas para outras matérias desta edição do suplemento informavam artigos de Lygia Clark, José Carlos Oliveira, Franz

Waissman, Mário Pedrosa e Décio Vieira sobre o pintor Volpi; um ensaio de Adolfo Casais Monteiro sobre Cecília Meireles e uma análise do gravurista, pintor e desenhista Darel intitulada "A gravura brasileira não passa de uma promessa", feita durante um bate-papo entre ele e Gullar no ateliê onde o artista ensinava sua técnica de litografia na Escola Nacional de Belas-Artes, no Parque Laje, no Rio de Janeiro. Leitura boa para mais de semanas.

O suplemento era um caso à parte. Odylo havia mudado para melhor o conjunto do jornal, que estampava agora fotografias grandes na primeira página, mais notícias e, com a diagramação de Amílcar, uma forma mais elegante de apresentar textos e títulos. Mas a forma de se fazer jornalismo estava longe de parecer com o que conhecemos hoje.

* * *

Quem testemunhou de perto boa parte da trajetória do *Jornal do Brasil* foi Wilson Figueiredo, o jornalista que mais tempo trabalhou no *JB* depois de Barbosa Lima Sobrinho, que bateu todos os recordes. O grande jornalista pernambucano, que presidiu a ABI e tanto se destacou na luta pelos direitos humanos e contra a ditadura militar, começou no jornal em abril de 1921 como noticiarista e lá permaneceu, escrevendo um artigo por semana, até sua morte, em julho de 2000, aos 103 anos.

Wilson, 91 anos, viveu mais de cinquenta dentro do jornal. Viu, noticiou e influenciou, através dos editoriais que escrevia e que tiveram grande impacto na sociedade brasileira, a História do Brasil desde o fim da década de 1940. Testemunhou, como repórter, colunista e, principalmente, editorialista, o fim do Estado Novo, a Constituinte de 1946, o suicídio de Getúlio Vargas, o novo Brasil de Juscelino, o governo atípico de Janio, o parlamentarismo e a queda de Jango, a dureza da ditadura militar, a grande luta pela volta da democracia no Brasil, a agonia de Tancredo, o governo inflacionário de Sarney, a farsa de Collor e a derrocada final do *Jornal do Brasil* impresso. É uma figura ilustre e reverenciada no elenco da história da imprensa brasileira que cruzou a passagem do século XX para o século XXI no batente, pois continua firme, trabalhando em uma das maiores empresas de assessoria de imprensa do país. Bate ponto todo dia, no escritório de Ipanema. Vai sozinho, de táxi, envergando, invariavelmente, seu terno escuro. Não chega muito cedo, pois faz ginástica diariamente, e não sai tarde. Precisa ter tempo para se dedicar à namorada. Namoro relativamente recente, coisa de ano e meio. Com um "broto", como ele diz. Afinal, ela, empresária e ex-juíza, é onze anos mais nova.

Ele é um tanto contraditório. É mineiro do Espírito Santo — mas só nasceu lá. Seu pai era de família pernambucana. Sua família materna é de Minas e ele tem um jeito mineiro. E conseguiu, exercendo a profissão da objetividade dos fatos, o jornalismo, ter sido um poeta de versos elogiados por Mário de Andrade. Nós, repórteres, sempre o vimos como um homem formal e muito sério. Mas agora, com o passar dos anos, a memória surpreendente aliada ao bom humor e às tiradas de raciocínio de um Wilson jovial, alegre e de bem com a vida confirmam a frase escrita por Nelson Rodrigues, no *Jornal dos Sports*, em 1963: "Geralmente, nós, jornalistas modernos, temos a mania da objetividade, por isso, não enxergamos nada, somos cegos para as evidências mais ululantes. O Wilson não. É poeta e, como tal, está sempre a um milímetro de delírio."

Foi exatamente com estas características que ele viveu um dos momentos mais especiais da sua carreira, antes de chegar ao *JB*:

> Brasília era uma cidade com apenas um ano de existência, então o pessoal do Janio vinha correndo para o Rio sempre que tinha oportunidade. Aí, o Castelinho, que era o secre-

tário de Imprensa do presidente Janio Quadros chegou e falou: "Vamos lá para casa almoçar! Vamos conversar sobre Brasília." Sentamos todos, almoçamos, conversa aqui, bebe ali, um uísque aqui, outro ali, passamos a tarde toda. Saí feito um doido de lá. Eu tinha uma coluna na revista *Mundo Ilustrado*, do *Diário de Notícias*, em que eu fazia um comentário, e o Walter Fontoura [jornalista que, na década de 1970, viria a ser editor-chefe do *Jornal do Brasil*] trazia as informações que ele colhia na Câmara. Encontrei o Walter e ele me falou: "Olha, tem que entregar a coluna amanhã." Nossa! Eu não tinha preparado nada. Aí me lembrei que, durante o almoço, o Aparecido [José Aparecido de Oliveira, então secretário particular do presidente] havia nos contado sobre uma conversa entre o Janio e Jango. Alguém perguntou: "Aparecido, como é que foi esse negócio do Jango ir parar na China?" Então, ele disse: "Eu vou contar para vocês. O presidente chamou o Jango e disse: 'Está pensando o quê? Que vão me dar um golpe e me tirar do governo para botar você no meu lugar?! Você está enganado! Você não pode brigar comigo, só tem a perder. Você nunca vai ver isso, essa burguesia tem horror de você. Além do mais — o Janio era enfático, só falava nesse tom —, se a minha cabeça for pendurada num poste, a sua vai ficar no poste ao lado.'" Essa conversa havia acontecido no dia em que o Janio convidou Jango para chefiar a missão brasileira na viagem à China. Era para pôr fim a um estremecimento causado por Jango ter apoiado a contratação, como funcionários públicos, de 10 mil empregados da Novacap [a Companhia Urbanizadora da Nova Capital, criada por Juscelino para construir Brasília]. Janio tinha vetado a iniciativa e o Congresso derrubou o veto. Mas Jango tinha um temperamento cordato, não era de briga, e, então, aceitou o convite.

O papo ainda rolou. Alguém lembrou que Janio havia ameaçado renunciar quando seu veto caiu. Outro deu ciência de uma operação que envolveu figuras políticas nacionais para dissuadir o presidente da disposição. Um dos presentes deixou no ar a questão: já imaginaram o que a renúncia do presidente provocaria? A multidão na rua era uma incógnita, mas merecia uma consideração preventiva.

Escrevi. Contei, no texto para a revista, que Janio era portador da hipótese de renúncia. Em último caso, apelaria para a renúncia. Não esperou. Entendia que a renúncia seria o sinal para mobilizar a opinião pública e confirmar seus poderes com respaldo popular. A hipótese foi abordada na coluna do dia 12 de agosto na *Mundo Ilustrado*, com o título "Renúncia, a arma secreta de Janio". E, no dia 25, Janio renunciou, sob pressão, Janio apelaria para a renúncia. Era o sinal para mobilizar a opinião pública e confirmar seus poderes com respaldo do povão. Saiu no dia 12 de agosto na *Mundo Ilustrado*, com o título "Renúncia, a arma secreta de Janio". E, no dia 25, Janio renunciou. Aí, me alertou um deputado que brandia um exemplar da revista e pedia com veemência: "Eu tenho aqui uma reportagem e gostaria de saber como esse repórter obteve antecipadamente essas informações!" E sugeria uma CPI. Mas deu em nada. Não deixou de ser, digamos, uma leviandade permitida nas circunstâncias da época. Faltava assunto e havia obrigação profissional de escrever. Hoje, me dou conta de que a renúncia de Janio era tão óbvia que não ficou registro de estranheza. Como candidato, já havia renunciado várias vezes, além de outras peripécias afins. E depois voltava atrás. A renúncia era uma atitude compulsiva nele.

O jornalismo tem um lado de aventura e comporta uma certa imprudência a ser considerada. Uma vez, o Luiz Paulo Horta, que veio a ser editorialista de *O Globo*, me procurou e perguntou: "O que eu faço para ser do *Jornal do Brasil*?" Eu falei: "A primeira coisa, para que você se firme num jornal, é ser um tanto imprudente. Porque você se amarra se tiver medo de assunto. Faz falta uma pitada mínima de imprudência." Ele gostou e, quando tomou posse na Academia Brasileira de Letras, se lembrou disso e comentou.

Wilson decidiu ser jornalista quando testemunhou o que ele chama de "o nascimento da profissão". Que aconteceu quando houve um outro momento em que alguns ousaram arriscar:

> Antes da Segunda Guerra Mundial havia jornalismo e bons jornalistas, mas não havia a profissão. Não existia a figura do jornalista profissional. O jornalismo era sobretudo bico para reforçar o orçamento familiar. Era uma atividade exclusiva para homens que já exercessem trabalho remunerado. Quem escrevia para os jornais eram médicos, advogados, funcionários públicos. Ou estudantes. Aquilo era um bico. Prestígio, apenas para nomes que assinavam artigos. As notícias que você publicava eram informações oficiais, enviadas pelo governo ou pelas agências de notícias internacionais. Por exemplo, o ministério tal ia tomar alguma iniciativa, a pessoa que trabalhava no ministério levava a notícia para o jornal e ganhava um pró-labore. Ia se inaugurar uma escola que foi feita no Amazonas, então vinha a notícia pronta. O jornal já publicava aquilo como recebia. Hoje isso chega no jornal, a gente já quer saber mais: quanto custou? Quem é que vai para lá? Quem é que não foi? Você enche a notícia. Antigamente era aquela coisa seca, pobre, sem imaginação, sem malícia, sem sentido político.
>
> Agora, tem um episódio que separa os "dois Brasis". O Brasil de antes e depois da primeira ditadura, a ditadura de Vargas no Estado Novo. Aconteceu censura também na segunda ditadura, a ditadura militar imposta em 1964, mas foi diferente. Havia alguma chance de se correr o próprio

risco. Essa coisa de o jornalismo explodir, explodiu no começo da minha vida profissional, foi a partir deste episódio. E a liberdade foi uma coisa fantástica. Aconteceu tudo ao mesmo tempo. A Segunda Guerra Mundial chegando ao fim, o Zé Américo deu uma entrevista ao Carlos Lacerda, conclamando o presidente (e ditador) Getúlio Vargas, no poder desde 1930, a seguir o caminho democrático. A entrevista foi publicada, num lance de astúcia, no *Correio da Manhã*, conseguindo driblar o DIP. Ninguém que não tenha vivido aquilo pode imaginar o impacto. E todos os jornais foram atrás do inesperado e o fim da censura descortinou a volta da democracia. Ali, com 21 anos, eu virei jornalista de vez.

Zé Américo, ou melhor, José Américo de Almeida, havia sido ministro de Vargas logo após a Revolução de 1930. Elegeu-se senador pela Paraíba, seu estado natal, e abdicou do cargo para assumir uma vaga no Tribunal de Contas da União, indicado por Vargas. Decepcionou-se com o Estado Novo. A entrevista, publicada no dia 22 de fevereiro de 1945, foi uma articulação de um hábil político mineiro, Luiz Camillo de Oliveira Netto, que escolheu o *Correio da Manhã* por sua já comprovada capacidade de enfrentamento e resistência à ditadura getulista, e pelo repórter — o jovem Carlos Lacerda, já notório opositor ao governo. Os cuidados em se colocar um título ameno contribuíram para que o censor do DIP, presente na redação, não censurasse a publicação.

O DIP (Departamento de Imprensa e Propaganda) tentava exercer controle ideológico sobre a opinião pública por meio da censura aos meios de comunicação. Entre suas incontáveis intervenções sobre os jornais, uma das mais severas foi o confisco temporário do jornal *O Estado de S. Paulo*, com a partida para o exílio de seu proprietário, Júlio de Mesquita Filho. Só no ano de 1942, chegaram a ser proibidos 108 programas de rádio e quase quatrocentas músicas.

A entrevista de Zé Américo acabou marcando o fim da censura prévia no Estado Novo agonizante. Em 18 de abril de 1945, Vargas decretou anistia geral para todos os condenados por aquilo que seu governo havia considerado crime político desde 1934. Isso implicou a libertação de comunistas, como Luís Carlos Prestes, e integralistas da ultradireita. Em seguida, Vargas permitiu a fundação de partidos políticos banidos desde 1937 e convocou eleições gerais e diretas para os poderes Executivo e Legislativo, a serem realizadas no dia 2 de dezembro de 1945. Mas, antes que pudesse realizar as eleições, foi deposto por um golpe militar liderado pelo general Pedro Aurélio de Góes Monteiro. Em seguida, Eurico Gaspar Dutra, candidato do Partido Social Democrático, foi eleito democraticamente para a presidência da República.

Nosso Wilson, um pouco antes deste marco, em 1944, estava em muito boas companhias. Na flor dos seus 20 aninhos, sentia-se nada menos que um milionário em seu primeiro emprego, já que, até então, tendo contrariado a vontade do pai de seguir sua profissão e estudar medicina, vivia de mesada e olhe lá, estudando línguas e letras neolatinas.

Este primeiro emprego foi por boa vontade de Castelinho. O menino muito míope havia sido mandado pelo pai de Uberaba, em Minas, para Orlândia, cidade do interior de São Paulo, porque tinha levado bomba em um dos anos do curso ginasial. Era tão míope que não conseguia aprender porque não enxergava nada. O castigo foi uma bênção — o colégio interno era pródigo em livros que Wilson devorou, iniciando ali seu gosto pela literatura. Novo castigo — papai desconfiou que o filho tinha arrumado uma namorada e o deportou para a capital, Belo Horizonte. Novo presente! A esta altura, ele já havia resolvido o problema de ter óculos e, embora nem soubesse ainda escrever à máquina, sabia escrever poesias. Gostava de escrever bonito e sabia, também, e gostava, de fazer amigos. Bons amigos.

Na pensão de estudantes onde morava conheceu muitos jovens que faziam literatura e alguns bicos no jornalismo, entre eles Hélio Pelegrino, Sábato Magaldi e Carlos Castello Branco, que viriam a se tornar, respectivamente, o psicanalista consagrado e querido pelos intelectuais de esquerda de todo o Brasil, o doutor em Ciências Humanas e maior crítico teatral do país e o colunista político mais respeitado de todos os tempos na imprensa brasileira. Foi através deles que começou a escrever para revistas e acabou conseguindo o primeiro emprego como noticiarista no *Estado de Minas*. Ali sua função era juntar as notícias que chegavam em telegramas de várias fontes. Fora estar em meio à efervescência de tantas mentes brilhantes como a sua e com elas participar de experiências em revistas de vanguarda e "do contra", já aprendia o que era a "cozinha" de um jornal. Enquanto comemorava o fato de o governo Vargas ter criado o salário mínimo profissional para os jornalistas, o dobro do salário mínimo — um ótimo reforço para a mesada! —, Castelinho o convidou para morar no Rio, onde passou pela *Tribuna da Imprensa* e pela *Última Hora* antes de chegar, com essa bagagem, ao *JB*.

> Quando cheguei ao *Jornal do Brasil*, apresentado ao Odylo pelo Castello, aquilo não era verdadeiramente um jornal. Era um boletim de notícias, com ênfase nos classificados. A redação era muito burocrática. Na verdade, era uma lástima. A primeira página quase que inteiramente coberta de classificados. Tanto que não tinha uma continuidade. Tinha dois secretários. Um trabalhava às segundas, quartas e sextas, e outro às terças, quintas e sábados, já que o jornal não circulava às segundas. Então o Odylo chegou e deu uma arrancada boa, mas ele não era um homem metódico. Era um intelectual. Tentava modificar e era sabotado pelos antigos, aqueles do pró-labore. Mas tinha muito boas ideias,

conseguiu realizar muito no tempo em que ficou, só que não media muito as consequências.

Um episódio marcante e que demonstrou bem isso foi o da visita ao Brasil do Foster Dulles [secretário de Estado dos EUA durante o governo Eisenhower]. É impressionante porque as pessoas têm uma leitura que é inconsciente. Elas não leem o que está na página. Leem o que manda o seu inconsciente, e assim foi. O Odylo estampa na primeira página uma foto do então presidente Juscelino Kubitschek com a mão estendida em frente ao Dulles. E o título da foto — nessa época se usava dar título à foto — era "Paciência, Mister". Só que estava em cartaz, na Cinelândia, uma peça de teatro de revista de muito sucesso chamada "Me dá um dinheiro aí", inspirada na marchinha de carnaval que todo mundo sabia de cor, e, imediatamente, a foto foi batizada com esse nome. Pegou como pólvora acesa. Não se falava em outra coisa, um escândalo.

A oposição deitou e rolou, a oposição avacalhou. Então, parece que o JK telefonou para a Condessa e falou: "Sinto muito, mas agora ficou mais difícil eu defender aqui a ideia do programa."

A página da edição do dia 6 de agosto de 1958 era ilustrada pela foto, enorme, de Antônio Andrade (fotógrafo baiano, já falecido, que entrou para o jornal em 1956 e que viria a ganhar um Prêmio Esso de Fotografia em 1967, na revista *Fatos & Fotos*, com uma fotografia em que bombeiros salvam uma grávida arrastada por enxurrada na Tijuca, nas enchentes do Rio de 1966). Seguindo as orientações do *Jornal do Brasil*, ele fez uma foto diferente, criativa. Juscelino, de mão estendida, em frente ao secretário de Estado, que consultava a agenda, na verdade estava respondendo a Antônio, que havia pedido que posasse por um momento: "Mas logo agora?" O gesto do presidente parece a mão estendida em um pedido e a posição da mão de Dulles na agenda parece mesmo com a de alguém que vai retirar dinheiro de uma carteira. O editor não resistiu. Sob o título geral "Resposta carioca do sr. Dulles à proposta russa", tascou o "PACIÊNCIA, MISTER", em maiúsculas mesmo, acima da foto. A legenda dava conta de que Dulles dissera "não" ao pedido de endosso para financiamentos à Petrobras.

O programa a que o presidente Juscelino Kubitschek se referira na conversa pelo telefone com a Condessa era, simplesmente, a concessão pelo governo federal de uma emissora de TV ao *Jornal do Brasil*. Àquela época somente os Diários Associados, de Assis Chateaubriand, possuíam uma concessão, que era a TV Tupi. Uma etapa fundamental para o desenvolvimento futuro do grupo jornalístico JB. Aliás, naquela época, nem se imaginava o quanto seria fundamental. O dr. Brito, tempos mais tarde, saberia, quando Roberto Marinho, editor-chefe e diretor-presidente de *O Globo*, começasse a esmagá-lo com o crescente poderio econômico angariado com a ascensão da TV Globo, quando ela se transformou em uma rede nacional de televisão. De qualquer forma, com a repercussão da foto chegando até o *The New York Times*, Brito tomou a decisão de demitir Odylo Costa Filho:

> Eu já estava insatisfeito com o mundo de gente que o Odylo estava contratando. O Aníbal Freire me dizendo: "Isso vai quebrar nas suas costas. Tinha dez, agora são duzentos!" O jornal tinha recursos vastos e estava aumentando a circulação. Lembro-me de que cheguei com cerca de 3 mil exemplares, e, nesta época, já estávamos com cerca de 60 mil, a avenida Rio Branco parava, era um verdadeiro ponto de distribuição do jornal. Mas, ainda assim, eram gastos demais. Fora isso, o Odylo tinha um temperamento muito maranhense, no sentido de que não se pode mexer no fulano. Aí houve o célebre episódio do Juscelino e o Odylo achou

muita graça em colocar aquela fotografia na primeira página sem consultar ninguém, e, em consequência, não recebemos a televisão. A Condessa ficou mal-humorada e isso contribuiu muito para a saída dele. Ele notou a insatisfação e, antes que eu o demitisse, pediu para sair.

O "jornal das cozinheiras" havia mudado de status. Estava mexendo com o poder. Mas, internamente, ainda não tinha uma estrutura de redação moderna. Quem lembra é Janio de Freitas, na época copidesque. Ele viria, pouco tempo depois da saída de Odylo, a se tornar chefe de redação. E a fazer a grande virada que realmente mudou o *Jornal do Brasil*, retirando os fios que separavam as notícias, acabando com a prática do "continua na página tal..." e, finalmente, priorizando as notícias no lugar dos classificados na primeira página, além de ter criado toda uma nova norma no uso de tipos para títulos e formas para colunas, que deram nova cara ao jornal.

> Cheguei ao Odylo indicado pelo Carlos Castello Branco, que eu tinha conhecido no *Diário Carioca*, e de quem me tornei, além de imensamente admirador, imensamente amigo. E ele nos sugeriu, ao Gullar e a mim. Era uma redação realmente muito pequenina, porque não havia um jornal propriamente. O jornal era feito basicamente em cima do material da Agência Nacional. Havia muito poucas páginas de noticiário, intercaladas nas páginas de classificados.
> Quando eu mudei o *Jornal do Brasil*, havia dezessete jornais diários no Rio. Os jornais que disputavam, naquela divisão de matutinos e vespertinos, eram o *Correio da Manhã*, que dominava, era o maior jornal do Rio, e o *Diário de Notícias*, que era o jornal da UDN, muito próximo dos militares. Esses dois dominavam a manhã. Entre os vespertinos, os fortes eram a *Última Hora*, porque tinha duas edições, o

Diário da Noite, que era dos Associados, a *Tribuna da Imprensa*, que tinha uma tiragem pequena, para os lacerdistas, e *O Globo*. E o *Jornal do Brasil*, que não disputava com esses jornais porque ele não era um jornal propriamente, ele se resumia a uma publicação de anúncios e classificados. Todo o equipamento do *Jornal do Brasil* era do começo do século. Era muito, muito ruim, muito deteriorado. E eles só tratavam de substituir aquilo que era útil para os anúncios de classificados, para os anúncios fúnebres. Então, a tipologia era a pior do Rio de Janeiro. Nem a *Gazeta de Notícias*, ainda do tempo das crônicas do Eça e do Machado, era tão ruim. Para se ter uma ideia, ainda havia tipos de madeira no *Jornal do Brasil* para compor títulos grandes.

Amílcar de Castro e Ferreira Gullar tiveram atritos com Odylo. Ambos deixaram o jornal. O copidesque havia crescido. A redação estava se modificando, embora as primeiras páginas do jornal ainda entremeassem notícias com classificados. A renovação era constante, e, na saída de um editor de Esporte, Carlos Lemos foi convidado a assumir a editoria. Janio, que não se sentia confortável na ausência de seus dois amigos e na convivência com o pessoal que havia chegado da *Tribuna da Imprensa* — não por problemas pessoais, mas por não ser udenista, e também por saber que Odylo queria usar o esporte para fazer experimentações —, foi junto, como subeditor. Começou a usar ali experiências que deram certo na revista *Manchete*. Fotos em grande escala, por exemplo. Odylo estava adorando.

Bem de acordo com seu temperamento irreverente, Carlos Lemos, um belo dia, resolveu ousar um pouco mais. Ele conta:

> Eu havia ido para a cobertura da Copa de 1958. Eram uns doze ou quinze jornalistas, hoje tem setecentos em cada sede. Gostaram muito da minha reportagem, da minha

cobertura. O Odylo disse: "Você quer ir fazer a reforma no Esporte?" Eu pensei: "Caralho, Esporte serviu para eu ir cobrir a Copa, eu não posso recusar esse convite." Respondi: "Tem uma condição, primeiro acertar salário, segundo, eu quero que o sub seja o Janio Freitas, porque o Janio tem experiência em diagramação, é mais experiente do que eu." Aí nós fizemos uma reforma boa e todo mundo atribuía ao Janio a reforma. Eu ficava meio puto, porque era o Janio, mas o chefe daquela merda era eu.

Carlos Lemos é de uma espécie de jornalista capaz de, como editor de Esporte, decidir ir ele mesmo participar da cobertura de uma luta de boxe do nosso único campeão mundial dos pesos galo (nesta época se preparava para a disputa em 1960), Éder Jofre, apesar de já ter designado três repórteres para a tarefa. Enquanto a equipe se incumbia de cobrir tudo nos conformes, ele ficou de costas para a luta, olhando a mulher do lutador. Fez a matéria através dos olhos e das reações da mulher:

> Eu procurava sempre um outro ângulo. E, no Esporte, estávamos fazendo a Reforma, mas os méritos iam sempre para o Janio, que era mais conhecido do que eu, mais antigo na profissão. Um dia, tinha um daqueles ventiladores de pé, o Janio se descuidou e cortou o braço. Ficou uma semana sem trabalhar. Pensei: "Agora eu vou mostrar que Carlos Lemos existe."
>
> O Amílcar de Castro dizia que tinha que tirar os fios do jornal. Ele tinha uma tese muito boa: jornal se lê da esquerda para a direita e de cima para baixo, e fio não é letra, no jornal se lê letra; não precisa ter fio, porque não se lê fio. Mas o Odylo não tirava os fios, não mandava tirar. Aí eu digo: "Ahhh, agora eu vou... tirar esses fios daqui." Fui na oficina e disse: "O Esporte hoje vai sair sem fio." O cara da

oficina olhou pra mim: "Quem mandou?" "Eu! Quem manda nessa merda sou eu! Quem manda no Esporte? Sou eu! Vai tirar o fio! Abre a medida para duas picas [a unidade], duas picas, ou paicas, sei lá, abre o espaço para duas paicas. E sai sem fio." E saiu sem fio. Saiu bonito pra cacete. Aí cheguei no jornal no dia seguinte. Vieram me chamar: "O Odylo quer falar com você, está puto!" Ah, não fiz nada, vou lá. Ele: "Quem mandou você tirar os fios do Esporte?" "Eu!" "Mas você não pode fazer isso sem minha ordem!" Eu digo: "Fiz, né? Se você quiser, você está livre para me demitir, me punir, o que você quiser." Ele disse: "Não! Não! Ficou muito bom, eu vou mandar tirar o fio do resto do jornal inteiro!" Aí mostrei que não era o Janio que fazia tudo, que eu fazia também as minhas lambanças.

Odylo não mandou tirar os fios que separavam as notícias do resto do corpo do jornal, embora Amílcar, que já não estava mais por lá, tivesse razão — pesavam nas páginas e não tinham função alguma além de enfeá-las. Mas o dr. Brito prestou atenção na modificação ocorrida nas páginas da editoria de Esporte. E convidou Janio de Freitas para ser o chefe de redação depois da saída de Odylo e da passagem de um outro editor que ficou pouco tempo no jornal.

O convite foi aceito sob a condição de que a empresa promovesse a renovação do maquinário de impressão. Brito, em contrapartida, fez uma exigência: que Janio dobrasse, em um ano, a circulação do jornal. Desafios de parte a parte aceitos, mãos à obra.

Eu conhecia oficina de chumbo muito bem, era capaz de paginar no chumbo. Eu sabia como cutucar uma linotipo, como usar cada equipamento gráfico, porque, quando fui do *Diário Carioca*, me interessei muito por ver como aquela coisa era feita, como era aquele troço de no final saírem aquelas coluninhas certas. Eu quis aprender. Quando fui para o *Jornal do Brasil*, aconteceu exatamente a mesma coisa.

Eu sabia, o que não era o caso do Amílcar, do Lemos, do Odylo, do Brito, o que uma máquina chamada Ludlow me permitiria fazer. É uma máquina de títulos. Há uma régua, uma canaleta, na qual você põe matrizes, que permitem a você fazer títulos muito rápido. As letras saem todas juntas, numa linha de chumbo dura, fixa, e isso permitia montar, alinhar títulos um em cima do outro, quebrá-los, fazer o que se quisesse.

E eu estudei muito jornal, por minha iniciativa e autodidaticamente, como e a partir do quê? A partir da minha condição primordial, que é a de leitor. Eu penso menos como jornalista do que como leitor quando estou diante de um jornal. E foi isso que me levou a pensar em uma porção de coisas. Por exemplo, por que criei um modo que mudou completamente as primeiras páginas de jornal, não só no Brasil, mas em muitos países? Porque, como leitor, me aborrecia profundamente aquela coisa de estar lendo a primeira página e chegar ali e dizia "continua na página 16". Lá ia eu para a página 16, acabava de ler aquilo, voltava para a primeira página para começar a ler um outro assunto que tinha me interessado e que ia me despachar para a página 21, da qual eu voltaria para a primeira página... enfim, ter que repetir isso um número infernal de vezes. Quem bola esta solução não é um jornalista, é aquele que, antes de tudo, é um leitor.

Comecei a ler o jornal cedo, sempre com uma imensa insatisfação, e eu acho que isso foi determinante para que eu percebesse as carências que havia no noticiário, na temática dos jornais, além de um inconformismo com o marasmo brasileiro, com o descaso brasileiro por tantas coisas sérias.

Janio foi mudando, além da cara, o conteúdo do jornal, levando à primeira página temas que não a frequentavam. As manchetes e chamadas, que até então se restringiam a temas internacionais, passaram a ser apresentadas na primeira página em forma de superlides e a abordar assuntos nacionais e locais, introduzindo grandes reportagens sobre as questões sociais — como o abandono infantil e a situação dos manicômios — e isso fez um grande sucesso.

Mas a grande virada se deu no dia 2 de junho de 1959. Pela primeira vez, os classificados deixavam de ter primazia na primeira página. Vinham em forma de L, ocupando uma coluna vertical à esquerda e duas colunas horizontais no rodapé. A foto de um navio russo chegando de surpresa ao Rio de Janeiro ocupava quase toda a metade superior da capa, recheada de notícias.

O contraste com a edição do dia anterior é chocante. Quem consultar a hemeroteca da Biblioteca Nacional, ou acessar seu site, poderá comprovar. A edição dupla de 31 maio e 1º de junho mostra um jornal que parece datar de décadas atrás. A primeira página traz, além da manchete e da submanchete, apenas duas fotos com legendas — já belas e criativas, é verdade, mas apenas isto —, a previsão do tempo, o índice e uma chamada para uma nova série sobre um livro de memórias a respeito do marechal Montgomery e a Segunda Guerra Mundial. O restante, todo coberto de anúncios classificados.

No dia seguinte ao da virada, 3 de junho de 1959, a edição demonstrava que o padrão seria mantido. O miolo da primeira página, abaixo da manchete, vinha recheado com duas fotos grandes, com legendas de textos primorosos em itálico. A foto da primeira dobra, uma pequena obra-prima, mostrava padres com as costas iluminadas por raios de sol. Sob o título "Juscelino ganhou binômio no pão espiritual", informava o encontro entre Dom Hélder (arcebispo-coadjutor do Rio de Janeiro, na época) e JK, em prosa admiravelmente poética:

> Era um salão no Cosme Velho. A convivência entre eles iniciara-se em 1915. Quando se separaram, o homenageado era ainda um menino. Agora, estavam juntos, novamente, à mesa. O velho Reitor octogenário observava o antigo discípulo, fazendo um discurso para os atuais alunos, outros meninos. Era um simples refeitório do Colégio São Vicente, dos lazaristas. No começo da refeição, as batinas pontilhavam severamente a mesa. Depois o Sol foi entrando e colocou tiras verticais, iluminando os padres, da tonsura aos pés. O Presidente sorriu, como um menino. D. Hélder observou-o. Mais tarde, definia-lhe as virtudes: "V. Excia. tem duas qualidades: simplicidade e incapacidade de odiar." O Presidente saiu contente. Ganhara, entre os lazaristas, um binômio do pão espiritual.

Era a conclusão de um processo que havia durado quase três anos e que foi, sim, efetivado por Janio, mas que muito se atribui, injustamente, a Amílcar de Castro com exclusividade. Hoje, aos 83, Janio se diverte ao lembrar de uma entrevista dada há alguns anos, na sucursal da *Folha de S.Paulo* no Rio:

> A moça se chamava Beth e me fez perguntas muito superficiais, para uma pesquisa sobre o *JB*. Na saída, fui levá-la ao elevador, e ali, na porta do elevador, ela me disse: "Aliás, olha, eu vi as duas páginas mais lindas do jornalismo brasileiro. São a primeira e a última páginas do Caderno de Brasília [caderno publicado em 21 de abril de 1960, em comemoração à inauguração da Capital Federal], do Amílcar. Realmente é uma coisa sensacional. Agora, os dois textos, os dois textos... Ferreira Gullar é um prodígio. São os textos mais lindos que eu já li..." O texto era meu, e, quando o Amílcar chegou, as páginas já estavam prontas.

Como a maioria dos grandes jornalistas que tornaram o *Jornal do Brasil* um veículo tão singular, e comprovando o que contou Wilson Figueiredo sobre a inexistência do jornalismo como uma profissão naqueles idos do final da década de 1950, Janio não pensava em ser jornalista. Queria seguir carreira na aviação. Não na aviação comercial, que ele é sempre diferente, *gauche*, independente, embora seja um homem muito elegante e formal. Mas é de procurar caminhos próprios, inusitados e ousados, como fez quando engendrou a ideia genial que lhe rendeu o Prêmio Esso, o Prêmio Rei de Espanha e outros mais com a reportagem de maio de 1987. Ele descobriu que a concorrência da ferrovia Norte-Sul — uma das maiores obras do governo Sarney — seria fraudada. Publicou o resultado nos anúncios classificados dias antes da abertura da licitação e, no dia da divulgação do vencedor, reproduziu o anúncio na primeira página da *Folha de S.Paulo*, jornal onde desde 1983 publica seus artigos e do qual integra o conselho editorial.

A denúncia provocou a anulação da concorrência e o adiamento das obras orçadas em US$ 2,4 bilhões.

Um joelho machucado em um acidente esportivo fez com que os Fokker ou os caças provavelmente perdessem um exímio piloto e legou ao jornalismo seu talento. Afastado temporariamente da carreira que tinha escolhido, ele começou a se interessar pelo jornalismo na área de diagramação, porque era bom desenhista. Primeiro na revista do *Diário Carioca*, precursor da modernidade ao estilo *The New York Times* no jornalismo brasileiro, onde trabalhou com jornalistas legendários, como Luís Paulistano e Pompeu de Sousa. Já escrevia muito bem, e acumulou o trabalho no jornal com o de redator na revista *Manchete*. Lá, foi de tudo: repórter, fotógrafo, diagramador e redator-chefe, integrando a equipe que revolucionou a revista, sob a direção de Otto Lara Resende.

Janio não permaneceu por muito tempo no *Jornal do Brasil* depois de também ter provocado aquela revolução no jornal e de ter cumprido sua parte no acordo com Brito, dobrando a tiragem. Apesar de não ter se tornado piloto, não é homem de voos rasos.

> O *Jornal do Brasil* começou a fazer um tipo de jornalismo descomprometido quando todos os jornais tinham os seus compromissos políticos e partidários. Também não tinha compromisso de negócios. Obviamente, toda notícia contraria algum lado. O *JB* entrou contrariando setores que não admitiam ser contrariados, porque nunca tinham sido contrariados de fato. Estavam sendo publicadas coisas a respeito de negócios que não agradavam. Os governos também não estavam dispostos a esse tipo de coisa. Então a carga de pressão era muito grande. A Federação das Indústrias era presidida por um sujeito que nos fez coisas terríveis. Na área política, tinha o Carlos Lacerda. O Brito não tinha nenhuma simpatia por ele, de modo que por aí não pegava. Mas pelo lado dos negócios, pegava.
>
> Começaram a falar que eu era comunista, cubano. Você publicava, àquela altura, por exemplo: "Pela primeira vez, desde a Revolução Russa, um primeiro-ministro da União Soviética vai à ONU [Organização das Nações Unidas]." Evidentemente, isso era um fato para a primeira página. Só que publicar isso na primeira página foi um escândalo. Diziam: "É propaganda comunista mais deslavada!" Coisas desse tipo. Foi uma coisa muito complicada, muito difícil. Durante certo período, enquanto estávamos tendo um êxito que eles não esperavam — porque eles nunca esperaram aquilo —, tudo bem. Nunca tinham pretendido ter o maior e o mais influente jornal do país. Eles nunca tinham pensado nisso, nunca tinha passado pela cabeça deles. De repente, acontece. Então, eles estavam muito deslumbrados com aquilo tudo. E pensavam sobre mim: "É melhor não mexer com esse menino." Seguravam muitas pontas. Mas,

em seguida, começaram a achar que voavam sozinhos: "Então vamos começar a tomar providências para cortar as asas desse menino." Eu não estava lá para cortar as asas de ninguém. Muito menos as minhas. Caí fora.

A mistura de dinheiro e poder complica um quadro que era simples, quando tudo se dava em torno de um jornal que se limitava a ser um boletim de anúncios. E se Brito e a Condessa estavam preocupados com o perfil ideológico de Janio, Janio também começava a se preocupar com o caráter da instituição em que estava trabalhando.

Começaram a chegar a seus ouvidos, por fontes confiáveis, informações sobre atividades financeiras nada lisonjeiras para o jornal. O *JB* teria recebido um empréstimo em bases privilegiadas da Caixa Econômica Federal, através da influência de um sobrinho da Condessa, procurador do banco. E também uma importância elevada de recursos do Instituto de Pesquisas e Estudos Sociais (Ipes).

O Ipes começou a ser articulado em 1961 e foi fundado oficialmente em fevereiro de 1962 por um grupo de empresários do Rio e de São Paulo, logo ganhando a adesão de classes produtoras de outros estados, gente que via como um perigo as ligações do presidente João Goulart com o movimento sindical e temia a suposta influência comunista em seu governo. O Ipes promoveu uma intensa campanha antigovernamental, publicando artigos nos principais jornais do país, produzindo uma série de filmes de "doutrinação democrática", financiando seminários e conferências públicas, livros e panfletos anticomunistas. E pagando publicidade nos meios de comunicação para tentar influenciar seu noticiário. A instituição, também suspeita de apoiar os órgãos de repressão, chegou a ser alvo de uma CPI, acusada de financiar ilegalmente campanhas eleitorais em 1962, mas acabou absolvida e teve seus préstimos ao regime militar reconhecidos ao ser declarada "órgão de utilidade pública" por decreto presidencial, em 1966. Ficou em atividade até 1972.

M. F. do Nascimento Brito, durante a gestão de Janio de Freitas, havia deixado de ser um simples consultor jurídico do Banco do Brasil e administrador da Rádio JB para se tornar um homem poderoso de boas relações com outros homens poderosos. Tornara-se, por exemplo, íntimo de Santiago Dantas, militante da Ação Integralista Brasileira na década de 1930, por anos diretor do *Jornal do Commercio*, advogado, especialista em temas internacionais que fora nomeado pelo presidente Janio Quadros embaixador do Brasil junto à ONU. Santiago convidou Brito para um encontro com Janio. Brito estava muito aborrecido com o presidente por este ter incluído, em um de seus discursos logo após a posse, críticas aos jornais. Em fala transmitida pela TV, Janio, com um exemplar do *Estado de S.Paulo* em mãos, acusava os veículos impressos de consumirem muito papel, para prejuízo do Brasil. Anos mais tarde, Brito se lembraria assim de sua intimidade com o poder:

> Santiago me convidou para um encontro com Janio, informando que o presidente me nomearia para ir à ONU. Ele me disse: "Vá lá, seja amável." Encontrei o Janio com aquela roupa de hindu, passando uma espinafração no ministro da Aeronáutica na minha frente, uma coisa muito dura. Fomos para a Casa Civil, onde estavam José Aparecido e Castelinho [secretário particular e assessor de imprensa do presidente]. Janio odiava o Congresso e dizia horrores dos deputados. Nomeava. "Esse é ladrão, aquele é ladrão."
>
> A dadas tantas, o Quintanilha [Francisco de Paula Quintanilha Ribeiro, chefe do Gabinete Civil da Presidência] entra na sala reclamando que não tinha fraque para a cerimônia do Dia do Soldado, que seria realizada mais tarde. E eu disse: "Posso emprestar, temos o mesmo corpo."

Ele experimentou meu paletó e, como serviu, liguei para o jornal — olha que naquela época ligar de Brasília para o Rio era uma façanha — e mandamos vir o fraque de avião. O presidente me convidou para a solenidade, mas eu disse que tinha que voltar para o Rio: "O Lacerda vai falar." E ele me perguntou se eu era lacerdista. Respondi que não e a conversa prosseguiu sobre a oposição. Foi encerrada com um diálogo interessante. O Zé Aparecido disse: "As classes conservadoras não fazem revolução." E o Janio Quadros de bate-pronto: "Não fazem mas financiam." Longe de mim imaginar que, no dia seguinte, o presidente iria renunciar. E eu ainda, durante toda a crise nacional, tive que ficar procurando o meu fraque, que foi parar em Belém!

E assim lá se foram os dois Janios, deixando seus cargos empurrados por forças nem tão ocultas. O país, em polvorosa. O *Jornal do Brasil*, enriquecendo e se tornando cada vez mais importante. Em poucos meses iria ter seu novo editor-chefe, Alberto Dines. E viver sua década de ouro — que, entretanto, iria coincidir com os anos mais duros da ditadura militar brasileira. E com a convivência cada vez mais complicada do jornal com o poder.

Existia, no entanto, um oásis, em plena redação. Inspirado naquele Suplemento Dominical de vanguarda e surgido no início dos anos 1960, reunia uma maioria de mulheres, mais conhecidas como "as meninas". E também uma nata de intelectuais e repórteres que iam provando que cultura podia e devia ser tratada a sério. O Caderno B.

5
Cultura não é adereço: o Caderno B

"Vai, Carlos, ser molestado na vida." O título, na primeira página do B (para os íntimos), encimava a matéria que até hoje deixa vermelha, ao mesmo tempo envergonhada e eufórica, a jornalista que continua sapeca 38 anos depois. Usando como disfarce apenas uma prancheta, ela se fingiu de estudante e teve a porta da casa do poeta, totalmente refratário a entrevistas, aberta pelo próprio para ela, na véspera do aniversário dele. Norma Couri continua, principalmente, orgulhosa do feito, só possível porque o Caderno B era o Caderno B:

> O Carlos Drummond de Andrade era uma figura que todo mundo queria entrevistar, e ele, evidentemente, não se deixava entrevistar. Com a proximidade do seu aniversário, eu comecei a telefonar para a casa dele e ele atendia e falava: "Ah, tudo bem." Conversava, não sei quê... aí chegava o momento crucial: "Drummond, olha, a gente queria fazer uma entrevista com você." Pronto, começava a tossir: "Coff, coff, coff. Estou muito doente, não estou podendo." E desligava o telefone. Uma vez, duas vezes, três vezes. Eu falei para o editor, que na época era o Humberto Vasconcelos, que já morreu até: "Eu vou tentar, você me dá um tempo?" E ele me deu, porque isso era uma característica do Caderno B, confiar nos repórteres, dar tempo para investigação, para apuração.

Um belo dia, já com o endereço, eu saio... com a roupa que a gente usava mesmo. Peguei uma prancheta... não sei o que é que me deu, peguei uma prancheta e uma caneta BIC e cheguei lá no prédio onde o Drummond morava, na Bulhões de Carvalho, em Copacabana, falando comigo mesma: "Eu vou subir." O máximo que podia acontecer era um guarda-costas me atirar pela janela, né? Mas a gente tinha que tentar. Aí toquei a campainha, abre a porta o próprio Drummond. Eu fiquei apavorada, tão espantada que fiquei olhando para a cara dele. "Ah, já sei, você é uma estudante que veio conversar comigo, entra aqui." Abriu a porta e eu adentrei o apartamento. "Senta aqui, eu vou trazer chocolatinho pra você." Trouxe chocolate, conversou por quase duas horas, papo maravilhoso, e eu perguntava algumas coisas muito timidamente, porque fiquei mesmo em estado de choque.

Norma voltou para a redação e contou a Humberto Vasconcelos sua façanha. O editor perguntou:

— Você anotou?

— Anotei muito pouco, para ele não perceber que eu era jornalista.

— Então senta e escreve para não esquecer.

— Mas, Humberto, eu não posso publicar essa matéria. Não posso fazer isso com o Drummond, eu faria se fosse com um Newton Cruz, mas com o Drummond?

— Escreve para você guardar e me dá para eu ler.

Norma escreveu. E Humberto mandou direto para a oficina a matéria que foi, sim, publicada dois dias mais tarde, em 31 de outubro de 1977, exatamente o dia do aniversário de Drummond, na capa do caderno, com direito à chamada na primeira página. Escreveu um texto primoroso, com a feliz ideia de entremeá-lo com trechos muito bem selecionados de poesias do entrevistado à revelia. Abria se desculpando. Mas não precisava. Ao lado da abertura fantástica, a entrevista — com perguntas e respostas que revelam a memória impressionante da "estudante"— demonstrava que o poeta gostara da conversa...

A matéria, ilustrada por fotos de Luiz Carlos David, se encerrava assim:

> Mas desde 1930, quando lançou seu primeiro livro — e ele tem muitos — Drummond perdeu o direito de não ser publicado, uma predição que seu anjo torto não incluiu. Ainda que a culpa de violentá-lo seja tão grande que seus próprios versos sejam usados como desculpa. Ainda que mal pergunte; ainda que mal respondas; ainda que mal te entenda; ainda que mal repitas; ainda que mal insista, ainda que mal desculpes; ainda que mal me exprima, ainda que mal me julgues...
>
> > E o que vale uma entrevista
> > Se o que não alcança a vista
> > nem a razão apreende
> > é a verdadeira notícia?

O Newton Cruz que Norma não teria vergonha nem mágoa de enganar para entrevistar era ele mesmo, o então (e até praticamente o fim da ditadura) chefe da Agência Nacional do SNI (Serviço Nacional de Informações), o comando dos órgãos de repressão do regime militar. Em 1977 vivia-se o início da chamada "abertura democrática", com o presidente Ernesto Geisel começando a negociar com os partidos a ideia de convocação de uma Constituinte, mas os tempos ainda eram muito difíceis. O *Jornal do Brasil* abrigava em seu corpo de repórteres, redatores e colunistas — e o Caderno B era um de seus principais redutos —, grandes nomes da intelectualidade brasileira antirregime. Norma lembra:

A gente tinha o Ruy Castro [o jornalista mineiro de Caratinga que viria a se tornar um dos maiores biógrafos brasileiros], o Eduardo Coutinho, que tinha sido censurado com o filme dele, *Cabra marcado para morrer*. Quando veio o golpe de 64 e ele foi procurar emprego, acabou batendo lá no *JB*. Falaram: "Ah, tudo bem, entra." Porque o *JB* era uma grande mãe, as pessoas pediam emprego e entravam. O Antonio Callado, que também foi preso, era editorialista. E o Cícero Sandroni, que foi presidente da Academia Brasileira de Letras. Tinha a Clarice Lispector, como colunista. O Villas-Bôas Corrêa estava na Política. Você passava pelos corredores e via o próprio Drummond, assim meio que se escondendo, se encostando nas paredes, como se pudesse não ser visto. Então, era esta a redação do *Jornal do Brasil*, ou seja, todo mundo queria visitar o *Jornal do Brasil*. Era uma época em que entravam hordas de crianças, adolescentes, adultos, olhando assim de boca aberta para a redação... Olhando aquele celeiro de mentes de criação cultural. E eu lembro que o Fritz [Fritz Utzeri, repórter especial, na época], nosso colega, botava um cartaz assim bem grande, quando ele via aquele bando entrar, na mesa bem da frente, que era: "Não converse nem jogue amendoim para os jornalistas."

Norma Couri contrariou o pai advogado, que dizia que a moça iria morrer de fome com a escolha da carreira que lhe arrebatou o coração quando assistiu à formatura de um namorado, na PUC do Rio de Janeiro. Exatamente aquela formatura em que Alberto Dines fez seu discurso arrasador contra a ditadura. O namorado, encantado com o paraninfo, insistindo: "Você tem que fazer jornalismo, você não pode perder esse professor!" E o pai de Norma, que a acompanhava, profetizando: "Esse cara vai sair daqui preso." Errou por pouco, porque Dines foi preso em casa. E também não foi capaz de adivinhar que a filha, anos depois, se casaria com o professor, com quem vive até hoje.

Norma brilhou no Caderno B durante muitos anos, tendo sido também correspondente do *Jornal do Brasil* em Portugal. Seguiu carreira posteriormente na *Veja* e na *Folha de S.Paulo*, tendo passado pela área acadêmica, com cursos de mestrado em jornalismo na Universidade de Columbia, nos Estados Unidos, e de doutorado em história na USP. Ao relembrar o início de sua trajetória, ela define muito bem o que era o B na sua época, a época em que Dines assumiu totalmente a gestão do jornal, meados da década de 1960:

> Primeiro, fiz um estágio em *O Globo* e depois fui para a editora Delta Larousse em que a chefe do meu setor era a Ana Arruda [jornalista], que depois ficou Callado [ao se casar com Antonio Callado], e aí a Ana Arruda foi chamada para criar no *Jornal do Brasil* o Caderno I, um caderno infantil. Era um caderno para crianças, mas muito plástico, porque naquela época eles pagavam para artistas plásticos fazerem as capas e era tudo original, lindo, em quatro cores. Evidentemente, era caro, mas o jornal bancava. E a Ana Arruda criou o Caderno I, levou a equipe dela toda e eu junto.
>
> Numa certa altura a Ana sumiu, desapareceu. A Ana tinha sido presa [a jornalista entrou para o grupo Resistência Armada Nacional — RAN e foi para a prisão em 1973]. Imagina, a editora do caderno infantil acabou presa. Ela ficou bem traumatizada e, quando voltou, ficou ainda um tempo, e depois o caderno acabou. Mas não era como hoje, que o caderno acaba e você vai para o olho da rua. Foram realocando as pessoas, e eu fui para o Caderno B.
>
> Quem não viveu aqueles anos não faz a menor ideia do que era aquilo, era uma época de linguagem subliminar, de subtexto, para você conseguir passar as coisas, e quem geralmente conseguia isso era o Caderno B. A censura não estava focada ali, estava focada na primeira página, na política, na economia. E aí era uma censura acirrada mesmo,

e o Caderno B começou... a sair pela culatra. Chico Buarque tendo as peças, as músicas censuradas, e não se podia falar, então você tinha que falar por outro lado, na boca de um ator saía alguma coisa, em um personagem. E todo mundo aprendeu a escrever assim, e as pessoas aprenderam a decifrar assim. Não era uma coisa alienada como hoje, você tinha gente fazendo reportagem, tinha matéria investigativa.

Tinha mesmo, e Norma era especialista nisto. Novo disfarce, desta vez de bata branca, e lá foi ela. Desta vez, travestida de psicóloga — ou seria fisioterapeuta? —, conseguiu entrar no mundo de horrores, até então totalmente desconhecido pela sociedade, da Colônia Juliano Moreira, em Jacarepaguá, no Rio. Acompanhava a psiquiatra Nise da Silveira, uma guerreira que já havia conseguido fundar ali o Museu do Inconsciente, em que os internos com doenças mentais e talentos especiais eram incentivados a exercitar sua arte. A Colônia, entretanto, havia se degradado a ponto de seus pacientes estarem sendo tratados como mendigos, em condições sub-humanas. O governo, responsável pela instituição, fechava o cerco, proibindo a entrada da imprensa. A reportagem do Caderno B, do dia 29 de agosto de 1977, assinada por Norma Couri, ganhou duas páginas no jornal e finalmente conseguiu dar voz à doutora. Além da garra e do talento da repórter, Norma reconhece, também só foi possível porque o B era o B. E o *Jornal do Brasil* era o *Jornal do Brasil*.

> Acabei entrevistando aqueles artistas maravilhosos, mostrando aquelas pinturas incríveis, e eles estavam ali feito indigentes, com uma trouxinha na mão... e ela era de briga, a Nise da Silveira, personagem de *Memórias do cárcere*, do Graciliano Ramos. Eu lembro que essa matéria não foi feita em um dia só. Tínhamos um editor que nos dava essa chance, havia toda uma corrente positiva.

Outro exemplo. Quando o Kissinger [secretário de Estado dos EUA] veio ao Brasil conversar com o presidente Figueiredo, ele ficou algum tempo e me destacaram para o acompanhar, pelo Caderno B. Por que me destacaram? Porque a gente desconfiava que a Zuzu Angel, que era uma estilista maravilhosa, ia armar alguma sobre o desaparecimento do filho dela, o Stuart Angel, com o Kissinger, porque, um pouco antes, ela tinha feito um desfile em Nova York com as modelos vestidas de preto, com caveiras estampadas nos tecidos. E aí eu tive a abertura de ficar seguindo o Kissinger. Até o dia em que, no hotel Sheraton, em São Conrado, adentra a Zuzu Angel de chapéu rosa, linda, eu me lembro porque foi um impacto. Ela estava vestidíssima, em saltos maravilhosos. E entrega uma carta para ele. É claro que nessa carta estava a história do filho dela. Provavelmente o Stuart já devia ter sido morto, daquela maneira horrível, e ela não sabia — nem ninguém — que os militares da repressão puseram a boca do rapaz no cano de descarga de um carro e ficaram dando voltas até ele morrer. Mas o filho tinha sumido, e ela entrega a carta na esperança de que o Kissinger fosse denunciar. Imagina! Tanto a carta foi para o buraco que, depois de alguns anos, ela foi morta no túnel Dois Irmãos, naquele desastre de carro mal explicado até hoje. Mas quem foi cobrir isso foi o Caderno B. Porque a Zuzu era uma pessoa ligada ao mundo da cultura e nós sabíamos que cultura não é adereço. Se você quer conhecer um país, vai ler a literatura que está sendo feita naquele momento, vai ver o cinema que está sendo produzido, vai ver o teatro que se está fazendo lá e também sua moda e sua música, porque isso tudo é um reflexo do que aquela sociedade está pensando.

José Carlos Avellar era um daqueles jornalistas para quem o cartaz de Fritz alertava que não se devia jogar amendoins. Seu belo trabalho de diagramador, somado ao de crítico de cinema, também contribuía no B exatamente para que os leitores pudessem ver, da melhor e da mais bela forma possível, o que a cultura estava produzindo e o que a sociedade estava pensando. Ele lembra outros feitos da turma que recebia as hordas de visitantes:

> Com o Grisolli [Paulo Affonso Grisolli, um dos editores do Caderno B], criou-se um bom espaço para a crítica de artes plásticas, de cinema, de teatro, de literatura, de música, e aí existia uma questão diferente, porque o que se fazia, até então, era impor ao crítico um modelo. Tinha um tamanho de texto e de título e os títulos eram sempre o nome da peça, o nome da exposição, do filme ou do livro. E, em discussões, nós acabamos decidindo fazer completamente diferente do que se adotava, não só no *JB*, mas em todos os jornais. Vamos liberar essa coisa de ter um título fixo, um tamanho fixo, e vamos fazer com que os títulos sejam já uma primeira linha da crítica. Quer dizer, o crítico Yan Michalski, quando for escrever sobre *A megera domada*, a pessoa vai ler não simplesmente porque se trata de uma peça de Shakespeare, mas principalmente porque se trata de um texto do Yan. Então é preciso que o Yan dê o título que ele queira dar com absoluta liberdade. Pode ser curtinho, uma palavra, ou um texto mais palavroso, e então nós organizávamos a diagramação de acordo. Na rapidez da notícia, no Primeiro Caderno, a gente ficava trabalhando no jornal até tarde e cada nova informação que chegava, mesmo depois da página fechada, nós podíamos substituir aquela notícia por uma outra. Um redator conseguia fazer uma notícia que coubesse no espaço daquela outra, tirar e encaixar para fazer um outro clichê. No Caderno B era diferente. Não dava para você eliminar as

últimas linhas do texto, não dava para você determinar um tamanho de título, porque o desenvolvimento de raciocínio de um texto crítico vai da primeira à última linha.

Todo esse cuidado na forma valia a pena. Afinal, era pelas páginas do B que se contrabandeava muito do conteúdo que não se podia publicar no Primeiro Caderno. Avellar cometeu algumas boas estripulias contra a ditadura:

> O Caderno B foi principalmente um centro de reflexão política da sociedade brasileira. Não importa se nós estivéssemos escrevendo ali sobre cinema, sobre teatro ou sobre literatura. Na verdade, durante a ditadura militar, o principal partido de oposição foi a classe artística. Então, quando você estava escrevendo sobre uma peça, sobre uma música, você estava desenvolvendo um pensamento crítico, rigorosamente de oposição ao governo. Algumas vezes, declaradamente encaixando mesmo dentro do texto algumas indiretas ou entrelinhas.
>
> Eu lembro que o jornal recebeu uma proibição de notícias sobre contratos de risco que a Petrobras estava fazendo. Por acaso, havia um filme americano em que um matador de aluguel era contratado para matar alguém. Escrevi a crítica falando do filme e, sem mais nada, botei o título "Contrato de risco", o que acabou gerando um violento processo da censura porque não se podia falar em contrato de risco. Eles foram à redação do jornal e eu disse: "Eu não estou falando de contrato de risco, eu estou falando do filme." Evidentemente, não havia nenhuma inocência de minha parte nisso. E não só de minha parte, e não só com cinema. Uma outra situação foi com um conjunto de peças de teatro que estavam estreando no mês de abril. Tinha sido editado o Pacote de Abril [conjunto de leis outorgadas pelo presidente Geisel, em abril de 1977, que fechou o Congresso temporariamente,

criou a figura do "senador biônico", indicado pelo presidente, manteve eleições indiretas e aumentou o mandato presidencial de quatro para cinco anos]. Aí nós fizemos uma página, um texto com o título "O bom pacote de abril".

> Pisar na grama
> Afixar cartazes
> Cuspir no chão
> O Palavrão
> [...]
> Ultrapassar esse limite
> Arrancar flores neste jardim
> O uso de aparelhos sonoros nesse veículo
> Tocar
> Fazer barulho depois das 20 horas
> Buzinar em frente ao hospital
> Falar em voz alta
> Conspirar
> [...]
> Aos menores de 18 anos
> Aos pobres de espírito
> Aos homens e mulheres
> É
> Estacionar
> Fugir
> Achacar
> Mentir
> Assassinar

A lista vinha abaixo do título "É". E somente na última linha vinha escrito "proibir". O poema foi publicado na Revista de Domingo do dia 3 de setembro de 1972. Era estripulia de Marina Colasanti contra a ditadura, hoje escritora consagrada na literatura adulta e infantil, best-seller, autora de mais de cinquenta livros. Nem a primeira nem a última de uma mocinha de boa família, formada em belas-artes, que chegou ao *Jornal do Brasil* em 1962 e fez de sua experiência no jornal o marco de sua vida.

O Brasil via, naquele 1972, sob a gestão do general Emílio Garrastazu Médici, a escalada da violência do regime militar que atingiria seu ápice em pouco tempo. A censura e a repressão recrudescendo. Havia começado, por outro lado, a guerrilha do Araguaia, usada pelo governo como justificativa para seus mais injustificáveis atos, como o desaparecimento de pessoas suspeitas de engajamento na luta contra a ditadura.

Parece que Marina estava adivinhando o que aconteceria três dias depois da publicação de seu texto com o recado "é proibido proibir". Em 6 de setembro de 1972, a censura baixou uma ordem que hoje soa cômica, mas que era, naqueles dias, bastante trágica para a liberdade de todos:

> Está proibida a publicação do decreto de D. Pedro I, datado do século passado, abolindo a Censura no Brasil. Também está proibido qualquer comentário a respeito.

Naquele ano foram expedidas 29 ordens de não publicação de temas, e dadas como desaparecidas trinta pessoas. Estava em vigor, desde 1970, por decreto, a censura prévia, a que eram submetidos não apenas os jornais, mas toda a produção artística nacional. Músicas, livros, peças teatrais e até mesmo novelas e séries de TV foram censurados durante a década, e somente no início do governo Figueiredo a censura foi abolida no país.

Marina relembra essa época:

> Fui chefe de reportagem, secretária de texto, pauteira, ilustradora — porque para ganhar mais dinheiro eu também fazia ilustrações para o caderno. Eu não sabia nada de imprensa,

aprendi tudo, fiz curso básico, mestrado, doutoramento, pós-doutoramento, porque ocupei muitas áreas e aprendi enormemente. Era um tempo em que o conhecimento do jornalista era importante. E eu tinha um conhecimento um pouco superior aos demais da minha idade, por formação europeia, por muita leitura, por questões familiares. Eu vinha de outra cultura e alinhei isso aos ensinamentos que recebi, e isso não só me fez jornalista como me fez escritora. Eu me fiz escritora no jornal. Aprendi a escrever no jornal, para o jornal. Só depois eu passei a escrever para mim. E a cultura estava efervescente porque a resistência se fazia muito nas camadas culturais. De onde saíram os guerrilheiros? De onde saiu o Gabeira? Saiu do departamento de pesquisa.

Era muito emocionante, porque nós nos sentíamos farejando o tempo inteiro, como uma raposa, como um animal farejando. O que está acontecendo, o que é novo, o que é o bom, o que é interessante, o que a gente pode colher? Não era um trabalho de funcionário público, não era uma marcação de ponto, era uma entrega vital. Não existia essa presença dentro do jornal do divulgador que faz pressão. Nós éramos pautados pela vida cultural, não só do país como de fora. Durante um longo período, quando fui pauteira, eu lia alucinadamente revistas francesas, americanas, italianas, para ver o que estava acontecendo no mundo, e transmitia isso para a pauta de modo que o caderno se adiantava culturalmente, não era só o reflexo do que acontecia aqui, mas uma coisa muito mais ampla. Nesse sentido, ele era um fomentador de atitudes. Na minha vida, o *Jornal do Brasil* foi determinante. Mudou a minha vida. Além de me dar um marido.

Pauteira, ilustradora e cronista, Marina até cuidou, durante um período curto, da parte feminina do caderno que, acreditem, quando chegou ao B, estava a cargo de José Ramos Tinhorão. O hoje quase nonagenário crítico musical — marxista e nacionalista a ponto de ter escrito laudas e mais laudas contra ícones da MPB do peso de Chico Buarque, João Bosco, Caetano Veloso e Milton Nascimento, além de ter sido voz contrária tanto à bossa nova quanto ao tropicalismo — deve ter dado graças até aos deuses por terem entregado a tarefa da coluna feminina nas mãos da moça, o que lhe permitia dedicar-se apenas à música, que, para ele, tem que ser de raiz e ponto final, e foi o objeto de estudo de toda sua obra, registrada também em livros enciclopédicos.

Marina passou pelas grandes mudanças do B. Quando chegou, o editor era Nonnato Masson, um maranhense apaixonado por cangaço, história nordestina, raízes, quilombos, que fazia um caderno muito centrado em história. E encomendava muitas matérias ao departamento de pesquisa que ele mesmo havia ajudado Dines a criar. A equipe do B trabalhava no mesmo espaço onde, mais tarde, estariam redigindo os redatores do copidesque, já que o B tinha sua reunião de pauta às 14h e fechava por volta das 16h30, horário de chegada dos redatores. Como subeditora, Marina era a encarregada de ir até a pesquisa buscar as matérias encomendadas pelos editores. Lá, encontrava-se com um mineiro bonitão e culto, que chegava cansado da PUC, onde, já doutor, participava da criação do curso de pós-graduação em literatura brasileira. Arrasta asa pra cá, arrasta asa pra lá, o casamento dura até hoje, 45 anos depois. Affonso Romano de Sant'Anna, o tal mineiro, também relembra com saudade e orgulho o seu tempo de *JB*:

> Quando comecei a escrever uns artigos para o *JB*, eu morava ainda em Belo Horizonte. E existia o famoso Suplemento Literário. Todo mundo lia porque queria saber o que estava acontecendo com a literatura. O que escrevia aquele bando de poetas ensandecidos que propunham uma visão da literatura totalmente diferente. E os poetas do sistema,

o Carlos Drummond, o Murilo Mendes, o próprio João Cabral, o Manuel Bandeira inclusive, foram afetados nesse movimento. De uma maneira ou de outra, o Bandeira tinha como fazer poesia concreta. O Drummond, daquele jeitinho dele, fez também. E eu olhava isso com admiração.

Depois trabalhei na Pesquisa, alguns meses, em 1968. E foi uma experiência incrível. Imagina que o jornal tinha esse setor que era uma espécie do Google de hoje. Físico. E você consultava ali revistas estrangeiras, nacionais, era um celeiro de informações. Porque o jornal não servia notícia apenas, aquela notícia picada, picadinha, que os jornais e revistas fazem muito hoje. Dava a notícia e o conteúdo, o contexto em que aquela coisa havia sido gerada. Então, na Pesquisa, estavam também alguns intelectuais como o Argemiro Ferreira, que depois foi ser correspondente estrangeiro, e o Adauto Paiva, que depois trabalhou na Funarte [Fundação Nacional das Artes, vinculada ao Ministério da Educação]. Quando você fazia matérias um pouco mais profundas, era a Pesquisa que redigia essas matérias.

Uma vez o Gabeira [Fernando Gabeira, um dos editores da Pesquisa] me pediu para escrever um artigo sobre Marcuse [Herbert Marcuse, filósofo alemão que se radicou nos EUA, cujas obras criticavam a sociedade capitalista e que apoiou os protestos estudantis, principalmente contra a Guerra do Vietnã]. Eu havia voltado de Los Angeles e Marcuse já era uma celebridade que tinha afetado a vida dos estudantes na Califórnia. Outro artigo de que me lembro foi interpretativo, sobre o tropicalismo brasileiro, o primeiro, também feito por mim no *Jornal do Brasil*. E, aliás, com esse artigo acabei casando. A Marina foi lá cobrar esse artigo, e eu, correto servidor, entreguei a matéria pra ela... Já tinha uma paquerada ali que demorou um pouco, mas chegamos onde tínhamos que chegar.

Affonso, aos 78 anos, divide com a mulher a extensão da produção literária — escreveu sessenta livros — e o gosto pela poesia. E foi como poeta, na década de 1980, já com Walter Fontoura como diretor de redação do jornal, que o escritor realizou uma proeza inédita. Ele já havia sido copidesque, depois de ter passado o ano de 1969 nos Estados Unidos, como bolsista em um programa para jovens escritores. E já passara pela experiência de publicar o *Jornal da Poesia*. Tinha vivas na memória as lembranças das passeatas vistas das janelas da redação na avenida Rio Branco, 110. Dali, já na companhia de Marina, via as bandeiras, as bombas de gás lacrimogêneo e pessoas feridas. Ou morrendo, como aconteceu com o estudante Edson Luiz, no dia do protesto contra os preços do restaurante Calabouço, em 1968. A volta do exílio de seu ex-chefe Gabeira, em setembro de 1979, havia lhe inspirado um poema longo — dezessete páginas — que tinha sido publicado na Suécia e feito sucesso com os exilados que estavam por lá. Mas Affonso queria mais. Foi até Walter e, tomando o cuidado de não falar a palavra *poesia*, sugeriu a *publicação*. O diretor de redação leu umas três páginas. Decidiu: "Vou publicar." Affonso ainda ficou em dúvida: "Será que ele endoidou? Como é que ele vai publicar se ele não sabe que tem uns palavrões aí pela frente?"

"Que país é esse?", em página inteira, foi capa de um Caderno Especial no dia 6 de janeiro de 1980. Alguns trechos:

> Uma coisa é um país
> outra um ajuntamento.
>
> Uma coisa é um país,
> outra um regimento.
>
> Uma coisa é um país,
> outra o confinamento.
> [...]

Sei que há outras pátrias. Mas
mato o touro nesta Espanha,
planto o lodo neste Nilo,
caço o almoço nesta Zâmbia,
me batizo neste Ganges,
vivo eterno em meu Nepal.
[...]
Minha geração se fez de terços e rosários:
— um terço se exilou
— um terço se fuzilou
— um terço desesperou
[...]
Hoje
os que sobraram vivem em escuras
e europeias alamedas, em subterrâneos
de saudade, aspirando a um chão-de-
-estrelas,
plangendo um violão com seu violado
desejo
a colher flores em suecos cemitérios.

Talvez
todo o país seja apenas um ajuntamento
e o consequente aviltamento
— e uma insolvente cicatriz.
[...]

Mas este é um povo bom
me pedem que repita
como um monge cenobita
enquanto me dão porrada
e me vigiam a escrita.
[...]
Povo

> não pode ser sempre o coletivo de fome.
> Povo
> não pode ser um séquito sem nome.
> Povo
> não pode ser o diminutivo de homem.
> O povo, aliás,
> deve estar cansado desse nome,
> embora seu instinto o leve à agressão
> e embora
> o aumentativo de fome
> possa ser
> revolução

A reação à publicação foi bombástica. Anos mais tarde, Affonso soube que Tereza Cruvinel (jornalista que se tornou respeitadíssima comentarista política, exercendo a profissão em vários veículos, inclusive no *Jornal do Brasil*), que na época da edição do caderno estava na clandestinidade, ligada a guerrilheiros, tinha comprado o jornal em uma missão no Rio de Janeiro e lido o poema. Vira ali uma demonstração de um fenômeno que ela e os companheiros guerrilheiros desconheciam — um movimento irreversível a caminho da redemocratização do Brasil.

O poema também valorizou a poesia em geral, abrindo portas para a edição de outros poetas em página inteira, e alçou Affonso Romano de Sant'Anna, algum tempo depois, a um cargo de maior destaque. Foi convidado por Walter Fontoura, em 1984, a substituir como cronista Carlos Drummond de Andrade, que decidira "se aposentar" e não mais escrever no *JB*.

Relembrando sua trajetória em uma entrevista no *Programa do Jô*, Affonso comentava sobre seus posteriores dezessete anos em *O Globo*. Lamentava com nostalgia o tempo em que o Rio de Janeiro tinha pelo menos sete diários bons e fortes, além do *Jornal do Brasil*, a *Última Hora, Correio da Manhã, Diário de Notícias, Diário Carioca, O Jornal* e o próprio *O Globo*. E contou, em tom de lástima:

> O que houve com este país? O que houve com a imprensa em nosso tempo? Não é bom que uma cidade só tenha um jornal.
> Certa vez, Roberto Marinho, então diretor de *O Globo*, que era oponente do *JB*, mas necessitava desse inimigo para viver, ironicamente, me disse: "Nunca permitirei que o *JB* acabe." Roberto Marinho foi para as nuvens, e o *JB*, em tempos de "nuvem", agora é on-line.

Naqueles velhos e bons tempos em que até Roberto Marinho se preocupava com a preservação do *Jornal do Brasil*, o Caderno B fez história. Desde sua primeira edição, que circulou no dia 15 de setembro de 1960, começou a criar um novo padrão de jornalismo cultural que iria influenciar toda a imprensa brasileira. Era o primeiro caderno de cultura a circular durante toda a semana e não apenas aos sábados e domingos, e logo mostraria que seria bem diferente do Suplemento Feminino que estava substituindo.

Embora ainda mantivesse muito material dedicado à mulher — para não deixar órfãs, por exemplo, as fãs dos inesquecíveis, para mais de uma geração, moldes do costureiro Gil Brandão —, o B já vinha com uma nova proposta. A coluna "Vida Literária", de Ferreira Gullar, informando sobre o que se poderia ver em exposição nos museus do Brasil e do mundo, comentários sobre peças de teatro e filmes, com destaque para o cinema europeu, roteiro dos espetáculos culturais em geral pela cidade e até mesmo a programação dos canais de TV, que ainda eram uma novidade. Era quase uma revista. Diária. De qualidade e de vanguarda. Como se dizia, um estouro.

Reynaldo Jardim foi o idealizador da novidade, mas saiu do *Jornal do Brasil* antes de seu lançamento. Carlos Lemos assumiu em regime de urgência durante um curto período, e, logo em seguida, Cláudio Mello e Souza, redator, e Fernando Horácio da Matta, diagramador, revezando-se e acumulando a editoria de Esporte, se tornaram os seus editores.

O Rio de Janeiro acabara de deixar de ser a capital federal. E o surgimento do Caderno B contribuiu para que a cidade continuasse a ser a capital cultural do país. Ele, desde o seu nascimento, não apenas refletia o que estava acontecendo, mas era capaz de provocar acontecimentos, embora acontecimentos na área da cultura não faltassem naquele início de década.

Era o início do Cinema Novo com Glauber Rocha como líder e porta-voz; era a época da inauguração de espaços tão importantes quanto a Escola de Artes Visuais do Parque Lage, a Sala Cecília Meireles e o Museu da Imagem e do Som; era o começo de um gênero musical inédito, revolucionário e genuinamente brasileiro que encantaria o mundo — a bossa nova; era o *boom* dos ateliês de novos artistas plásticos jovens e promissores; e o teatro brasileiro fervilhava com as primeiras companhias de atores e autores.

O novo caderno colocava lenha na fogueira, por meio de uma equipe em que, por exemplo, já estava presente Sérgio Noronha, que viria a se tornar um homem-chave anos depois. Ele chegou ao jornal na época da famosa Reforma e saiu em 1962 com Janio de Freitas para fazer outra reforma, no *Correio da Manhã*. Voltou ao *JB* em 1970, para ser redator de Esporte. Em pouco tempo, passou a chefe do copidesque do jornal e, em 1972, assumiu o cargo de secretário de redação. Deixou o jornal em 1975, depois de ter feito a cobertura da Copa do Mundo da Alemanha, em 1974. Tornou-se consagrado comentarista esportivo na televisão.

Nos primórdios do Caderno B, Noronha assinava com Vera Pereira e Amaury Monteiro a coluna "Onde o Rio É Mais Carioca". Descobria personagens insólitos, indicava lugares que viravam moda, refletia a cara da cidade e transformava o nada em muito.

Foi um acontecimento a bronca da coluna em D. Pedro de Orléans e Bragança. O nobre havia chegado da Espanha no mesmo voo que a campeã de tênis Maria Esther Bueno e se recusou a ser fotografado ao lado dela. Os colunistas não perdoaram: "D. Pedro, espera-se sempre um gesto nobre de um membro da Família Imperial. Pose, sempre que lhe solicitarem, e não houver possibilidade de exploração, ao lado de nossos campeões. Afinal de contas, D. Pedro, eles são a projeção e os ídolos mais autênticos desse povo, que não deixou de lhe ser fiel, e que pronuncia Alteza antes do seu nome."

Assim terminava a nota publicada na coluna do dia 29 de junho de 1961, que trazia também deliciosa matéria sobre o Seu Felício Fellizola, tocador de realejo de 80 anos que já tirara sorte até para Getúlio Vargas e que estava perdendo receita devido à ascensão tenebrosa, para ele, dos radinhos de pilha no mercado.

Em uma época em que apenas 5% dos domicílios contavam com televisão, a repercussão do que era publicado nos jornais era enorme. No dia seguinte não se falava em outra coisa a não ser na atitude do príncipe. Um bafafá! E quando a coluna comentava um lugar, fosse um bar ou uma boate, era certo que virava moda.

O mesmo acontecia com as indicações musicais de Sérgio Cabral. O escritor, compositor e jornalista trabalhou no *JB*, no Caderno B, nesta mesma época. Foi ele quem inaugurou as coberturas mais aprofundadas de carnaval no jornalismo brasileiro. Sua coluna chamava-se "Música Naquela Base". Antecipava lançamentos de discos, comentava o mundo musical e não se fazia de rogada nas críticas. No dia 15 de junho de 1961, por exemplo, ao mesmo tempo que noticiava que o cantor Anísio Silva seria homenageado pela Odeon pela venda de 2 milhões de discos, lascava: "Sua vitória é a vitória do mau gosto." Nem Lúcio Alves, que acabara de lançar novo LP, escapa. Sérgio Cabral critica, no mesmo dia, assim, suas interpretações: "Sacha Distel, ouvindo-o, admirou-se que ele não conheça música, pois o que faz com a voz é, realmente, notável. Mas nada disto lhe dá o direito de assassinar o nosso samba. O que fez com 'Emília', de Wilson Barbosa e Haroldo Lobo, merece nossas mais violentas restrições." Do alto de sua autoridade de colunista do B, Cabral ainda cobra, em título, do governador do estado, uma salvação para a escola de samba que acabava de ser despejada: "Se Lacerda não ajudar, Império Serrano não vai desfilar ano que vem."

Sérgio Cabral trabalhou como repórter, redator e cronista em quase todos os jornais e emissoras de TV. Foi fundador do Teatro Casa Grande e do jornal *O Pasquim* (lançado em 1969 pelo humorista Jaguar com os jornalistas Tarso de Castro e Sérgio Cabral, e absoluto sucesso na década de 1970, como um verdadeiro porta-voz bem-humorado contra a ditadura militar, chegando a vender 200 mil exemplares por semana, com a participação de expoentes do jornalismo e do cartunismo como Millôr Fernandes, Ziraldo, Fausto Wolff, Henfil, Ivan Lessa, Ruy Castro e Paulo Francis), tendo sido preso junto com os colegas de redação em 1970. Escreveu muitos livros sobre música e segue produzindo espetáculos e discos.

* * *

Em 1964, Paulo Affonso Grisolli assume a editoria do B no lugar de Masson, designado por Dines para reformular os Cadernos de Classificados, que continuam sendo uma grande fonte de receita para o jornal.

Grisolli, nascido em Bragança Paulista, amante do teatro desde criança, começou a trabalhar em jornal desde o primeiro ano de faculdade. Era um homem de grande talento artístico, diretor de teatro já premiado, e entrou no *JB* recém-chegado da França, onde havia feito um estágio no Théâtre National Populaire, o TNP, em

Paris. Mesmo durante o período em que editou o B — até 1972 —, atuou, dirigiu e criou grupos no teatro. A partir de 1973, passou a dirigir também programas, especialmente minisséries, na televisão. Mudou-se, em meados da década de 1990, para Portugal, onde morreu, em dezembro de 2004.

Sua gestão não é apenas marcada pelo *boom* da atenção às artes em geral, com a contratação de grandes nomes ligados aos setores específicos das várias áreas da cultura. Caso de Bárbara Heliodora, por exemplo, a especialista em teatro, grande tradutora de Shakespeare, que se tornou crítica respeitada e até temida no meio e escreveu para o *JB* de 1958 a 1964. Grisolli criou também páginas que forneciam ao leitor o roteiro de tudo que acontecia no Rio de Janeiro, ampliando as informações sobre cinema, teatro, exposições. Primeiro a coluna chamava-se "O Que Há Pra Ver" e ocupava uma página. Depois foi ampliada para duas e passou a receber o título de "Serviço Completo". Acostumou o leitor a recorrer ao *JB* para decidir o que fazer, aonde ir. Era um verdadeiro guia de comportamento.

Marcou ainda o período de Grisolli o maior espaço a um colunismo social diferenciado, o que já era marca antiga do *Jornal do Brasil*. Seu primeiro colunista foi Pedro Müller, que estreou em 31 de maio de 1959, com direito a foto sob o título "Homem Sério". A chamada prometia uma coluna que iria "mostrar que nem só de futilidades (festas e coquetéis) vivem as figuras da sociedade carioca" e estender-se para os noticiários estaduais e internacionais.

Com Grisolli, chegou Carlos Leonam e sua "Carioca (Quase Sempre)", que escrevia com Yllen Kerr e Marina Colasanti, e era ilustrada pelo cartunista Lan, que ficou durante longos anos nas páginas do *JB*.

A coluna era moderníssima, ligada em tudo que era novo. Na edição de 20 de maio de 1964, sob o título "Conversa Fiada", relacionava as gírias que estavam saindo de moda e as que estavam chegando. Aconselhava-se evitar a expressão "caramba". O que era bom já havia sido chamado de "big", "fino", "bárbaro", "o máximo", e agora era "genial". Mas a frase do momento era... "É uma brasa, mora!" Na mesma coluna, a nota "A moça dos discos" dava a conhecer Aparecida Rezende, discotecária que listava as dez mais tocadas na Black Horse, boate onde trabalhava todas as noites, "menos terça". Ela era taxativa quanto à superioridade do *hully-gully* sobre o *twist* entre os frequentadores da noite, embora, pessoalmente, fosse mais fã do chá-chá-chá. Já na semana seguinte, era a vez de Leonam, Colasanti e Keller lançarem na coluna o surfe. Estava lá explicadinho: "Quem ainda não sabe, fica sabendo: o *surf* é o antigo jacaré feito com uma prancha grande."

O colunista Carlos Leonam, que depois faria muito sucesso como Carlos Swann, em *O Globo*, entre 1974 e 1984, criou expressões que entraram para o dicionário, como "socialite" e "esquerda festiva", e ainda — testemunham os da antiga — teve um *affaire* com a atriz Claudia Cardinale! Exerceu diversos cargos em vários veículos, como *Última Hora, Tribuna da Imprensa, O Cruzeiro, Veja* e *O Globo*, e foi diretor do *Canal 100*, do produtor carioca Carlos Niemeyer, especializado em futebol.

O ano de 1969 destaca a chegada ao *JB* de seu colunista social mais marcante, que se tornaria o mais lendário da história do colunismo: Zózimo Barroso do Amaral. Ele já havia usado o pseudônimo de Carlos Swann, antes de Leonam. Ficou durante 25 anos no *JB*. Em 1993, levou novamente sua coluna para *O Globo*, onde escreveria até morrer, vítima de câncer, em novembro de 1997.

Quando a prefeitura do Rio de Janeiro resolveu homenageá-lo com a inauguração de uma estátua de corpo inteiro, na praça da avenida Delfim Moreira, no Leblon, o *Jornal do Brasil* publicou a notícia com chamada na primeira página da edição de 16 de novembro de 2011. Na página 17, na época editora de Cidade, escrevi, sob o título "O estilo Zózimo de ser", o seguinte texto:

> O mais famoso e respeitado colunista social brasileiro, Zózimo Barroso do Amaral, acordava cedo. E a malhação literal do começo da manhã, sempre passando pela praça em que agora será homenageado, era café-pequeno perto da correria do resto do dia. Zózimo tinha pouquíssimo tempo útil para não apenas garimpar como redigir no tamanho exato as pérolas com que brindaria os seus leitores no dia seguinte. A noite? Bem, a maioria delas era reservada a um programa tão comum aos comuns mortais que nem de longe poderia ser tachado de maravilhoso, movimentado ou inesquecível: ver filmes no vídeo.
>
> A grife Zózimo surgiu exatamente no dia 4 de fevereiro de 1969, quando o jornalista passou a assinar no título a sua coluna que se mudava de *O Globo* para o *Jornal do Brasil*. Diz a lenda que o dr. Roberto Marinho despediu-se com o seguinte vaticínio: "Meu filho, você está fazendo a maior besteira da sua vida. Todo mundo sabe quem é Carlos Swann e ninguém sabe quem é Zózimo Barroso do Amaral." Rebatido de pronto pelo colunista com a ironia calma e elegante que era sua marca maior: "Dr. Roberto, o senhor está dando um argumento a meu favor, porque acho que está na hora de as pessoas saberem quem é Zózimo Barroso do Amaral."

E todo mundo ficou sabendo. Já na estreia, Zózimo teve direito a uma chamada de primeira página que definia muito adequadamente seu perfil:

> Zózimo Barroso do Amaral traz para o *JB* a experiência que adquiriu como responsável pela coluna de Carlos Swann. É um jovem de 27 anos com cinco de jornalismo. Faz questão

de esclarecer que não é colunista social e que sob sua assinatura o leitor encontrará noticiário diversificado, voltado para a vida da cidade.

O noticiário de Zózimo era tão diversificado e politizado (principalmente para aqueles duros tempos da ditadura do começo dos anos 1970) que ele foi preso pelo regime militar muitas vezes.

Durante seus mais de vinte anos de *Jornal do Brasil*, Zózimo muitas vezes acumulou funções: foi editor do Caderno B e passou quase dois anos editando, além de sua coluna, também o "Informe JB".

Zózimo descobria antes de todo mundo que Ivo Pitanguy iria operar a duquesa de Windsor ou que os Monteiro de Carvalho venderiam sua parte na Volkswagen para os árabes. E, antes de toda a editoria de Esporte, que a seleção brasileira disputaria um torneio em Mônaco. Esporte, aliás, era o fraco do colunista, que costumava se definir como "o Braga pobre" — uma alusão ao fato de o banqueiro Almeida Braga assistir a todas as competições esportivas importantes ao vivo, enquanto ele grudava na televisão. É por essas e por outras que Zózimo sempre foi quase uma unanimidade. É claro que tinha gente que não gostava. Sônia Braga pode ter se aborrecido, embora tenha sido simplesmente perfeita a nota que se seguiu à performance da atriz, que decidiu assistir de cócoras a um discurso do presidente Fernando Henrique: "No cinema: É um pássaro? É um avião? Não, é o Super-Homem. No Planalto: É uma penosa? É uma enceradeira? Não, é a Sônia Braga."

Há os que tenham ficado tão furiosos que procuraram o caminho judicial (Zózimo chegou a responder a uma média de três processos por ano e foi absolvido em todos). Mas, na maioria absoluta das vezes, o estilo Zózimo de ser (e de escrever) eliminava, através de uma precisa mistura do rigor da apuração com a elegância do formato, qualquer possibilidade de réplica. Um dos melhores exemplos deste tipo de façanha foram duas notas gêmeas e sem título.

Do lado esquerdo, lia-se: "Depois de espairecer uma semana em Paris, incógnita, está de volta ao Brasil a bela Tereza Collor. Voltou a sorrir." E, exatamente com a mesma diagramação, do outro lado da página: "Depois de espairecer esta semana em Paris, incógnito, está de volta ao Brasil o empresário Sérgio Alberto Monteiro de Carvalho. Voltou a sorrir." Tereza reclamou com um amigo, que ligou para Zózimo, afirmando: "Zózimo, Tereza é minha amiga e me garante que, em Paris, só falou com o Sérgio Alberto pelo telefone." Do alto de seu humor fleumático, com a certeza de ter cometido o crime perfeito, dizem as más línguas que Zózimo, soberano, apenas retrucou: "Mas eu nem sabia que eles tinham se falado pelo telefone!" É por isso que, gostando ou não gostando, uma coisa não se pode discutir: como ele, não haverá igual.

Os cronistas também chegaram durante a gestão de Grisolli. Estreia marcante foi a de Clarice Lispector, em 1967. A escritora usava seu espaço quase como um diário. Falava sobre intimidades, comentava a vida, com seu texto incomparável que, à época, já era editado em vários países. Seu colega José Carlos de Oliveira, o Carlinhos de Oliveira, também usava as crônicas para falar um pouco de si mesmo, mas seu universo eram os bares, as praias, o cotidiano da cidade, descritos de uma forma irônica, em pérolas que faziam os leitores ao mesmo tempo refletir e dar muitas risadas. Viraram livros.

Carlinhos de Oliveira se tornou uma das mais irreverentes figuras cariocas, apesar de ter nascido capixaba. Frequentador assíduo do bar Antonio's, no Leblon — onde se reuniam os intelectuais da época —, ele lá escrevia sua coluna e, dizem os frequentadores antigos, chegava a passar mais de 24 horas seguidas. Suas crônicas, no início da década de 1960, eram mais intelectualizadas. Foram ficando mais debochadas, e, em fevereiro de 1968, ele imortalizou o termo "Patetocracia". Na crônica intitulada "Contra a censura, pela cultura", contava do protesto realizado por artistas como

Walmor Chagas, Cacilda Becker, Tônia Carrero, "com aqueles olhos", Marieta Severo, Leina Crespi, Paulo Autran, Tereza Raquel e outros, na porta do Theatro Municipal, e ironizava: "Todo dia um pateta qualquer enfia sua pata em uma peça de teatro e corta as frases que lhe parecem atentatórias à moral, aos bons costumes e à democracia. Não se passa uma tarde sem que outro pateta dê o ar de sua graça, cortando sequências inteiras de filmes. A Patetocracia não dorme em serviço."

Em 1967 chegava também Iesa Rodrigues. Ela se tornou sinônimo de moda no *JB*, e moda foi um dos temas mais marcantes do Caderno B durante todo o período de sua existência no jornal impresso. Embora a moda já estivesse presente no *Jornal do Brasil* desde priscas eras.

Em 1896, época em que era propriedade da família Mendes de Almeida, aquela que decidiu transformar o jornal em um veículo dedicado às camadas menos abastadas da sociedade, como se falava então, apostando em coberturas voltadas para serviços e notícias policiais — e por conta disto angariou para o jornal o apelido "O Popularíssimo" —, o *JB* lançou uma seção inteiramente voltada ao público feminino. E com grande destaque. Era uma coluna publicada na primeira página, ilustrada com croquis de vestidos e chapéus feitos a bico de pena, com uma peculiaridade: era escrita em francês! Uma concessão à parte para seus leitores pertencentes à elite que, para ser chique, tinha que se inspirar, naquela época, é claro, na França. Somente dois anos depois a coluna deixou de se chamar "Causerie Parisiense" para virar "Modas e Elegâncias", escrita em bom português. Apesar de ter passado para as páginas internas, teve longa vida e só deixou de ser publicada quando os Mendes perderam o jornal para o conde Pereira Carneiro.

Na gestão dos Pereira Carneiro vale o registro de uma curiosidade, no campo da moda. A presença de uma pessoa da família com uma história de Cinderela. Sobrinha da Condessa, Heloísa

Abranches, abandonada pelo marido com seus dois filhos, em plena década de 1950 — quando era realmente um estigma ser desquitada —, é acolhida pela tia, que, primeiro lhe dá um emprego de secretária particular e depois lhe oferece uma página inteira no jornal. Era voltada para moda, culinária e beleza e chamava-se "Página Feminina". A coluna da Helô, paginada por Reynaldo Jardim, fez sucesso a partir de 1956 e durou muitos anos. Heloísa conheceu, aos 50, em um acontecimento social no Rio, o médico Albert Sabin, que viera ao Brasil divulgar sua vacina contra a poliomielite. Apaixonaram-se e ela viajou com ele escondida da Condessa, que soube do romance pelas colunas sociais e ficou magoada. Helô casou-se com o médico e viveu com ele até ficar viúva em 1993, quando passou a dirigir a Fundação Sabin Vaccine Institute, criada pelo marido nos Estados Unidos.

A "Página Feminina" migrou para o B logo em sua segunda edição, assinada pela jornalista Maria Martha. O B, desde o início, foi sendo povoado por mulheres. Gilda Chataignier, de família do mundo da indústria têxtil e muito culta, com pouco mais de 20 anos, chega ao jornal em 1965 para modernizar o que se diz ao público feminino. Os desfiles estão em alta e ela cria a coluna "Passarela", com modelos desenhados especialmente para as leitoras na seção "O Modelo Que Você Pediu", novidades das grandes grifes internacionais e da moda moderna. A Condessa adora. Os leitores também.

Aos 23 anos — Gilda gosta de contar nas entrevistas que dá quando inverte o papel e passa a ser procurada até mesmo por jornais do peso do *Women's Wear Daily* (fundado em 1910 e considerado a bíblia da moda nos anos 1960) —, vive um momento glorioso. Vai a Paris cobrir um desfile da Chanel e consegue nada menos que uma exclusiva com Mademoiselle Coco. A entrevista foi negociada com a assessora de imprensa, ex-modelo da casa, Lucia, que depois se tornaria a sra. Walther Moreira Salles

Deliciosa, a matéria revelava que a inesquecível estilista, fumando um cigarro atrás do outro, assistia a seus desfiles da escada do mais famoso ateliê do mundo, o da rue Cambon, que lançava, naquele ano, tailleurs de tweed feitos à mão para combinar com a modernidade dos tempos, "quase igualando em condições mulheres e homens".

Gilda entrevistou outros grandes nomes da moda, da sociedade internacional e do cinema, tais como Yves Saint Laurent, Mary Quant, Melina Mercouri, Giulietta Masina, Yves Montand e Alain Delon, de quem, garante, ganhou um beijo inesquecível.

Escreveu vários livros, trabalhou na TV, criou uma agência de publicidade especializada em moda. Levou seus cabelos vermelhos, que combinavam com a cor da armação dos óculos, para a academia, tornando-se mestre em artes e design pela PUC-Rio e professora em universidades, onde lecionou até 2010, já lutando contra o mal de Alzheimer, com que foi diagnosticada em 2009. Sua filha Gabriela me contou que Gilda vive hoje em uma casa de repouso em estágio avançado da doença.

Outra jornalista que marca o caderno é Léa Maria, formada pela PUC-Rio, que praticamente monta uma editoria dentro do B. Ela foi "roubada" de *O Globo*, onde já fazia sucesso, por Dines, no final de 1964. Criou então a coluna "Mulher", publicada diariamente em página inteira e em várias páginas na Revista de Domingo. A coluna, por determinação de Grisolli, passou a ter o nome da colunista. O editor achava que os leitores prestigiavam os colunistas mais do que os temas sobre os quais eles escreviam. Léa pediu demissão em solidariedade à saída de Dines, em 1973. Também se dedicou a escrever livros, voltados para como viver bem ao envelhecer.

Voltando a Iesa Rodrigues, que também iria assinar uma coluna no caderno, a "Estilo Iesa", no início dos anos 1980, ela já estava lá na gestão de Grisolli e ficou durante 43 anos no jornal. Apaixonada por grafismo desde que, aluna de escola pública, visitou ainda menina a gráfica da editora Bloch em Irajá, no Rio, decidiu estudar belas-artes, como muitas das meninas do B, sonhando em ser paginadora. Mas um professor gostava muito de seus desenhos e acabou a apresentando a Evandro Teixeira (fotógrafo do *Jornal do Brasil*). E assim ela foi ser testada por Gilda Chataignier.

O jornal era preto e branco. Você ia a uma feira e na volta a foto saía um borrão, não se via um bordado. Em 1967, ou 1968, não recordo bem, mas foi logo depois que entrei, me designaram para ir a uma Fenit [Feira Nacional da Indústria Têxtil], em São Paulo. Lá, eu entro em uma sala onde me disseram que ia haver um desfile do Valentino. Nossa! Era inspirado na Rússia. Uns casacões longos, as mulheres com aquelas peles na cabeça, um casaco laranja, um casaco amarelo. Fiquei louca. E pensei: "É isso que eu quero. Quero ver desfiles!" Então, de desenhista que acompanhava o repórter para desenhar, quando se pensava que a foto não ia sair boa, comecei também a escrever.

Éramos uma equipe pequena. Quem fazia moda, fazia beleza. Quem fazia moda e beleza, fazia decoração, como não? Então, você acabava fazendo tudo. Um dia, a pauta era uma matéria com o Seu Chagas, um sapateiro muito famoso que tinha lá em Botafogo. Fazia sapatos iguais ao Roger Vivier [designer francês, criador do salto stiletto, falecido em 1998]. A repórter não podia ir e a Gilda disse: "Você vai, desenha e faz uma legenda." Fiz um textinho, entreguei e a Gilda disse: "Perfeito, agora vai sozinha sempre." Na escola, eu ganhava todos os prêmios de redação, então não era problema escrever. Mas quem faz moda, beleza, decoração e escreve, também faz produção. E aí começou o inferno. Até hoje ela me persegue.

O inferno tinha uma sucursal no Catete, onde conheci Iesa, em meio a produções, dela, de alto padrão, que envolviam modelos famosas e, geralmente, o fotógrafo Evandro Teixeira, que se tornou um dos mais conceituados do mundo. Era um estúdio do *Jornal do Brasil*, pequeno, mas muito bem equipado, que servia de palco para as modelos mais conhecidas do momento, como Mila Moreira, Gisele Achè, Marcia Brito, Fátima Osório, Betty Lago e Elke, antes de se tornar Elke Maravilha, portando um comportado coque e recém-chegada do circuito, como é chamado no meio da moda o eixo dos desfiles no mundo europeu. E onde eu fiz teste e fui aprovada como modelo fotográfico para as páginas de Gilda Chataignier e Léa Maria.

O investimento do jornal era forte. Lembro de fotos feitas até debaixo d'água, com Evandro Teixeira de roupa de mergulho experimentando sua nova máquina impermeável, enquanto eu, Elke e Fátima tentávamos sorrir e prender a respiração ao mesmo tempo, cumprindo suas ordens de não soltar borbulhas para não atrapalhar a nitidez!

Evandro também recorda:

> Viajei muitas vezes a Paris com a Iesa. Ela foi a primeira editora de moda no Brasil, é uma senhora conhecedora do assunto e, como diria o paulista, "uma puta editora de moda". Nós tínhamos até helicóptero, fotografávamos moda lá em cima, no heliporto do prédio da avenida Brasil, e viajava-se muito. Fizemos um caderno de moda em que fomos do Rio Grande do Sul ao Amazonas. E o *JB* tinha modelos exclusivas. Além disso, o jornal criou uma revista espetacular, a Revista de Domingo, bastante dedicada também à moda.

Evandro era o que mais cobria moda, mas não era o único. Iesa fazia parte da turma que tinha o dom da invenção e pediu, um belo dia, a Alberto Ferreira, editor de Fotografia, para sair com Ari Gomes, especialista em fotos de Esporte. Ela conta:

> Alberto ficou me olhando desconfiado e disse: "Mas o Ari só faz futebol, menina!" Eu insisti, o Ari pegou uma 300 [modelo da máquina] e fomos para a avenida Presidente Wilson, em frente à Academia Brasileira de Letras, com uma modelo loura vestindo uns vestidos bem levinhos, e aquele vento daquela esquina. Os fotógrafos de moda geralmente dizem para as modelos: "Faz isso, faz aquilo." Ele disse: "Iesa, você manda." E saiu fotografando, com aquele movimento rápido de quem cobre jogo. Ficou um negócio! É um dos meus materiais favoritos até hoje.

Se a produção significava um inferno na vida de Iesa — catar todas aquelas roupas e adereços para edições do B e também da Revista de Domingo toda semana —, para a moda brasileira ela foi uma bênção celestial. A cobertura de moda do *Jornal do Brasil* lançou grifes brasileiras como George Henri, Marco Rica, Maria Cândida Sarmento, Gregório Faganello e muitas outras e contribuiu para consolidar lojas genuinamente nacionais, como as primeiras butiques de Ipanema. O salto de George Henri do anonimato para o estrelato foi engraçado, como lembra Iesa:

> Ouvi falar de calça baggy. E de um estilista que estava fazendo um corte maravilhoso da tal calça baggy e que se chamava George Henri. Lá fomos nós, eu, Evandro e a Beth Lago. Chegamos sem telefonar nem nada. Um casal abre a porta e faz cara de pânico. Fecham a porta e deixam a gente na rua, esperando um tempão. Só anos mais tarde, a Giovanna, mulher do George, me contou. O ateliê, que era uma salinha, estava uma bagunça e eles foram arrumar tudo às pressas para nos receber.

A presença ou não do Caderno B modificava os fatos, fazia crescer os eventos que noticiava, respaldava ou não com suas críticas as produções artísticas. A salinha de George Henri, que se firmou como um dos melhores estilistas do Brasil, mestre na alfaiataria, em pouco tempo se transformou em três andares na rua Siqueira Campos, em Copacabana, e sua marca cresceu a ponto de assinar, além de coleções femininas e masculinas, acessórios e até louças e objetos de decoração. George Henri morreu, ainda na década de 1980, vítima do vírus HIV, e sua mulher não conseguiu manter sozinha a confecção.

Se era assim com marcas e empresas, o B também era capaz de revelar pessoas. Pelo tino de seus repórteres e pelo peso que tinha o jornal. Iesa recebeu um telefonema de Lauretta da Martinica, ex-modelo das passarelas de Paris, queridinha de Kenzo, que chegou ao Rio de Janeiro na década de 1970 para ser a poderosa *hostess* do badaladíssimo clube noturno Regine's, instalado no hotel Meridien.

— Querrrida, Naomi chegou e só querrr falarrrr com você.

A Naomi Campbell da época, meados de 1990, era a modelo que dava até bolsadas em fotógrafos, simplesmente não falava com ninguém. Iesa muniu-se — por esperanças que repórteres sempre carregam em suas mais legítimas ambições de dever a ser cumprido — de um fotógrafo e partiu para o hotel que na época era o Rio Palace, no Posto 6. A modelo apareceu acompanhada de um rapaz italiano, foi simpática, revelou que queria ser cantora no futuro e até cantou, mas... sua conversa não estava muito interessante. Entretanto, o acompanhante tinha muito a dizer. Era fotógrafo, inteligente, cheio de ideias criativas. Iesa voltou ao *JB* e pediu para escrever sobre os dois. A subeditora, de uma nova turma que chegara a um jornal que tentava sair de um período de crise, deu muxoxo, mas acedeu, e Iesa fez uma nota com a foto da modelo, citando o desconhecido. Tempos depois, hospedado no

Copacabana Palace, o fotógrafo ligou para ela e a convidou para uma exclusiva. Ele havia se tornado muito famoso. No mundo.

— Alô, Iesa, pode vir me entrevistar? Só falo com você e para o *Jornal do Brasil*. Você me lançou no Brasil.

Era Mario Testino.

O fotógrafo peruano então rendeu duas páginas em um perfil que Iesa escreveu para a Revista de Domingo. No ano seguinte, 1997, faria um ensaio memorável com a princesa Diana, para a revista *Vanity Fair*, e receberia, em 2013, a Ordem do Mérito do Império Britânico, só para dar dois exemplos. Quem tem faro, tem.

Iesa continua no inferno. Da produção. Tem seu blog, edita muitas revistas, uma correria sem fim que já dura quase meio século. Mas, felizmente, vai a desfiles: "A coisa que eu mais gosto é quando apaga a luz. Ah, vai começar... É o máximo!"

* * *

Com a demissão de Dines e a chegada de Walter Fontoura à direção do jornal, o Caderno B também entra em nova fase. Depois de alguma interinidade, quem assume para um novo longo período é Humberto Vasconcellos, vindo da editoria Internacional.

O paraibano do sertão, que cedo veio para o Rio de Janeiro, é mais um dos que traz o jornalismo no sangue, tendo feito pequenos jornais desde menino de colégio. Com a experiência de quem havia começado a trabalhar ainda adolescente, na *Tribuna da Imprensa*, e já passara por coberturas internacionais — inclusive como correspondente, naquela edição histórica da morte de Salvador Allende —, Humberto modifica o B. Até porque, ao contrário de seu antecessor Grisolli, não era uma pessoa ligada ao mundo artístico. O foco do caderno não é mais a atenção a críticas especializadas. Dá-se preferência a jornalistas profissionais, com formação universitária. Buscam-se o furo, a notícia mais ligada ao dia a dia, o tratamento da cultura como *hard news*. É também o auge das "meninas" do B", expressão criada pelo jornal alternativo *O Pasquim*.

O caderno já é, então, feito por uma maioria de mulheres, vestidas de calças compridas, bem-vestidas e "na última moda" — o que não era absolutamente regra para jornalistas —, de bom nível cultural e jovens. A maioria também jornalista profissional. Era, em parte, a consequência da obrigatoriedade do registro, estabelecida em 1967. Wilson Figueiredo, que acompanhou todas essas mudanças, analisa:

> Quando o *Jornal do Brasil* se abriu para as mulheres, não foi por defender o feminismo, não. Entre os homens não havia muitos candidatos naturais, pois estava começando a haver a onda de estudar jornalismo. E o jornal estava começando a ter muitos problemas financeiros. Coincidiu. Então, precisava pagar menos, e as mulheres aceitavam receber menos. Ocupavam, lá no início, um lugar que os homens não queriam. Mas, a partir daí, as mulheres fizeram o *Jornal do Brasil*. Foi a primeira vez que a imprensa teve uma bancada feminina, impressionante. A redação tinha muitas mulheres, e todas importantes.

Todas têm mais de uma grande história. Mas seria preciso uma enciclopédia para contar cada uma — na época de Humberto, elas eram cerca de trinta, só no B!

Uma das importantes, como bem diz Wilson, entre todas as que certamente importaram, foi Emília Silveira. O *Jornal do Brasil* ganhou mais um Prêmio Esso, conquistado a partir de uma matéria dela, publicada na capa do Caderno B, com direito a chamada na primeira página, em 24 de abril de 1978. A reportagem, que começou com a revelação de uma reunião de neonazistas em um hotel de Itatiaia, levou à prisão, no Brasil, de um dos mais procurados criminosos da Segunda Guerra Mundial, Gustav Franz Wagner, um dos chefes do campo de extermínio de Sobibor, onde mais de 250 mil judeus foram mortos. A história da cobertura revela muito mais do que técnicas apuradas de jornalismo. Emília relembra:

> O pai do Israel Tabak [na época repórter especial] recebeu o folheto de convocação da reunião. Estava escrito em alemão, convidava para o "Encontro de Amigos 20 de Abril", dia do aniversário de Hitler, e terminava com uma saudação usada pelos nazistas, AHOI. A chefia decidiu investigar. Escolheram a mim e a Cynthia Brito [fotógrafa], assim, porque acho que o Israel, sendo judeu, não ia dar, não é, para fazer uma cobertura clandestina, e nós duas poderíamos passar como as alemãs, por sermos clarinhas. Foi tudo mal planejado, na correria, no meio de uma Semana Santa Não podíamos, é claro, ir no carro do jornal, então fui com meu marido [Roberto Nascimento, músico], de motorista, no nosso Fusca. Chegamos ao hotel Tyll e, claro, não tinha vaga, o que nos levou para uma pousadinha na estrada. Mas logo voltamos para o hotel e descobrimos que estava, sim, acontecendo a reunião dos alemães, mas eles haviam saído para um piquenique na subida das Agulhas Negras. Vamos lá. E saímos em busca de louros. E achamos! Um grupo com umas mulheres vestidas com trajes típicos. Cynthia fotografou, e também as placas dos carros. Seguimos o grupo de volta para o hotel e aí eu vi, na porta da salinha onde eles se reuniram à tarde, um folheto com a suástica. Pensei: "Meu Deus, eu não vou conseguir saber de nada. Vou sair daqui sem nada." E tomei uma atitude.
>
> A ética no jornalismo vai até o ponto em que está em jogo o bem da sociedade. Fui para Resende, cheguei na delegacia e disse: "Olha, tem uma reunião de comunistas no meu hotel." Os policiais se armaram e saíram com a gente para lá

Emília, seis anos antes, havia passado dois anos presa em Bangu, depois de ser tão torturada no Dops que ficou internada por três meses no HCE (Hospital Central do Exército). Ex-integrante do PCBR (Partido Comunista Brasileiro Revolucionário), ela sabia exatamente como a denúncia de uma reunião de comunistas seria recebida em qualquer delegacia de polícia, mesmo no interior, durante aqueles anos da ditadura militar, mesmo nos anos de um governo Geisel que já pensava na abertura política. E desconfiava também que os policiais de Resende pouco se importariam com o neonazismo. De volta ao Tyll, foi mais detetive que os agentes civis e o PM que a acompanharam.

> Eu já tinha conseguido com o porteiro a lista de hóspedes e, aproveitando que todos estavam reunidos na salinha de reunião, tinha escondido as chaves dos quartos embaixo da almofada de um sofá de ratã da recepção. Eram três os policiais. Os dois mais graduados desceram para a salinha e um soldadinho mais jovem ficou e eu pedi para ele subir para os quartos comigo, com as chaves. Quando entramos no primeiro, estava um alemão com a arma apontada para nossas caras, a Cynthia fotografando, meu marido dizendo: "Vocês vão morrer aqui", eu pegando os papéis, e o soldadinho, eletrizado.

A polícia não ficou nem um pouco satisfeita ao descobrir que a reunião não era de comunistas e que Emília não era hóspede, mas jornalista do *Jornal do Brasil*. Ela, Cynthia e Roberto ainda foram atrás do responsável pela delegacia, passaram a noite em Resende, mas ele tratou de sumir.

De volta ao jornal, Emília — que havia levado, entre os papéis, o passaporte de um dos alemães — escreveu a matéria, publicada já no domingo sob o título "Em Itatiaia, o 90º aniversário de Hitler

Nazismo como nos velhos tempos". Descrevia os personagens e informava o nome das organizações presentes ao encontro, traduzia os folhetos da convocação e os distribuídos no hotel, mas, principalmente, denunciava o novo despertar do terror nazista.

As consequências do prosseguimento da cobertura deste caso mudaram o rumo do combate ao nazismo no mundo. A brava jornalista relembra mais uma decisão crucial:

> Achei estranho que o jornal não fizesse uma suíte nos dias seguintes. Peguei o material que havia guardado e enviei pelo correio para o correspondente do jornal em Israel, Mario Chimanovitch. Pouco mais de um mês depois, ele envia uma entrevista com o maior caça-nazistas do mundo, Simon Wiesenthal, reconhecendo o cara do passaporte, lá da reunião de Itatiaia, como um criminoso de guerra, um dos mais procurados, responsável pela morte de milhares de judeus. Mas o Mario mandou também uma cópia da documentação do Gustav Franz Wagner, o verdadeiro nome do criminoso. O Silveira [José Silveira, secretário de redação], com a foto do documento na mão e olhando bem na minha cara, perguntou: "Você viu o homem frente a frente. É esse o homem?" Não era. Mas eu pedi um tempo para pensar. Fui para casa e não dormi a noite toda. Se o Wiesenthal falou que é, viu um motivo nisso. Se eu sei que não é, ele também sabe. "Ele precisa de força para caçar esse homem no Brasil", pensei. Na manhã seguinte fui eu que olhei bem na cara do Silveira. E menti: é o cara. "Primeirona."

Quatro dias depois de publicada a matéria de Mario, que ganhou, além da primeira página, capa e página dupla no Caderno B, Gustav Franz Wagner se apresentou à polícia. Negava ser comandante do campo, mas admitia ter vivido em Sobibor, mentira que durou apenas até ser confrontado, no dia seguinte, em acareação pública, com um sobrevivente do campo de concentração que ele havia retirado do corredor da morte para trabalhar com joias. O diálogo do carrasco com o sobrevivente Stanislaw Szmajzner, que o viu enviar para a câmara de gás toda sua família, ganhou destaque na primeira página do dia 1º de junho. Nesta edição, entrou na cobertura o correspondente do *JB* na Alemanha, Ricardo Kotscho, noticiando o pedido de extradição de Wagner pelo governo daquele país.

O governo brasileiro nunca aceitou o pedido, negado finalmente em junho de 1979, por oito votos a dois, pelo Superior Tribunal de Justiça, que considerou o crime prescrito. A decisão, que provocou uma tempestade de protestos de várias instituições e em artigos e cartas de leitores, motivou uma mudança na legislação alemã. Em julho do mesmo ano, o parlamento da Alemanha votaria que crimes nazistas não mais prescreveriam no país.

Gustav Franz Wagner ficou preso pouco tempo e foi libertado. Confessou que se entregara por medo de ser sequestrado por caça-nazistas israelenses. Depois de várias tentativas malsucedidas que o levaram a internações hospitalares, suicidou-se, em 1980.

Emília Silveira, Mario Chimanovitch e Ricardo Kotscho receberam, ainda naquele 1978, menção honrosa no Prêmio Esso pela cobertura do caso.

Se desde a época de Grisolli o B era usado para passar nas entrelinhas o que o jornal não conseguia publicar no Primeiro Caderno por causa das garras da censura, cada vez mais o caderno era usado para matérias que tratavam a cultura com C maiúsculo. Abordava o meio ambiente, criticando a poluição da baía de Guanabara; participava do debate sobre a liberação do aborto, denunciava a burocracia da adoção de crianças órfãs ou o aparecimento impune de cadáveres na Baixada Fluminense, transformando-se, ele também, em uma seção de notícias.

Além deste incentivo ao jornalismo investigativo, o Caderno B continuava dando espaço para o farejar de tendências. Seu editor abrigou a necessidade de atender a busca de publicidade criando cadernos paralelos temáticos, como "Caderno do Automóvel", "Casa" etc., preservando o espaço da cultura no caderno. Estava mantida a postura de sempre de o B não ser apenas reflexo, mas provocador de movimentos na área. Jamari França trabalhava na editoria Internacional e se tornou um bom exemplo disto. Quando ganhava prêmios de redação na escola primária, ele já sonhava em ser jornalista do *Jornal do Brasil* e, na minha turma de jornalismo da PUC-Rio, a matéria de que mais gostava era Rádio. O gênero musical preferido, rock de vertente negra. Chegou ao seu tão sonhado *JB* depois de ter passado pela *Manchete*, ter sido repórter em programa de TV e autor de um feito memorável — aos 26 anos, como estagiário, na sucursal do Rio de Janeiro de *O Estado de S. Paulo*, teve a sorte grande de ser escalado para entrevistar Mick Jagger. Um dia a mistura iria dar certo, jornalismo e música, com certeza. Ele conta como foi:

> No verão de 1982, eu comecei a perceber que estavam aparecendo umas bandas novas com nomes esquisitos, como Kid Abelha e os Abóboras Selvagens, Paralamas do Sucesso, Barão Vermelho. Eu era da Internacional, mas fui lá no Caderno B e sugeri ao editor fazer uma matéria sobre as bandas e ele topou. A partir daí comecei a cobrir a ascensão da geração 1980 do rock brasileiro, fazendo a Internacional ao mesmo tempo. Eu trabalhava 14 horas por dia. Na Internacional, escrevia sobre política americana, sobre a relação entre as superpotências, sobre guerras. Então, tinha essa dualidade. Eu era o homem da guerra e o homem do rock and roll.
>
> As bandas dos anos 1980 têm muita consideração por mim, dizem que eu realmente abri caminhos. Porque, na verdade, o que o jornal impresso fazia muito naquela época era dar ao rádio e à televisão uma repercussão: "Pô, está falando muito daquilo, vamos ouvir." Também não havia

uma coisa de jabá tão forte, como veio a se desenvolver depois, que para tocar a música em rádio você tem que fazer um contrato comercial, tem que pagar para tocar. Então, por exemplo, eu fiz a matéria do primeiro compacto do Barão Vermelho, do primeiro compacto do Paralamas do Sucesso quando só tocavam na Rádio Fluminense, que era a única que aceitava. Só tocavam no Circo Voador para trezentas pessoas, e eu estava lá no jornal botando o nome deles e brigando por eles.

O Circo Voador foi outra "descoberta", ou lançamento, do *Jornal do Brasil*. A matéria, na capa da edição do sábado, dia 23 de outubro de 1982, era assinada por Joelle Rouchou. Anunciava o show de estreia com o conjunto Blitz, apresentava o diretor do Circo, Perfeito Fortuna, e convidava: "O circo vai voar hoje na Lapa. É o programa depois de um sábado de sol. Na Lapa, ele aguarda os cariocas para uma decolagem fantástica." Era o jornal revelando uma casa nova no bairro ainda nada charmoso daqueles anos, que viria a estourar e ser palco do surgimento de todo um novo gênero de música genuinamente brasileira e de boa qualidade. Aquela que teria o Jamari como anjo da guarda.

Mas uma jornalista foi mais longe. De ascendência negra, como Jamari, atenta ao novo espírito do caderno, Lena Frias levou seu talento de repórter investigativa para o mundo da cultura e, como diria Marina Colasanti, farejou como uma raposa um fenômeno sociológico que rendeu chamada de primeira página no jornal, capa e mais três páginas do B e um espanto geral: a música dos negros norte-americanos tinha sido adotada pela periferia do Rio, criando novos padrões de comportamento e provando existir uma comunidade na cidade unida, com hábitos e gostos próprios, personalidade, atitude, filosofia de vida e autoestima. Talvez, uma pitada de racismo. Contra os brancos.

Sob o título "Black Rio — O orgulho (importado) de ser negro no Brasil", a reportagem foi publicada na edição de 17 de julho de 1976. O lide continha uma espinafração na elite, antes da descrição do Soul Power, movimento que se espalhava nos subúrbios e na Baixada Fluminense, em locais como Colégio, Irajá ou Nilópolis:

> Uma cidade de cultura própria desenvolve-se dentro do Rio. Uma cidade que cresce e assume características muito específicas. Cidade que o Rio, de modo geral, desconhece ou ignora. Ou porque o rio só sabe reconhecer os uniformes e os clichês ou porque prefere ignorar ou minimizar essa cidade absolutamente singular e destacada, classificando-a no arquivo descompromissado do modismo; ou porque considera mais prudente ignorá-la na sua inquietante realidade.
> [...]
> Uma cidade cujos habitantes se intitulam a si mesmos de *blacks* ou *browns*; cujo hino é uma canção de James Brown ou uma música dos Blackbyrds; cuja bíblia é Wattstax, a contrapartida negra de Woodstock; cuja linguagem incorporou palavras como *brother* e *white*; cuja bandeira traz estampada a figura de James Brown ou Ruff Thomas, de Marva Whitney ou Lin Collins; cujo lema é *I am somebody*; cujo modelo é o negro americano, cujos gestos copiam, embora sobre a cópia já se criem originalidades. Uma população que não bebe nem usa drogas, que evita cuidadosamente conflitos e que se reúne nos finais de semana em bailes por todo o Grande Rio.

A reportagem segue demonstrando que o movimento já tinha grande força comercial, na forma de shows e lançamento de discos. E formava um comportamento, criando novas formas de vestir, um vocabulário próprio e até mesmo uma nova forma de se cumprimentar, com gestual inovador, o toque das mãos em um ritual mímico diferente. Tudo isso revelado por Lena Frias através de dezenas de depoimentos de participantes do novo movimento, ouvidos nos bailes, que já arregimentavam, a cada fim de semana, entre 500 e 700 mil pessoas na avaliação de Ademir, um dos *disc-jockeys* pioneiros, que já tocava soul desde o início dos anos 1970, como Big Boy e Monsieur Lima, ou até entre 1 milhão e 1,5 milhão, como garantiu a ela Gordon do Soul, da Equipe Joy Top — equipe era como se chamava o grupo de quatro ou até menos pessoas que montavam o som e a luz nos bailes soul, cada um deles capaz de reunir até 15 mil *brothers*.

Nas páginas internas, a matéria prossegue, rica em detalhes. Contava como nossa juventude negra, vestida com casacões bordados com frases-chave da soul music e sapatões de sola tripla roxos, amarelo-ovo, rosa ou multicoloridos e orgulhosa de seu cabelo duro, assistia repetidas vezes ao filme sobre o festival de música Wattstax, que também mostrava cenas dos negros americanos no dia a dia e falava sobre os Panteras Negras. O pessoal do Soul Power brasileiro decorou a música do filme que pregava:

> É a hora do despertar da consciência negra... temos alma... temos soul...
> Podemos estar num cortiço, mas o cortiço não está em nós
> Podemos estar na cadeia, mas a cadeia não está em nós
> Posso estar desempregado, mas sou alguém. Sou nego.
> Lindo. Orgulhoso. Tenho que ser respeitado. Tenho que ser protegido. Que horas são? Hora de uma nação.

A reportagem demonstrava também o racismo, sempre velado no Brasil, nas histórias contadas pelos personagens singulares que Lena ouviu. Os *blacks* eram interpelados por um segurança em uma galeria de lojas na Zona Sul apenas por estarem olhando uma vitrine, enquanto os *whites,* na mesma situação, eram deixados em paz. Havia também histórias de detenções arbitrárias em que eram forçados a entrar na "baratinha" — o carro da polícia — para serem soltos somente mediante propina. Por causa da cor da pele.

Lena terminou a reportagem anunciando que o Soul Power estava preparando um baile no Mourisco, o clube de Botafogo. E entrevistou vários responsáveis por clubes da Zona Sul sobre as possibilidades de o movimento cruzar a fronteira. Integrante da raça, provavelmente ela mesma sofrida, a repórter transcreveu nas últimas linhas a declaração de um estudante de medicina e dono de uma equipe de som que, tristemente, dizia assim:

> Eles podem vir, mas a maior parte do pessoal *brown* — não é desfazendo de ninguém — é um pessoal mais pobre, uma turma pesada, entende? Clubes como este aqui [Carioca Esporte Clube, na rua Jardim Botânico], por exemplo, que estão interessados em fazer uma boa imagem, só vão querer rock. Vão fazer um negócio mais elevado, para atrair um pessoal de mais situação financeira. Não vai haver possibilidade de o pessoal do soul tomar conta dos salões, porque os clubes não permitirão. O diretor aqui proibiu o soul, exatamente para evitar que essa turma *black* venha para cá. É uma questão de classe, entende?

Lena se despediu mal do *JB*. Pediu para ser demitida, em 2001, ao ser desconvidada a permanecer no Caderno B. Em uma carta aberta, enunciou seus motivos:

> Meu compromisso é com tudo aquilo que revela e exprime as matrizes de nossa verdade e da nossa integridade de brasileiros. Por isso escrevo com tanta paixão sobre o cantador Azulão da Feira de São Cristóvão, sobre Patativa de Assaré, Ariano Suassuna, Antônio Nóbrega.
>
> [...]

Mas francamente, acho um despudor o *Jornal do Brasil* me negar espaço no segmento cultural porque a minha voz e o meu talento estão a serviço do que o país tem de melhor, que é seu povo. Eu até podia ficar no *JB* ganhando o parco salário que ganhava, quietinha num canto, esperando pela oportunidade de assinar uma crítica de disco ou um comentário sobre isso ou aquilo. Anulada.

Mas... quietinha, eu? Num cantinho. Eu? Anulada, eu?

[...]

Nunca! Eu até caio, mas de pé, denunciando a falta de vergonha que é a desqualificação da cultura que eu represento, desde a cor sépia da minha pele até o saber bebido diretamente nas fontes populares e apurado em muito estudo, muita leitura, muita crítica, muito empenho intelectual.

[...]

Um abraço cordial da
Lena Frias

Marlene Ferreira Frias, seu nome, que nunca usava, morreu de um tipo raro de câncer de mama, aos 60 anos, interrompendo uma carreira brilhante. Ela, que tanto defendeu os negros, acabou sendo sepultada em 2014 em um 13 de maio, dia em que se comemora a libertação do escravos. Deixou saudades nos colegas, por ser, além de uma grande profissional, que escreveu bons livros de pesquisa sobre a música brasileira de raiz — como sobre Clementina de Jesus e Candeia —, uma colega alegre e parceira, que fazia feijoadas memoráveis em seu apartamento em Vila Isabel. Companheira dos bailes "Parece que foi ontem", em que os jornalistas dançávamos ao som da Orquestra Tabajara os sucessos de antigamente fantasiados com trajes das décadas de 1930, 40 ou 50 (eu e Lena éramos das que sempre mais caprichávamos nos vestidos e chapéus), ela escreveu uma crítica elogiosa quando do lançamento, por Martinho da Vila, de um selo musical dedicado exclusivamente ao samba e ao pagode. Neste selo, no disco *Butiquim do Martinho*, fazia sua estreia meu filho mais novo, Tiago Mocotó, que Lena comparou, por seu estilo de compor e cantar, ao jeito de Vadinho, personagem de Jorge Amado no livro *Dona Flor de seus dois maridos*. O texto, por ser assinado por Lena e publicado no B, teve, para ele e para os jovens ainda desconhecidos que se lançavam no mercado musical, um impacto incrível. Contribuiu para tornar os ritmos mais populares entre a juventude da Zona Sul e se tornou tão inesquecível para os participantes aguerridos daquele movimento de renovação do samba quanto a matéria do Black in Rio fora para o pessoal do Soul Power.

Muitos outros editores, como o hoje imortal da Academia Brasileira de Letras Zuenir Ventura, sucederam Humberto Vasconcellos no Caderno B até que o *Jornal do Brasil* deixasse de ser impresso, em 2010. Como todo o restante do jornal, ele foi resistindo, através do empenho de seus jornalistas, tentando manter suas características, mas se modificando de acordo com a personalidade, a formação e o caráter de seus comandantes e também por força das circunstâncias em que ia se encontrando a empresa.

Um ano antes da matéria de Lena sobre o novo movimento dos negros do Grande Rio, uma série de reportagens havia surpreendido os leitores do *JB* com um outro mundo também até então não desbravado, apesar de ficar a poucos quilômetros da capital do Rio de Janeiro: a Baixada Fluminense.

6
Essa rainha, a reportagem

> Durante 60 dias, três repórteres do JORNAL DO BRASIL percorreram distritos, bairros e povoados desse território de 1 mil 262 km², que passará a se chamar o que sempre foi de fato: uma Baixada Carioca. Não será uma simples troca de nome, mas a formalização da interligação diária, traduzida pelos 70% da população economicamente ativa da região que trabalham no Rio...

A chamada na primeira página da edição de domingo, 23 de fevereiro de 1973, trazia dados chocantes sobre a região, na época habitada por 3,145 milhões de pessoas: mortalidade infantil de 40% dos menores de 1 ano de idade — uma das mais altas do Brasil — e a relação de um leito de hospital para 1.250 habitantes, não só a menor do país, mas aquém do mínimo recomendado pela ONU.

A primeira reportagem da série abordava o saneamento. Os subtítulos dão uma ideia do quadro que os repórteres encontraram: "Gente disputa com urubus lixo de vazadouro", "Lama negra no bueiro é aviso de inundação". A segunda, sobre saúde, estampava a foto de um posto que parecia um alpendre abandonado e a de uma médica com um bebê esquálido no colo. Na terceira, os repórteres detalhavam os problemas da subnutrição, e, na quarta, a extensão da doença mental, de alta incidência na região. Na quinta, o tema era a violência, tão forte a ponto de mudar até o horário das missas:

> Talvez o único lugar do mundo onde a Missa do Galo é celebrada às 20 horas seja o Parque Flora, bairro de Nova Iguaçu. Não que ali haja ameaça de guerra civil ou estado de beligerância, mas simplesmente porque os fiéis se recusam a ficar fora de casa depois das 22 horas, pelo temor dos assaltos à mão armada.

Tarcísio Baltar era um dos repórteres do trio. E lembra:

> O *Jornal do Brasil* era muito lido no Leblon, Ipanema, Copacabana, mais para o Centro, no máximo. Era um jornal de importância nacional, mas mais voltado para fatos ultraurbanos. Ia haver a fusão do estado da Guanabara com o estado do Rio de Janeiro e o jornal pediu a mim, ao Jayce André e ao Paulo Cesar Araújo para fazer uma matéria mostrando o que era a Baixada e nós passamos dois meses lá, para revelar o que iria fazer parte da região metropolitana do novo estado do Rio de Janeiro. Uma área que era um mistério. Antigamente, você saía do estado da Guanabara e, quando atravessava a fronteira, do outro lado tinha fábrica de fogos, tinha todas as coisas proibidas. O Rio era moderníssimo e a Baixada Fluminense era como se fosse o interior. A 50 quilômetros. Nós estávamos em plena ditadura e os prefeitos eram nomeados pelo presidente da República. Todos os políticos importantes e figuras proeminentes da Baixada eram controlados pela Vila Militar. E nesse desespero, que era a pobreza dominada pelos militares, nós descobrimos coisas incríveis, como, por exemplo, que era difícil recrutar adolescentes porque não tinham peso suficiente, não chegavam ao peso mínimo estabelecido pelo Exército, de tanta subnutrição

Era uma loucura, uma coisa jamais imaginada, que o carioca começou a aprender. A elite brasileira, que lia o *Jornal do Brasil*, viu o que era o drama enorme da modificação, porque o Rio não era só o Rio, o Rio era Baixada Fluminense, era São Gonçalo e Niterói, e ninguém conhecia essas áreas.

Ninguém conhecia também Dom Adriano Hipólito [bispo diocesano de Nova Iguaçu], que era um rebelde de esquerda no meio daquela injustiça total, tanto que sofreu demais, foi empalado, torturado, sofreu como pouca gente sofreu. Ele nos ajudou muito e eu me lembro de fatos notáveis... A gente estava visitando Dom Adriano, lá na casa paroquial, quando houve uma chuva de granizo e ele, tomando suco de laranja, que tinha nos oferecido, levantou a batina, se abaixou e começou a botar gelo do granizo nos nossos copos. De uma simplicidade, um negócio lindo. E foi ali, com aquela série, que a gente aprendeu, que o Rio aprendeu o que era a Baixada.

Aprender o que era a Baixada significava ter forças para ler até o fim o quadro em destaque de uma das matérias da série que, intitulado "O privilégio da suprema desgraça", contava:

> Eles são sete, todos do sexo masculino, o mais velho com 14 anos, o caçula com três. Seu pai, o barbeiro Osvaldo Pereira da Silva, os abandonou, trocando a família pela bebida. Restava a mãe, Miguelina Pereira da Silva, mas na véspera de Natal ela saiu para trabalhar e nunca mais voltou.
>
> Havia um pouco de arroz e feijão no barraco de madeira do bairro da Areia Branca, em Nova Iguaçu. E Jorge, de 12 anos, pôs mãos à obra, cozinhado todas as manhãs para os irmãos, enquanto Valdecir, de 14 anos, continuou a descer para o Rio dia sim, dia não, a fim de cuidar do quintal de uma casa em Triagem, com o que garantia Cr$ 100,00 mensais.

Vieram as chuvas fortes do início de janeiro e, na noite do dia 2 para o dia 3, Odvaldo, de nove anos, acordou assustado e chamou o irmão mais velho: o barraco estava caindo. Então, os maiores pegaram os menores ao colo e foram em busca de abrigo no pequeno terraço de uma casa vazia. Depois os três mais velhos voltaram ao barraco e salvaram a máquina de costura, a cama de casal e a penteadeira, que guardaram na casa vazia, após arrombarem a porta.

Os vizinhos foram ao Juizado de Menores, que encaminhou os órfãos à Fundação Fluminense do Bem-estar do Menor. A reportagem informava que foi sorte, pois a quase totalidade dos menores abandonados da Baixada "continuavam abandonados ou recolhidos a miseráveis orfanatos, escolas de crime tão eficientes quanto a própria rua".

A falta de escolas, a inépcia dos políticos, a busca frustrada por oportunidades de trabalho nas cidades da região e a desordem no planeamento urbano, que permitia loteamentos clandestinos e começava a criar favelas por toda parte, eram temas das demais reportagens, que completaram dez dias.

Ziraldo apoiava as denúncias com suas charges. Em 25 de fevereiro, um homem dizia: "É a primeira vez que um governador vai ter que assumir com um olhar baixo..." Enquanto o outro rebatia: "É, a Baixada é mais funda do que a gente pensava." Na conversa da charge do dia 3 de março, com um jornal na mão, um comentava com o outro: "Você viu? Na Baixada Fluminense, o cara só tem chance de ir pro hospital de ambulância se for atropelado por ela."

Em editoriais, o jornal também se manifestava. "Terra de Ninguém", afirmando que a recuperação da área seria provavelmente o maior desafio incluído na pauta da fusão dos dois estados e apontando na raiz do problema administrações ineficientes e inescrupulosas, foi o primeiro. "Insegurança Metropolitana", alertando para o fato de que a violência sem limites da Baixada estava próxima de transbordar para a cidade do Rio de Janeiro, acompanhou o final da série.

O impacto foi muito grande e fez o governo se mexer. No dia 30 de março, menos de um mês depois de publicadas as reportagens, o *Jornal do Brasil* dá o furo, na primeira página:

> INPS aprimora a assistência para a Baixada
> [...]
> O Projeto-Baixada, que será oficialmente anunciado nos próximos dias, dará a Nova Iguaçu, Caxias, São João de Meriti e Nilópolis, selecionadas como áreas-piloto, condições eficientes de atendimento. Sua implantação em regime de urgência decorre das seguidas denúncias feitas pelo JORNAL DO BRASIL sobre a triste realidade da assistência na Baixada.

Tarcísio Baltar, filho de um colunista do *Diário de Pernambuco*, já era viciado em ler jornal aos 8 anos e começou a trabalhar no mesmo jornal em que seu pai escrevia aos 17, como revisor. De lá, já foi chamado para ser repórter da sucursal do *Jornal do Brasil* em Recife. Enviava matérias que faziam sucesso, como a que escreveu sobre o vilarejo de Juripiranga, interior da Paraíba, no caminho entre Recife e Campina Grande, por onde as pessoas que passavam viam muitas mulheres, mesmo à noite, fazendo chapéus de palha nas portas das casas e os homens em pé nos bares, bebendo. Os viajantes gritavam das janelas dos ônibus: "Esse é o paraíso dos homens!" Pegou e virou o apelido do lugar. Paraíso dos homens, que revelava ainda um dado surpreendente — a produtividade das mulheres que sustentavam seus homens durante a entressafra do abacaxi era maior que a da Paraíba e a do Brasil —, rendeu chamada na primeira página e uma página inteira do jornal. E acabou contribuindo para que Tarcísio fosse convidado a trabalhar na sede do *JB*.

Em 1971, ele participou da série de reportagens sobre a Segunda Guerra Mundial que deu a Mauro Santayana o Prêmio Esso do ano. Mauro cobriu a invasão da Checoslováquia, a guerra civil irlandesa e a Guerra do Saara Ocidental. E entrevistou personalidades como Willy Brandt, Jorge Luis Borges, Lula e Juan Domingo Perón. Foi colaborador de Tancredo Neves na luta pelas Diretas Já e na campanha do mineiro à presidência da República. Em Berlim, onde era correspondente naquele início da década de 1970, descobriu documentos que lhe permitiram reconstituir toda a participação do Brasil na guerra. Ele descreveu, na primeira reportagem da série, como foi emocionante realizá-la:

> Exercer o jornalismo é conviver com a emoção. Este repórter, em 20 anos de imprensa, pôde senti-la inúmeras vezes, na cobertura de lutas e tragédias, em apagados vilarejos do interior do Brasil ou nas ruas de Praga, iluminadas pelos disparos soviéticos e pelo heroísmo da resistência.
>
> Nenhuma tarefa cumprida, sem embargo, trouxe-lhe tanta emoção como esta reportagem, realizada no silêncio dos arquivos e na conversa amena com os especialistas na história da Guerra — muitos deles alemães, e todos dispostos a ajudar o esclarecimento do episódio. Porque esta reportagem conta a história de uma ofensa à pátria, naquilo em que ela é mais autêntica: a gente humilde do povo, homens e mulheres simples do Nordeste que viajavam nas embarcações modestas de cabotagem. Com amor e respeito quero dedicá-la à memória desses brasileiros anônimos, assassinados friamente

A matéria detalhava o alinhamento do Brasil, à frente o chanceler Oswaldo Aranha, com os Estados Unidos na luta contra os países do Eixo. E em uma retranca revelava, em detalhes, "A missão secreta do capitão Schacht":

> O capitão de corveta Harro Schacht, de 35 anos, saíra de Bordéus nos primeiros dias de julho de 1942, no comando do submarino U-507, integrando uma flotilha de 10 unidades submersíveis. O barco, de 500 toneladas, fora colocado em ação a 8 de outubro de 1941 e, sob seu comando, já havia afundado nove embarcações americanas, inglesas e norueguesas no Atlântico Norte.
>
> A missão que ele e seus companheiros levavam era da mais alta importância, porque fora decidida pessoalmente pelo Führer, a 15 de junho de 1942, em conferência com o Almirante Raeder. Os submarinos deveriam distribuir-se pelos principais portos brasileiros (Santos, Rio, Salvador e Recife), transpor a barra, torpedear todos os navios que se encontrassem surtos e, à saída, minar os canais de acesso. A operação, planejada minuciosamente, devia realizar-se a uma mesma hora, pela madrugada, a fim de dificultar a defesa

Nas outras quatro reportagens da série os leitores conhecem a extensão dos danos — o número de embarcações torpedeadas, que chegou a 36, entre 1942 e 1944 —, a atuação da FAB na defesa do litoral brasileiro e o saldo do conflito: quase mil mortos nos ataques aos nossos navios e cerca de quinhentas vidas de combatentes na Itália. Mas Santayana registra:

> [...] nos campos da Itália, o ataque traiçoeiro aos navios mercantes brasileiros foi serenamente cobrado pelos pracinhas. Durante os 239 dias de combate, a FEB capturou dois generais inimigos, 892 oficiais e 19.679 homens da tropa —

segundo fontes alemãs. E essas mesmas fontes reconhecem que os brasileiros se distinguiram "pelo tratamento cavalheiresco dispensado aos inimigos capturados".

Enquanto as matérias de Mauro Santayana eram publicadas no Primeiro Caderno, Tarcísio Baltar publicava, no Caderno B, reportagens paralelas impressionantes. Ele conseguiu refazer os momentos finais dos naufrágios em relatos dramáticos e tão ricos em detalhes que parece que estamos assistindo a uma reportagem de TV sobre o que aconteceu ontem. Em um trecho da última reportagem da sua série, publicada no dia 10 de junho de 1971 sob o título "As mil mortes do 'U-507'", Tarcísio descreve assim os momentos de pavor dos homens jogados ao mar:

> As coisas foram muito mais complicadas para o 1º piloto: agarrado a um caixão, parte da carga do porão, Milton só conseguiu ficar mais seguro quando encontrou um pedaço da tolda do botequim. Minutos depois era colhido à embarcação improvisada o 3º maquinista, Erogildes Bruno de Barros. Dois outros sobreviventes vieram reunir-se a eles: um moço de convés, Esmerino Siqueira, e um 2º tenente do Exército, Osvaldo Machado.
>
> Assim seguiram os quatro, sempre recolhendo o que podiam para fazer lastro na tábua. Pior que isso, só alguém endoidecer. E foi o que aconteceu: já era de madrugada quando o moço de bordo pediu café. Milton tentou acalmá-lo, fazendo ver que era impossível atender seu pedido. O rapaz afirmou que ouvira a campainha da refeição. Depois tentou estrangular o tenente e se atirou ao mar, dizendo que "já que não querem me dar comida, vou-me embora". Logo em seguida foi a vez do tenente Osvaldo. Ele perguntou por uma pessoa chamada Nélson e se jogou às ondas, afirmando simplesmente que ia para casa.

Tarcísio explica como, passados quase trinta anos daqueles eventos, conseguiu reconstituir cenário e diálogos, o clima, encontrar nomes, ligá-los a cargos, tão perfeitamente. E não só neste, que era o caso do naufrágio do *Araraquara*, um vapor com 73 passageiros e 73 tripulantes em que sobreviveram apenas dez pessoas, mas em todos os outros sobre os quais escreveu.

> Como bom goleiro, bom repórter tem que ter sorte. Um tio da Neusa, mãe da minha filha mais velha, Maria Júlia, estivera na Itália, tinha acompanhado aquelas coisas todas, conhecia todo mundo e me abriu milhões de conhecimentos, de aproximações com as pessoas que haviam vivido lá, dentro dos navios. Eles guardavam jornais, contavam as histórias. Um deles, o soldado Válter Ferreira, naquela época morador do Engenho de Dentro, me contou como ele tinha acabado de entregar a bolsa com o dinheiro para um companheiro, com medo de gastar tudo no jogo de baralho a bordo, quando ouviu o estrondo do torpedo. Todos pensaram que o navio, no caso o *Baependi*, havia batido em uma pedra. Eles eram da terceira classe e ficaram com medo de subir, pois achavam que, o navio adernando, as pessoas de cima cairiam primeiro no mar. Enquanto isso, na 1ª classe, o 1º oficial de bordo oferecia um jantar, com champanhe e música ao vivo. Válter subiu e se salvou, de uma maneira incrível, depois de ouvir gritos de dor de um soldado seu amigo, ao morrer, comido pelos tubarões.
>
> Relendo essa matéria, que dava o lado humano, em complementação aos documentos precisos do Santayana, eu lembro como nós éramos preciosos, porque não tínhamos as imagens. Então a nossa narrativa era a imagem. A narrativa era o cinema. Aprendi isso com o *Jornal do Brasil*, com o Dines, com o Lemos, com os repórteres que trabalhavam ali, um pessoal de altíssimo nível. Todos sabiam muita coisa de tudo, eram especialistas em ideias gerais, mas muito bons

Conheci Tarcísio em 1975. Ele já era muito bom. Eu, foca, estagiária. Ele havia feito, em 1971, a cobertura da queda do elevado da avenida Paulo de Frontin. Na época, no primeiro ano da PUC, tijucana e obrigada a cruzar, diariamente, o Túnel Rebouças, passei uma semana chorando. Lembro de ter ficado impressionada, anos mais tarde, ao pegar na Pesquisa do *JB* a matéria dele e ler o lide: "Cento e vinte e dois metros e 58 centímetros do Elevado Paulo de Frontin desabaram ao meio-dia de ontem, sobre pelo menos 25 automóveis, um ônibus e um caminhão." Como é que o cara consegue medir os centímetros se no sublide tem que escrever: "Àquela altura era de 28 o número de feridos retirados dos escombros pelos bombeiros e médicos. Em pelo menos quatro casos foi necessário amputar as pernas das vítimas, presas no concreto armado ou nos veículos para conduzi-las aos hospitais"? Antes de me responder, ele me ensinou a Política. Virei comunista e a admiração virou namoro. Depois, entendi que ele era capaz de tornar de pedra, quando preciso, um coração que também podia ser mole como profissional. Era capaz, por exemplo, de captar poesia em meio à correria do dia a dia e parar um pouco a cobertura principal para escrever também sobre um contínuo que roubava flores todos os dias para entregar à guardadora de um estacionamento da avenida Rio Branco. E isso acabava virando assunto de estreia de coluna nova sobre "gente" no jornal. O namoro virou casamento, que nos deu um filho, Tiago Baltar, editor do documentário homônimo a este livro. E a parceria ficou para sempre.

Tarcísio e seus companheiros da série da Baixada Fluminense faziam parte da equipe de repórteres especiais. Chegaram a ser 53 profissionais só na Reportagem Geral, de acordo com uma antiga lista de presença de meados da década de 1970, que Sérgio Fleury postou no Facebook, no grupo jotabenianos, criado por ele para reunir o pessoal que trabalhou no jornal. Sérgio, ele também integrante da tropa, morreu em novembro de 2014. Era, com Vera

Perfeito, também ela repórter de matérias memoráveis, um incentivador da união dos ex-integrantes da redação do *JB*. Os dois organizavam, anualmente, os almoços de encontro da turma. No mais recente, Regina, mulher de Fleury, a quem todos chamamos de Pimba, levou máscaras com o rosto do marido. Nos juntamos para fazer a fotografia mascarados em homenagem ao colega que tanto procurava preservar nosso convívio. Em um clima de grande emoção, cada um querendo contar suas lembranças dos velhos tempos, prometemos continuar a realizar os encontros todos os anos.

O *Jornal do Brasil* destes velhos e bons tempos era o sonho de todo estudante de jornalismo. Não foi diferente com Jorge Antônio Barros. Diferente foi a forma como ele realizou a sua vontade férrea de ingressar no jornal. Viu um carro com o logotipo do *JB* estacionado e foi falar com o motorista.

— Por favor, o senhor poderia me informar como é que eu faço para conseguir um estágio no *Jornal do Brasil*?

— Vai lá e procura o sr. Walter, ele é o diretor de redação.

— Mas você acha que um diretor de redação vai me receber?

— Vai sim, já fui motorista dele. Ele é um cara legal.

Era 1981 e lá foi o Jorge, na maior cara de pau, de jacarandá. E não é que deu certíssimo? Walter Fontoura, em pouco tempo, não se arrependeria de ter dado estágio ao garoto de 18 anos. No ano seguinte, ele já entraria, disfarçado de pastor, no presídio Galpão da Quinta (presídio Evaristo de Moraes) e faria uma matéria denunciando espancamento de presos pela PM que ia render nada menos que um Inquérito Policial Militar. Jorge, que trabalhou no *JB* até 1988 e voltou, como chefe de reportagem, para outro período, de 1991 até 1995, relembra seu primeiro grande furo:

> Eu ficava no Rádio Escuta, ouvindo mensagens dos rádios dos carros da polícia, para ver se tinha alguma pauta, e atendia telefone. Começaram a telefonar mães e familiares

denunciando que presos estavam sendo espancados no presídio da Quinta da Boavista. Falei com os outros colegas. Eles disseram que era difícil render matéria, porque as pessoas não se identificavam por medo de mais represálias lá dentro e porque não deixavam a imprensa entrar no presídio. Mas eu lembrei que era o presídio onde meu colega estava. Era um amigo de infância. A gente morava, quando era adolescente, em um prédio no Caju, que era uma ilha de classe média cercada de favelas. Ele começou a se envolver com o pessoal das comunidades e virou o Rei da Maconha. Um dia, ele saiu na primeira página de *O Globo*, depois de ter assaltado a casa de um deputado, Murilo Maldonado, que tinha sido comandante da PM. Foi preso, é claro.

Decidi falar com o Luciano de Moraes, o maior pauteiro que o Brasil já teve. Ele era o único pauteiro que pegava um carro e circulava pela cidade, via o que estava acontecendo para fazer as pautas. Eu lembrava, de antes de entrar para o jornal, que ele tinha feito uma matéria sensacional sobre o presídio da Ilha Grande. Ele mesmo foi fazer. Passou um dia e uma noite lá, dormiu no presídio. Fui falar com ele, e ele: "Vai, sim."

Só avisei a ele. E a minha mãe. Peguei uma Bíblia preta, enorme, coloquei o papel em branco dentro, para anotar. Ainda bem. Fizeram uma revista rigorosa, me deixaram de cueca. Meu amigo ficou muito emocionado de me ver, mas falei: "Olha, infelizmente eu não vim aqui só para te ver, vim fazer uma matéria." E ele me contou tudo, que tinham matado um PM durante uma fuga e, por isso, os policiais estavam espancando os presos. Tinha gente com fratura. Consegui falar com outros caras e fui anotando, nervoso. Não tinha cabeça para guardar de memória, como depois vamos adquirindo.

Fui direto para o jornal. Apresentei a matéria para o Gazzaneo (Luiz Mario Gazzaneo), que era o chefe de reportagem da tarde. Ele mostrou ao editor, que era o Hedyl Vale Júnior. E o Hedyl falou: "Ok, vamos primeiro ouvir a PM amanhã e publicamos depois de amanhã." E o Gazzaneo: "Não, o garoto já ouviu todo mundo, tem até o nome dos presos. E dos PMs."

A matéria do garoto deu primeira página com a chamada "PM espanca presidiários por 7 dias", em 16 de outubro de 1981. No dia seguinte, o comandante do 4º BPM, batalhão da Polícia Militar responsável pela área onde estava localizado o presídio, tenente-coronel Naércio Tavares, foi arrogante com Jorge durante o prosseguimento da cobertura. Não se saiu bem. Teve o diálogo ríspido com o repórter reproduzido na matéria "Coronel só se preocupa com seus PMs", que revelava já estarem os presos depondo na Polícia Civil e terminava informando a determinação do comandante-geral da PM, coronel Nilton Cerqueira, de mandar abrir um Inquérito Policial Militar para apurar as denúncias levadas a público pelo *Jornal do Brasil*.

Em 1988, Jorge Antônio Barros recebeu o Prêmio Esso. O primeiro, pois conquistou dois para o *JB*. Ele conta, ainda com emoção, a aventura — temerária e cinematográfica — que foi a realização de "Rocinha Sociedade Anônima", a matéria premiada, que ganhou chamada na primeira página da edição do dia 7 de fevereiro de 1988, mais capa e cinco páginas no Caderno B.

Hoje, relembrando a morte do colega Tim Lopes (sequestrado, torturado e executado por traficantes do morro Vila Cruzeiro, na Penha, quando realizava uma matéria sobre abuso sexual de menores e tráfico de drogas em bailes funk, para o jornal *O Globo*, em junho de 2002), diz que certamente não repetiria o feito:

> Pensa em uma cena de *Os intocáveis* [filme de Brian de Palma, sobre a luta do agente federal Eliot Ness contra o gângster mafioso Al Capone]. Bolsa cheia de granada no chão, metra-

lhadora Uzi israelense, os caras armados até os dentes, com a diferença de estarem sem camisa e descalços. Foi assim que fomos recebidos quando, no penúltimo dia da semana que passamos na Rocinha, chegamos no comando do tráfico para eu negociar a entrevista que queria fazer com o chefe dos traficantes, Sérgio Bolado. Ele mesmo me recebeu, com a metralhadora na mão.

Nosso carro, um gol branco, sem a logomarca do jornal, havia sido coberto de tiros e um deles tinha acertado a lataria traseira, momentos antes. Paramos, aterrorizados. Passou um garoto que eu já conhecia daqueles dias, o Brucutu, de moto, e eu resolvi arriscar: "Olha, diz para os caras que, se matarem a gente, o Exército entra aqui amanhã e metralha todo mundo. Estamos em contato direto com a redação." Mentira. Tem que entender que não existia celular nem orelhão tinha por lá, e, por incrível que pareça, não havíamos armado nenhum esquema de segurança com a chefia, do tipo ligar todo dia ou qualquer coisa assim. Mas o Brucutu voltou e disse: "O homem quer falar com você, quer pedir desculpas." E aí nós subimos e demos de cara com a tal cena. Mas a entrevista ainda demorou. Mandaram a gente ir para um bar, mais para perto da estrada da Gávea, no dia seguinte, às 18h. Ficamos lá esperando até 22h e nada. Até que chegaram e mandaram a gente subir.

A entrevista com Sérgio Bolado — que, aos 21 anos, se arvorava como benfeitor, chamava a polícia de burra, confessava que não podia sair do alto do morro a ponto de não conhecer nem a rua Marquês de São Vicente e só largou a metralhadora para tirar a foto para o *JB* — foi apenas um dos pontos altos da reportagem que traçava um retrato completo da verdadeira cidade em que, já naquela época, havia se transformado em favela. Jorge Antônio Barros, acompanhado de Alcyr Cavalcanti, fotógrafo, e Osmar

Sombra Bastos, motorista, havia alugado um quarto e vivido, por uma semana, no lugar já habitado por entre 150 e 300 mil pessoas, "onde as autoridades não vão, a polícia custa a ir e os políticos só sobem em época de campanha eleitoral", como dizia a chamada da capa do B, que ainda informava terem os três escapado da morte no tiroteio entre os traficantes e ex-policiais e policiais ligados à contravenção comandada pelo banqueiro de bicho Luiz Carlos Batista.

Na reportagem estão descritos com detalhes saborosos os personagens inusitados e mais conhecidos pelos moradores — como o dono da rádio comunitária local, ou o Embaixador da Paraíba, comandante dos tabuleiros de comida na segunda maior feira nordestina do Rio, a do Largo dos Boiadeiros, aos domingos. Os bailes funk também são visitados e até a diferença de classes sociais dentro da comunidade é desvendada. Jorge fez ainda um detalhado "Pequeno vocabulário da malandragem local", com muitos itens, em que ficamos sabendo, por exemplo, que "Departamento" é o quartel-general do tráfico e "passar o carro", matar, eliminar, ripar.

Na abertura da série, o conflito entre os traficantes e o jogo do bicho, que havia levado à morte, pouco tempo antes, entre outras pessoas, a líder comunitária Maria Helena Pereira da Silva, é revelado em toda sua extensão, sem desculpas à ausência do poder público. Ali ficamos conhecendo Brasileirinho, 11 anos, descrito como "uma criança com jeito de adulto, pistola 6,35 na cintura e um saco de munição numa das mãos, girando como se levasse bolas de gude".

Jorge conta como conheceu Brasileirinho no Departamento e como a repercussão de sua matéria acabou interferindo na realidade da Rocinha. E como acabou, também, fazendo com que "passassem o carro" no Brasileirinho:

Estávamos lá tentando falar com o Bolado. Esperando. Era de tarde. E o menino estava lá, com a pistola. Mas não estava acontecendo nada e fomos jogar pingue-pongue. Quando eu falei que era legal ele ter tempo para brincar, ele ficou puto. Deu dois tiros para o chão e disse: "Nada disso, eu estou sempre na atividade." Tomei aquele susto. Duas semanas depois que saiu a minha matéria no *JB*, a revista *Veja* dá a capa para a Rocinha: "Império do Crime." E o Moreira Franco [governador do Rio, na época] manda invadir a favela. Os traficantes fugiram e foram mortos em São Gonçalo. Inclusive o Brasileirinho.

O segundo Prêmio Esso de Jorge também envolvia a área de segurança: "Vígio ganha dinheiro com os sequestros" era o título da chamada do dia 20 de maio de 1994 que informava:

> O delegado Hélio Vígio, um dos homens mais poderosos da polícia do Rio, usa seu prestígio de diretor da Divisão Antissequestro (DAS) para vender serviços clandestinos de segurança pessoal e patrimonial. Através de um subordinado, ele agencia segurança para empresários e executivos, como o presidente do Grupo Monteiro Aranha, Olavo Monteiro de Carvalho, e o vice-presidente de operações da Rede Globo, José Bonifácio de Oliveira Sobrinho, o Boni. Estima-se que Vígio fature cerca de US$ 30 mil mensais com o negócio paralelo.

A matéria, na página 26, desconstruía o delegado. Apresentava foto de sua mansão em Nogueira, sua extensa relação de bens e relacionava em detalhes os processos a que respondia — crimes contra os direitos humanos, principalmente. E o descrevia como "policial forjado nos anos de chumbo da ditadura militar [...], que já respondeu a vários processos por abuso de autoridade e a pelo menos um por espancamento de presos [...] muito bom de marketing". Jorge escrevia ainda: "A prestação de serviços do delegado freelancer acaba garantindo-lhe trânsito livre nas altas-rodas. Com isso, hoje, ele não corre o risco de ser punido..."

Não foi mesmo. No dia 31 de maio, o editorial do *JB* — "Capitães de mato" — já previa:

> A sindicância mandada instaurar pela Secretaria de Polícia Civil para apurar denúncia de enriquecimento ilícito do delegado Hélio Vígio pode terminar, como em geral terminam as investigações policiais sobre os próprios policiais, em nada. Hélio Vígio, atual delegado antissequestro, e vários de seus auxiliares diretos, demonstram como através dos tempos o espírito corporativista sempre pairou acima das irregularidades apontadas na polícia.
> [...]
> Na realidade, o que ocorre é que a polícia escapou ao controle governamental. Policiais truculentos, membros de grupos de extermínio, achacadores — todos são hoje funcionários públicos protegidos pelas normas de um corporativismo que brada aos céus de tão escrachado em sua formulação e suas consequências. [...]

Hélio Vígio tentou punir Jorge Antônio Barros. Abriu um inquérito contra o repórter no Ministério Público. Jorge foi chamado, informou que nada tinha de pessoal contra o delegado e o caso, na Justiça, foi encerrado. Mas Vígio mandava muitos recados, dizendo que queria ter com Jorge uma conversa de homem para homem. Jorge diz: "Eu, como não era muito homem, só escrevendo, nunca fui."

Jorge Antônio Barros trabalhou também em *O Dia* e *O Globo* e se tornou um especialista na área de segurança. Durante muito tempo, além de reportagens, manteve um blog sobre o tema, que suspendeu recentemente, por ter se tornado assessor de imprensa do Tribunal de Justiça do Estado do Rio de Janeiro.

Fernanda Pedrosa, Francisco Luiz Noel, Luarlindo Ernesto e Sérgio Pugliese, repórteres, acompanhados dos fotógrafos Carlos Mesquita, Marcelo Regua e Tasso Marcelo, repetiram, de forma ampliada, a experiência que Jorge inaugurou na Rocinha. E também faturaram o Esso, em 1990.

"Um mergulho no outro mundo" foi o título, na primeira página do domingo dia 29 de junho, que deu início a seis reportagens que levaram a equipe a morar durante cerca de um mês nas favelas Borel, Nova Brasília e Para Pedro. Como dizia a chamada, a série "destrói a visão estereotipada com que os habitantes do asfalto, inclusive as autoridades, costumam reduzir as variedades de um mundo que, abandonado pelos poderes públicos, desenvolveu complexas e criativas formas de vida".

Fernanda Pedrosa relembra:

> Eu tinha uma filha pequena e o Rosenthal [Rosenthal Calmon Alves, editor de Cidade] não deixou que eu fosse morar na favela. Fui a única a não ir. Todos os outros foram, em duplas. Fiquei ouvindo o pessoal da parte acadêmica e também moradores de outras comunidades, onde os colegas não estavam, e me surpreendi. Por encontrar uma vida comunitária, famílias trabalhando, gente de classe média que não queria sair da favela para outro bairro de jeito nenhum. Daí o título da série, que virou também o título do livro em que ela se transformou: "A violência que oculta a favela."

As matérias eram em duas páginas, uma sempre composta de fotos espetaculares com legendas sobre um cotidiano nunca antes retratado na imprensa, que, realmente, focava sempre a violência ao fazer reportagens nas favelas. Durante os seis dias de publicações, a série inovou. Com o título que deu nome à série, a primeira matéria vinha com uma abertura que resumia a realidade com que a equipe se deparou:

> A violência, descrita na reportagem de hoje, é apenas um aspecto de um mundo complexo. Nos próximos dias, o caderno Cidade publicará histórias e fotos mostrando que o Rio não tem exatamente um problema chamado favela. Tem uma variedade quase incontável de bairros pobres, quase todos erguidos de forma clandestina, que se consolidam através da força de seus moradores. São eles mesmos que suprem as deficiências básicas em educação, saúde e saneamento, enquanto se esforçam para driblar políticos que só os procuram nas eleições.

No segundo dia das publicações, 30 de julho de 1990, a reportagem abordava "Uma 'guerra santa' nas favelas", registrando o início da explosão de crescimento das igrejas evangélicas. A perspicácia e a sensibilidade dos repórteres somaram à descoberta um problema antigo para fazer o lide:

> Numerosas seitas religiosas, muitas fundadas recentemente e com estranhas denominações, estão travando uma espécie de guerra religiosa, na disputa de corações e mentes das mais de quinhentas favelas do Rio de Janeiro. O puritanismo radical dos pastores não consegue, contudo, mudar alguns dos hábitos mais promíscuos desses bairros pobres e tradicionalmente relegados ao abandono. Uma das mazelas que se agravam é a iniciação sexual precoce e descuidada, que transforma em mães meninas que mal entraram na adolescência.

As matérias traziam, também, relatos pessoais dos jornalistas, diagramados na forma de folhas de bloco de anotações. O repórter Sérgio Pugliese deu seu testemunho:

> No terceiro dia em Para Pedro eu já me sentia em casa. Mesmo de madrugada, caminhava sozinho pelos becos e vielas da favela — ou comunidade, como preferem os moradores — sem ser incomodado. Numa dessas caminhadas, o fotógrafo Carlos Mesquita e eu fomos convidados para participar de uma festa do estivador Luiz Carlos da Silva, o Índio. Apesar de ter apenas 35 anos, ele comemorava o nascimento da primeira neta. Entre os convidados, porém, havia vovôs mais novos — um rapaz de 34 anos e uma jovem de 30 anos. Nada poderia deixar mais claro, para mim, como a vida sexual dos jovens começa cedo, numa favela.

A próxima reportagem da série mostrava que, apesar de a maioria dos moradores trabalhar "no asfalto" e da falta de oportunidades, com muita dificuldade e criatividade, os moradores das favelas conseguiam criar uma economia dinâmica e produtiva dentro das próprias comunidades. Confecções para lojas elegantes da Zona Sul, Kombis para serviços de entregas, muitas biroscas, salõezinhos de beleza improvisados, preparo de marmitas, o povo se virava. Na página de imagens, os fotógrafos deram um banho em expressivas fotos-legenda que nos revelavam personagens singulares:

> **Michele, a "xuxinha" da favela**
> Quando faz shows nas favelas ou em clubes suburbanos, Michele Jordão, de 11 anos, de Nova Brasília, tem de sair com seguranças para evitar os fãs que querem autógrafos e até pedaços de suas roupas de robô.

Ideologia não vale no ganha-pão
Lenita, devota da Assembleia de Deus, é mãe do comunista Leonel. A diferença ideológica não impede que os dois trabalhem juntos, fazendo cocadas e cuscuz que ele vende na rua. "Questão de democracia", diz Leonel.

As reportagens abordaram ainda a atuação crescente das associações de moradores, sempre pressionadas pelos traficantes e assediadas pelos políticos, e o mutirão, forma encontrada pelos favelados para enfrentar o abandono de suas comunidades pelo poder público.

Encerraram a série "Favelas também têm suas favelas", revelando que dentro das comunidades surgiam periferias cada vez mais pobres, e "Favela nasce da noite para o dia", em que os repórteres acompanharam um grupo de trinta pessoas formando uma nova favelinha, entre Quintino Bocaiuva e Cascadura. Uma prova de que o problema só fazia aumentar, a ponto de a prefeitura não estar mais conseguindo mapear o crescimento das áreas de habitação não legalizadas na cidade.

Na abertura da série, também no formato do bloquinho de anotações, o repórter Luarlindo Ernesto já havia se referido ao problema e feito um resumo do que a equipe enfrentou:

A ventura de se viver em um campo minado
Não foi nada fácil arrumar um lugar para morar no Borel. Só depois de explicar muitas vezes que não se tratava de uma reportagem específica sobre o problema do tráfico de tóxicos na favela é que a associação de moradores — sempre temerosa da reação dos traficantes — me ajudou a arrumar um barraco de temporada. Morar no campo minado do Borel é o sonho de muitas famílias da miserável periferia da favela. Esta foi uma das primeiras lições: assim como uma grande cidade, o Borel também é cercado por um cinturão de bairros miseráveis.

Depois, como qualquer outro favelado, tivemos que dar uma satisfação aos soldados ou meninos, como aprendemos logo a tratar os pistoleiros. Desconfiados, eles aceitaram que circulássemos por certas partes das favelas, desde que não fossem prejudicados e, principalmente, fotografados. O fotógrafo Tasso Marcelo, feito o acordo, pôde circular com equipamento caro, sem se preocupar com assaltos.

Embora o objetivo da nossa reportagem não fosse o tráfico, a ostentação de armas e a facilidade de se subir o morro para comprar tóxicos são aspectos do cotidiano do Borel que saltam aos olhos. Convivemos com o pavor das famílias que vivem nas áreas mais conflagradas e são as primeiras vítimas das batalhas. Um dia, um dos soldados de Bil, o chefão mais importante do morro, lamentou-se comigo, dizendo que se via num beco sem saída: tinha muita vontade de largar as armas e procurar um emprego, mas não se sentia capaz de fazer isso.

O barraco que arranjaram custou Cr$ 4 mil de aluguel por mês. Telhado de diferentes materiais (remendos de amianto, madeira, plástico e algumas telhas), paredes de madeiras e ripas, o casebre tem apenas um cômodo e fica pendurado numa ribanceira — quase a metade no ar, balançando assustadoramente ao vento forte lá do alto.

Quando o vizinho morreu, não houve jeito de fazer o rabecão chegar lá em cima e o cadáver teve que ser enrolado num lençol e levado até a associação de moradores. Ninguém sobe o morro, a não ser em meio a tiroteio ou mediante acordo com os traficantes. As crianças que nascem nesse clima de violência encaram com naturalidade as armas e o poder do chefão de turno. O pior é que são presas fáceis para os traficantes, que as utilizam como aviões (mensageiros que às vezes levam drogas) ou até mesmo como soldados.

Valeram a pena o desconforto e o medo. O livro a que Fernanda se referiu foi depois adotado pelo Ministério da Cultura e distribuído às escolas de todo o país.

Quem sentiu bastante desconforto e bastante medo, também, ao realizar outra apuração complexa foi Malu Fernandes. Mas ela gostava:

> Adorava a adrenalina das matérias perigosas. Encontrava nelas a razão pela qual escolhi a faculdade de jornalismo quando tinha 16 anos: queria mudar o mundo. Achava que, denunciando quem estivesse errado, fazia minha parte. Ciente do meu perfil, o secretário de redação, Orivaldo Perin, me chamou ao aquário [como chamávamos a sala envidraçada dos chefes] para me pautar: "Você já observou que quando os ferros-velhos fecham, nos recessos de final de ano, diminuem os números de roubos e furtos a automóveis?", questionou. "Não, nunca parei para pensar nisso. Vou pesquisar", respondi. "Parece que todos os ferros-velhos têm policiais por trás. Investiga isso. A partir de agora vou avisar ao Thury [Altair Thury, editor de Cidade] que você está fora da pauta e se reporta a mim."
>
> Foi um mês de investigação, fingindo que queria comprar peças para meu carro, entrando de ferro-velho em ferro-velho, tentando entender como funcionava o desmanche de carros, os leilões, e como se davam os negócios em todas as pontas. Entrevistei até o considerado maior ladrão de carros preso. Descobri um processo na corregedoria de polícia que trazia os nomes dos policiais investigados por comandar o esquema, que envolvia, inclusive, delegados. Citei nomes de um por um.
>
> No dia seguinte da série, não me esqueço a ideia do José Fontes, jornalista que mais Prêmios Esso tinha, de me mandar fazer suíte em Nova Iguaçu. "Fontes, você sabe que

não fujo de pauta, mas o ideal é você mandar um homem grande, porque corro o risco de não voltar. Eles devem estar querendo a minha cabeça", sugeri, porque era uma ideia de quem há anos estava como pauteiro no ar-condicionado e tinha esquecido o calor das ruas. Sobrou para o Renato Garcia [repórter], 1,90 metro, que, quando chegou à redação, endossou o meu sentimento: "Malu, ainda bem que fui eu fazer a suíte. Você realmente não voltava de lá."

A série começou a ser publicada no domingo, dia 7 de fevereiro de 1993. Malu pegou pesado, assinando a chamada na primeira página, que, sob o título "A parte da polícia no roubo", denunciava:

> Na semana entre 28 de dezembro de 1992 e 4 de janeiro deste ano, foram roubados apenas 212 carros no Rio de Janeiro. Acostumada a estatísticas bem mais assustadoras — roubam-se no Rio 150 carros por dia, em média —, a polícia estranhou a queda e, ao investigar suas causas, descobriu que naquela semana os ferros-velhos da cidade haviam concedido a folga prolongada de fim de ano a seus funcionários. E entre eles, conforme a estatística acabava de comprovar, estão os ladrões de automóveis.

A chamada informava ainda que a polícia já sabia que 80% dos carros roubados no Rio eram destinados aos ferros-velhos e chegara "a uma conclusão aterrorizante": quem controlava o roubo de carro e o comércio de ferro-velho era a própria polícia.

A matéria, de duas páginas, traçava um quadro completo da situação, com um desenho da rodovia Presidente Dutra mapeando os ferros-velhos, uma lista de 29 policiais indiciados por roubo, furto e receptação de carros, com nome, sobrenome e cargo de cada um, e a explicação de como funcionava o esquema.

Na segunda-feira teve mais. O tema da suíte era "A máfia do ferro-velho faz ameaças". Malu revelava que até autoridades, como ex-prefeito de São João de Meriti, que ousara proibir desmontes de carros na cidade, eram ameaçados de morte. No dia seguinte, os leitores ficaram sabendo que o corregedor-geral de Polícia Civil havia mandado instaurar uma sindicância para apurar as denúncias feitas pelo *Jornal do Brasil*. Leitores elogiaram o trabalho da repórter em cartas, que chegaram também da Assembleia Legislativa e do Sindicato dos Corretores de Seguros e de Capitalização do Estado Rio de Janeiro, com o presidente falando em nome de 7.500 profissionais.

Não foi o suficiente para afastar o perigo da vida de Malu Fernandes. Ela lembra:

> A necessidade de revidar o que fiz com eles persistiu. Policiais têm suas fontes e jornalistas também. Recebi informações de que levantaram a minha vida todinha: que eu tinha um carro azul, morava na Lagoa etc. Ameaçaram colocar 50 gramas de cocaína no meu carro. Só dormi depois que conversei sobre isso com quatro pessoas-chave: meus pais, que morreriam de desgosto se a ameaça se concretizasse, depois de terem investido tanto em educação; meu chefe, que me demitiria por justa causa, e o corregedor de polícia, chefe dos que ficaram revoltados com a denúncia. Foi ele quem me tranquilizou com sua experiência, depois de uma varredura no meu telefone e meia dúzia de contatos: "Quando ameaçam não fazem. Fica tranquila." Neste dia voltei a dormir profundamente e em paz a noite inteira.
>
> Um belo dia, cobria "Os anões do Orçamento" em Brasília — o jornal enviou uma "tropa de choque" para cobrir o escândalo ["Anões do Orçamento" foi o nome pelo qual ficou conhecido o grupo de congressistas envolvidos em fraudes com recursos do Orçamento da União, investigados,

em 1993, por uma CPI] —, quando o diretor da redação, Merval Pereira, me ligou: "Você está fazendo o quê?", interrogou. "Em pé, descansando de escrever", respondi. E ele deu a boa-nova: "Então senta. Você acaba de ganhar um Prêmio Esso com a matéria dos ferros-velhos."

Naquela época, sabíamos de antemão os vencedores em cada categoria, não tinha o formato de Oscar de hoje em que esta informação só é divulgada no salão da festa. A série, editada pelo querido Jorge Antônio Barros, com fotos do competentíssimo Marcelo Regua, ganhou o nome "A máfia dos ferros-velhos", Prêmio Esso Regional Sudeste de 1993.

Malu continua trabalhando como jornalista independente e é consultora de empresas através de sua própria assessoria, e está se formando em direito.

José Fontes, o pauteiro a que ela se referiu, aquele que no ar-condicionado teria esquecido o calor das ruas, foi um jornalista lendário. O recordista, pelo menos até o fechamento do *Jornal do Brasil* como veículo impresso, em Prêmios Esso. Ganhou quatro, os de 1962, 1964, 1975 e 1987, entre inúmeros outros e até medalhas, e se tornou verbete em enciclopédia, a francesa *Larousse*. Carioca, nascido em 1934, Fontes chegou ao *Jornal do Brasil* em 1958, naqueles tempos em que a Reforma ia engatinhando, e, com um breve período de intervalo, dedicou 37 anos de sua vida ao jornal. Foi mestre de gerações, tendo sido, além de repórter e pauteiro, chefe de reportagem.

Aprontou muito, em históricas reportagens, sempre furão, corajoso e audacioso. Uma, sempre lembrada, é a sua "invasão" do Ministério da Aeronáutica, ainda no Rio, no auge da Revolta de Aragarças (revolta liderada por militares da Aeronáutica que eclodiu em 2 de dezembro de 1959 com o objetivo de bombardear os palácios do Catete e Laranjeiras, sem êxito). A imprensa estava toda parada, em um isolamento a 200 metros da porta do prédio.

Fontes percebeu que alguns oficiais estavam entrando à paisana. Pegou um táxi e pediu ao motorista que, ao chegar ao portão, saísse do carro e lhe batesse uma continência. O soldado-porteiro o deixou entrar. Com sua astúcia, chegou ao ministro e disse: "Senhor, a Condessa Pereira Carneiro me incumbiu de vir até aqui para garantir que o senhor estava vivo, pois as notícias que correm são de que o senhor havia se suicidado." O ministro, há dois dias entrincheirado ali, respondeu: "Pois bem, diga à Maurina que estou vivinho da Silva", e em seguida deu a Fontes o furo: ia mandar bombardear os pontos da Amazônia em poder dos revoltosos. Fontes ainda ganhou a confiança do oficial, que anos mais tarde lhe daria uma entrevista exclusiva.

Difícil resumir as incríveis façanhas desse gigante — alto e forte e, nos anos mais tardios, mais para o gordo — que sonhou ser jóquei. Adorava um bar, mas era sério e podia se tornar "brabo". Foi capaz, por exemplo, diz a lenda, de sair no tapa com Mariel Mariscot, um dos homens mais temidos da polícia, integrante da lendária Scuderie Le Cocq, acusada de exterminar bandidos a seu bel-prazer, como um verdadeiro Esquadrão da Morte. Seu primeiro Esso, recebido em 1962 — e talvez o mais trabalhoso e espetacular —, se deu com a denúncia de fraude na eleição do novo estado da Guanabara, ocorrida em 1961. Fontes percebeu que a contagem de algumas urnas estava errada e beneficiava um deputado, Sami Jorge, do PSD — Partido Social Democrático. Durante oito meses, persistiu. Sofreu ameaças de todo tipo, até de morte. E não desistiu. Até que o TRE reconheceu a veracidade de suas denúncias e o deputado foi cassado, em uma atitude até então inédita na história do Brasil. Na edição de terça-feira, 30 de maio de 1961, a manchete do jornal — "Recontagem comprova fraude eleitoral" — coroava a luta do repórter, que teve direito à foto na primeira, com a legenda: "José Gonçalves Fontes, do *JB*, primeiro a denunciar a fraude, abraçado pela vitória da imprensa."

Em 1964, o Esso de Fontes veio com a matéria "Bloqueio do mar", sobre a degradação dos portos em todo o Brasil. Em 1975, com o trabalho "Educação — um estado de calamidade". E, em 1987, foi a vez de "Rio sofre o pior quebra-quebra", quando a edição de 1º de julho dedicou toda a primeira e mais cinco páginas a uma cobertura completa do Caderno Cidade, de que ele era chefe, sobre o tumulto que as manifestações contra o aumento de 50% nas passagens de ônibus provocou no centro do Rio: cem veículos destruídos, noventa pessoas presas e 58 feridas, com a avenida Rio Branco às escuras, de tanta fumaça de bombas de gás lacrimogêneo, em plena tarde de uma quarta-feira.

Nascido no mesmo ano, 1934, e no mesmo bairro, o Catumbi, no Rio de Janeiro, Oldemário Toguinhó era amigo de Fontes antes de ambos serem jornalistas. Também se tornou lendário. Eu adorava encontrar com ele nos corredores do sexto andar, o nosso andar, o andar da redação, na avenida Brasil, 500, quando era estagiária e, depois, repórter C, pulando a classificação inicial do jornal, que era repórter D. Por sua alegria e irreverência. E pelo relato de suas matérias sensacionais, sempre. Ele falava muitos palavrões e colocava apelidos politicamente incorretos em todos. Eu tinha 21 anos, gostava de ficar ali no cafezinho, me enxerindo com os grandes, e ele era certamente um deles, em todos os sentidos. Alto e gordo, falava alto e era tão expansivo que sempre parecia estar ocupando um quarteirão.

Passou uma menina do B. Nariz em pé, roupa da última moda. A gente fumando. Eu, de brinco de pena e sandália de sola de pneu... Ela nem olhou para nossa turma, que reunia a tropa de choque: os repórteres Tarcísio Baltar e Paulo Cesar Araújo, Fausto Neto do copi, e outros, e Oldemário, que perguntou:

— Vem cá? Ela ganha muito bem?

Todo mundo respondeu que não, normal. Ele insistiu:

— É muito inteligente ou escreve bem, acima da média?

A gente, já dando risada:

— Não, Oldemário, normal...

E ele de bate-pronto:

— Ah, então já sei, para não falar com a gente, nem cumprimentar, e andar assim com essa bunda, aliás, falta de bunda, pra trás, e esse nariz em pé, e não ser muito importante, deve, então, ter inventado algo muito importante. Só pode ser a inventora da buc...!

E a coitadinha, durante tempos, passou a ser chamada de inventora. Achava que era por seus textos criativos. E a gente contendo o riso...

Workaholic total, um dos raros jornalistas daquela época que não fumava nem bebia, ele tinha o grave defeito para a saúde de viver para a notícia. Ganhou dois Esso: o de Informação Esportiva, em 1981, com a matéria "Crise econômica atinge futebol e esvazia os campos do Brasil", e o de 1983, que chocou o país: "Garrincha: o alcoolismo e o drama da sobrevivência." O público, que idolatrava o jogador, não sabia do estado grave em que se encontrava Mané, detalhado por Oldemário, que revelava, na matéria publicada em 10 de outubro de 1982, estar o atleta agressivo, sem família ou amigos, e sob risco de morte.

O olhar atento lhe permitia ir muito além de sua área de especialidade, o esporte. Em 1968, cobrindo os preparativos dos Jogos Olímpicos no México, acabou por ser o repórter que descreveu o embate em que a polícia abriu fogo contra 10 mil estudantes na Plaza de Las Tres Culturas, matando um número que oficialmente foi dado como quarenta e estimado extraoficialmente em até trezentos, no que ficou conhecido como o Massacre de Tlatelolco.

Uma das características de Oldemário foi a de tornar-se amigo de suas fontes. Era íntimo de Pelé e deu o furo de seu casamento com Rose. Surripiou, na casa dele, um troféu importante, que dizia que só devolveria quando lançasse seu livro. Infelizmente não teve tempo. Morreu de um AVC, em 2003, aos 68 anos.

Aluysio Cardoso Barbosa também não está mais aqui para contar suas histórias (faleceu em 2012, aos 77 anos). Ele foi repórter do *Jornal do Brasil* em Campos e viveu uma experiência incrível. Foi preso não por querer denunciar alguma coisa, mas por estar correndo atrás de uma boa notícia. Quem lembra é seu parceiro na aventura, o fotógrafo Esdras Pereira, que começou fotografando aos 15 anos e hoje, aos 57, se divide, entre cuidar do seu restaurante Madame Z, lá mesmo, em Campos, fazer coluna social e tocar um blog, no grupo Folha da Manhã:

> A teoria é que se havia petróleo em terra, tinha que ter petróleo no mar, e essa teoria era defendida pelas pessoas que estavam procurando petróleo em Campos. Mas o governo negava o tempo todo. Era a ditadura, a gente não tinha informação nenhuma. Eu acho que havia interesses estrangeiros envolvidos. O fato de ter petróleo aqui, com potencial de exploração comercial, significava que o país ia ter uma independência. Não sei se o governo tinha medo de acontecer alguma coisa ou se os militares estavam sendo impedidos de alguma forma de revelar isso naquela hora. Era questão de segurança, ninguém podia falar nada, era perigoso, não se podia mexer com eles. Era Dops, SNI.
> Mas quem dominava essa tecnologia da prospecção toda eram os gringos, então a gente tentava conversar com eles. E eles não tinham problema nenhum de censura, de falar nada. Até que apareceram uns lá em Atafona, fizeram um centro de comunicações na praia, um acampamento, e o Aluysio conversou com eles, e um cara falou que já havia sido descoberto o petróleo. Ele fez uma matéria, o *Jornal do Brasil* acreditou nele — era um repórter muito sério, muito conceituado — e publicou dizendo que havia petróleo na Bacia de Campos. Depois isso foi desmentido. Então, uma

coisa que era verídica foi desmentida. A gente ficou com esse negócio encravado na garganta.

Algum tempo depois, o Aluysio ficou doente e estava em casa. Me mandaram para o aeroporto. Uma e meia da tarde, um calor desgraçado, fui para a pista do aeroporto fotografar a má conservação. Fotografei o que eu tinha que fotografar, aeroporto de interior, não tinha quase ninguém. Mas, no saguão de espera, tinha um gringo com uma maleta na mão, essas maletas tipo 007, falando inglês. Eu não falo nada de inglês. Aquele cara me chamou a atenção. Pedi a um piloto da Votec [empresa de táxi aéreo], que era do Nascimento Brito: "Pô, meu irmão, você fala inglês, pergunta a esse gringo o que ele está fazendo aqui." O piloto foi lá e me traduziu: "Eu vim aqui porque a gente está dimensionando como é que vai fazer, porque estamos preparando o primeiro carregamento comercial de petróleo." Eu disse: "Você está de sacanagem." E ele: "Não, rapaz, ele está falando isso." "Mas vai carregar quando?" Aí o gringo: "Não, já está carregando, tem um navio lá."

A gente estava atrás disso havia anos! O gringo continuou falando e deu a parada toda. Aí eu: "O senhor tem a latitude e a longitude?" E ele: "Tenho." Abriu a maleta, me deu, eu anotei e parti para a casa do Aluysio. Aluysio doente, lá na cama, eu disse: "Olha, Aluysio, está havendo isso, isso, isso e isso, aquele negócio que você garante que tem, é verdade, está aqui." E ele. "Mas como é que nós vamos fazer?" Eu falei: "Está aqui a latitude e a longitude."

Nós tínhamos um amigo em comum, chamava-se Geraldo Coutinho, um grande usineiro aqui da Usina Paraíso que tinha um avião. Os usineiros, na época, eram poderosos. Não era o avião mais adequado para fotografia porque a asa era embaixo, atrapalhava um pouco. Mas o piloto tinha vindo da guerra de Angola, um português, sabia as malandragens todas. Aí o cara: "Ok, empresto o avião para vocês." Botou o piloto em contato, fizemos um plano de voo para a praia do Farol de São Thomé, onde estavam prospectando o petróleo em terra, a única praia campista. Claro que a gente não falou que ia em alto-mar, que eles não iam permitir. Quando a gente chegou lá, o piloto fez rasante até o local, para não ser detectado pelo radar.

De longe a gente já via a silhueta do navio. Fizemos uns voos com a asa deitada de lado para eu poder fotografar. Eu fotografei com a teleobjetiva. Quando chamei no zoom, entre uns caras que estavam no deque do navio vi um camarada com um binóculo olhando para a gente e falando alguma coisa, e outro anotando na prancheta. Rapidamente falei: "Aluysio, vai dar confusão, o cara está anotando o prefixo do avião, estou vendo ele daqui..." Fizemos mais uns dois sobrevoos e partimos para terra, porque a aeronave não estava preparada para voo noturno e já estava querendo escurecer.

Quando se chega ao aeroporto de Campos, o avião tem que fazer umas três voltas, antes de aterrissar e ter permissão. Ao fazer a primeira volta, eu falei: "Tem uma Kombi branca lá embaixo, bem na frente do saguão, e é da Polícia Federal. Eles estão esperando a gente." Ele disse: "Rapaz, e agora? A gente não pode perder esse filme." Eu o acalmei: "Vamos ver o que a gente faz."

O piloto, na hora de taxiar, fazer a curvinha para voltar para o aeroporto, parou meio de ladinho, e eu desci pela asa. Abri a cabinezinha, desci pela asa com a chave do carro do Aluysio na mão, a máquina na outra e caí no mato. Era capim-colchão, que eles plantaram em volta do aeroporto para o caso de uma eventualidade, de acontecer um pouso de barriga, essas coisas. E fui abaixadinho para o aeroclube, que era perto do saguão. Peguei o carro e me mandei para Campos, que é perto, a uns 8 quilômetros.

Eu revelava o meu material e mandava para o Rio de ônibus. Só que, dessa vez, não ia dar tempo para mandar de ônibus. Revelei as fotos, tudo legal, liguei para o *Jornal do Brasil* e eles: "Manda que é primeira página." Aí eu corri de volta para onde? Para o aeroporto. Cheguei e eles lá detidos... e eu fiz de conta que não era nada comigo. Fui para a fila do embarque, tinha um avião de carreira que ia sair em uma hora, e da mesma forma que um usineiro me ajudou, outro botou areia. Cheguei para um, descendente de ingleses, muito petulante — nunca imaginava que ele fosse fazer aquilo —, e pedi: "Estou aqui com um material que preciso mandar para o *Jornal do Brasil*, eles estão lá no Santos Dumont esperando, eu vou dar esse envelope a você com umas fotografias, você podia entregar para mim?" E ele: "Não sou carteiro, não, meu filho, procura outro." Mas o homem na fila atrás de mim falou assim: "Não, que é isso, eu não te conheço, mas se você quiser, eu levo." Anotei o nome dele, as características das roupas. Não tinha jeito, ali era ou tudo ou nada.

A foto foi publicada, com destaque na primeira dobra da primeira página da edição de 14 de agosto de 1977, com a legenda:

> Ligado à plataforma marítima Cedco-135-D por uma mangueira de mais de 200 metros de comprimento, o petroleiro *Água Grande* espera, a 56 milhas do litoral, completar sua capacidade de 45 mil barris para levantar âncoras — provavelmente na próxima sexta-feira — transportando o primeiro carregamento de petróleo do campo de Enchova para as refinarias da Petrobras. Ontem ao meio-dia funcionários da empresa que operam em outra plataforma na unidade Penrod-62 (P-6) anunciavam entusiasmados a conclusão, com êxito, de mais uma missão. "Encontramos muito óleo no poço que estávamos perfurando e nas próximas 48 horas a P-6 mudará de lugar", disseram. O próximo poço da área a entrar em produção será o que está sendo perfurado pela plataforma Zephir — II.

O governo militar não podia mais desmentir o Aluysio.

Esdras fez outra foto marcante, também ligada a petróleo e à Bacia de Campos, porém desta vez dramática. A pior tragédia já acontecida com jornalistas no Brasil. Era a cobertura da comemoração do cumprimento da meta de produção de 500 mil barris de petróleo por dia. Hoje, quando o país produz mais de 2 milhões de barris por dia, parece pouco, mas na época, 1984, foi motivo para convite a toda a imprensa para uma visita à plataforma, com direito à presença do então presidente da Petrobras, Shigeaki Ueki. Todos os grandes veículos enviaram equipes. Todos os jornalistas que viajaram morreram em um acidente com o avião Bandeirante da TAM, que explodiu ao bater contra um morro 21 minutos após decolar do aeroporto do Galeão e a cinco minutos do aeroporto de Macaé.

Na edição de 29 de junho, a foto de Esdras na primeira página do *JB* estampava o desastre e a nossa dor. Eu era comentarista econômica e apresentadora do telejornal noturno da TV Bandeirantes. Havia sido convidada por Fábio Saad, diretor da emissora no Rio, para fazer a cobertura e negociado com ele para ser substituída. Algum tempo antes, eu tinha feito uma reportagem na mesma plataforma e, na volta, presenciara e filmara a queda do helicóptero dos técnicos da Petrobras que nos haviam recepcionado. Morreram no mar, na nossa frente. Saad compreendeu meu pânico de voltar àquele lugar e me substituiu pela colega que morreu. Apesar de abalada, atendi à ordem de Sílvia Jafet, então diretora de jornalismo da Band, e passei todo o dia apresentando as entradas ao vivo. Além disso, ancorei o jornal quase todo dedicado à cobertura do acidente que levou à morte tantos colegas, muitos deles amigos: Regina Sant'Anna (repórter), Geraldo Veloso (cinegrafista) e Luís Carlos de Souza (auxiliar de cinegrafista), da TV Bandeirantes; Maria da Ajuda Medeiros dos Santos (repórter), Ivan dos Santos Cardoso (cinegrafista), Jorge Coelho e Dário Fernandes da Silva (operadores de VT), da TVE; Luís Eduardo Lobo (repórter), Dário Duarte Silva (cinegrafista), Levi Dias da Silva (operador de VT) e Jorge Antônio Leandro (auxiliar de cinegrafista), da TV Globo; Ulisses Oliveira Madruga (repórter), Luís Carlos Viana (cinegrafista) e Jorge Silva Martins (operador de VT), da TV Manchete. Também morreram na queda do avião Mário Saldanha Filho e Samuel Pinto Simões, funcionários da Petrobras, o piloto Edson Ferreira da Silva e o copiloto Carlos Augusto Videira.

A tristeza seria redobrada no dia seguinte. Samuel Wainer, repórter, e o cinegrafista Felipe Ruiz, da TV Globo, que haviam ido cobrir o resgate dos corpos, também morreram. Em um acidente de carro. A Veraneio em que viajavam capotou e bateu em uma árvore, na altura de Rio Bonito, na RJ-124, quando voltavam de Barra de São João para o Rio de Janeiro. O jornalismo ficou de luto por muito tempo.

O perigo de um outro tipo de acidente — de enormes proporções e capaz de interferir nas vidas de muito mais pessoas — foi denunciado por uma repórter do *JB*, outra a ganhar um Esso: Tânia Malheiros. Já experiente na área — havia escrito alguns anos antes o livro *A bomba oculta*, verdadeiro tratado sobre os problemas do programa nuclear brasileiro —, ela estampou na primeira página do *Jornal do Brasil* do dia 28 de dezembro de 1996 a chamada "Dossiê relata série de acidentes em Aramar". Na reportagem, o relatório que ela conseguiu com exclusividade demonstrava que o Ministério da Marinha — responsável pelo Centro Experimental, montado em Iperó, no interior de São Paulo, para o enriquecimento de urânio — descobrira que acidentes de causas desconhecidas vinham ocorrendo havia três anos, sendo que um deles tinha contaminado com material radioativo um funcionário. Na reportagem, Tânia descreve os acidentes, reporta-se a outros relatórios secretos, informa o nome do operário contaminado e exibe páginas dos documentos, já com cópias em mãos de parlamentares e a serem entregues ao então presidente do país, Fernando Henrique Cardoso. Tânia revelava ainda que os técnicos não sabiam o que fazer.

Deveriam não ter feito nada. Na edição de 30 de dezembro, o assunto volta à primeira página. Qual a providência da Marinha? Instalar um serviço de fiscalização, não para evitar novos acidentes ou vazamentos de material radioativo, mas para tentar impedir que seus funcionários dessem qualquer tipo de informação sobre os problemas, principalmente à imprensa! A chamada da primeira página do *JB*, em 30 de dezembro, foi "Marinha esconde acidentes no seu centro de Iperó".

No dia seguinte, o tema estava de novo na primeira página. O Ministério da Marinha emitiu nota, em que procurava descredenciar a repórter, desmentindo seus próprios documentos. Mas Tânia havia tido acesso a outros, que traçavam um quadro ainda pior. "Aramar contamina rio em Iperó" era a manchete da página 3. O governo de São Paulo já havia decidido que a Cetesb (Companhia de Tecnologia de Saneamento Básico) investigaria a denúncia, e parlamentares se mobilizavam para instaurar no Congresso uma comissão suprapartidária para investigar tudo que estava acontecendo em Aramar.

A nota oficial da Marinha, assinada por Wellington Liberatti, capitão de mar e guerra e diretor do Centro Experimental, procurava diminuir a relevância dos relatórios obtidos por Tânia, que chamava de sensacionalista, e a acusava de ter feito a matéria para "melhorar a vendagem do livro que lançou recentemente". O *Jornal do Brasil* respondeu, em "Falhas da Nota", item a item, dando o maior espaço para a defesa de sua repórter.

Tânia, hoje, lembra o episódio de maneira tranquila. É o jeito dela; preferiu seguir seu outro sonho, tornando-se cantora, para alegria nossa e de muitos fãs, que acompanhamos seus shows, onde ela exibe o garimpo do melhor dos sambas tradicionais e nos encanta com qualidade e alegria. Ela sabe ser profunda, emocional, emocionante e simples ao mesmo tempo, como comprova seu relato:

> Quando recebi a informação sobre prováveis acidentes radioativos no Centro Experimental de Aramar, eu estava de mudança. Na sala do apartamento onde morava no Flamengo, restavam apenas um telefone fixo, também fax, em cima de uma cadeira de madeira e um computador obsoleto. Mesa, estante, outras cadeiras, tudo já havia sido desmontado e colocado num canto.
>
> Muita calma nessa hora, se não estivéssemos em dezembro de 1996, quando ainda não havia internet, nem celular. Juntava-se a isso a pressão da imobiliária para que eu devolvesse as chaves do apartamento. Pressa era a palavra de ordem: tinha pressa para finalizar a matéria apurando alguns dados pendentes e pressa com a mudança, mas não podia sair, deixar o apartamento, ficar sem telefone, nem um dia.
>
> Lembro perfeitamente que joguei uma almofada no chão para nela me apoiar e conseguir anotar as informações que faltavam. Afinal, não havia mais mesa na sala. Tudo comprovado, mãos à obra, matéria pronta, entregue. No dia 28, com chamada na primeira página, a matéria foi manchete na página da editoria Brasil.
>
> Mais alguns dias precisei habitar aquele espaço todo desmontado, porque a partir da publicação da matéria tive que providenciar as suítes, as reportagens seguintes com mais informações e detalhes. Finalmente, quando tudo se acalmou, pude mudar de casa, transferir o telefone e arrumar o acervo de informações, documentos, que já me acompanham há anos.
>
> Um ano depois, Mair sugeriu que eu inscrevesse a matéria no Prêmio Esso. E fomos vencedores na categoria Informação Científica, Tecnológica e Ecológica de 1997. Essa é uma alegria que não se mede, que não tem preço.

No caso Aramar, contestando a nota da Marinha, o *Jornal do Brasil* apostou tudo no repórter. Mas... nem sempre é assim. Existe um exemplo emblemático em que o *JB* comeu mosca. Talvez até pudesse ter evitado, ou pelo menos adiado, a morte de um líder que já conquistara prestígio internacional. Edilson Martins me relembrou o erro histórico, o momento em que o *Jornal do Brasil* piscou. E piscou feio.

> Era dezembro de 1988 quando eu recebi um telefonema do Chico Mendes. Acriano como eu, nos conhecíamos há muito tempo. Ele me disse: "Edilson, estão fazendo um cerco para me matar." E eu falei: "Vem para o Rio. Eu faço uma matéria grande com você." E ainda brinquei: "Isso vai lhe dar pelo menos mais uns três meses de vida." E ele: "Estou sem grana." Eu respondi: "Fica na minha casa." Ele veio, eu fiz a entrevista e chamei também a correspondente do *Washington Post*, que levou o Chico para uma casa de amigos dele em Laranjeiras e fez também uma matéria. Bati o texto, deu umas nove laudas. Não tinha carbono, fiz sem cópia. Eu já não era funcionário do *JB*, onde trabalhei entre 1970 e 1976. Já era jornalista independente, trabalhava como freelancer, para vários veículos, como faço até hoje. Peguei minha matéria e levei para o Zuenir Ventura, que era coordenador dos Cadernos Especiais do jornal.
>
> O Chico me deu a entrevista no dia 9 de dezembro. No fim de semana seguinte não saiu nada. Liguei para a casa do Zuenir e atendeu a Mary [mulher do Zuenir]: "Zuenir está em Vitória." Cacei o Zuenir em Vitória, e ele: "A matéria foi submetida ao Marcos Sá Corrêa [editor] e ao Roberto Pompeu [editor executivo] e eles disseram que você já politizou a questão indígena e agora está politizando a questão ecológica." Só que, no dia 22, o cara morreu! E o *Jornal do Brasil*, no dia 23, publicou uma matéria de trinta linhas, ou

sei lá quantas, mas mínima. Fiquei indignado. Telefonei para o Gabeira, que era colaborador da *Folha de S.Paulo*, e ele me disse que ia falar com o Octavio Frias Filho [diretor de redação]. Fui ao *JB*. Eu não podia dizer que não tinha uma cópia sequer da matéria! Fui falar com o Marcos e com o Roberto Pompeu, que vieram me dando parabéns, e eu: "Não quero parabéns, eu vim, com muita ética, mas eu quero os originais da minha matéria que eu estarei publicando na íntegra na *Folha*." Aí eles: "Não, que é isso? Muita calma." E começamos a negociar. Então eu fui com tudo: "Quero página inteira, página ímpar e chamada na primeira página." E assim foi. Deu até um editorial na primeira, com um texto lindo do Roberto Pompeu, embaixo da chamada. E aí começou o resgate do *Jornal do Brasil*, que estava afundando e se levantou com a questão da ecologia. Um mês depois, o Zuenir foi para o Acre comigo. Eu que levei o Zuenir. E foi nessa viagem que ele fez as matérias sobre o Chico Mendes que deram um Prêmio Esso para ele. ["As pistas perdidas no Acre de Chico Mendes", série de reportagens do *JB*, ganhou o Prêmio Esso principal de 1989 para Zuenir Ventura e equipe.]

O caso da piscada do *Jornal do Brasil* foi tão emblemático que, 25 anos depois, em 2013, foi lembrado pelo portal UOL em uma grande postagem. Nela, o jornalista Altino Machado, do Blog da Amazônia, relatava: "No dia 18 de dezembro de 1988, numa banca de revistas, em Rio Branco (AC), encontrei o líder sindical e ecologista Chico Mendes pela última vez. Estava triste ao constatar que o *Jornal do Brasil* não havia publicado naquele domingo uma entrevista dele. Quatro dias depois, em Xapuri, Chico Mendes foi assassinado."

O Caderno Especial do *Jornal do Brasil* daquele domingo, dia 18, teve chamada na primeira página destacando críticas ao aumento do IPTU feitas pela deputada Sandra Cavalcanti em entrevista de página dupla. Na capa, entretanto, o caderno publicava, ironicamente, a matéria "Marcados para morrer". Era a notícia da morte do deputado estadual João Carlos Batista, representante de posseiros da Amazônia. Ele havia denunciado, no dia 6 de dezembro de 1988, à Assembleia do Pará que, com mais oito, estava em uma lista de pessoas que seriam assassinadas por proprietários de terra revoltados com a defesa da reforma agrária. Foi morto, na mesma noite, à queima-roupa, às claras, na garagem de seu prédio, sua filha de 4 anos chegando a levar um tiro na perna. A matéria, escrita por Priscila Faulhaber, que fazia doutorado em ciências sociais na Unicamp e era pesquisadora do CNPq no Museu Emílio Goeldi, no Pará, revelava que, dos oito da lista de jurados de morte, só restavam dois vivos. E publicava a entrevista de João Carlos Batista concedida a ela meses antes de seu assassinato. Parecia, em tudo, uma antecipação do que ocorreria com o seringueiro acreano.

A entrevista de Chico Mendes a Edilson Martins revelava os nomes de seus assassinos. Os irmãos Darly Alves e Alvarinho Alves. Pelo crime, acabaram condenados, em 1990. Darly Alves, como mandante, e seu filho Darci, como executor, a dezenove anos de prisão. Em 1993, os dois fugiram da cadeia e só foram detidos três anos depois. Da pena, cumpriram seis anos em regime fechado. Então progrediram para o regime semiaberto e domiciliar.

Chico conta a Edilson muito mais. Como havia criado a tática do "empate" para enfrentar os desmatamentos: levar grupos de homens, mulheres e crianças às áreas onde a derrubada da mata iria começar para convencer os peões a não cortar as árvores. Até aquele momento, revelava, orgulhoso, ter sido vitorioso em quinze de 45 tentativas. O seringueiro também contou outra vitória — uma carta sua para o BIRD (Banco Mundial), alertando sobre o desmatamento, conseguira cancelar um empréstimo de US$ 200 milhões para o governo de Rondônia. Na entrevista, ficamos sabendo ainda que o praticamente desconhecido personagem para o pessoal do eixo Rio-São Paulo-Brasília não é procurado pela imprensa brasileira — ele mesmo conta, em tom de denúncia —, apesar de já ter dado muitas entrevistas para a imprensa estrangeira. Também não era recebido no Congresso Nacional, mas já havia sido anfitrião de uma comissão da ONU em Xapuri, município do Acre; conversado com congressistas americanos, em Miami; participado de uma reunião do Banco Interamericano de Desenvolvimento e recebido muitos prêmios, como o Prêmio Global 500, da ONU, e o da Sociedade para um Mundo Melhor, em Nova York. A entrevista termina assim:

> **Edilson**: Com prêmios e reconhecimento internacional, você então seria um cadáver delicado?
>
> **Chico Mendes**: Se descesse um enviado dos céus e me garantisse que minha morte iria fortalecer nossa luta até que valeria a pena. Mas a experiência nos ensina o contrário. Então eu quero viver. Ato público e enterro numeroso não salvarão a Amazônia. Quero viver.

Nenhum jornalista ou escritor permaneceu, como Edilson, tantos anos — 44 — trabalhando de forma continuada com os conflitos da Amazônia. Ele foi o único que participou do primeiro contato entre povos indígenas, em estado de cultura pura, de quatro nações: índios zóro, em Rondônia; ava-canoeiro, na Ilha do Bananal, em Goiás, com os sertanistas Apoena Meireles e Zé Bel; kren-akarore, com os irmãos Villas-Bôas, no vale do rio Teles Pires, em Mato Grosso; e waimiri-atroari, no Amazonas, no início da construção da rodovia BR-174, que liga Manaus a Caracas, no começo dos anos 1970. Suas reportagens denunciaram as brutais agressões e o cruel aculturamento destes povos. Ele até hoje recorda, com tristeza:

> Os índios eram tratados até então de maneira folclórica pela imprensa, em reportagens coloridas, mostrando cocares e danças. Eu fui o primeiro a fazer a narrativa da tragédia da terra invadida. Era a época do governo Médici, que tinha como slogan "Terras sem homens para homens sem terras". Levavam gente do Sul, colonos, para as terras dos índios. Doavam 100 hectares por pessoa. E a regra era que tinha que se destruir 80 hectares de mata. Se não destruíssem para plantar, perdiam a terra.

Edilson continua seu trabalho sobre os temas da região, já há bastante tempo também com vídeos. Nos anos 1990, dirigiu o documentário *Chico Mendes,* que chegou a ser um dos mais exibidos no Brasil e no exterior. É hoje o detentor do maior acervo de imagens sobre a Amazônia no mundo. Escreveu vários livros, todos esgotados, mas acessíveis no portal da ONU. O mais recente, *A viagem de Bediai, o selvagem* (Topbooks, 2014), é sucesso internacional, elogiado com frequência no blog que o jornalista mantém atualizado diariamente e em que comenta também a vida dos brancos.

Armando Strozenberg também esteve em uma posição privilegiada para contar um evento inédito que marcou para sempre a história do mundo — a revolta dos estudantes na França em maio de 1968. Ele não era conterrâneo de ninguém, como Edilson de Chico Mendes, mas vivia, naquele momento, uma dupla atuação: fazia pós-graduação em ciências políticas na Sorbonne e, ao mesmo tempo, acabara de ser contratado como correspondente do *Jornal do Brasil* em Paris, na tenra idade de 24 aninhos. Ele relembra:

> Eu já trabalhava no *JB* desde 1963. Primeiro como redator na Internacional, depois como repórter especial no Caderno B. Quando cheguei a Paris, de licença, o jornal lá mantinha a correspondente Celina Luz, que se apaixonara por um

neurologista brasileiro fazendo residência médica em um hospital. Meses depois, ele volta ao Brasil, mas acompanhado da competente e bela jornalista paranaense.

Desde que cheguei à França, produzia, à noite, uma versão internacional de um programa de rádio que fazia muito sucesso na Rádio Jornal do Brasil — *Música também é notícia* — com duas edições diárias. Eu gravava dez programas seguidos uma vez por semana numa emissora local e enviava em fita magnética pelo malote via Varig. O programa abria assim: "De Paris, fala Armando Strozenberg", fechando com "De Paris, falou Armando Strozenberg", o que passava a ideia de que eu entrava ao vivo. Resultado: audiência lá em cima, fascinação dos anunciantes e colegas.

Manoel Francisco do Nascimento Brito passou por Paris em 1967 e me convocou para uma conversa no bar do Plaza Athenée, um dos mais luxuosos hotéis na prestigiosa avenue Montaigne. Ele me propôs algo assombroso: substituir a Celina Luz como correspondente do *JB* na Europa, conforme sugestão do Dines e do Lemos! Entre perplexo e assustado, aceitei o convite, apenas fazendo — gaguejante... — a ressalva de que parte do meu tempo tinha que ser dedicada aos cursos da minha pós-graduação. E ali nascia o provavelmente mais jovem correspondente internacional da imprensa brasileira.

Esta é a época em que um fenômeno apelidado de *malaise* [que pode ser traduzido como "mal-estar profundo"] começa a tomar conta de corações e mentes de estudantes do ensino médio e superior dos países que compunham o que se chamava época de "Primeiro Mundo". Sentimento que fundia inquietação existencial com um inconformismo diante do envelhecimento da infraestrutura e metodologia acadêmicas vigentes. Eis que as circunstâncias me reservaram este privilégio: cobrir, muito mais bem situado do que a maioria das centenas de jornalistas do mundo, a explosão do processo. Na dupla qualidade de jornalista e estudante, pude me mover com facilidade e fluência entre os dois lados das dezenas de barricadas e os controles policiais que tomaram conta das principais ruas da cidade. É neste período que me aproximo e mantenho como uma das minhas fontes o colega matriculado na Faculdade de Nanterre, também integrante do sistema universitário da Sorbonne, Daniel Cohn-Bendit, porta-voz de algumas reflexões que fariam dele a figura-síntese do inconformismo predominante, explicitadas por palavras de ordem como "É proibido proibir" e "A imaginação no poder", entre muitas outras.

De fato, o mundo nunca mais foi o mesmo, com o "Paz e Amor" na Califórnia, Carnaby Street na Inglaterra, "Primavera de Praga", a morte de Salazar. Poucas semanas depois, lá estava eu na "Passeata dos 100 Mil", a nossa versão de inconformismo contra a ditadura militar, que coincidiu com poucos dias de férias no Rio para me casar com Ilana, apadrinhado por dois outros jornalistas, um ainda no *JB*, outra ex-*JB*: Fernando Gabeira e Ana Arruda Callado.

Em Paris, no auge dos *évenements de mai*, muito mais inesquecível que simplesmente testemunhar a tensão entre o poder e a oposição, usando as carteiras de correspondente internacional emitida pelo Ministério das Relações Exteriores e/ou a de estudante da Sciences Po, era poder reportar para os leitores do *JB* como se manifestavam as certezas do poder estabelecido, de um lado, e o que representavam, de outro, as palavras de ordem, pedras e os objetos lançados contra, em nome de um futuro novo, utópico.

Talvez tenha sido esta rara oportunidade de exercer este literal duplo olhar, repleto de emoção explícita, que tenha feito toda a diferença na cobertura do *Jornal do Brasil* em relação aos demais colegas de jornais internacionais. "Era como se os meus telexes gritassem mais enquanto as matérias eram enviadas todas as noites à redação no Rio."

A cobertura ficou cinematográfica e deu realmente um banho nos outros jornais. Armando fez matérias factuais e também de bastidores. Em "A escalada francesa", publicada nas edições de 12 e 13 de maio (o *Jornal do Brasil* àquela época saía com edição dupla de domingo e segunda-feira), faz um histórico, dia a dia, da escalada do movimento estudantil, iniciado em abril com uma manifestação de apoio aos estudantes alemães, contando como os embates com a polícia já haviam deixado mais de 1.500 pessoas feridas e anunciando que a luta continuaria com novas passeatas marcadas para os próximos dias. Na edição de 24 de maio, o correspondente ocupa quase uma página com uma matéria subdividida entre o humor e a seriedade. A parte bem-humorada de "A França em revolta" mostra o quanto o movimento modificou o cotidiano, as pessoas comentando que pareceria um louco quem previsse, por exemplo, que seria realizado um transplante de coração e o feito passaria despercebido, como de fato aconteceu. No texto mais sisudo, Armando revela o trabalho de especialistas dedicados a calcular os custos da paralisação geral que durava uma semana: os prejuízos já montavam a 1,5% do Produto Nacional Bruto e fariam crescer ainda mais o impressionante número de 400 mil desempregados. Em junho, seria a vez da publicação de um Caderno Especial — Após as barricadas, as urnas — em que Armando entrevistou os candidatos de todas as formações políticas concorrentes às eleições para a formação da nova Assembleia Nacional Francesa. Um trabalho de fôlego publicado na edição do dia 24, data da votação na França.

Mas o correspondente também tinha espaço para aproveitar a efervescência cultural de Paris. Deliciosa a entrevista exclusiva que conseguiu com o gênio do surrealismo. Em "Dalí, o divino, o imperador, o mestre", publicada em 22 de maio, no auge da crise francesa, com as fábricas tomadas por operários e os estudantes tendo como líder o agora anarquista assumido Daniel Cohn-Bendit, ele apresenta um artista que se diz muito inteligente, embora mau pintor, e defende a volta da monarquia, de forma que as pessoas possam ser governadas por príncipes, que já nascem ricos e não têm a necessidade, como os "tais presidentes da República, de se tornar logo escroques, desonestos". Armando conversou com o pintor por duas horas, na magnífica suíte que costumava ocupar no terceiro andar do Hotel Meurice, enquanto ele, de terno, pintava com pincel fino o retrato de uma jovem. O repórter perguntou sobre nosso país.

> — O Brasil lhe diz alguma coisa, Divino? [nome do filme que Salvador Dalí iria em breve protagonizar]
> — ... A última vez que levei o Brasil a sério foi com Stefan Zweig, que insistia em me levar para um "Brasil onde a felicidade atinge seu auge"; três semanas depois de lá chegar ele se suicida... Desde então, o Brasil passou a ser para mim coisa a evitar sempre.

Armando Strozenberg voltou para o Brasil em 1970. Primeiro, assumiu a pauta. Meses depois foi convidado a chefiar a reportagem, cujo status elevou para editoria. Na velha e boa Geral, criou especialidades, o que foi uma novidade na forma de se fazer a cobertura jornalística. Ele lembra:

> Exceções à parte, eu não acreditava no taco de "repórter de Geral" porque era uma maneira de o profissional achar que entendia de tudo quando, na realidade, sabia muito pouco e o tempo era mínimo para se aprofundar no que tinha de cobrir. E o leitor acabava percebendo isso. Como o jornal tinha um monte de repórteres — eram, nessa época, de cinquenta a sessenta —, eu fiz uma compartimentação que me pareceu a mais razoável.

Estávamos no auge do período da ditadura militar. Tínhamos que ter gente cobrindo política, embora o tema não exigisse muita gente... Foi quando sugeri juntar num mesmo grupo de interesse a política e dois outros temas cuja cobertura era complexa (no Brasil) e reduzida (no Rio): a diplomacia e os assuntos militares, que batizei de PDAMI — P de política, D de diplomacia e AMI de assuntos militares. Aí entra o Lemos reportagem adentro e diz: "Pô, Armando, espetacular esta sua ideia, vamos chamar estes grupos todos de PDAMIs." E não é que pegou?... O pessoal desta geração de jornalistas brinca, dizendo: "Foi o Armando que inventou os PDAMIs." A partir daí todos os grandes jornais brasileiros adotaram o conceito em suas reportagens antes gerais, separando a apuração por áreas. "Taí algo de que me orgulho muito, pois muito rapidamente se percebeu uma clara evolução na densidade do trabalho jornalístico dos repórteres."

Em paralelo à editoria de Reportagem, Armando dirigia o jornalismo da Rádio Jornal do Brasil (foi ele quem levou a hoje imortal Ana Maria Machado para chefiar a redação da rádio), ajudou Lemos a criar a primeira emissora pop brasileira (a Rádio Cidade) e era o editor-chefe dos *Cadernos de Jornalismo e Comunicação* — o primeiro veículo brasileiro exclusivamente voltado para a reflexão de temas relacionados a mídia, criado por Dines.

Em 1975, Armando saiu do jornal e do jornalismo para a área de publicidade. Fundou primeiro a agência Estrutural e, em seguida, a Contemporânea, de grande sucesso. Continua no setor, como chairman nacional da Havas Worldwide, um dos maiores grupos de comunicação do mundo, que adquiriu o controle da agência. Com fortes ligações com cultura, educação, questões sociais e comunidade, integra, entre muitos outros, os conselhos do MAM (Museu de Arte Moderna), da OSB (Orquestra Sinfônica

Brasileira) e da cidade do Rio de Janeiro, além de dirigir a Casa do Saber, centro de debates e disseminação do conhecimento no Rio e em São Paulo.

* * *

Apuração, ralação, empenho, verdade, tudo dependia em grande parte dela, a pauta, poderosa. Quando cheguei ao jornal, nem sabia o que era pauta — durante quatro anos de faculdade ninguém tinha falado nela, embora tivessem me feito ler muito sobre McLuhan (Herbert Marshall McLuhan, filósofo e teórico da comunicação canadense) e sua tese sobre o meio ser a mensagem.

A pauta era uma coisa em que eu até tinha medo de tocar. Quem, Nossa Senhora Desatadora dos Nós, conseguia descobrir de véspera tudo que aconteceria no dia seguinte, com todos aqueles detalhes? Um guru, um mágico, talvez... De manhã cedinho, antes de todo mundo chegar, estava tudo lá, horário, endereço, pessoas que iam falar, tudo! Como aquele Deus sabia aquilo, em todas as áreas da cidade e do estado, hein??? Era um calhamaço, já dividido por editorias e com o nosso nomezinho. Fulano faz isso, fulano faz aquilo. Cada coisa mais interessante ou importante que a outra. Estagiário? Faz lista de livros mais vendidos. Ou preço de alimentos na feira, porque tinha inflação alta e tinha que ver, todo dia, se era o chuchu ou o tomate o vilão a influenciar a alta dos preços. Porcarias de matérias para quem, como a Malu Fernandes, havia entrado para a profissão para, somente, salvar o mundo!!!! Ah, não, eu, euzinha? Não podia me conformar. Cismei que ia fazer uma matéria sobre os camelôs. Vivia a vê-los fugindo dos pegas da polícia quando ia ao Centro fazer alguma matéria, e ficava encantada, tanto com a rapidez com que davam no pé quanto com a criatividade com que se esforçavam para vender. Eles eram a cara do Rio e o símbolo de saída alternativa ao desemprego provocado pela "estagflação" de que tanto o jornal falava nas páginas da Economia — mistura de desaceleração do crescimento do PIB com inflação, de que o país começava a se recuperar.

Tomei coragem e ofereci a ideia ao chefe da reportagem. Ele nem levantou a cabeça do que estava lendo: "Não." Mas, entre uma listinha de livro aqui, um chuchu e um tomate ali, eu fui apurando. Na apuração me surpreendi, constatando que o trabalho dos rapas resultava em caridade: tudo que apreendiam era doado para freiras, orfanatos. Escrevi sobre os dois lados. Ainda pedi a um fotógrafo para tirar as fotos e ele me ajudou. Tremendo de nervoso, coloquei as muitas laudas em cima da mesa do chefe, com indicação das imagens, e saí de fininho. Quase morri do coração. A matéria foi publicada! Em página inteira e com o lide que eu havia feito, bem diferente do padrão. Meu texto começava assim:

> "Vai gilete inglesa, inglesa, inglesa. Vai boneca beijoqueira, vai. Vai pintinho japonês. Olha aí, madame, vai?" A voz do locutor, o sorriso de dente de ouro e a simpatia essencial à profissão são suas armas para, desafiando a nota fiscal, o sistema de crédito e o ar-condicionado das lojas próximas, reunir a sua volta dezenas de curiosos, prováveis compradores de seus inusitados produtos.

Era 7 de julho de 1975 e nem registro profissional eu tinha. Minha carteira de trabalho só seria assinada no dia 1º de outubro daquele ano. Mas ali, aos 21 anos, eu sabia que tinha entrado para a turma. Tinha recebido o espírito. Tinha baixado em mim o estilo *JB*. Eu tinha virado repórter. E do *Jornal do Brasil*! Porque o jeito de contar a notícia também era diferente no *Jornal do Brasil* e fazia parte da sua personalidade.

"Um, dois, três, quatro, cinco, seis, sete, oito, nove, dez, onze, doze... Corta! Agora, dá um close na cara dele." Assim começava a também criativa matéria de Edison Brenner sobre o enterro de Di Cavalcanti. O repórter seguia informando que, de barba por fazer e roupa esporte, o diretor filmava o corpo do pintor, "em close, a 10 centímetros de distância, a partir dos pés até a cabeça". Pode haver melhor maneira de chamar a atenção do leitor para o desrespeito com que o cineasta Glauber Rocha tratou o velório de um dos maiores artistas plásticos brasileiros?

A jornalista Cristina Lemos, que hoje vive em Marselha, era estagiária na época e acompanhou Brenner na cobertura. Ela conta como foi:

> O velório era no MAM e ficamos surpreendidos com a quase ausência de público. Alguns familiares, uma pessoa ou outra de notoriedade e pouquíssimos fãs. Na verdade, um punhado de gente que mal conseguia preencher um canto do enorme saguão do MAM e deixava evidente que pintura não é uma arte que mobiliza multidões. Já não sabíamos o que fazer diante dessa evidência, até que Glauber Rocha entrou esbaforido pela porta, dando ordens ao fotógrafo Mario Carneiro, e, sem pedir licença aos familiares, começou a filmar o defunto. Glauber, ao saber da morte do amigo, decidiu fazer um documentário em homenagem ao pintor, pelo menos foi o que disse à filha furiosa de Di Cavalcanti, que não compreendia tal invasão.
>
> Imediatamente, Brenner imaginou o seu lide, que me marcou para sempre, porque rompia completamente com a forma tradicional aprendida na faculdade do Quem/ Quando/ Onde/ Por quê, provando que o repórter pode, sim, recorrer à imaginação para mostrar ao leitor o clima e impacto do momento. Creio também que esse lide só foi publicado porque era no *JB*. Em outro jornal, acho que o editor iria torcer o nariz e mandar a matéria ser reescrita pelo copi.

O mais interessante desse lide é que ele também causou impacto no próprio Glauber, tanto que o cineasta decidiu colocá-lo no documentário [intitulado "Di Cavalcanti", ou "Ninguém assistirá ao formidável enterro da tua última quimera; somente a ingratidão, essa pantera, foi tua companheira inseparável"]. É o próprio Glauber que lê em off a matéria escrita pelo Brenner, enquanto mostra as imagens do Di defunto.

Edison Brenner tinha um texto maravilhoso. Em plena ditadura, decidiu escrever matérias sem o verbo ser. Na sua lógica, de maluco ou de gênio, por ser um verbo afirmativo, uma frase que o utilizasse nunca causaria dúvidas e, portanto, não poderia ser contestada. Ao retirar o verbo ser do seu texto, o repórter não poderia ser acusado pelas autoridades, por não ter afirmado coisa alguma. Alguém consegue imaginar um texto sem o verbo ser??? Pois é, o Brenner tinha capacidade de escrever sem ele. Tenho saudades enormes dessa época, do *JB*, e do Brenner.

Edison Brenner morreu em 1998. O *Jornal do Brasil* era feito de gênios, ou loucos, como ele. Mário Lúcio Franklin, repórter de um texto quase inigualável, excedia. Chegou a provocar uma briga entre Lemos e Silveira. Silveira conta:

Foi a queda de um edifício em Laranjeiras, em consequência das enchentes de 1967, para mim uma edição marcante. Morreu muita gente, morreu o irmão do Nelson Rodrigues. E eu briguei com o Lemos porque ele insistiu em dar a matéria do Mário Lúcio. Eu disse: "Só você acredita nessa matéria. Essa matéria é ridícula, essa matéria é mentirosa, como é que o repórter sabe o que o cara estava fazendo? Morreu todo mundo. Como é que o cara sabe quem estava com baralho na mão, com o ás na mão? Como é que o cara vai saber disso para escrever?" E o Lemos: "Você quer ser repórter? O cara é repórter, fez um esforço! Ele é um cara muito inteligente, com muita imaginação." E publicou. Mas foi uma bela edição.

A edição foi a de 22 de fevereiro de 1967, que noticiava o desdobramento da tragédia. Haviam morrido dezenas de pessoas na queda do prédio. As chuvas castigavam a cidade havia três dias e repetiam uma catástrofe que acontecera no ano anterior. O *Jornal do Brasil* não poupou, desde o início da cobertura, o governo do estado. Neste dia, a manchete informava que ele, "finalmente", suspendera as construções nas encostas, em uma primeira página com fotos que mostravam o corte do Cantagalo inundado, uma enorme fila de flagelados e a lama, nas ruas da cidade já ensolarada, transformada em nuvens de poeira.

Seis páginas foram dedicadas à cobertura e todos os três editoriais faziam críticas sobre como o poder público não se prevenira para que as chuvas não repetissem o que já havia ocorrido em consequência dos temporais de 1966. Além disso, na página 7, o artigo "*JB*, profeta da catástrofe" citava trechos de mais de vinte editoriais que publicara entre janeiro do ano anterior e aquela data, alertando para a falta de ação do governo quanto ao problema. Na abertura rebatia, veementemente, a maneira como lhe chamava o governador.

> O JORNAL DO BRASIL, chamado de profeta da catástrofe, pode hoje, infelizmente, desgraçadamente, considerar-se merecedor do epíteto, que seria até lisonjeiro, se a lisonja pudesse conviver com a grande desgraça de uma cidade. Não foi por mero pessimismo, nem por insensato alarmismo, que o JORNAL DO BRASIL se viu obrigado, durante todo o ano de 1966, a chamar a atenção dos responsáveis para a grande desgraça que qualquer cidadão de bom senso estava, como nós, profetizando.

A guerra segue com a publicação, na página 11, de um anúncio — "Nem omissão nem perplexidade" — encabeçado por uma nota da redação que informava que o governo do estado havia enviado para todos os jornais, menos para o *Jornal do Brasil* e para a *Tribuna da Imprensa*, no dia anterior, uma matéria paga e que o jornal decidira — "não querendo privar os leitores da literatura governamental e querendo ajudar no bom emprego da verba de NCR$ 4.000.000,00 [4 bilhões de cruzeiros antigos] destinada a ajudar as vítimas das enchentes) — publicar sem ônus para os cofres públicos". O anúncio acusava "um matutino" de fazer campanha sistemática contra o governo e atribuía a catástrofe à fatalidade de uma intempérie climática, citando inundações em outras cidades, como Florença.

Nas demais páginas, a cobertura, tanto em texto como em fotos, é completa e mostra o drama que vivem a capital e o restante do estado. Na página 15, um título informava: "Mais de 10 mil telefones estão calados no Rio", e outro: "Flagelado, o Maracanãzinho sente falta até mesmo de ar", enquanto uma foto, intitulada "Vida difícil", mostrava uma criança comendo com a mão, sentada no capim, no abrigo da Fazenda Modelo.

A página 3 é a mais dramática, com a matéria "Cento e cinquenta continuam soterrados nas Laranjeiras" detalhando o drama das tentativas de resgate, principalmente nos prédios das ruas Belisário Távora e Cristóvão Barcelos, que foram completamente destruídos. Um dos mortos mais procurados era o coronel Policarpo de Oliveira Santos. E outro que ganhou destaque, pela notoriedade, foi o jornalista Paulo Rodrigues, irmão do dramaturgo Nelson Rodrigues. Na página 5 estava a reportagem de Mário Lúcio Franklin, motivo da discussão entre Lemos e Silveira. O título era "A vida alegre de um prédio que desabou". Abaixo o início, alguns trechos e o final da matéria:

Se o prédio tinha paredes finas, quase transparentes, havia algumas compensações para os moradores do n° 281 da Rua Cristóvão Barcelos, em Laranjeiras: as crianças nos corredores, empregadas imitando Ângela Maria, a pose hierática do Coronel Policarpo, os Rolling Stones na vitrola de Berenice Maranhão e as caretas do porteiro Gualtério.

Os 200 habitantes do Solar Laranjeiras, pelo menos para o síndico Moura — 43 anos, advogado natural de Ilhéus, dentes grandes e pequena fortuna —, poderiam servir de base para importante estudo psiquiátrico. Desde a copeira do ap. 801, sempre tentada a cuspir em pedestres, ao mecânico Almeidinha, um solteirão do térreo.

[...]

Uma visão do andar horizontal, do meio do corredor, mostrava que, entre os moradores, conviviam tipos curiosos: Nascimento, o faxineiro, mulato miúdo, nariz de pelicano, imberbe e preguiçoso apesar dos 37 anos; Gracinda, vendedora de uma fábrica de blusões, religiosíssima, diabética, 24 anos, rosto anguloso e, quase sempre, de um rosa doentio; Paulo Rodrigues, jornalista tímido, introvertido e apaixonado por uma história para sua coluna de *O Globo*; o farmacêutico Alcântara Martina, 28 anos, redondo de costas, cara extenso, sempre espreitando a vida do bairro detrás do balcão.

[...]

Revolucionário desde Tenente-Coronel, quando servia no Quartel-General da 2ª Região Militar, o Coronel Policarpo graduara-se na Escola Militar de Realengo... mas jamais chegara ao generalato, preterido duas vezes pelo Presidente Castello Branco. Diariamente jogava buraco com o morador do ap. 301, que o acusava de roubar na contagem de pontos, atirava tocos de cigarro pela janela, irritando o porteiro Gualtério, criticava o atual Presidente com o apoio da família e lia biografias de grandes soldados.

[...]

Almeidinha, morador do 201, funcionava como discotecário até meia-noite, o Coronel Policarpo ensaiava alguns passos de iê-iê-iê com Helena Fragoso Costa, o Sr. Antônio Andrade Filho recusava doces e refrigerantes, atento ao regime dietético que o fizera emagrecer 20 quilos, e o bancário Adelfo Mota raramente atendia ao convite, alegando outros compromissos. O radialista Dalvan Monteiro, exímio tocador de violão, nunca deixava o prédio antes de executar, ao menos uma vez, duas músicas de Sílvio Caldas. À meia-noite todo o prédio dormia.

Ao lado do texto, uma enorme foto mostrava os escombros do prédio que, desabado há dois dias, levara à morte a quase totalidade dos seus moradores. Para um repórter que nunca havia entrado no local, como bem disse Lemos, inteligente e imaginativo, com certeza!

Em 1969, ele ganharia o Prêmio Esso com uma reportagem de apertar o coração e fazer pensar. Com o fotógrafo Rubem Barbosa — que fez imagens de tirar o fôlego —, viajou ao primeiro da lista dos apontados pelo IBGE como os dez municípios mais pobres do país, para acompanhar de lá a chegada do homem à lua. Em Carrapateira, no sertão paraibano, cidade com 1.600 habitantes, não havia água, energia elétrica, telefones, assistência médica ou escolas. O repórter comparou o investimento da Nasa na primeira viagem ao satélite da Terra, US$ 50 bilhões, com o orçamento da prefeitura. Era o suficiente para 33.330 anos. E o bastante para criar o título "Carrapateira tem ciúmes da Apolo 11".

O texto, com o linguajar da gente de lá, nos transporta para aquele mundo:

> O candeeiro lança sobre os homens, apertados na venda de Nézinho Varejão, uma luz tênue e amarelada. O odor de aguardente, empilhada nas prateleiras, se mistura ao cheiro de mato orvalhado. A mulher de Nézinho, sobre o balcão,

separa espigas que apanha num balaio furado. Os homens conversam, as mulheres seguram o rosário, penitentes.

— Tu crê, Arsênio? Tem outro país lá em cima? — Nézinho coça a cabeça. — Nhô sim. Pois num chegaro a seis léguas? — responde Arsênio. — Mas já tem habilitação? — Nézinho insiste. Arsênio se cala, João Pedrosa fala:

— No céu só Deus, no mundo o hôme — espeta o dedo na Lua. — Terra pra riba, de jeito nenhum. O céu é quem vive na vida boa.

O comandante destes repórteres era também genial — Carlos Lemos. Ele começou no *JB* como repórter, depois de já ter sido até camelô, chegando no final da década de 1950 e atingindo o cargo de chefe de redação, sem abrir mão de cobrir suas adoradas Copas do Mundo, em uma permanência que chegou a três décadas. Era um típico chefe das antigas redações, que dava esporro e ao mesmo tempo protegia sua moçada. Jornalista brilhante, torcedor apaixonado do Fluminense, justamente no Esporte começou a deixar as grandes marcas de seu talento. Se era em algumas características típico, era, em muitas, único, capaz de transformar o sentido de uma foto com um título e de criar primeiras páginas inesquecíveis. Ele se lembra de uma em especial:

> A capa mais bonita que eu conheço é de uma enchente no Rio de Janeiro, na época do Negrão. Muita chuva, todo mundo ligando: "Tá chovendo demais aqui, tá enchendo aqui, tá enchendo ali." Jornal já praticamente fechado. Aí eu digo: "Noronha, Silveira, Fenefa, vamos mudar a primeira." Botamos todas as fotos, as fotos clássicas da enchente, cara rezando por aqui, carro coberto ali, as ruas cheias, umas quatro ou cinco fotos clássicas da enchente. Saímos na frente de todo mundo. No dia seguinte continuou a chuva, eu digo: "Caracas! Que que eu vou fazer na primeira página?"

> Vinham aqueles milhares de fotos, carro cheio, bueiro. Aí, veio uma foto: duas negras abraçadas, com um olhar de medo e desespero. Era uma foto como outra qualquer. O tratamento que eu ia dar nela é que ia ser a questão. Dei a foto na primeira página quase inteira, só aquela tripa ali. Cheguei no copidesque e disse: uma semana de folga para quem der o título dessa foto. Quem deu? "Doutor" Sérgio Noronha: "Um dia de enlouquecer!"

A edição do dia 12 de janeiro de 1966 teve como manchete "Rio tem oficialmente 117 mortos e verba de 2 bilhões para estado de emergência". A foto das mulheres de perfil ocupava a página de alto a baixo e deixava apenas uma coluna, à direita, para a única chamada de texto. Era o retrato da tristeza de uma cidade que se via, de repente, tão vulnerável quanto as duas mulheres da foto.

Lemos era o tipo de cara capaz de, chefe de redação, partir em uma aventura que desanimaria muito repórter da pesada — percorrer de jipe a rodovia Transamazônica em construção. Acompanhado pelo editor de Fotografia Alberto Ferreira, ele fez a reportagem que foi publicada com chamada na primeira e duas páginas na edição de 14 de outubro de 1973. Descrevia o ânimo e a esperança dos que desbravavam a área:

> Em todos, um grande amor à nova terra, uma dedicação sem medir sacrifícios, uma alegria forte e densa, sem a superficialidade urbana, uma capacidade de trabalho a qualquer hora e em qualquer situação.
>
> De todos — com estas ou outras palavras — se ouve a mesma coisa: "A alegria de construir esta estrada é imensa. É um trabalho pioneiro, estamos ocupando as terras do Brasil esquecido. Precisamos estudar a região, colonizá-la, prepará-la."

E termina a matéria, que descreve com muito rigor a geografia e com uma pitada de poesia os personagens, afirmando:

— E quanto custou a estrada?
Ninguém sabe ao certo. Um cálculo próximo da verdade informa: Cr$ 1 bilhão.
Valeu a pena? Valeu a pena. Valerá a pena.

Mais de quarenta anos depois, nem a metade da Transamazônica está asfaltada. Mas, para Lemos, valeu a pena. A professorinha que o inspirou para o lide da matéria — ele começa reproduzindo a tabuada de uma aula que presenciou em uma escola de telhado de palha e mesas toscas, no interior do Pará, a 2.574 quilômetros do litoral — marcou seu coração de brasileiro que tem bandeira do país na sala.

Eu vi, em uma clareira, uma mulher dando aula, uma moça. Eu disse: "Para aí, vamos ver aquilo." E ela me disse que não era professora, mas o pai tinha ido trabalhar na construção da estrada e ela era uma das poucas pessoas que sabia ler e escrever. Então, pegou aquelas crianças e resolveu dar aula. Linda essa história. Eu cheguei no Rio, comprei uma porrada de livro e despachei. Não sei se chegou, mas eu mandei um monte de livro para lá. Essa matéria me emocionou. Perdeu o Prêmio Esso. Para mim foi injustiça. Mas a gente sempre acha que é injustiça.

Lemos já havia faturado seu Esso, em 1965, com a reportagem "Xico Fuba e a arrancada do Nordeste". Publicada em 1º de maio, revelava o espanto de um chefe de redação, que viajara para uma inspeção de rotina nas sucursais, com o desenvolvimento da região. Outra vez, o relato é minucioso, os personagens são descritos de forma que possamos conhecer suas personalidades, e as forças que sustentam a nova onda de crescimento são bem explicitadas. Da Sudene, recém-criada, à USAID, agência de fomento financeiro ligada ao governo dos Estados Unidos, preocupada em livrar os nordestinos da "ameaça do comunismo", e ao trabalho da Igreja, liderado por Dom Hélder Câmara, arcebispo de Recife e Olinda que, poucos dias antes, conta Lemos, recebera em Roma um tapinha no ombro do papa Paulo VI, acompanhado da pergunta: "Como vai meu bispo comunista?"

Quando Lemos fez 85 anos, em 2014, Alberto Dines escreveu um belo texto em sua homenagem. Alguns trechos:

> Carlos Lemos nasceu esbravejando (a voz tonitruante ajuda), se entusiasma com a maior facilidade, goza implacavelmente os ímpios, louva os esforçados, desperta os sonolentos, seus palavrões fluem maviosos como numa ária de Rossini, berros e trepidação inseparáveis.
>
> [...]
>
> Ao longo de onze anos e onze meses este observador trabalhou ao lado de Carlos Lemos, "ao lado" é mais do que contíguo, quer dizer integrado — discordando, brigando, entendendo-se, completando-se, tabelando e tão entrosados que na abrupta demissão do editor-chefe, Lemos (seu substituto natural) foi tirado da redação e mandado para estudar na BBC de Londres.

O *Jornal do Brasil* não fez a televisão e Lemos foi trabalhar no sistema de rádios da empresa e acabou, simplesmente, criando a Rádio Cidade, um dos maiores sucessos da história da comunicação brasileira. Depois do *JB*, trabalhou em *O Globo*, na CBF, na TV Brasil e em muitas atividades ligadas sempre ao jornalismo. É, sempre, o mais paparicado por todos nos nossos almoços anuais de reencontro.

José Carlos Avellar fechou muitas primeiras páginas com Lemos. Fenefa é como os grandes bambas do *Jornal do Brasil* se referem a ele. Já é uma variação do apelido Fenefi, que surgiu inspirado nas iniciais da Faculdade Nacional de Filosofia, onde estudou jornalismo quando já era diagramador do *JB*, depois de ter passado por muitas redações e oficinas, como a de *O Jornal*, onde, rapazinho, aos 17 anos, em meados da década de 1950, mexia com tudo um pouco, fotografia e ilustrações também. Uma das primeiras páginas que ficou na sua memória é a cara do Lemos. Ele conta:

> A gente estava ligado com o mundo, como o trabalho de jornalista exige, você nunca podia planejar. Se algum planejamento existia, era o de ficar atento, o de disponibilidade. As soluções iam surgindo com alguma naturalidade, porque existia uma afinação das pessoas que estavam ali trabalhando. Era preciso existir uma equipe, e essa equipe era uma equipe formada com a mesma sensibilidade jornalística.
>
> Um fato divertido foi o dia em que o jornal publicou na primeira página a notícia de que a China tinha a bomba atômica. Nós discutimos muito, porque tínhamos uma foto muito vertical de outro assunto: "Vamos fazer um título em duas colunas." Eu e o Lemos começamos a pensar que não ia dar. Porque precisávamos de um corpo forte para chamar atenção e dizer "a China já tem a bomba atômica" em poucas letras, para dar um pouco maior. E na conversa, o Lemos dizia assim: "Vamos dar como título 'O Mao tem a bomba'. Isso dá para colocar em um corpo maior aqui no campo." Então, me lembro do Lemos na sala do copidesque, lançando o desafio: "Hoje enlouqueceu. Eu quero um título de três linhas de uma palavra." Todo mundo achou que era maluquice. Mas a página saiu e ficou linda.

A edição de 17 de outubro de 1964 trazia no alto da primeira página as duas chamadas com os tais títulos. De um lado:

> Chineses
> explodem
> a bomba.

Do outro:

> Pravda
> ataca
> Kruchev

Esta chamada informava a queda do líder soviético, substituído por Alexei Kossiguin na função de primeiro-ministro e por Leonid Brejnev como primeiro-secretário do Partido Comunista. No meio, a foto vertical era do aperto de mão entre o presidente dos Estados Unidos, Lyndon Johnson, e o embaixador da União Soviética em Washington, Anatoli Dobrinin, acima da legenda que falava em garantias de paz, certamente um equilíbrio no meio daquelas duas notícias tão alarmantes sobre o cenário internacional em polvorosa.

Avellar chegou ao *Jornal do Brasil* em 1961, quando ainda nem se diagramavam as páginas internas do jornal. Ele conta como a diagramação ajudou a formar um novo sistema de trabalho que colaborou para que a redação criasse normas mais modernas:

> Quando eu comecei a fazer diagramação no jornal você tinha um pequeno diagrama, uma folha A4, não mais do que isso, em que se indicava, muito esquematicamente, onde iam sair uma foto, um título, outro título. Existia um padrão na primeira página e um padrão nas páginas internas. Acontecesse o que acontecesse, na primeira página do jornal saíam uma foto em quatro colunas, um título, cinco

colunas por cima da foto, na coluna ao lado descia o texto, embaixo da foto um título em três colunas, um título em uma coluna e, em cada um dos extremos da página, outro título. Diagramar, naquele momento, era escolher que foto vai aqui, que matéria vai ter aquele título, que outra matéria vai ter aquele outro título. Mas não é todo dia que tem uma notícia que deva sair com um título grande, não é todo dia que vamos ter uma foto horizontal. Então quando eu digo que não se diagramavam as páginas internas do jornal, era porque existia um modelo, as fotos saíam do tamanho A e do tamanho B, os títulos do tamanho A e tamanho B e isso se repetia todo dia. Por quê? Exatamente por nada, era um hábito.

Nas páginas internas, nós tivemos oportunidade, trabalhando junto com os redatores, com os editores, com o pessoal da oficina, de estabelecer alguns parâmetros.

Chegamos a algumas formulações de tamanho de título, não no corpo com que o título ia aparecer, mas no número de palavras que deveria ter o título. Eram três linhas de 24 toques, por exemplo. Assim como o jornal foi desenvolvendo um esquema de redação, um parágrafo de cinco linhas, um entretítulo, foi se formando uma certa maneira de organizar o trabalho da redação e, em paralelo, gerando-se algumas soluções para a diagramação. Quando você tinha uma notícia chegada na última hora, o redator podia redigir dando a dimensão que a notícia tinha, antes de chegar na mão do diagramador.

Saiu-se do formato rígido e criou-se um novo parâmetro: essa aqui é uma notícia que a gente pode dar em duas colunas, essa aqui a gente pode dar em uma coluna, isso aqui merece dez linhas, essa outra merece vinte, trinta ou quarenta. E o diagramador tinha que ler a notícia que fosse diagramar. Não era receber um monte de papel, pegar a letrinha e colocar ali, tinha que ter uma noção de que assunto

BOUTIQUE JB

Depois da fase militar do verde-oliva, o marinheiro passa a ganhar o gôsto da moda jovem no branco e azul das gabardinas e brins. O que antes era infantil virou símbolo de roupa adulta e descontraída

Com microssaia preguedada e jaqueta de abotoamento militar, êsse modêlo da Aquarius é ideal para o verão. Quepe de panamá e alpercata franciscana

MARINHEIRAS DE INFÂNCIA

REGINA OLIVEIRA □ FOTOS DE EVANDRO TEIXEIRA

Diferente nos detalhes, essa jaqueta marinheira se destaca pela graça das mangas bufantes. Atenção para o jôgo de listras com o liso e para a microbolsa. (Lá na Modinha)

O short na moda mariner: bem justo e conjugado com jaqueta sem mangas. As aplicações, as listras e o laço de duas pontas enfeitam êsse modêlo da Lá na Modinha

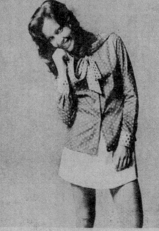

O blusão é marinheiro de estrelinhas em detalhe negativo e positivo. Laçarote de pontas desiguais e punhos largos. Conjugado com saiote de gabardina. (Mônaco)

Quem quando criança não usou o típico traje de marinheiro e posou numa foto para a posteridade? E lembrando êsse tempo que a moda dos marujos voltou. E agora com tôda fôrça, aproveitando a iniciativa das micros e dos shorts de verão. Roupa para a garotada e a mulher jovem, os modelos no estilo mariner já estão à venda nas boutiques, obedecendo aos detalhes característicos:
gola retangular listrada
gravata em laço de pontas moles
mangas curtas, compridas bufantes, ou apenas cavas
saiote pregueado ou short colante
quepe mariner de panamá ou mesmo forrado
bleu-blanc-rouge como tema de côres.
Além dos conjuntos, o vestidinho marinheiro também é variação dêsse estilo. O figurinista Tosi no filme de Visconti Morte em Veneza revive-o nas suas lindas crianças antigas. No Rio, uma cópia do seu modêlo pode ser comprada na boutique Veste Sagrada, por Cr$ 190,00:
saiote pregueado, cintura marcada,
laço colegial e gola gode.
O bjen, a gabardina e o jeans (para as blusões) são os tecidos adequados para a confecção da roupa mariner, esportiva por princípio. O jôgo das listras com liso, e uso das estampas miúdas — estrelinhas — são as variações apresentadas na nova moda.
Para complementá-la, atenção, nada de bolsas exageradas. Para o gênero infantil, a melhor são as microbolsas de couro a tiracolo e o sapato colegial bicolor ou mesmo a alpercata franciscana

JORNAL DO BRASIL □ REVISTA DE DOMINGO □ RIO DE JANEIRO, DOMINGO, 17, E SEGUNDA-FEIRA, 18 DE OUTUBRO DE 1971 □ PÁGINA 3

Posando como modelo fotográfico para Evandro Teixeira, no início dos anos 1970, conheci a redação do *Jornal do Brasil* e, a partir dos relatos que ouvia dos repórteres, tomei a decisão de cursar jornalismo e me tornar um deles.

Os dois quadradinhos que lavaram a alma dos leitores do *JB*, driblando a censura, foram publicados no alto da primeira página que noticiou o mais duro dos atos institucionais da ditadura militar, o AI-5.

O texto em corpo 18 cobriu toda a capa da edição que obedeceu à ordem dos censores: não deu manchete com a morte do presidente Salvador Allende. A criatividade entrou para a história do jornalismo.

Experiências criativas de vanguarda haviam sido feitas no Suplemento Dominical, lideradas por Reynaldo Jardim, Amílcar de Castro e Ferreira Gullar. Mas a troca de classificados por notícias, na primeira página, foi feita por Janio de Freitas, em 2 de junho de 1959.

Nos encontros anuais, lembramos de nossa maneira de fazer jornalismo com garra e dignidade, a maneira *JB*, e também dos amigos que já se foram e deixaram saudades, como Sérgio Fleury, presente nas máscaras, em 2015.

Escrevíamos em máquinas mecânicas, usando papel-carbono e três laudas, como esta, em que está redigida a primeira matéria de página inteira que consegui publicar, ainda como estagiária, em 1975, sobre o dia a dia dos camelôs no centro do Rio.

A primeira página eleita por Carlos Lemos como a mais bonita é exemplo do trabalho de equipe citado por José Carlos Avellar: o conjunto reúne a excelência dos trabalhos de fotógrafo, diagramador, copidesque e editor.

Chico Caruso juntou a matéria do correspondente em Paris, sobre o jantar do ministro Delfim Netto regado a bom vinho, com a reportagem de capa enviada da sucursal do Recife, sobre a fome estar colocando lagartos na mesa dos nordestinos, e disse tudo sem palavras.

Ique já havia recebido dois Prêmios Esso e, ainda assim, quase teve essa charge censurada. Venceu com o argumento de que tinha uma versão ainda pior: em vez da escova, o outro desenho trazia Collor usando a faixa presidencial para lustrar o coturno.

Evandro Teixeira faz jus, mais uma vez, ao apelido de "ladrão", roubando, certeiro, o momento exato, em um clique, ao flagrar a queda do militar motociclista no Aterro do Flamengo, no Rio de Janeiro.

Comparada a um quadro de Debret, a foto de Luiz Morier ganhou o Prêmio Esso de 1983, provocou a prisão do responsável pela blitz e o afastamento do comandante do batalhão da Polícia Militar da área onde ela foi realizada.

A experiência de um jornalista comunista, Luiz Mario Gazzaneo, venceu a discussão sobre a edição. Comparando o cadáver do sargento, dentro do Puma, com o do juiz Aldo Moro, que combateu a máfia italiana, ele colocou a foto do Riocentro no alto da primeira página.

Fernando Rabelo/CPDoc JB

No último dia na redação da avenida Brasil, 500, em 2002, ainda estávamos esperançosos em uma recuperação do *Jornal do Brasil*. Mudamos para a avenida Rio Branco, no mesmo endereço que já havia sediado o jornal. O fim do impresso foi anunciado em 2010.

ele estava diagramando, porque aí ele podia ser cúmplice do editor. Quando começávamos a preparar a primeira página, eu ia na fotografia, eu lia as notícias, o Lemos também, Silveira também, quer dizer, existia um trabalho de equipe.

Se os diagramadores eram um apoio imprescindível para a redação, existiam outros parceiros também fundamentais para os repórteres e editores. Aqueles que não precisavam escrever para transmitir o que pensavam e ainda assim conseguiam falar tudo. Com a força de suas imagens.

7
Mais que mil palavras

Evandro Teixeira nasceu em Irajuba, um pequeno vilarejo perto de Jequié, na Bahia, em 1935. Filho de uma família de mestres em ofícios, onde já eram bem-sucedidos carpinteiros e marceneiros, queria ser escultor. Mas, ainda criança, já era inventor e construiu uma "caixa de cinema" — um cubo de 30 centímetros com uma lente de câmera e uma lâmpada de seis velas. O pai de um colega era comerciante, ia a Salvador e trazia pedaços de filmes. Evandro selecionava fragmentos e passava na caixa. Filmes estáticos, pedacinhos de película, que ia colocando em frente à lente, com a lâmpada de seis velas por trás. Roy Rogers. Ou aquele de que mais gostava — *Viagem à Lua*, o clássico de George Méliès, de 1902, primeiro filme de ficção científica de todos os tempos. Sessões concorridas, um sucesso! Que só cresceria ao longo de toda sua vida, coroada por prêmios nacionais e internacionais. Mas, principalmente, por fotos. Fotos sensacionais, na maioria instantâneos, que lhe valeram o apelido de "ladrão". Ladrão de momentos imperdíveis que seu olhar de águia nunca perdeu.

Quase meio século depois das sessões com a caixa de cinema, na Copa do Mundo de 2014, e ainda trabalhando, como sempre, Evandro se deparou com um fotógrafo de uma agência, manejando três câmeras no Maracanã. Acabada a partida de futebol, perguntou: "E aí, vamos ver como é que ficou o material?" E o colega: "Eu não tô vendo nada." Evandro ficou surpreso.

"Como você não está vendo?" E ele: "Não, é porque está indo direto por cabo, para a redação. Eu não estou vendo nada, quem está editando é o editor lá na redação da agência." Então, três câmeras, uma virada para esse gol, uma virada para o outro gol e uma fotografando o jogo em si. Ele deve ter feito bilhares de fotogramas e não viu nada. Não sabia o que estava fotografando. Isso é um absurdo.

> Nem flash e fotômetro usávamos no *Jornal do Brasil*. A primeira coisa que o Alberto [Alberto Ferreira, editor de fotografia] fazia — o Alberto era maluco, um olhar incrível — quando chegavam as câmeras novas era tirar o fotômetro e jogar fora. Era proibido se usar fotômetro e flash. Então você tinha que usar a sua cabeça, o seu olhar. Velocidade era uma questão de princípio. Você tinha que saber que a distância era uma coisa e tinha que compor tudo, calcular: quantos metros tem daqui até lá? Eu me lembro da rainha Elizabeth. Quando eu fotografei a rainha Elizabeth, eu coloquei a câmera e botei 1,5 metro. Botei uma superangular e fiz a foto dela com um fotograma só. E levei uma porrada. Se prestarem bem atenção, o colar da rainha está ligeiramente tremido.

A foto da rainha em movimento, sentando-se no banco de trás, parece ter sido feita com toda a calma por alguém comodamente sentado no banco da frente. Foi feita por um braço esticado pela janela, que saiu com o cotovelo quebrado. Outra, tirada de um fotograma só, que também virou clássica, é a do motociclista da Aeronáutica caído no Aterro do Flamengo. Evandro clicou da janela do carro do jornal o momento único: a Harley Davidson rodando sem piloto, o militar caído na pista com as pernas para cima, as listras riscadas por suas botas marcando de branco o asfalto. Primeira página do dia 18 de setembro de 1965.

Como o *Jornal do Brasil* não perdia uma e o Brasil, àquela altura, já gostaria de ver caídos muitos militares, o título foi "A liberdade da motocicleta". A foto ganhou o primeiro lugar do Prêmio Fotóptica de 1969, e, naquele mesmo ano, Evandro foi selecionado para participar, com ela, da VI Bienal de Jovens de Paris. Foi montada no MAM (Museu de Arte Moderna) uma exposição com as obras do grupo que representaria o Brasil na França. Representaria porque, horas antes de ser inaugurada, a exposição foi suspensa, as obras apreendidas e um dos artistas, o pintor Antônio Manuel, preso pelo governo. Evandro achou por bem ficar sumido uma semana.

Ele já era calejado nos embates com a ditadura. Foi o escalado para cobrir a histórica passeata dos 100 mil. Lembra que se temia pela morte de Vladimir Palmeira (líder estudantil, ex-presidente da UME, União Metropolitana dos Estudantes). Viveu neste dia, 26 de junho de 1968, uma grande frustração. Mas estava guardando, sem saber, para dali a alguns anos, uma realização impressionante.

> Quando estava saindo para a cobertura o Alberto me disse: "Olha, estão dizendo que o brigadeiro Burnier [João Paulo Moreira Burnier, brigadeiro da FAB, chefe do Serviço de Informações da Aeronáutica no governo Costa e Silva] vai mandar matar o Vladimir." O brigadeiro Burnier era terrível, todo mundo dizia que ele é que tinha dado sumiço no Stuart Angel, filho da minha amiga Zuzu Angel. Então, eu estava fazendo fotos do Vladimir discursando, da Câmara dos Vereadores, e vi aquela faixa. Mudei de lente, pus uma mais fechada. Achava que podia ser uma primeira página. Quando nós chegamos, eu falei: "Alberto, eu acho que a foto é essa." E ele: "É verdade, genial, vamos levar para o Dines." Quando ele achava que a foto era a

melhor, ampliava em 30x40 cm, tinha um olho clínico maravilhoso. Quando nós entregamos para o Dines, foi uma euforia. A foto tinha uma faixa escrito "Abaixo a ditadura, o povo no poder." Mas a gente esqueceu que dois casacos-verdes estavam lá [censores]. Aí eles chegaram: "O que é que vocês estão aí gritando 'sensacional'? Me dá essa porra aqui. Essa porra não vai..." E um rasgou a foto: "Vocês estão pensando o quê?" Ficou todo mundo murcho, murmurando: "Que filhos da puta." Aí a gente mostrou alguma coisa lá mais amena... "Ah, eu vou deixar publicar isso aí", que foi a foto publicada na primeira página, da multidão inteira. Você tinha milhares de faixas, mas que não frisavam nada. Mesmo assim, na época da ditadura, as fotos falavam. Vocês eram massacrados. Eles rasgavam as laudas em plena redação. Nós íamos revelar os filmes lá dentro. Então, conseguíamos salvar muita coisa que se pode estar mostrando até hoje para essa turma nova aí.

Quinze anos depois, organizando material para mais um livro — Evandro tem sete publicados —, ele se depara com a foto da faixa. Os dois designers que o ajudavam naquele trabalho se reconheceram entre a multidão retratada. Nem se conheciam na época da passeata. E surge, na hora, a ideia do projeto de *68 — Destinos: a passeata dos 100 mil*. O livro, lançado em maio de 2008, é resultado de uma longa pesquisa em que Elaine e Hernandes Fernandes, o casal que trabalhava com Evandro, encontrou cem pessoas que participaram da manifestação e ouviu suas histórias de vida e suas reflexões sobre as consequências de 1968.

Evandro se empolga quando fala do livro — além de Elaine e Hernandes, descobriu-se que mais seis casais se formaram entre os manifestantes —, porque é um eterno apaixonado por sua profissão, que lhe rendeu até mesmo versos escritos por Carlos

Drummond de Andrade, especialmente para um outro livro seu, publicado em 1983. Em suas estrofes, o poema "Diante das fotos de Evandro Teixeira" também lembra as fotos da passeata. Alguns trechos:

> Das lutas de rua no Rio
> em 68, que nos resta,
> mais positivo, mais queimante
> do que as fotos acusadoras,
> tão vivas hoje como então,
> a lembrar como exorcizar?
>
> Marcas de enchente e de despejo,
> o cadáver insepultável,
> o colchão atirado ao vento,
> a lodosa, podre favela,
> o mendigo de Nova York,
> a moça em flor no Jóquei Clube,
>
> Garrincha e Nureyev, dança
> de dois destinos, mães de santo
> na praia-templo de Ipanema,
> a dama estranha de Ouro Preto,
> a dor da América Latina,
> mitos não são, pois que são fotos.

Até chegar a registrar tudo que o poeta citou, foi um longo caminho. Evandro começou com dificuldade, fazendo retratos com Nestor Rocha, tio de Glauber Rocha, em Ipiaú, no interior da Bahia. Conseguiu ir para Salvador, trabalhar com outro tio de Glauber, e lá, um amigo, o cantor e compositor Manoel Pinto, que tinha outro amigo, o jornalista Ângelo Rossato, o convenceu a tentar a sorte no Rio de Janeiro. Evandro partiu com a cara e a coragem de seus 17 anos e uma carta de apresentação rumo aos Diários Associados. Não teve muita da tal sorte na estreia.

> O *Diário de Notícias* tinha uma página só de casamentos e me deram a vaga de "santo casamenteiro". Fui chamado na sala do diretor e ele me disse: "Olha aí, baiano, o senhor vai ter uma página no *Diário* para quantos casamentos conseguir no dia. Agora, eu queria dizer para o senhor o seguinte: pode ser rico, pobre, não importa, eu só não quero preto." No dia seguinte, me deram o carro, uma caminhonete com motorista e a lista de igrejas. Passei o dia ligando, mas foi pobre, só achei um casamento. Quando eu chego na igreja, quando entro na igreja com a Rolleiflex 120, aquela câmera grande pendurada, era uma alemã casando com um negão black power, com um cabelo deste tamanho. Pensei: "Ai, que desgraça, caramba, o homem não quer preto, e agora? Ah, vá pra... eu vou fazer assim mesmo."
> Quando voltei para o jornal, corri para o laboratorista. Os laboratoristas daquela época eram tão importantes quanto é o Photoshop hoje, eles faziam miséria. Usavam até meia de mulher, para dar tonalidade, como se fosse um filtro. Aí falei para ele: "Vilar, o homem não quer preto e só encontrei esse casamento." E ele, com sotaque de português: "Vai fazer a legenda, o noivo vai ficar branco. Tu vais ver." O cara ficou branco! Entreguei a foto 18x24 para o Ângelo, que nem olhou direito, e mandou eu levar direto para a secretária do diretor. Logo depois o diretor chama o Ângelo: "Eu não falei que não queria preto? Olha o cabelo do sujeito aqui. Até você está querendo me enganar? Manda esse baiano burro embora."

Ângelo ficou com pena e deu outra chance a Evandro. Pediu que ele voltasse no carnaval. Para cobrir o baile do Theatro Municipal. Empertigado em seu smoking alugado, nosso fotógrafo ficou deslumbrado com o cenário, mas não conseguiu subir até o terceiro andar, onde se realizavam os desfiles de fantasias! Outro furo... O editor teve que comprar correndo as fotos na revista *O Cruzeiro* e ainda assim deu mais uma oportunidade ao baianinho, que dessa vez acertou, fazendo uma série de fotos maravilhosa, no desfile das escolas de samba.

Dias mais calmos se seguiram, Evandro continuou trabalhando em jornais e se formou em belas-artes, em 1958. Em 1962, foi para o *JB*, viver os melhores anos do jornal. Sob a batuta de Dines, relembra, ganhou um Prêmio Esso, ao lado de José Fontes, um dos mais lendários jornalistas do *Jornal do Brasil*. Será que o maestro imaginava as peripécias de seus comandados?

> Zé Fontes era "foca" em viagem, nunca tinha viajado para fora do Rio de Janeiro. Isso era 1964. A gente tinha que tomar duas doses de uísque para viajar grogue, com medo de avião. Estávamos fazendo uma matéria sobre portos, do Rio Grande do Sul ao Amazonas, quatro dias em cada cidade. E aí nós chegamos em Natal. Conhecemos um correspondente da revista *Manchete*, que logo nos convidou: "Fontes, Evandro, de noite nós vamos para Maria Boa." Era um puteiro da cidade. Acontece que o Zé Fontes ficou apaixonado por uma menina, uma putinha daquelas, e não queria ir embora da cidade. Sumiu. Foi para a casa da namorada, lá longe, num subúrbio. O correspondente da *Manchete* nos apresentou ao delegado, Benvenido Granda, bigode que prende e bigode que canta. Tomava uma garrafa de uísque por noite. E tivemos a ideia. Vamos mandar prender o Fontes. Foi a solução. Investigaram, acharam o Fontes e levaram ele para a delegacia. Quando ele chegou... "Eu vi logo que eram vocês, seus filhos da puta. Como é que um delegado sem-caráter vai fazer um papelão desses, prender um jornalista? Sacanagem!" Quis brigar e tudo, mas depois acabou tudo bem.

José Gonçalves Fontes não pode se defender. Morreu de câncer em julho de 2000. Estas viagens dele com Evandro renderam uma série de quinze matérias, "Bloqueio do mar", publicadas aos domingos. Devastavam o sistema portuário brasileiro e as condições da marinha mercante. A abertura da primeira reportagem detalhava ao leitor a importância do mar para o Brasil e já concluía, na edição do dia 4 de março de 1963, sob o título "Mão de obra ditatorial sufoca comércio marítimo":

> O papel que você está segurando chama-se linha-d'água e é produto importado.
>
> [...]
>
> E por que custa mais caro? Porque o navio que traz o papel cobra uma sobretaxa especial, por ter de esperar de vinte a cinquenta dias por um espaço de cais para atracar em nossos portos, porque as taxas portuárias são elevadas; porque os estivadores e portuários gozam de privilégios salariais que nenhuma outra classe no Brasil pode desfrutar.
>
> [...]
>
> É pelo mar que o Brasil assiste à derrocada de sua economia. É pelo mar, finalmente, que o Brasil encontra o veneno eficaz para seu suicídio, preparado com ingredientes tais como desaparelhamento total dos portos, deficiências técnicas, excesso de burocracia, taxas portuárias e fretes altíssimos, imposições salariais descabidas e desestímulo à construção naval, para cometer aquilo que poderíamos chamar de suicídio naval: a extinção da marinha mercante.

A sucessão de denúncias bem fundamentadas, recheadas de pesquisas e respaldadas nas constatações feitas nas visitas do repórter e do fotógrafo aos portos, provocou, já na primeira semana, a formação de uma Comissão Parlamentar de Inquérito (CPI) para investigar as condições do sistema portuário brasileiro. A cada domingo, o escândalo era maior. Fontes ganhou o Prêmio Esso daquele ano, e a série dele e de Evandro foi transcrita nos anais do Congresso Nacional. O trabalho foi ainda republicado em um suplemento de vinte páginas, em junho do ano seguinte.

No auge, a editoria de Fotografia do *Jornal do Brasil* contava com 45 fotógrafos. Era rica. A pujança beneficiou algumas coberturas de Evandro:

> Eu fiz Copa do Mundo com Pelé e Garrincha em campo. Hoje você não cobre nem jogo ali, do Flamengo em Volta Redonda. Quando houve o massacre do pastor Jim Jones na Guiana [país sede da seita religiosa em que se suicidaram 918 pessoas, em 1978], eu estava em Copacabana e me chamaram, na hora, para viajar com o repórter Carlos Rangel. Nós fomos até Belém e lá alugamos um avião particular. Era assim: vai com a roupa do corpo e compra roupa lá, para chegar em cima da bucha.
>
> Mas não era apenas uma questão de poder financeiro. Era outra maneira de se fazer jornalismo. Um jornalismo romântico, que não existe mais. Quando existia um grande bandido, ficava-se durante uma semana acompanhando, pesquisando. Hoje é tudo feito por telefone. O repórter liga: "Alô, dona Maria, como é que foi? O carro bateu aí, conta aí, o cachorro mordeu, como é que é? Ah, tá bom, obrigado."
>
> Como é que você pode contar com emoção um fato a que você não assistiu? Você, para transmitir emoção, tem que ter emoção, chorando, participando, vendo o morto, vendo a cena que for, o assunto que for. Você tem que interagir para transmitir a sua emoção naquilo que você vai escrever, naquilo que vai fotografar. Essa coisa deixou de existir, esse romantismo, esse jornalismo sério, esse jornalismo investigativo, nada disso existe mais.

No tempo em que isso existia, Evandro viveu o momento mais emocionante de sua vida profissional. O Chile vivia sob a pior fase da ditadura Pinochet, com toque de recolher das seis da tarde às seis da manhã. Qualquer ser vivo que desobedecesse à ordem de não circular nas ruas durante esse período poderia ser fuzilado. A imprensa internacional estava confinada no hotel Carrera, um dos maiores de Santiago. O general-presidente não falava com os jornalistas e o marasmo de uma cobertura que se limitava a repetir atrocidades contra os cidadãos chilenos e atentados antidemocráticos havia sido quebrada pela prisão de Evandro, provocada por uma foto de um caminhão descarregando carne no quartel-general durante uma grave crise de falta do produto. Ele foi solto logo depois. Estava, desde que chegara ao país, tentando achar Pablo Neruda, Prêmio Nobel da Paz, então a maior figura de peso da oposição do Chile e de paradeiro desconhecido por aqueles dias. Tinha feito amizade com uma senhora uruguaia, hóspede do hotel, que lhe confidenciou: "Eu sei que você está procurando Neruda. Vou lhe contar. Eu soube que ele foi maltratado na estrada. No caminho, tiraram ele da ambulância. Ele vai para o Hospital Santa Maria. Vai lá, amanhã, e fala com o diretor em meu nome." Evandro conta o que se passou:

> Eu fui, levei o cartão dela e ele disse assim: "Olha, seu Evandro, ele realmente está aqui com a dona Matilde." Eu digo: "Eu gostaria de vê-lo, dar um alô para ele, eu sou amigo dele." Amigo porra nenhuma, eu o conhecia da Bahia, porque eu fotografei ele na Bahia com Jorge Amado. Aí ele respondeu: "Eu não confio em jornalista, não. Não confio em você, não." Eu estava com uma câmera escondida, usava sempre uma Laica embaixo da jaqueta. Pode fazer um calor de 50 graus que eu uso a jaqueta, para esconder a câmera. Insisti: "Só pelo menos chegar e dar um alô." Aí ele: "Tá

bom, eu vou abrir a porta." Abriu, aquele buraquinho na porta... E eu cumprimentei: "Dona Matilde, fotógrafo do Jorge Amado, melhoras para o poeta." E ele fechou a porta, não deixou nem eu acabar a frase. "O senhor vai embora e me liga, toma meu telefone. Me liga às 22 e pouco que eu lhe dou o boletim das 22, que é o último." Aí eu liguei para ele e ele disse: "Evandro, lamentavelmente nosso poeta maior faleceu às 21h45." Eu penso: "Puta merda, e agora, como é que eu vou fazer?"

No dia seguinte, acordei, tomei café e me mandei para o hospital, com a mesma câmera escondida. Estava cercado até os dentes de polícia. Pensei: "Putz, tô roubado. Tenho que entrar nessa desgraça." Fiquei lá rodando igual peru: "Tenho que entrar, tenho que entrar..." De repente, cara, sorte, abre uma porta nos fundos do hospital, eu olho e não vejo os caras: estavam lá do outro lado conversando, aí eu entro. A foto é emocionante. Quando eu entro no hospital, aquela coisa de sorte, o caixão do cara estava na porta em que eu entrei, no porão do hospital, no térreo. E dona Matilde sentada lá, e o caixão dele ali. Só ele e ela ali, e eu, "puc". Primeiro fiz a foto, um fotograma só, e depois: "Dona Matilde, eu sou o fotógrafo do Jorge Amado, lembra?" Ela: "Ó meu filho, Jorge Amado era o nosso irmão." Eu: "Con su permisso, mis sentimientos." Ela disse: "Jorge Amado era nosso irmão." E concluiu: "Sua presença aqui é importante..." Sabedoria da intelectual, da mulher, da política. Sabia que o fotógrafo ali era importante. No meio daquela ditadura, sabia que nem a morte do marido poderia ser noticiada no mundo.

Chegaram alguns amigos de Neruda, poucos. Decidiu-se transferir o corpo para a casa do poeta, La Chascona, que hoje é um museu em sua homenagem. Evandro pediu e Matilde aquiesceu em que os acompanhasse. Depois de uma noite em claro de velório, apreensivos com o que seria a atitude da ditadura durante o enterro, foram todos para o cemitério esperando o pior. Evandro conta, até hoje emocionado:

> O corpo coberto com a bandeira do Chile. A notícia, é claro, se espalhara, já todo mundo sabia. Foi chegando gente e cantando o hino. O Pinochet, filho da puta, que até aquele dia não tinha recebido nenhum jornalista, resolveu dar uma entrevista para esvaziar o enterro do Neruda. Mas mandou o exército, que havia chegado para massacrar todo mundo, mandou recuar. Eu não pude, no dia, mandar uma foto sequer para o jornal. Era tudo cesurado Mas depois fiz um livro. Até hoje lembro a multidão recitando os poemas do Neruda, o corpo chegando, e comecei a derramar lágrimas. Foi um dos momentos mais emocionantes da minha história jornalística. Foi um momento de emoção pura.

Evandro conseguiu mandar as fotos, e dois dias após a morte de Neruda, em 25 de setembro de 1978, as primeiras eram publicadas no *JB*, em matéria assinada pelo enviado especial Paulo Cesar Araújo, um dos melhores repórteres do jornal em todos os tempos, falecido aos 44 anos, em 1987. Já havia deixado o jornal e estava na TV Globo. Tinha sido correspondente internacional, feito grandes coberturas e era, naquele momento, repórter no Rio de Janeiro. Morreu em um acidente de carro na Lagoa Rodrigo de Freitas. O veículo era dirigido pela então diretora de jornalismo da emissora, a jornalista Alice Maria, que ficou muito ferida.

Ainda no batente, fotografando, dando palestras e expondo, Evandro ganhou em 2015 o título de Cidadão Honorário da Cidade do Rio de Janeiro. Suas fotos estão em acervos de museus como o de Belas-Artes de Zurique, na Suíça; Museu de Arte Moderna La Tertulha, na Colômbia; Museu de Arte de São Paulo, e Museu de Arte Moderna, no Rio de Janeiro. Sua vida foi registrada em documentário — *Instantâneos da realidade*, de Paulo Fontenelle —, e seu currículo incluído na *Enciclopédia Suíça de Fotografia*, que reúne os maiores fotógrafos do mundo.

Fotos deram muitas glórias ao *Jornal do Brasil*. Só em Prêmios Esso foram mais de dez.

Erno Schnneider ganhou o primeiro, em 1962, registrando um Janio Quadros com o pé direito voltado para a esquerda e o esquerdo voltado para a direita — uma posição que definia claramente a ambiguidade política presidencial naquele abril de 1961, quatro meses antes de ele renunciar A foto, feita em um único clique na cidade de Uruguaiana, durante recepção ao presidente da Argentina, só foi publicada por insistência de Erno, quando ele regressou da viagem. Saiu no Caderno B sob o título "Qual é o Rumo?" e consagrou-se, na história, como um emblema do momento político conturbado e atípico que o país viveu sob a gestão do presidente que gostava de citar as "forças ocultas".

Gaúcho do interior, Erno começou a trabalhar em um laboratório de fotografia ainda rapazinho. Logo alcançou seu objetivo de ser fotógrafo de jornal. Chegou à capital, Porto Alegre, entrou para a boêmia — com um companheiro de copo que se tornaria famoso, o compositor Lupicínio Rodrigues — e acompanhou as campanhas de Leonel Brizola a prefeito de Porto Alegre e governador do Rio Grande do Sul. Chegou ao *JB* em 1960, depois de ter fotografado para *Última Hora* e *Manchete*. De lá foi para *O Globo*, onde foi editor de fotografia. Aos 80, continua "fazendo uns retratinhos", como ele diz brincando, e gostando da boemia.

Alberto Ferreira, o chefe, que comandou a editoria de Fotografia do *JB* por 25 anos, ganhou o segundo Esso com a foto "Pelé se curva ante a dor que todo o país sentiu", feita no exato momento em que o Rei sente a contusão na partida contra a Tchecoslováquia, na Copa do Mundo do Chile, em 1962. Ele era um especialista em coberturas de esporte, tendo feito praticamente todas as maiores competições internacionais, como as Copas do Mundo e as Olimpíadas. Mas era também o fotógrafo preferido da Condessa, a quem acompanhava nas visitas a Juscelino Kubitschek, o que o levou a registrar praticamente toda a formação de Brasília. Entre seus memoráveis trabalhos, o que diz mais tê-lo emocionado foi a cobertura dos funerais de Bob Kennedy, em Washington, em 1968. Sua foto mais famosa, entretanto, é a de Pelé, e a que o atleta escolheria como símbolo de sua carreira: a bicicleta no jogo contra a Bélgica, no Maracanã, em 1965.

Em 2005, Alberto Ferreira expõe no Museu Nacional de Belas-Artes e participa do Ano do Brasil na França, levando a exposição "Brasília, uma Metáfora da Liberdade" a Paris. Em 2007, seu trabalho passa a fazer parte da coleção permanente da MEP (Maison Européene de la Photographie). Ele é o único brasileiro, além de Sebastião Salgado, a integrar a lista dos 28 maiores fotógrafos do século, ao lado de nomes como Henri Cartier Bresson, Robert Doisneau, Édouard Boubat e Pierre Verger. Aos 75, morreu em novembro do mesmo ano.

O Prêmio Esso, criado em 1955 e inspirado no Prêmio Pulitzer (que desde 1917 é administrado pela Universidade de Columbia, dos Estados Unidos, e seleciona os melhores do mundo, principalmente no jornalismo e na literatura, que tenham sido primeiro publicados nos EUA), era ansiado nas redações. Suas comissões de jurados compostas de jornalistas respeitados e seus prêmios de alto valor, com viagens ao exterior, estimulavam a participação de todos os veículos, como acontece até hoje, embora, naquela época, a repercussão da premiação fosse bem maior.

Passou a premiar a fotografia na década de 1960. Foi um sinal de prestígio para os fotógrafos, que também só a partir de então começavam a assinar seus trabalhos nos jornais. No *Jornal do Brasil*, foi Alberto Dines quem lhes garantiu maior espaço, dando à fotografia, pela primeira vez, o status de uma editoria.

Era possível até mesmo que um fotógrafo se tornasse autor de uma reportagem. Foi o caso de "Morte na vida de Severina", assinada por Alberto Jacob. Contava a história de uma prostituta que se apaixonara, perdera seu amor e tentara várias vezes o suicídio. A matéria era tão marcante que acabou virando inspiração para um filme — *Notícia de jornal*, dirigido por Jorge Laclette, com argumento de Jacob, que participou do III Festival Brasileiro de Curta-Metragem, em 1973.

Jacob foi um menino pobre que queria ser médico. Foi "contínuo" — como os copidesques da antiga faziam questão de traduzir em qualquer texto do jornal o termo *office boy*. Tornou-se fotógrafo por acaso, xeretando a máquina que a irmã ganhou de presente. Passou até por fotonovelas antes de chegar ao fotojornalismo, estreando na revista *Manchete*. Chegou ao *JB* na época das passeatas, e é dele uma das fotos mais dramáticas destes dias tumultuados: a de uma mulher sob as patas de um cavalo da polícia, no dia da missa de sétimo dia do estudante Edson Luiz, morto pela polícia durante a manifestação de estudantes contra o aumento de preços do restaurante Calabouço. Jacob foi espancado nesse dia e levado de camburão para o Departamento de Ordem Política e Social (Dops). Foi tão torturado que chegou a ser internado em um hospital. Sua foto, apanhando, foi publicada na primeira página do *JB* de 5 de abril de 1968, ao lado da notícia que informava a extensão da covardia: as Forças Armadas haviam mobilizado 20 mil homens, entre Exército, PM e Dops, e, após a missa, "em frente ao Jornal do Brasil, o comandante de cavalaria ordenou a carga contra a multidão — de cerca de mil pessoas — que desfilava pela calçada". Foram presos 380 manifestantes. Na mesma primeira página, outra chamada informava ter sido lacrada pela censura a Rádio JB, silenciada por ter noticiado o massacre e o espancamento de Jacob. Para completar o quadro triste da edição, um rodapé noticiava: "Luther King assassinado a tiros em Memphis."

A coragem do jornal em denunciar as agressões aumentou a chuva de protestos de religiosos, intelectuais e políticos, também publicados com destaque nas edições dos dias seguintes, que deram voz ainda a outras pessoas presas e humilhadas na manifestação após a missa, como o cineasta Neville de Almeida, que teve a cabeça raspada. O Sindicato dos Jornalistas Profissionais do Rio de Janeiro entrou na Corregedoria da Justiça do Estado com uma ação criminal contra os policiais e os agentes do Dops que feriram, até com espada, o fotógrafo Alberto Jacob.

Três anos mais tarde era a vez dele no Esso, com a foto "Quase atropelamento", flagrante de uma freira na iminência de ser esmagada pelo veículo, ao lado de um pedestre com a mão fazendo o gesto "Pare!", na pista do Aterro do Flamengo. Mas o que ele gosta de lembrar, hoje, aos 82 anos, vivendo há quarenta na mesma casa em Jacarepaguá que começou a construir na década de 1970, são os tempos em que morou na favela da Catacumba e as amizades que fez por lá:

> Meu pai comprou um terreno na Catacumba quando não existia a favela. Tinha a escritura. Cresci ali e éramos uma comunidade muito unida. Passei três meses viajando e, quando voltei, o Negrão de Lima [governador do estado da Guanabara] havia mandado meter o trator e derrubar tudo. Minha família tinha sido mandada para outro bairro, haviam separado as pessoas, perdemos nossa unidade. Eu tinha um time de futebol, havia conseguido mandar meninos para times grandes. Pelé tinha até levado um para o Santos. Foi muito triste o despejo. O lugar para onde fomos era tão violento que pedi ao Dines [Alberto Dines, editor-chefe do jornal na época] para me demitir, para que com o dinheiro da rescisão eu pudesse comprar um terreno. Ele não deixou, e foi meu fiador para eu comprar o lugar onde fiz a casa onde moro até hoje.

Um dia, uma ex-moradora da Catacumba me pediu ajuda. O filho dela, de 14 anos, estava preso, no presídio da Frei Caneca. Eu fui lá, pedi para soltarem o menino. Nada. Mas depois, por causa de uma matéria do *JB*, o juiz Alírio Cavalieri [titular do Juizado de Menores do Rio de Janeiro] fez uma visita ao presídio e encontrou dezenas de crianças sendo abusadas e mandou soltá-las. São essas coisas boas que a gente lembra do jornal.

Walter Firmo também era repórter, embora suas qualidades excepcionais como fotógrafo e a forma criteriosa como montava os cenários de seus cliques (ainda que o cenário fosse o de um acidente) tenham angariado a ele o apelido de "o escultor". Suas fotos, ao longo da trajetória de sucesso que prossegue — também como escritor de livros de sucesso e professor —, se transformaram mesmo em obras de arte disputadas. Mas foi de reportagem seu Prêmio Esso, o de 1964. O maior prêmio do ano. Também... Foram 95 dias de viagem, à base de peixe e farinha, ou farinha e peixe, quando havia, Amazônia adentro, para revelar aos leitores do *Jornal do Brasil*, em uma série de seis matérias, uma região bem diferente do que a retratada até então. Com imagens magistrais, feitas por ele mesmo, é claro.

Publicada no Caderno B de 7 de janeiro de 1964, com foto de Firmo legendada —"Walter Firmo, o repórter" — ao lado do título "100 dias na Amazônia", a chamada da primeira matéria da série começava assim:

Uma menina vai morrer na Amazônia: seu corpo está coberto de chaga da lepra, seus olhos não têm mais cor, suas mãos perderam o sentido do tato e seus pés, sem força, não podem tocar o chão. Deram-lhe o nome de Maria da Paz, aliás a única coisa que ganhou na sua efêmera vida, prestes a se extinguir. Sua mãe, uma cabocla da Vila Getúlio Vargas, por onde corre o rio Solimões, diz que ela tem a doença do ar, que nem sabe descrever como é.

A abertura da reportagem, nas páginas internas, já com o título aumentado para "100 dias na Amazônia de ninguém", e falando das dificuldades da seca e da cheia na região, explicava ainda:

> [...] vivendo entre os caboclos pálidos, viajando no lombo de mulas, dormindo em redes entre potós e carapanãs, ouvindo médicos, missionários jesuítas, capuchinhos, lazaristas, agostinianos que são realmente quem cuidam do caboclo e visitando cerca de trinta municípios, vilas, vilarejos, aldeias e missões, e fotografando a realidade amazônica, o *Jornal do Brasil* conta nesta série de reportagens que hoje se inicia, nas páginas 5 e 6, o drama de uma região esquecida pelo resto do Brasil, onde até a morte é esperada sem surpresa, como a da menina Maria da Paz, que vai morrer da doença do ar.

Walter Firmo denunciava absurdos como a existência de apenas 29 médicos e cinco hospitais para uma população de 2 milhões de pessoas. No mês de julho daquele mesmo ano de 1964, em que recebeu o prêmio, fez um balanço de sua viagem no B, relembrando outras agruras do povo da região, como o fato de haver em média quinze moças para um rapaz — já que a migração pela falta de emprego e condições de vida era brutal —, e relatando a mágoa da população:

> A qualquer rapaz em idade de alistamento militar a que se pergunte por que não serve ao Exército, ou a qualquer médico que se interrogue a causa da resignação daqueles 3,5 milhões e de seres humanos, se obtém uma só resposta:
> Um Brasil que nos abandona não precisa de nossas forças.

O tradicional banho de champanhe que acontecia na redação do *JB* para comemorar o Prêmio Esso rendeu matéria, publicada na edição de 27 de junho de 1964. Também, o jornal havia faturado, além do de Walter, o de Zé Fontes, com a série "Bloqueio do mar", e mais uma menção honrosa, para a matéria "Do outro lado do túnel", de Paulo Redher, sobre problemas em Copacabana.

O texto sobre Firmo informava que ele nascera em 1939, era filho de amazonenses, tinha começado ainda no colégio a fazer jornais como editor, repórter e fotógrafo, e revelava ter sido ele quem fotografou a primeira-dama Maria Tereza Goulart de biquíni, na foto que o dr. Brito entregou ao presidente João Goulart naquele encontro de madrugada no Palácio Laranjeiras, poucos dias antes de o governo cair. Um furo internacional que não houve... Mas muitos outros furos viriam em uma carreira que prosseguiu cheia de sucessos. Walter saiu do *JB* para integrar a equipe da revista *Realidade*, e depois fotografou para muitas outras publicações, como *Manchete*, *IstoÉ* e *Veja*. Ganhou prêmios como o Golfinho de Ouro, concedido pelo governo do estado do Rio de Janeiro, ou o internacional da Nikon — que levou sete vezes. Virou verbete da *Enciclopédia Britânica* e, desde 1992, faz workshops concorridos em locais selecionados no Brasil e no exterior.

Só um fotógrafo do *JB* foi bicampeão no Esso — Luiz Morier. Com uma foto chocante, tirada do meio do mato, flagrando presos em uma blitz, na estrada Grajaú-Jacarepaguá, ele ganhou o primeiro, em 1983. "Todos negros", título que ele mesmo deu, mostrava homens jovens em fila, favelados, amarrados pelo pescoço por uma corda. Morier relembra:

> Eu percebi que tinha uma blitz e parei antes, porque tinha um camburão parado na pista. E fui lá dentro do mato fazer a foto. Eles estavam praticamente escondidos. Quer dizer, eu cacei. Quando o PM percebeu que eu estava foto-

grafando, mandou recolher os presos. Só que não percebeu que eu estava fazendo uma foto dele. Eu estava com uma grande angular, então, pela minha posição, ele achou que eu estivesse fazendo só dos presos. E, no entanto, ele estava enquadrado na foto. E essa foi a maior importância, porque ficou o registro de uma autoridade que, no mínimo, deveria estar usando algemas e estava usando uma corda. E amarrada no pescoço. Não foi nem nas mãos, foi no pescoço. Eram pessoas simples, humildes, todos negros, com carteira de trabalho na mão. Estavam sendo humilhados, carregados pelo pescoço como escravos.

A foto ganhou o alto da primeira página do dia 30 de setembro de 1982, com uma chamada que começava afirmando: "Só faltavam os grilhões nos pés. No mais a cena parecia uma gravura colonial." O jornal dedicou ainda um dos editoriais do dia ao assunto. A manchete da edição do dia seguinte resumia em duas linhas a força da imagem que Morier havia capturado: "PM pune oficial, tira comandante e abre IPM." O comandante-geral da PM do Rio, general Edgar Pingarrilho, havia mandado afastar o comandante do batalhão da área da blitz e prender o tenente responsável por ela.

Luiz Morier — carioca que sempre quis ser fotógrafo e, somando dois períodos de sua longa e brilhante carreira de muitos outros prêmios, trabalhou 25 anos no Jornal do Brasil — viu esta sua foto tornar-se emblemática da violência contra negros pobres. Ela foi exposta, inclusive, em 1988, quando das comemorações dos cem anos da Lei Áurea. Por ironia, ele, que não gosta de fotografar violência, ganharia, onze anos depois, outro Esso, com outra foto de arrepiar: um assalto em que ele mesmo foi uma das vítimas. Seu testemunho, publicado em página inteira na editoria de Cidade, na edição de 18 de junho de 1993, que deu também primeira página à cobertura, revela como o caso foi quase incrível:

> Como no Velho Oeste, atirei primeiro. Quando eles apareceram, anunciando que era um assalto, comecei a fotografar. À procura de um ângulo melhor para a cobertura do tour, estava em cima de uma pedra de 1,5 metro de altura, a uma distância de mais ou menos 3 metros dos assaltantes. Quando me avistaram, já estava com a câmera pendurada no pescoço, tirando o filme. "Desce, desce, me dá a máquina!", gritaram. Já tinha feito uma sequência de fotos, rebobinado o filme, jogando-o discretamente no mato.

Morier havia saído com a repórter Leila Guerreiro para fazer uma matéria de turismo, acompanhando portugueses e sul-africanos. Na primeira parada do grupo, conduzido por um guia especializado em ecologia, na Cachoeira dos Macacos, no Horto, os assaltantes, armados de revólveres calibre 38, levaram tudo, inclusive todo o equipamento de Morier. Menos o filme, que ele recuperou assim que os bandidos saíram, no matinho onde o havia jogado. Os bandidos, entre eles um PM e um traficante, foram presos meia hora depois, em uma blitz da Delegacia de Repressão a Entorpecentes, antes mesmo que a Divisão Especializada de Atendimento ao Turista pudesse ver revelada a foto que acabou premiada e que recebeu o título de "Inferno no paraíso".

Muitas fotos que não ganharam prêmios foram as que fizeram, dia a dia, a história do jornal. Influenciando também a vida da cidade, do país, da sociedade ou simplesmente registrando momentos bonitos ou cruciais. Eram tão boas que Carlos Lemos decidiu, durante um bom período, a partir da década de 1960 e até a saída de Dines, prestigiá-las com títulos próprios. As de carnaval ou de futebol renderiam livros específicos, espetaculares registros de momentos que se tornaram poéticos através das lentes dos profissionais que passaram pelo *JB*.

Na impossibilidade de comentar tantos nomes, gostaria que todos se sentissem homenageados na citação ao colega que faleceu enquanto eu escrevia este livro — Gilson Barreto. Sua história, que mistura destemor com temeridade, colocando até a vida em risco pelo clique e que já teve exemplos semelhantes contados aqui mesmo neste capítulo, era a que estava disposta a viver a maioria dos fotógrafos da época de ouro do *Jornal do Brasil*. Gilson registrou como aconteceu com ele no blog de Aguinaldo Ramos, o Guina — A História Bem na Foto —, dedicado à memória do fotojornalismo:

> Cheguei no local do acidente às 15h45. Todos os jornais estavam lá desde cedo, alguns até com duas equipes, e os jornalistas cada vez se aproximavam mais do prédio interditado. Nesta hora, o responsável pela Defesa Civil, Frederico Behen, gritava, histérico: "Saiam, saiam, saiam, porque o prédio vai cair!". Nesse momento o prédio estalou, todos correram, alguns para a parte alta da rua e outros para a parte baixa, sendo que eu corri para baixo. Sem outro aviso, o prédio caiu.

Guina fazia dupla com Gilson cobrindo Niterói, depois que a sucursal do *Jornal do Brasil* foi fechada na cidade, e também relembra:

> Ninguém pensava que o prédio cairia naquele mesmo dia, poucos minutos depois de o Gilson chegar a pé, tranquilão. E ele acabou sendo o único que, como um guerreiro, avançou de peito aberto para a notícia, enquanto outros coleguinhas corriam em pânico, com medo de ficarem soterrados. Gilson foi o único a fazer a sequência de fotos que correu o mundo. Os outros jornais tinham, no máximo, uma foto da queda e fotos de nuvens de poeira. Foi este o passaporte para Gilson Barreto cair nas graças de Alberto Ferreira, o exigente chefe da Fotografia do *JB*, e acabar, um pouco mais adiante, contratado.

A imprensa havia sido convocada para receber as explicações da Defesa Civil sobre o que seria feito com o prédio em Icaraí, ainda não habitado, mas já com quarenta de suas 156 unidades vendidas, que sofrera abalo nos pilares e ameaçava ruir. A sequência da queda do edifício ficou o máximo. Alberto Ferreira ficou mesmo eufórico. Saiu da Fotografia gritando: "As fotos estão do caralho. Só nós temos!", como lembrou Gilson no seu relato, que ainda dava detalhes de outras consequências:

> O fotógrafo da *Última Hora* chegou na redação e disse que tinha feito a foto da queda do prédio sozinho. No dia seguinte, o jornal publicou só imagem da poeira, com uma tarja "exclusiva". Quando ele chegou para trabalhar, nem subiu: estava demitido; a foto do jornal *O Fluminense* era só poeira e eu aparecia na foto; o cabo-man da TV Globo se assustou, correu e desligou a câmera. Então, a TV Globo ficou sem o registro da queda do prédio. Chico Caruso, no dia seguinte, publicou uma charge intitulada "É melhor sair daí", usando toda a sequência fotográfica, mas sem dar o crédito. Houve, então, uma grita geral, todos reclamaram. Pouco tempo depois, o fotógrafo Delfim Vieira foi para o Nordeste, onde fotografou um morador local comendo um calango [foto que se tornou famosa], e Chico Caruso fez uma charge sobre a foto de Delfim Vieira, colocando, o que em geral se repete até hoje, o crédito.

Gilson, segundo seu parceiro e amigo Guina, era um *bon-vivant*. Gostava de música e de um bom papo à mesa de um bar. Apesar de aposentado em 1994, depois de quebrar a perna devido à osteoporose, continuou fotografando, participando de exposições e recebendo prêmios, principalmente pelas fotografias que fez em Machu Picchu, no Peru, em reportagem de turismo para o *JB*.

* * *

As caricaturas entraram no *Jornal do Brasil* na era da família Mendes de Almeida, no final do século XIX. O proprietário do jornal na época, Fernando Mendes de Almeida, que aparece na primeira página, logo abaixo do logotipo, com o cargo de "redactor-chefe", na edição de 9 de janeiro de 1898, em longo texto enviado de Lisboa, apresenta o seu contratado Celso Hermínio, que envia de Portugal para o Rio de Janeiro, e assim descreve:

> É uma alma viril nas delicadas feições de um adolescente. Quando estávamos a combinar a viagem para o Brasil, perguntei-lhe se entre os trabalhos de que o incumbiria o *Jornal do Brasil* poderia incluir desenhos como um cartaz cujo modelo tinha em mão. "Não", respondeu-me. "Isto é de uma regularidade mathematica... Ao artista repugna sempre esta regularidade... O meu lápis é essencialmente irregular..." Está definido nosso jovem caricaturista portuguez.

Ao lado do artigo espremido em uma coluna na direita, os desenhos de Celso Hermínio ocupam toda a metade superior da primeira página do jornal. Fazem a retrospectiva de 1897 com humor ferino, conseguindo resumir toda a ebulição de um ano que viu acontecer o massacre da Guerra de Canudos e os muitos problemas do presidente Prudente de Morais, primeiro civil a assumir o cargo pelo voto. O cartunista ainda critica a carestia, o jogo do bicho e a falta de material para as obras de ampliação da ferrovia Central do Brasil.

A presença do desenho tornou-se marcante. Os jornais a partir de então trazem, além de muita participação do português, novos caricaturistas e ilustradores. Eles acrescentam ao noticiário, na primeira página e nas páginas internas, imagens que substituem fotos em matérias sobre acontecimentos do dia a dia, fossem um grande incêndio ou apenas um açougue fechado, ou ainda a divulgação do projeto dos "Museus Commerciais da cidade da Philadelphia". Também são muitas as piadas gráficas com direito à primeira página, com séries semanais ou simples brincadeiras em quadros intitulados "Na troça" ou "Ilusão de ótica". Um artista muito frequente nesta época é P. Isasi, que, na edição de 7 de agosto de 1898, publica, na primeira página, uma novidade: a "reportagem a lápis". Em desenho com bastante ironia, a caveira do deputado Castro cobra a recusa da Câmara e do Senado na concessão de licença para investigação de sua morte.

Se era assim no século XIX — caricaturistas independentes, de bom traço e com prestígio no jornal —, no século XX não foi diferente. Especialmente durante a ditadura militar, a charge, como a foto, serviu muitas vezes para falar em alto e bom som, da sua forma cifrada e bem-humorada, muitas vezes o que a escrita silenciava por força da censura.

O jornal havia passado pelos tempos de "jornal das cozinheiras", feito a sua Reforma e, na fase de modernização, Lanfranco Aldo Ricardo Vaselli Cortelline Rossi, o Lan, foi o pioneiro, chegando da Itália em 1962, para uma permanência de quase quarenta anos. Desde a *Última Hora* — onde trabalhou com Samuel Wainer, o baixinho, que já havia demonstrado seu talento em jornais do Uruguai e da Argentina — pegara o pique do humor crítico no Brasil. Foi ele quem "batizou" Lacerda, em um momento de pressa (diz que estava com um encontro marcado com uma de muitas mulatas, sua grande paixão na vida). Desenhou uma caricatura do então governador da Guanabara à semelhança de um corvo, criando para o político o apelido pejorativo que o perseguiria durante a vida inteira.

No *JB* do início da década de 1960, seu desenho era muito diferente do que se caracterizaria posteriormente como sua marca — as curvas do Pão de Açúcar misturadas às do corpo feminino ou, novamente elas, as mulatas, em seu esplendor, e agora, com o passar dos anos, com direito a sua própria figura presente nos desenhos, com bigodão branco, incluído na paisagem, no papel de observador e comentarista. O traço era crítico, a caricatura, refinada. Jango foi um dos alvos prediletos. Em 1963, na edição do dia 1º de junho, por exemplo, Lan coloca o presidente no papel de Hamlet, o atormentado personagem de William Shakespeare. Com vestes pretas, de botas e florete na cinta, segurando uma caveira, João Goulart de peruca parece conversar. Acima da caricatura, a frase "ser ou não ser, eis a questão" completa o recado do quadro que retrata a ambiguidade de um político pressionado para se decidir a ir mais para a esquerda ou mais para a direita ou ficar onde estava (se é que sabia bem onde estava, segundo os mais críticos).

Futebol e música eram outros temas favoritos. Flamenguista convicto, ele não se furtava a fazer belas ilustrações de ídolos de todos os times. Amigo dos músicos e boêmio, imortalizou grandes ídolos da bossa nova, da MPB e do samba em caricaturas que mais pareciam pinturas, tanto que muitas foram reunidas em livros de arte.

Lan, hoje com 90 anos e casado há 45 com Olívia — uma das Irmãs Marinho, o trio que brilhava nos shows de mulatas do produtor Sargentelli —, vive atualmente na cidade serrana de Pedro do Rio, mas continua apaixonado pelo Rio de Janeiro, que continua retratando com seu traço peculiar.

Foi Lan quem convidou Ziraldo, que chegou ao jornal já tendo criado seu Saci-Pererê e já famoso e premiado. Fez muito sucesso, não só com charges críticas, principalmente ao regime militar, na página de Opinião, mas com personagens que entraram para a história e foram lançados nas páginas do jornal, como a Super Mãe. A hiperzelosa mãe do marmanjo personagem Carlinhos, que imediatamente caiu no gosto dos leitores, aparece, na edição de 26 de maio de 1969, no Caderno B, com sua capa de Super-homem, em frente a um aparelho de TV, intrigada, dizendo: "Não sei como uma mãe pode deixar um filho se afastar tanto de casa." No desenho logo abaixo, a tela da TV mostra o que ela assiste: a chegada da nave Apollo 11 à Lua.

O mineiro de Caratinga, que é pintor, cartazista, jornalista, teatrólogo, chargista, caricaturista e escritor, deu trabalho à ditadura também em *O Pasquim*, de que foi um dos fundadores. A partir do fim dos anos 1970, passou a se dedicar mais à literatura infantil e criou um dos maiores fenômenos editoriais brasileiros, *O menino maluquinho*, adaptado para teatro e cinema. Aos 83 anos, continua produzindo e preparando-se para lançar um novo livro para crianças.

Além de Ziraldo, Lan levou para o *JB* um menino franzino de sobrenome difícil e apelido fácil — Ique. Victor Henrique Woitschach, filho de uma família pobre de Mato Grosso do Sul, aos 12 anos perdeu o pai — um mecânico alemão — e lutou para estudar desenho e se mudar para o Rio de Janeiro. Fez de tudo um pouco. Costuma dizer que a sorte ajuda quem trabalha muito e lembra com emoção como conseguiu estrear no *JB* com uma capa:

> Eu ilustrava o Esporte e quem me deu espaço para ser chargista foi o Lan, quando viu uma capa que o Robertão [Luiz Roberto Porto, na época editor de Esporte] publicou na *Revista Viva*, um encarte sobre corrida que saía semanalmente no jornal. A revista rodava cedo, era impressa em offset, capa colorida. Nunca tinha tido um desenho na capa, era só foto. Mas eu dei uma sorte danada. Menino, 22 anos, sedento por trabalho, cheio de gás, queria fazer tudo. Insistia: "Poxa, me dá um espaço aí, eu quero fazer uma caricatura." E o Robertão: "Ique, desculpa, é uma questão editorial, não dá pra botar o seu desenho porque eu não tenho como, eu não mando aqui, eu sou só um editor." De repente, chegou o filme dos Estados Unidos com Joaquim

Cruz ganhando a medalha de ouro nas Olimpíadas de Los Angeles. E tudo já preparado para colocar a foto na capa. "Vamos revelar que vai ser a capa amanhã." Aí as fotos chegaram. Veladas. Preto, o filme chegou preto... Ele olhou e só falava: "Meu Deus! Onde eu vou arranjar isso?" E aí, ele desesperado daquele jeito, eu falei: "Calma, Robertão, eu faço o desenho e você vai estrear um desenho amanhã porque você não tem outra imagem." Já era meio-dia... Ele disse: "Eu tenho que estar com isso amanhã na oficina às 7 horas. Significa que você vai sair daqui agora, fazer esse desenho, e que você tem que chegar aqui às 5 da manhã para eu poder diagramar e descer para a oficina." Falei: "Negócio fechado." Era a chance da minha vida. Fiz a capa, quando ele olhou o desenho, falou: "Puta que pariu, ainda bem que eu acreditei em você, bota essa porra agora." O Lan viu no dia seguinte e perguntou: "Quem é esse cara aqui, que fez essa porra aqui?" Mandou me chamar: "Senta aqui, você está pronto. Eu preciso de um cara porque eu não aguento mais fazer charge, e é você!"

Lan precisava tirar uma licença para tratar de problemas de saúde. Ique foi considerado muito jovem por alguns dos chefes, mas Marcos Sá Corrêa, que era o editor-chefe, apostou no rapaz e descreveu assim, no prefácio do livro que Ique editou por conta própria, em 1989, a estreia dele no espaço nobre da página de Opinião:

> O país, sob a arribação dos políticos, invocava a opinião pública para levantar da UTI o presidente Tancredo Neves, zerar a inflação, esconjurar os credores internacionais e repartir a renda através do rádio. Tudo pela fé.
> Tanto oficialismo pedia um chargista, e depressa. Convocado, Ique se apresentou ao comando esbugalhado como um recruta que a disciplina mandasse ao front e o

bom senso aconselhasse a desertar. Não negou fogo. Na estreia, pegava instruções para charges como se tomasse um ditado. Dias depois, tirava sozinho, da intuição, uma obra-prima: a metamorfose de Tancredo Neves em José Sarney pela passagem da areia numa ampulheta. Essa charge decretou a emancipação profissional de Ique. E precoce. Ele sequer havia parado de tremer diante do papel em branco e já era o nanquim mais rápido do faroeste político brasileiro.

Da sua pena transformada em gatilho saíram os dois únicos Prêmios Esso concedidos a charges.

O primeiro prêmio veio em 1990, com a charge "Collor desembrulha o palácio", que mostrava o presidente recém-eleito vestido como criança, desembrulhando um pacote de presente com o Palácio do Planalto dentro. Como é que Ique já sacava que ele trataria o país como uma brincadeira? Na singeleza dos seus traços estava resumida sem palavras a ascensão meteórica de um político praticamente desconhecido das rodas tradicionais, sem apoio no Congresso, e o primeiro, depois de tanto tempo, a ser eleito pelo voto direto pelo qual tanto haviam lutado os brasileiros. Grande sacada, Ique.

O segundo prêmio Esso, já no ano seguinte, foi por "Brizola come na mão de Collor". Brizola chegava a interromper entrevistas para reclamar de Ique. A charge se referia ao fato de o então governador do Rio ter recebido apoio e verbas do presidente para seu ambicioso programa educacional e, em contrapartida, ter se tornado quase um aliado e feito a aguerrida Brizolândia baixar a bandeira de guerra. O gaúcho permaneceria fiel a Collor até o fim, tendo colocado uma bandeira do Brasil na janela de seu apartamento quando "elle" foi à TV pedir apoio e o Brasil saiu de preto às ruas, quase às vésperas do impeachment.

Ique deu muito trabalho a Marcos Sá Corrêa. Foi um perfeito exemplo da batalha entre o querer e o poder dentro de uma redação. O querer de um jovem muito jovem que sonhava em votar pela primeira vez para presidente da República e o poder de um jornal que já não ia lá muito bem das pernas financeiramente. Ique reconhece que Marcos Sá Corrêa e os velhos "cobras", como Wilson Figueiredo, o lapidaram.

> Eu chegava lá, mas, jovem e irresponsável, completamente, não pensava no resto. Fazia a minha melhor charge e ele falava: "Ique, você é do caralho, por isso que eu te contratei e te mantenho aqui, mas eu não posso publicar essa charge." E eu: "Pô, você vai me censurar?" Ele: "Não, eu não estou te censurando, eu estou apostando em você, você é jovem e eu sei que pode muito mais do que isso, eu vou te desafiar agora a me trazer uma, pode ser do mesmo assunto, mas dá um soco no cara sem que ele perceba." Então ele foi me treinando nessa sacanagem. Não me censurava, mas censurava... Você não pode escrever "filho da puta" numa charge, mas você pode escrever uma charge que o leitor olhe e pense "que filho da puta!". Então ele me ensinou e eu comecei a aprender a lidar com a redação, um negócio que para mim era mágico. Aquele era o melhor lugar do mundo para se ficar, a gente era feliz e não sabia, com a amizade que fluía ali, era um negócio sensacional. Mas também aprendi que tinha um horário para entregar. Então, antes, eu entregava o mais cedo possível, para ficar livre daquilo. Depois, comecei a deixar para o último minuto do segundo tempo, para não ter tempo de fazer outra. Você vai aprendendo a malandragem...

Foi com a malandragem do último minuto que Ique emplacou uma charge que quase custou sua demissão. Collor havia feito a reforma ministerial e estava pressionado por um pedido de aumento dos militares que levou às ruas mulheres de sargentos e à tribuna da Câmara o deputado Jair Bolsonaro, chamando de "banana" o ministro do Exército. Collor concordou, às pressas, com um aumento de emergência para o funcionalismo, em que foi obrigado a incluir também os civis. Mas Ique não perdoou.

> Fiz a charge rapidinho e sumi, desapareci mesmo. Minha charge subia às 21h30. Apareci lá pelas 23h. Não tinha celular naquela época. Às 23h eu entro na redação, aquele pandemônio... o Dácio [Dácio Malta, então editor] estava em Brasília e o Rosenthal [Rosenthal Calmon Alves, na época editor executivo] estava respondendo pelo jornal. Me chamou lá dentro: "Pô, Ique, que irresponsabilidade." Aí eu falei: "Não, tive um problema, o meu carro quebrou, mas aqui está a charge." Quando ele olhou, falou assim: "Você comeu cocô? Porque eu falei que não era para tocar nesse assunto na reunião, eu que estou comandando isso daqui... não vou publicar essa charge." Eu falei: "Rosenthal, a gente precisa, isso daqui é o *Jornal do Brasil*, a gente tem que falar disso; eu como chargista tenho dois prêmios Esso, eu preciso falar disso, se eu não falar disso... Então você não publica a charge, dá pra alguém... mas a charge é essa." E ele: "Pô, Ique, vai lá e faz outra." E eu: "Não." E briga pra cá, briga pra lá... aí desce o Wilson Figueiredo, que a direção era dele, e diz: "Ique, o Rosenthal tem razão."
>
> A charge era o seguinte: o Collor numa caixinha de engraxate, sentado, igual engraxate mesmo, um milico que aparecia da cintura para baixo, de farda, com o coturno em cima da caixinha e ele com a escovinha engraxando o coturno. Naquela discussão já eram 23h30, e eu falei: "Eu não vou fazer outra, porque não dá tempo, essa é a charge e eu tenho uma pior do que essa." Tinha aprendido com o Marcos Sá Corrêa.

Aí o Wilson falou: "Não, Ique, não pode ter nada pior do que isso." Eu respondi: "Então vamos fazer um trato? Se estiver pior, você dá essa. Se não for pior, eu vou e faço outra." Ele concordou: "Fechado, se estiver pior do que essa, essa é a charge que sai, porque tem que sair charge amanhã." Voltei e era a mesma charge, só que eu tinha trocado a escovinha pela faixa presidencial. E o Wilson: "Ai, não, com a faixa, não!" Saiu a charge.

Foram mais de 25 anos no *JB*. Depois, Ique levou suas charges para os jornais *O Estado de S. Paulo*, *O Dia* e *Lance!*, e para muitas revistas, entre elas *Veja* e *Playboy*. Tornou-se também escultor, com obras em bronze espalhadas pelo Rio de Janeiro, homenageando personalidades como João Saldanha (no Maracanã) e Michael Jackson (na laje da comunidade do morro Santa Marta). E é diretor de sua própria empresa, a IQ Criação, onde cria novidades como bonecos eletrônicos e projetos multimídia.

O *Jornal do Brasil* apostou em Ique para preencher uma grande lacuna. Chico Caruso havia deixado a casa em 1984. Os aborrecimentos começaram por causa de uma série de charges de que Tancredo Neves era o alvo. O político, governador de Minas Gerais e candidato em campanha à presidência da República, ficou irritado e procurou Walter Fontoura para pedir uma trégua. Walter relembra:

> O Lan me sugeriu o Chico dizendo: "Tem um cara novo aí que está fazendo um bom trabalho", daí eu chamei o Chico. Ele tinha total liberdade, mas uma vez ficou fazendo umas charges em que apareciam o Tancredo e o Ulisses Guimarães. O Tancredo de tutu, como se fosse uma dançarina. E o Ulisses tocando... Aí o Tancredo me ligou. O Paulo Henrique já era o editor-chefe do jornal, me substituindo. Eu tinha assumido a direção do jornal. O Tancredo me ligou e

disse: "Walter, você sabe que eu sou calejado, eu tenho pele dura, mas esse Chico fica me ridicularizando." Aí eu falei: "Pode deixar que eu vou conversar com o Chico." Peguei um papel e coloquei: "Paulo Henrique, ou Paco — Charge do Chico, não quero mais ver o Tancredo de tutu." Assinei. Aí o Paulo Henrique, em vez de conversar com o Chico, deu o meu bilhete para o Hedyl Rodrigues do Vale Junior. E o Hedyl mostrou o bilhete para o Chico. O Chico veio para mim pedir demissão. E eu falei: "Chico, não é assim, pedir demissão, que história é essa?" E consegui demovê-lo, nesse primeiro momento. Depois, não consegui mais, porque *O Globo* o assediou, o assediava sempre, e ele resolveu ir, no que fez muito bem, porque *O Globo* publicaria a charge dele na primeira página, coisa que nunca me ocorreu, nem a mim nem a ninguém que trabalhava comigo.

Chico Caruso chegou em 1978. Lan — que caçador de talentos, hein? — havia gostado de uma caricatura dele de Figueiredo recém-indicado à presidência, com a cabeça pequenininha e a farda enorme, publicada na *IstoÉ*, e o indicou ao jornal. O paulista Francisco Paulo Hespanha Caruso, nascido em 1949, herdou o talento do avô espanhol, pintor e também cartunista, que o ensinou a desenhar. Aos 17 anos, trabalhava das 16h30 às 6 horas na *Folha da Tarde*, recém-lançada. Chegava direto do colégio, de uniforme, tresnoitado. Adorava e não parou mais, apesar de ter se formado em arquitetura. Colaborou com vários jornais em São Paulo, antes de chegar ao *JB*, em 1978. Brilhou.

Chico relembra sua chegada e sua saída:

> Quando o *JB* me chamou para fazer charge, eu virei outro cara, me senti promovido a general de seis estrelas e todo mundo começou a ver meu trabalho. Pela importância que tem o Rio de Janeiro no panorama intelectual, cultural

brasileiro, o *JB* tinha um poder de fogo fantástico. Como a cidade foi capital da República, todo mundo que foi para Brasília o assinava. Passei cinco anos lá. Quanto ao Tancredo, ele ficou chateado porque estava de bailarina, reclamou com a direção. Aí vi que ele não era muito flor que se cheirasse... Quando encontrei com ele na posse do Castelinho na ABL [Academia Brasileira de Letras], me apresentei: "Sou o Chico Caruso do *JB*", e ele, sem parar, disse: "Ah, você é muito bom quando faz os outros." Acabei saindo mesmo só quando demitiram o Ziraldo. Achei que não podia ficar, afinal eu revezava a página com ele. E queria trabalhar com cor. O Evandro Carlos de Andrade [editor-chefe de *O Globo* na época] já tinha me chamado há tempos e decidi aceitar, porque havia essa possiblidade de fazer charges coloridas n'*O Globo*.

Chico pegava forte e brilhava. São muitas as charges memoráveis, algumas registradas nos livros que publicou — entre eles, *"Natureza morta" e outros desenhos do Jornal do Brasil*. É compreensível que os retratados preferissem que os escolhidos fossem os outros.

Lula, recém-chegado ao noticiário, por exemplo, pode não ter ficado feliz ao ver-se desenhado como um sabonete escorregadio em 1979. Mas, com certeza, ficou surpreso e deve até ter emoldurado a página. O então líder metalúrgico era o personagem de menor importância, citado por último — no pé, como se diz no jargão jornalístico — na matéria em que o *JB* noticiava, no dia 4 de junho, o mesmo da publicação da charge, que os sindicalistas mais atuantes do país não haviam desistido de constituir o Partido dos Trabalhadores para fortalecer o MDB. A decisão foi tomada durante o Encontro das Oposições Populares, realizado em São Bernardo do Campo. A charge tem duas grandes sacadas — Lula não só era escorregadio, difícil de controlar e subjugar, como era uma nova liderança surgindo, com força para enfrentar todas as que ali representavam estruturas já gastas no cenário nacional.

O ex-ministro da Fazenda Delfim Netto provavelmente também não morreu de rir ao ver a paródia dedicada a ele. O todo-poderoso das finanças do governo Figueiredo estava em Paris, em almoços e jantares de debates sobre nossa dívida externa. O correspondente do *JB* na capital francesa, William Waack, enviou matéria informando que ainda estava em sigilo o desfecho da renegociação, mas deu um furo, revelando que o "Gordo" havia jantado no restaurante Le Mercure, atrás do Palais Royal. Com o testemunho do maître, descreve o cardápio em que constavam "salmão fresco a L'Aneth, escargots avec champignon de Paris, salade royale (com patê Avocat, écrevisses), fois de veau au vinaigre, fricassé avec champignons noir". Para terminar, "queijos rocquefort, chèvre e mirol, além de sorvete de frutas". Waack não esquece de acrescentar que "Delfim demorou uma hora e meia e a 'estrela' do jantar foi um vinho tinto considerado excelente, um *bordeaux* Ducru-Beaucaillon 1973".

Na mesma edição em que foi publicada esta matéria, o *Jornal do Brasil* trazia uma manchete dramática com a foto de um homem esquálido segurando na mão direita um lagarto pelo rabo. A reportagem, na primeira página do dia 23 de agosto de 1983, começava assim:

> Famílias de Apuiarés — a 115 quilômetros de Fortaleza — estão comendo calangos (lagartos) para não morrer de fome, constatou, ontem, o correspondente Egídio Serpa. A seca destruiu tudo e não há o que comer. O programa oficial *Bolsões da Seca* teve de pagar, às pressas, quatro meses de salários atrasados, para impedir que os flagelados invadissem mercearias.

Dois dias depois, pelo traço de Chico Caruso, Chico Marcolino — o cearense da foto da manchete — parecia estar por trás do vidro de uma janela, em frente e bem perto de Delfim Netto, comodamente sentado à mesa de um restaurante. Com o prato ainda vazio na sua frente, talheres a postos, o ministro erguia o copo de vinho cheio e o encostava no calango seguro pela mão do homem. Abaixo, vinha escrito apenas: "Tim-Tim!"

As cacetadas podiam ser mais sutis, mas eram sempre certeiras. Hoje não faz tanto sentido a charge em que uma gaivota de papel sobrevoa a cara zangadíssima de Geisel. Na edição de 7 de setembro de 1978, como fazia! Naquele dia, o *Jornal do Brasil* publicava, com chamada na primeira página, uma entrevista do general Dilermando Gomes Monteiro, comandante do II Exército, garantindo que os jornais argentinos estavam errados e que não haveria um golpe militar de direita no Brasil. Respondia não ter conhecimento da existência de 49 pessoas desaparecidas entre 1970 e 1977 — noticiada pelo *Jornal do Brasil* na edição do domingo da semana anterior. Em São Paulo (onde estava sediado seu comando), segundo ele, "não havia ninguém em situação irregular, que não se saiba onde está". E informava que o governo estava tranquilo quanto a manifestações de protesto anunciadas para os desfiles do dia da Independência. Isso que esse era o general "bonzinho", que substituíra Eduardo D'Ávila Mello, afastado por Geisel depois dos assassinatos, pelos órgãos repressores sob seu comando, do jornalista Vladimir Herzog e do operário Manoel Fiel Filho. Então, aquela singela gaivota de papel sobre a cabeça do general-mor era tudo... Era a vara curta com que toda a gente queria cutucar aquelas onças!

Chico continua desenhando em *O Globo* suas charges coloridas na "primeirona". E, infelizmente, os políticos e a situação do Brasil continuam fornecendo muito material para seu excelente trabalho. A esperança que tínhamos em um país melhor tomou um baque bastante grande tempos atrás, em um momento que mereceu um hino de autoria dos Caruso, Chico e seu irmão Paulo, também ele um excelente cartunista. Gêmeos, ambos gostam de música e tocam juntos desde crianças. A canção "Muda Brasil Tancredo Jazz Band", composta logo após a morte de Tancredo, era tocada por uma das muitas bandas formadas por eles. Foi nomeada em um trocadilho com o slogan usado pelo político mineiro em sua campanha à presidência. Alguns versos explicitavam bem a decepção dos brasileiros com o que se seguiu à posse de José Sarney:

> Pra que fazer planos se depois acaba entrando areia?
> Não se pode ter na vida tudo aquilo que se pretende.
> Por isso, com você, Muda Brasil Tancredo Jazz Band.
> Está provado, nem toda história termina sempre num "happy end".
> Já nos ensina o saudoso Salvador Allende.
> Enquanto tem uns troços que dão certo, tem outros que depende.
> Neguinho risca fósforo usado para ver se acende.
> Numa economia de mercado tudo se vende.
> Muda Brasil Tancredo Jazz Band.

Millôr Fernandes já era um nome consagrado quando começou a publicar suas crônicas no *JB*, na década de 1980. Também, pudera. Além de ter nascido com talento de sobra para se tornar excepcional como dramaturgo, poeta, cronista, cartunista, escritor, ele começou bem cedo. Aos 14 anos, já trabalhava na revista *O Cruzeiro*, que chegaria a ter tiragens de 750 mil exemplares. Permaneceu por vinte anos, criando a famosa página "Pif Paf", e deixou a revista de forma estrondosa. Havia publicado uma sátira em várias páginas coloridas chamada "A verdadeira história do paraíso". O lado mais carola da sociedade chiou muito e a revista publicou um editorial desqualificando Millôr. O pedido de demissão foi seguido da solidariedade de toda a imprensa, manifestada em um jantar.

Em uma entrevista a Alberto Dines, em um dos primeiros programas *Observatório da Imprensa*, exibido em 1998 pela TV Cultura, Millôr falou sobre seu período no *JB*, iniciado depois de uma experiência marcante na *Veja*, e também sobre sua participação em *O Pasquim*, organizando a empresa e ajudando o jornal alternativo na fase em que chegou a vender até 200 mil exemplares semanais:

> Foi uma experiência excelente, um enorme prazer, porque podia tratar de coisas que seriam levianas em uma revista semanal. Podia inserir desenhos no texto. Tinha total liberdade e nunca houve problemas. Até que entrou como editor um sujeito chamado Dácio Malta. É como em filme de John Wayne, tem sempre alguém que entra para ver se você atira bem. Fiz uma crônica, ele não gostou de um tópico e cortou. Não sabia com quem estava lidando. No dia seguinte, entreguei só o tópico. Em corpo 20. Ele aí não teve coragem de cortar. Eu recebia muita correspondência. Então ele passou a publicar só cartas contra mim, todo dia. Não fiquei. Avisei que estava indo embora e honrosamente o Brito me mandou três cartas magnificamente bem escritas, reiterando que ele queria que eu ficasse de qualquer maneira. Mas eu já estava saindo. Fui embora.

Antes de responder à primeira pergunta de Dines, Millôr questiona se terá quinze minutos ou quinze dias para falar de sua carreira. Boa questão. Foram mais de setenta anos produzindo. Ele morreu aos 88 anos, em 27 de março de 2012. Dizia que não gostava da fama e só fazia questão de ser lembrado como inventor do frescobol. O lugar por onde passava nas corridas diárias — o final do Arpoador — e que só substituiu por caminhadas em idade bem avançada tem hoje um monumento em sua homenagem, com sua silhueta desenhada por Chico Caruso, e o título "O Pensador de Ipanema". O monumento está acoplado a um banquinho de praia, que foi, aliás, a primeira coisa colocada ali, para cumprir um desejo seu. Segundo testemunho de seu filho, Ivan Fernandes, o mestre do humor dizia que gostaria que sua homenagem póstuma fosse esta — um banquinho de onde se pudesse ver o pôr do sol.

Muitos outros cartunistas, chargistas e fotógrafos contribuíram, no *JB*, para que as imagens falassem, por muitas vezes, com a força de mais que mil palavras. Foram destaque porque o *Jornal do Brasil* havia mudado, abrindo espaço, cada vez mais, para a notícia, e, com a ditadura, criando formas criativas de contornar a censura. Usar a editoria de Economia para falar de política foi uma delas.

8
É a economia, estúpido! (E cuidado com a CIA)

A frase que virou slogan da campanha de Bill Clinton à presidência da República dos Estados Unidos nem sonhava em ser cunhada. Mas deveria ter sido gritada aos censores da ditadura naquele período em que o Brasil saía dos seus piores momentos de regime militar e engatinhava rumo à abertura democrática. Lenta e gradual...

Dita pelo careca sagaz e brilhante James Carville, marqueteiro de Clinton, em meio a uma campanha desesperada, em 1992, virou o mote que conduziu o democrata à vitória. George Bush, pai, tinha quase 90% de aprovação por seus êxitos na guerra no Golfo Pérsico. Era um recorde histórico na política interna americana. Carville não esmoreceu e preferiu incitar seus companheiros a apostar no fato de que o eleitor estaria mais preocupado com o próprio bolso, sofrendo com a crise econômica que o país do Tio Sam enfrentava. Deu muito certo.

Ainda bem que, por aqui, ninguém avisou ao governo, naqueles idos de final da década de 1970: é a economia, estúpido! Ou talvez, melhor especificando, na linguagem jornalística, é NA Economia, estúpido!

A editoria de Economia foi a válvula de escape para que os editores mais sagazes pudessem fugir ao cerco quando a editoria de Política estava ainda sob um controle rígido e exercido através de uma autocensura dolorosa. Se os censores há muito haviam deixado as redações e as ordens já não chegavam expressas em telefonemas sobre temas específicos, as retaliações agora poderiam vir — e viriam — na forma de devassas nas contas da empresa e cortes na publicidade dos órgãos governamentais. Uma das comprovações deste movimento em que a Economia passou a falar pela Política foi a ascensão da *Gazeta Mercantil*, que, de um jornal de negócios, se tornou, nesta época, meados da década de 1970 e início da década de 1980, um dos mais influentes veículos do país, concentrando uma equipe que reunia grandes nomes do jornalismo brasileiro.

O *Jornal do Brasil* também aproveitou muito bem a brecha, e de forma pioneira entre a imprensa tradicional. Através de sua editoria de Economia, publicava muitas matérias que colocavam em xeque o regime. Mais ainda do que o Caderno B. Porque mexia com o PIB nacional e com altos interesses que o próprio poder estava conduzindo, política e economicamente, naquele momento. Mais uma vez a coragem, a ousadia e o talento de alguns corações e mentes se uniram para que, através de algumas simples páginas de papel, o *JB* pudesse influenciar a história do Brasil.

Alguns metalúrgicos começaram a fazer uma greve em São Paulo. A junção de um subeditor de Economia perspicaz e antirregime com uma cúpula de chefes antenados e audazes fez com que o *JB* desse ao acontecimento — que desencadearia mais tarde a formação de uma central sindical, um partido político e a eleição de um operário presidente do Brasil — uma dimensão nacional desde aquele primeiro momento.

José Carlos de Assis, o subeditor de Economia em questão, lembra, hoje, aos 66 anos, com uma emoção de menino, como aconteceu:

As greves do ABC abalaram completamente as estruturas de poder no Brasil, porque foram absolutamente surpreendentes. Ninguém imaginava, e eu acho que mesmo o Lula [Luiz Inácio Lula da Silva, na época presidente do Sindicato dos Metalúrgicos de São Bernardo do Campo, SP], que foi o articulador, subjacente a esse processo... ninguém tinha a menor ideia do tamanho que aquilo ia assumir. Mas houve uma alteração interna no jornal, iniciada pelo Paulo Henrique [Paulo Henrique Amorim, então editor de Economia], um furacão fantástico, energético, espetacular, e acho que apoiada também pelo Gaspari [Elio Gaspari, na época editor de Política], que foi a seguinte: nós deslocamos a greve da seção de Polícia para a seção de Economia, essa que foi a questão. E, logo no começo das greves, demos uma página inteira e, em seguida, primeira página. A *Folha de S.Paulo* e o *Estado de S. Paulo* fizeram uma cobertura absolutamente ridícula, era uma tripinha no jornal.

Como se sabe muito bem, o jornal, qualquer jornal, à medida que se orienta com um foco, ele organiza o pensamento das pessoas que o leem. Então, nós demos uma interpretação às greves do ABC que foi seguida por todos. Com essa cobertura maciça nossa, *O Globo* e os demais jornais foram forçados a entrar. Nós fizemos a cabeça do Brasil sobre as greves do ABC. E nós estávamos embaixo de ditadura, ditadura do Geisel! E aí tem-se que fazer honra aos caras que iam na frente daquilo, o Silveira [José Silveira, o secretário de redação do período], o Elio e o Paulo Henrique. Eu era uma peça nesse processo. Mas eu também sabia usar o meu espaço.

A edição de domingo, 14 de maio de 1978, do *Jornal do Brasil* trazia, na editoria de Economia, a página 37 inteira sobre a greve no setor de produção da Saab-Scania, fábrica de caminhões de São Bernardo do Campo. Com Lula, na época um ilustre desconhecido em termos nacionais, como protagonista da matéria, com direito a foto. A reportagem detalhava a estratégia dos operários, que haviam formulado uma maneira de driblar o corte do ponto e estavam indo muito além de reivindicar aumento de salário. Exigiam diálogo, desafiando a legislação do regime militar que impunha reajustes através de índices oficiais e negociações entre sindicatos patronais e de trabalhadores. Os 2.500 metalúrgicos da Scania queriam diálogo direto com os patrões. Justamente em meio a iniciativas do governo de reformular a Consolidação das Leis do Trabalho (CLT). A página do *JB* trazia ainda um boxe que, em negrito, sob o título "Organização levou menos de 48 horas", salientava, além da capacidade de mobilização dos grevistas, ser aquela a primeira greve de trabalhadores do país que havia conseguido paralisar integralmente a produção de uma empresa.

A *Folha de S.Paulo* não noticiou a greve no dia 14 de maio. O *Estado de S. Paulo* publicou a notícia na página 54, em seu caderno de Economia. A matéria em três colunas, sob o título "Pietro: Parada na Scania não é greve", priorizava a visão do ministro do Trabalho, Arnaldo Pietro.

Dois dias depois, o tema greve era a manchete do *Jornal do Brasil*: "Greve de 11 mil paralisa a fábrica da Ford." O movimento havia chegado a uma das maiores indústrias do Brasil, fabricante, naquela época, de quinhentos veículos por dia, principalmente os modelos Corcel, Belina e Maverick. Lula continuava a ser o centro das atenções. Por um lado, como presidente de sindicato, a legislação o impedia de liderar o movimento que se alastrava. Por outro, era visto pelos próprios empresários como o único interlocutor possível. Empresários entre os quais surgiam vozes contrárias à draconiana legislação vigente. A matéria da página 18 do dia 16 de maio dava voz a dois deles. Cláudio Bardella, membro do Conselho Consultivo da Associação Brasileira para o Desenvolvimento das Indústrias de Base (ABDIB), informava sua posição a favor de "uma reformulação geral na legislação sindical, tanto trabalhista quanto patronal". E Paulo Francini, presidente do Sindicato das Indústrias de Refrigeração, também se afirmava "favorável a uma modificação na legislação, admitindo-se a greve geral como legal".

Os demais jornais continuavam a noticiar a greve em suas páginas internas. A edição da *Folha*, por exemplo, neste mesmo dia, trazia na página 23 uma matéria em que o lide fornecia informações a partir da assessoria de imprensa da empresa Ford, informando uma greve de 6 mil trabalhadores, e não uma greve geral de 11 mil, como alardeava a manchete do *Jornal do Brasil*, que, estendendo a cobertura à opinião do empresariado progressista, lançara um debate nacional em torno do tema.

Assis seguiu editando, por mais quarenta dias, a cobertura das greves que foram se espalhando por todo o grande ABC e atingiram, ainda naquele 1978, também a Mercedes-Benz e a Volkswagen. Ele se enfronhou tanto na economia que, depois de escrever vários livros sobre os maiores escândalos financeiros do país, acabou se tornando professor titular de Economia Política Internacional. Mas sua vida começou em uma busca ferrenha por espaço no jornalismo. Ex-seminarista, muito bom no português e com gosto até pelo latim, ainda na adolescência ousava escrever artigos sobre a guerra no Vietnã para o jornal da minúscula cidade de Coronel Fabriciano, no interior de Minas, onde morava. E, apesar de ser um concorrente sem rivais em um concurso de textos na sua cidade, insistiu tanto que acabou competindo na capital e ganhando um prêmio que "deu para comprar duas camisas" e vestir para sempre a camisa de redator que o levaria à profissão.

A prova de que o jornalista, que entrou no *Jornal do Brasil* já para ser copidesque, vindo de *O Jornal*, sabia ocupar seu espaço, como ele mesmo diz, pode ser buscada em sua história lá atrás. Logo depois de vencer o concurso de textos e de já ser um tanto conhecido em sua cidade, o rapaz José Carlos, vice-presidente de diretório acadêmico, já afeito à participação na vida política, sabe-se lá como, conseguiu subir no palanque de um candidato a prefeito lá em Coronel Fabriciano e fez um discurso anti-EUA! Aproveitou o gancho que tinha: vociferou contra o trabalho de tropas do exército norte-americano que realizavam trabalhos de fotogrametria na região.

No caso do *JB*, há um exemplo melhor e mais relevante, embora tenha custado a sua demissão. Aconteceu no ano seguinte ao das greves do ABC.

> Em 1979 eu saí do *Jornal do Brasil*. Fui demitido. Custei a saber o porquê. Eu era um jornalista de primeira grandeza no jornal, escrevia bem, era economista. Mas, em um determinado dia, o Silvio Ferraz me chama. Silvio, que era o editor de Economia — já que, nessa altura, o Paulo Henrique tinha saído e passado para a direção geral, no lugar do Walter Fontoura, que havia deixado o jornal. Fomos para um cômodo lá, uma biblioteca do jornal, e o Silvio Ferraz me disse: "Eu queria que você fosse para a editoria Internacional." Ora, eu achava que editoria Internacional era você ficar penteando telegrama de agência, como a gente falava. E falei: "Eu não vou." E ele, de bate-pronto: "Ah, então você está demitido."
>
> Eu não entendi, fiquei tonto com aquele negócio. Passei na sala do Paulo Henrique e ele falou assim: "Não era para ser isso." Depois é que eu fui entender. Na semana anterior, eu tinha dado uma manchete com a Conceição Tavares, onde se falava pela primeira vez no Brasil em "ciranda financeira", em que se criticava pela primeira vez para o grande público, usando uma expressão da Conceição, o que o regime estava fazendo com o sistema financeiro e que penitenciava barbaramente os brasileiros.

Certamente a direção do jornal mandou me demitir. O Paulo Henrique deve ter negociado e falado: "Não, põe ele na Internacional." Como ele não me explicitou... podia ser até que eu aceitasse. Mas ele não podia explicitar, porque o jornal seria acusado de ter feito censura na economia.

Eu não sei se o Delfim Netto pessoalmente teve alguma influência nisso, mas foi o grupo do Delfim que pediu a minha cabeça. Mas também eu fui fazer uma coisa que jornalista nenhum faz. Eu fui cobrir uma defesa de tese!

A defesa da tese *Ciclo e crise: o movimento recente da industrialização brasileira* fez tornar-se titular da cadeira de Macroeconomia na Faculdade de Economia e Administração da Universidade Federal do Rio de Janeiro a brilhante professora portuguesa Maria da Conceição Tavares, que, a partir dali, viria a frequentar cada vez mais as páginas de jornais e ser tornar mais conhecida e respeitada por suas críticas veementes à política econômica da ditadura. Inaugurava a expressão "ciranda financeira" e denunciava a grave especulação que o regime militar bancava. Conceição defendia que a correção monetária era a origem da esquizofrenia financeira, "colocando de um lado o dinheiro, sujeito à desvalorização permanente, e de outro, a moeda financeira (UPC) protegida pela correção". Ainda segundo o texto da chamada, para ela, o modo de operar o sistema monetário-financeiro do Brasil "acabou por se traduzir em mecanismo que premia a especulação e penaliza o investimento produtivo". Ninguém antes, com tanta clareza, ousara criticar o "Gordo" — apelido do ministro da Fazenda de Geisel, Delfim Netto — desta forma. Nunca. Pior. A cobertura da defesa de tese foi chamada de primeira página do jornal na edição de 16 de julho de 1979. Como isso foi possível? Dia 16 era uma segunda-feira, e José Carlos de Assis, subeditor de Economia, fora escalado para o plantão de fim de semana e designado justamente para fechar, no domingo, aquela primeira página. Isso que é saber ocupar seu espaço.

Assis não guarda mágoa de sua demissão. Continuou, com brilho, sua carreira, ganhando, inclusive, o Prêmio Esso de Reportagem de 1983, já na *Folha de S.Paulo*, com "BNH favorece a Delfim". No caso, não uma vingança contra o ministro que havia influenciado sua demissão do *JB*, mas as reportagens que desvendaram o escândalo do financiamento do Banco Nacional da Habitação, um banco público, ao empresário Ronald Levinsohn, dono da Delfim, a maior empresa privada de crédito imobiliário da época. Assis provou que as garantias oferecidas por ele ao banco eram subavaliadas. As pessoas que tinham cadernetas de poupança no grupo correram para sacar seus depósitos e, mesmo com a intervenção do Banco Central, a Delfim faliu.

Ele segue sendo um batalhador ferrenho contra o neoliberalismo, mas foi capaz de escrever, mais recentemente, um livro em que pretende provar a necessidade racional de um Criador. Recheado de pesquisas históricas e científicas, chama-se *A razão de Deus*, convertendo publicamente o agnóstico em criacionista. Assis é também capaz de deixar lágrimas chegarem a seus olhos quando fala do jornalismo na sua vida. Na verdade, não pela profissão, nem pela economia. Tampouco por questões transcendentais.

— O jornalismo foi a base. Foi a política. Jornalismo é a base da política e a política sempre foi muito importante mesmo.

* * *

Ficava a poucos passos da editoria de Economia a editoria Política do *Jornal do Brasil*. E se Gaspari era avalista das audácias de seu colega Paulo Henrique da seção ao lado, por que não cometeria ele mesmo as suas?

Elio Gaspari é italiano e veio para o Brasil no pós-guerra, só ele e a mãe. Estudou, menino, em um internato em Mangaratiba, enquanto ela trabalhava, e, ao chegar aos estudos de segundo grau, mudando-se para o Rio de Janeiro, passaram a viver em quartos de aluguel na Lapa. Só foi viver em um apartamento aos 19 anos, quando também começou sua carreira de jornalista. Bateu à porta do jornal do Partido Comunista *Novos Rumos* e pediu um emprego. Na segunda matéria, o chefe de redação, Luiz Mario Gazzaneo, já previa: "Vai ser um grande jornalista." Versátil, atuou em seguida em segmentos tão diferentes quanto no jornal especializado em coberturas policiais *A Notícia* e como auxiliar do colunista social Ibrahim Sued. Mas cedo chegou à *Veja*, maior revista semanal de notícias brasileira e já respeitadíssima àquelas alturas, antes de ir para o *JB*.

Parecia saído de um filme americano. Um filme de redação de jornais norte-americanos. Ou melhor, um filme que retratasse a redação do tão sonhado *The New York Times*. Era assim que eu o via, da minha modesta mesa de estagiária, quando cheguei ao *Jornal do Brasil*, em 1975. Cabelo à escovinha, mais para gordinho, de terno cinza, ou camisa social e gravata, óculos de armação moderna, fumando, andando muito pela redação e dando, de vez em quando, sua típica gargalhada. Não era muito alto e, hoje sei, somente dez anos mais velho do que eu. Tínhamos, portanto, naquela época, eu apenas 21 anos, e ele, 31. Mas eu e a maioria da redação o víamos como um senhor. E um gigante. Somado à sua altura e à sua idade, estava o peso de uma trajetória já relevante na profissão. E aquele jeito, bem, de jornalista de filme americano que os mais novinhos queríamos ser. Não por sermos amantes do estilo de vida americanizado, mas por amarmos o jornalismo investigativo e por sonharmos, nós que não a havíamos conhecido ainda, em conviver com a democracia. Enfim, ele era e parecia ser um chefe, um chefe do tipo capaz de pedir cobertura fotográfica para uma matéria e estabelecer o seguinte diálogo:

Chefe do departamento de fotografia: "Não tenho fotógrafo disponível."

Elio: "E por acaso estou diante de um vaso chinês?"

O fascínio exercido estava nessa mistura de rigor com humor, além, é claro, do que fazia, diariamente, como editor de Política. Tinha, já naquela época, um conhecimento enciclopédico e adorava história, matéria que havia estudado na Faculdade Nacional de Filosofia do Rio de Janeiro, de onde foi expulso injustamente (sua "homenagem" ao diretor responsável pela expulsão foi digna de seus compatriotas napolitanos — criou com o nome dele o personagem "Eremildo, o idiota", que povoa as colunas que escreve para os jornais *O Globo* e *Folha de S.Paulo*). Mas, apesar de todas as qualidades, trabalhava mais do que um comum mortal, durante um período acumulando, além da editoria Política, a titularidade do "Informe JB", a coluna de maior prestígio do jornal. Uma capacidade de trabalho que ficaria estampada para a posteridade em sua obra *A Ditadura,* um tratado em quatro volumes, dividido em dois conjuntos — *As ilusões armadas* e *O sacerdote e o feiticeiro* — escritos ao longo de dezoito anos sobre a ditadura militar brasileira, a partir da análise de milhares de documentos dos arquivos do general Golbery do Couto e Silva, chefe do Gabinete Civil do presidente Geisel, do diário de Heitor Ferreira, secretário particular de Geisel, e do próprio Golbery, e de uma pesquisa monumental.

O ano de 1976 registra um dos mais lembrados feitos de Gaspari no *JB*, ligado justamente ao tema a que iria se dedicar com tanto afinco mais tarde: a edição das matérias de Marcos Sá Corrêa com a comprovação de que os Estados Unidos não eram tão gloriosamente democráticos quanto imaginava minha mente estagiária e haviam se organizado para enviar ao Brasil uma frota armada para apoiar o golpe militar de 1964.

Na primeira página da edição do dia 18 de dezembro de 1976, ao lado de um prosaico anúncio da chegada de Papai Noel ao Novo

Leblon, "o mais novo bairro do Rio", e abaixo de uma reprodução da imagem de um telegrama do Departamento de Estado dos Estados Unidos aos seus funcionários no Brasil, a chamada tinha um título sóbrio: "EUA liberam seus papéis sobre a queda de Goulart." E um conteúdo estarrecedor.

> Chamava-se Brother Sam a operação militar "destinada a assegurar a presença dos Estados Unidos" no litoral brasileiro, à altura de Santos, durante os primeiros dias de abril de 1964. Ela mobilizou o porta-aviões *Forrestal*, seis destroieres e quatro petroleiros que traziam diesel, querosene e 136 milhões de litros de gasolina.
>
> A operação está registrada em dezessete documentos existentes nas oito caixas relacionadas com o Brasil na Biblioteca Lyndon Johnson, no Texas, onde estão guardados os papéis mandados à Casa Branca entre 1963 e 1969. Foram liberados pelo Governo americano, e cada cópia pode ser obtida por 15 centavos de dólar.

A chamada segue informando que aquela edição publicava os principais documentos, conseguidos, em Austin, por Marcos Sá Corrêa, em quatro páginas. E que o jornal prosseguiria com mais informações em um Caderno Especial no dia seguinte, um domingo, encerrando a série na segunda-feira. Constariam nas reportagens a íntegra do relatório que o embaixador norte-americano, Lincoln Gordon, fizera, com quatro dias de antecedência, sobre o quadro da revolução que depôs João Goulart; os textos das teleconferências realizadas entre a embaixada e a Casa Branca, entre 31 de março e 2 de abril de 1964, e os perfis das personalidades brasileiras redigidos pela CIA para informação da equipe do presidente Lyndon Johnson.

As edições foram nada menos do que espetaculares. Na de sábado, os textos primorosos de Marcos eram acompanhados da reprodução explicativa dos documentos. Os glossários decifravam as siglas que constavam em cada telegrama ou relatório e identificavam os equipamentos da Marinha neles citados, as autoridades a que se destinavam e até mesmo a data, hora e fuso horário em que haviam sido remetidos. Eram revelados todos os detalhes de como foi montada a operação, que traria 136 mil barris de gasolina — volume equivalente ao consumo total do país em um dia, na época em que foi publicada a matéria. O texto explicava que o objetivo da Brother Sam não era apoio bélico, mas estratégico: "Havia o temor de que o Movimento no Brasil viesse a ser derrotado por falta de combustível, se as lutas se estendessem por muito tempo. De resto, os papéis do Estado-Maior Conjunto norte-americano falam em apoio total ao Brasil."

O garimpo de Marcos na biblioteca de Austin permitiu que ele também incluísse nesta edição de sábado o impressionante relatório escrito pelo embaixador Lincoln Gordon no dia 27 de março de 1964. Impressionante pelo grau de acertos de Gordon: ele já antecipava o desfecho do golpe, antes de ter acontecido a revolta dos oficiais da Marinha contra Jango, por causa de seu perdão aos marinheiros que haviam se amotinado no Sindicato dos Metalúrgicos e apoio aos fuzileiros sublevados, e antes de o presidente ter falado aos sargentos sobre suas propostas de reformas no Automóvel Club, outro ato considerado de afronta à hierarquia militar. Gordon prevê que João Goulart fugiria do país, acerta em que o marechal Castello Branco seria o novo mandatário no poder brasileiro, mas termina seu informe afirmando: "As possibilidades incluem claramente uma guerra civil com alguma divisão horizontal ou vertical dentro das Forças Armadas, agravada pelo grande número de armas em mãos de civis dos dois lados." O que deve ter sido o estopim para a largada da frota, no dia 31 de março. A reportagem mostra ainda os documentos que — dado o sucesso do golpe e a tomada do poder por Castello Branco sem maiores resistências — cancelaram a operação a partir das 17h22 do dia 2 de abril de 1964, antes que a frota chegasse a seu porto de destino, Santos.

Se foram jornalisticamente impecáveis — com direito, inclusive, a uma pesquisa cinematográfica sobre a biblioteca Lyndon Johnson e a um perfil de todo o elenco das autoridades norte-americanas envolvidas naquela troca de relatórios e telegramas —, politicamente, as matérias foram bombásticas. A chamada de primeira página para o Caderno Especial de domingo sobre a Brother Sam revelava que a CIA montara, às vésperas do golpe de 1964, um esquema de espionagem digno dos melhores filmes de Hollywood. Havia sido capaz de informar à Casa Branca, por exemplo, o teor de uma conversa entre o ex-presidente Juscelino Kubitschek e o ministro da Guerra de Jango, general Jair Dantas Ribeiro, realizada dentro de um quarto de hospital no mesmo dia em que ela aconteceu.

O título do caderno era: "1964/Visto, anotado e comentado pela Casa Branca." Em seis páginas, Marcos Sá Corrêa e seu editor, Elio Gaspari, estampavam dilemas graves. Os documentos mostravam a maior democracia do Ocidente no papel de espiã dupla — já que conseguia tanto informações dos bastidores do campo de Jango quanto dos militares — e apoiadora de um golpe anticonstitucional na América Latina. Quase atestavam, como bem lembrou o repórter, a frase que aparecia rabiscada nos cartões de chope dos bares da Zona Sul do Rio de Janeiro: "Basta de intermediários — Lincoln Gordon para presidente." Mas o Caderno Especial foi além.

Sua última página era dedicada aos perfis de políticos e personalidades brasileiras elaborados pela CIA para informar o presidente Lyndon Johnson. Lá estavam generais, marechais e brigadeiros, do ex-governador do estado da Guanabara, Carlos Lacerda, ao ex-governador do estado de São Paulo, Adhemar de Barros, de Walther Moreira Salles, poderoso banqueiro, a Dante Pellacani, secretário-geral do Comando Geral dos Trabalhadores, passando por Evandro Lins e Silva, juiz do Supremo Tribunal Federal, em análises de uma acuidade impressionante. Impressionantíssima para os analisados.

Tancredo Neves, deputado federal na época do relato e também quando a reportagem foi publicada, por exemplo, não gostou nada do seu perfil, em que a CIA dizia ao presidente dos EUA: "Político conservador da velha escola e moderadamente nacionalista, conhecido por sua inteligência (embora nem tanto por sua honestidade) e por suas tendências anticomunistas, embora tenha se associado a economistas comunistas no primeiro ano da administração Kubitschek."

Tancredo telefonou para Marcos Sá Corrêa.

— Você acabou comigo. Como é que você publica um negócio que diz que eu sou desonesto?

Resposta de Marcos Sá Corrêa:

— E como é que eu vou censurar a CIA?

Quinze centavos de dólar a cópia de cada um daqueles documentos tão preciosos. Realmente, foi de graça. Ainda que considerando que Marcos fez mais de quinhentas cópias de documentos em Austin. Mas o mérito não era fazer as cópias. Era descobrir que elas estavam disponíveis, para qualquer um! Ou, antes, era ter faro para esse grande furo.

Marcos tinha guardada na cabeça uma notícia publicada em 1968 pelo jornal *Última Hora*, sobre uma entrevista de Carlos Lacerda, ex-governador da Guanabara, em um programa de TV nos Estados Unidos, em que, da plateia, um marinheiro falava que estava em um contratorpedeiro de uma frota que viria para o Brasil em 1964. Elio Gaspari encontrou esse vídeo, anos mais tarde, e ele está em seu e-book *A ditadura encurralada*, da coleção *O sacerdote e o feiticeiro*. Mas, até aí, era apenas conversa de marinheiro. Só que Marcos, já repórter do *Jornal do Brasil*, tinha como interlocutor Paulo Castello Branco, filho do marechal Castello

Branco, que já havia morrido. Paulo, um dia, mostrou a ele um telegrama do Vernon Walters, adido militar no Brasil entre 1962 e 1967, que dera esse telegrama para o Castello, pai. Paulo, como capitão de mar e guerra, reconhecera nas siglas do telegrama, datado de março de 1964, uma que identificava um comandante de frota. Quando Paulo mostrou o telegrama a Marcos, a sagacidade do repórter (que, aliás, se formou em história) juntou as duas pontas. Se havia uma frota...

Marcos Sá Corrêa lembra como foi:

> Era 1975, estávamos no governo Geisel e eu frequentava, junto com o Elio Gaspari, a casa de um depositário de papéis importantes do começo do regime, o almirante Paulo Castello Branco, filho do marechal Humberto de Alencar Castello Branco. Ele tinha um armário cheio de documentos de 1963, 1964, que foram pesquisados por dezenas de historiadores. O Castello Branco era do período letrado do regime militar. Gostava de escrever, tinha papéis da conspiração, e o filho abria aquilo sem nenhuma restrição. Você ia lá, metia a mão e encontrava providências sobre a tortura, coisas que não estavam em nenhum outro acervo oficial. Em uma dessas ocasiões, o Paulo comentou que, semanas antes, um brasilianista da Universidade do Texas chamado John Dulles, filho do Foster Dulles [secretário de Estado dos EUA durante o governo de Eisenhower], tinha passado por lá e dito que documentos importantes sobre o período de 1964 começavam a ser liberados na biblioteca presidencial do Lyndon Johnson. Isso foi em meados do ano. Passada a correria inútil da cobertura das eleições municipais no Brasil, o Elio se lembrou: "Vamos ver aquilo?" E fui parar em Austin.
>
> O começo foi desnorteante. Mas o nome em código da operação militar me ajudou: Brother Sam. Na quarta ou

quinta vez que aquele nome passou na minha frente, em papéis esparsos, percebi que sempre vinha marcado com uma tarja azul. Eram telegramas internos do governo, e, seguindo a tarja azul, foi fácil voltar na papelada e ficar puxando. Se não fosse isso, não conseguiria reconstituir o caso, criar um sentido. Tirei umas quinhentas cópias. Para piorar, tive que acelerar o trabalho dramaticamente por um motivo que hoje me parece estúpido: eu tinha passagem de volta marcada e precisava acabar aquilo em uma semana. Pegava os papéis e olhava correndo, via que alguma coisa fazia sentido, mandava xerocar, e só vim a ler depois, no avião, já voltando.

Quando vi que tinha topado com uma coisa bombástica, comecei a ter conversas cifradas por telefone com o Elio, e ele deduziu que vinha ali um negócio grande. Instruiu-me a não sair de Nova York sem tirar cópia de todos os papéis, para não correr o risco de pegarem os documentos no aeroporto. Tirei e deixei na casa da correspondente do *Jornal do Brasil* em Nova York, sem dizer o que era. Mas desembarquei no Brasil sem problemas e fui direto para o *JB*. O Elio me levou ao editor do jornal, que era o Walter Fontoura. Expliquei o que era e ele me disse: "Olha, melhor você falar com o Nascimento Brito." Era o dono do *JB*. Eu nunca tinha visto o doutor Brito naquele tempo. Ele me perguntou: "Você roubou esses papéis?" Eu disse que não e contei resumidamente como tinha obtido aquilo. "Então, pode dar." Aí, montou-se uma força-tarefa dentro do jornal para produzir todo o conteúdo em quatro dias. Fechamos a edição com aquela sensação de que ia ser apreendida. Eu e o Elio fomos jantar de madrugada, depois passamos no jornal para pegar alguns exemplares, porque, se fosse apreendido tudo, a gente teria alguns.

Marcos é mais um que não queria ser jornalista. Apesar — ou por causa? — de seu pai, Villas-Bôas Corrêa, ser um dos grandes no jornalismo brasileiro, um dos mais importantes colunistas políticos de todos os tempos. Durante 23 anos, Villas trabalhou na sucursal carioca do *Estado de S. Paulo*. Foi um dos fundadores de *O Dia*, comentarista político da TV Manchete e, no *Jornal do Brasil*, editor de Política no início dos anos 1990 e, durante décadas, articulista. E continuou assinando suas colunas muito tempo depois de escrever o livro *A história de meio século de jornalismo público*, em que narra as lembranças de cinquenta anos como repórter político. Marcos estudou história e gostava de fotografar, mas acabou fisgado...

> Queria ser fotógrafo desde menino, tinha começado a publicar algumas coisas. Um dia, fiz uma reportagem sobre Guignard por conta própria. Fotografei, escrevi e fui oferecer à revista *Manchete*, com a maior cara de pau. E a revista comprou! Achei aquilo uma facilidade interessante. "É o que eu vou fazer daqui para a frente." Então fui trabalhar como estagiário de fotografia no *Jornal do Brasil*. No primeiro dia, me deram uma pauta cretina, para fotografar um senador que viria ao Rio. Daquelas fotos que não teriam utilidade nenhuma. Saí com minha maquininha velha do jornal, fui ao Senadinho, mas o senador não apareceu. Eu voltava do meu primeiro dia de trabalho sem uma foto. Quando passei pela praça Marechal Floriano, vi uma feira de livros, e naquela hora estava começando uma tempestade. Entrou uma ventania e os livros começaram a voar. Um livreiro tentava agarrar os livros, que adejavam na frente dele como borboletas. Bati umas quatro fotos meio por brincadeira, sem saber se serviriam para alguma coisa. Quando abri o jornal no dia seguinte, tomei um susto. Estava lá na primeira página. Assinada com meu nome errado: "Marcos Villas-Bôas." Foi a

> maior frustração, porque eu não sou Villas-Bôas, Villas-Bôas é o meu pai. Como ele era conhecido, saiu com esse nome.
>
> Depois, passei em um concurso para uma revista achando que ela seria feita nos moldes da única revista importante da editora Abril, a *Realidade*, que dava enorme importância à fotografia. Aí descobri que estava sendo incorporado a uma revista [*Veja*, que estava sendo lançada] que não dava, na época, quase nenhuma fotografia. Mas o salário era tentador. Sou um cretino que entrou para o jornalismo porque pagavam bem.

Não é, definitivamente, a opinião que temos dele. Durante os anos de 1985 e 1986 convivi com Marcos, como diretora e apresentadora dos programas *Sexta-Feira* e *Dia D*, de produção independente, da empresa dirigida pelo empresário Paulo Marinho, que levaram à televisão brasileira pela primeira vez, na Band, grandes nomes da imprensa brasileira, como Zózimo Barroso do Amaral, Míriam Leitão, Augusto Nunes, Ricardo Boechat e o próprio Marcos Sá Corrêa. Apesar de ser logo apelidado de autista pela equipe técnica, devido a seu jeito reservadíssimo de ser, ele foi, entre todos, o que mais rapidamente se adaptou ao veículo, transpondo com facilidade a prosa perfeita de seus textos escritos para seus comentários ferinos em um estúdio desprovido do recurso de teleprompter.

O fotógrafo que virou repórter construiu rapidamente uma carreira brilhante, tendo chegado, em 1985, a editor-chefe do *Jornal do Brasil*. Sobre este período, assim lembram de sua atuação dois colegas ilustres.

O primeiro deles é Zuenir Ventura:

> Marcos sempre nadou contra a corrente. Um exemplo: em janeiro de 1989, um mês depois do assassinato de Chico Mendes, ele resolveu mandar para o Acre o profissional mais velho da redação do *JB*, que nem repórter era, era redator. O

indicado para a apuração do crime resistiu o quanto pôde, alegando que não conhecia a Amazônia, achava os ecologistas uns chatos e ainda por cima tinha medo de cobra. Não adiantou nada, o editor-chefe não tinha feito a escolha por acaso. Queria alguém assim, com distanciamento. Que não estivesse contaminado de antemão pelas paixões despertadas pela morte do líder seringueiro.

O inexperiente repórter acabou aceitando a tarefa. Foi e fez tudo que não devia. Contrariando os manuais de jornalismo, tomou partido, interferiu nos acontecimentos, revelou que o herói dos povos da floresta era bígamo, sequestrou uma testemunha ameaçada de morte e, se não bastasse, trouxe um menor de 14 anos para sua casa no Rio. E o chefe adorou. Era mais ou menos o que ele queria.

Zuenir Ventura ganhou o Prêmio Esso de Jornalismo de 1989 com a série de nove reportagens escritas em 1988 sobre a morte do seringueiro Chico Mendes, assassinado em dezembro daquele ano. Voltou ao Acre em 2003, para completar a série, e escreveu um livro, *Chico Mendes, crime e castigo*. Autor do best-seller *1968, o ano que não terminou*, tornou-se, aos 83 anos, em 2015, membro da Academia Brasileira de Letras.

Ancelmo Góis recorda também:

> Marcos tem um dos melhores textos da imprensa brasileira. Lembro, por exemplo, do casamento luxuoso da filha do senador Álvaro Pacheco, poeta bissexto e suplente de senador que nas mãos do Marcos virou suplente de poeta e senador bissexto. No enterro do policial Mariel Mariscot, acusado de pertencer ao Esquadrão da Morte, tinha quatro viúvas, mas quem caiu no choro foi um juiz. Marcos, na *Veja*, resolveu a parada assim: "Mariel Mariscot morreu deixando quatro viúvas e um juiz inconsolável." O período de Marcos

> comandando o *JB* foi certamente o último grande respiro do jornal antes do colapso. Marcos não cedia a pressões do tipo: "Não se pode bater no governador Brizola porque o Banerj vai salvar o jornal." Nem: "O jornal deve muito ao Banco do Brasil, cuidado com as matérias sobre o governo Sarney." Enfim, Marcos é da pastoral da Notícia. Esse é o Marcos, o meu padrinho.

Ancelmo trabalhou no *Jornal do Brasil* de 1986 a 1992. Além de titular da coluna "Informe JB", foi editor do caderno Cidade e editor de Política e de Economia.

Marcos Sá Corrêa, depois do *Jornal do Brasil*, prosseguiu no jornalismo, editando outros veículos, sendo colunista em mais alguns e tornando-se pioneiro na internet. Com Kiko Brito, filho de Nascimento Brito, fundou o site No Ponto, primeira revista eletrônica de notícias e opinião. Em seguida criou o Eco, portal dedicado a temas ligados ao meio ambiente. Ali podia viver duas de suas grandes paixões — tratar de temas ligados ao meio ambiente e fotografar.

Em 2011, quando participava de mais um projeto inovador, a revista *Piauí*, e era conselheiro da revista *História*, da Biblioteca Nacional, Marcos sofreu um acidente em casa, o que provocou um traumatismo craniano e problemas graves de expressão e mobilidade. Hoje, sua principal atividade, e a que lhe dá maior prazer, é receber os amigos.

Visitei Marcos durante o período em que escrevia este livro. Li para ele todo este capítulo. Ele me disse algumas palavras que me pareceram de apoio e aprovação. Na despedida, apertou minha mão. Acredito ter entendido, em sua linguagem confusa e especial, que ele gostaria, se pudesse, de estar fazendo isso — escrever um livro.

A série de reportagens sobre a Brother Sam esgotou o jornal nas bancas, e as edições chegaram a ser vendidas por camelôs nas ruas em cópias xerocadas. Provocou um alvoroço diplomático, comentado, por ocasião dos cinquenta anos do golpe de 1964, por Rubens Ricúpero, que, quando a série de reportagens de Marcos foi publicada, era conselheiro da embaixada do Brasil em Washington. Ricúpero lembra:

> Dias depois da publicação, recebi instruções sigilosas para verificar em Austin o que mais continha de comprometedor o arquivo secreto do presidente Johnson. Como a parte espetacular já havia sido divulgada pelo jornal, concentrei-me nos meses de preparação do golpe e, sobretudo, na colaboração que se seguiu. Despachei ao Itamaraty quilos de documentos. Até hoje não sei se alguém chegou a ler a maçaroca ou se os papéis se juntaram ao mar morto de arquivos nunca lidos.
>
> O que me impressionou de saída foi a intimidade que se criou entre funcionários americanos chefiados pelo embaixador Lincoln Gordon e a equipe tecnocrática incumbida de planejar o governo Castello Branco, dirigida por Roberto Campos. Os EUA estavam de fato empenhados em converter o Brasil numa espécie de vitrina de sucesso da experiência anticomunista inspirada nos melhores padrões das instituições ianques. Talvez tenha sido uma das primeiras tentativas de "nation building", de engenharia social para reconstruir um país desde zero. Chegava-se à ingenuidade de discutir em telegrama qual seria o salário das professoras primárias!
>
> Os americanos de então não se pareciam aos trogloditas da era Reagan ou de Bush "filho". Remanescentes da presidência Kennedy, crentes na Aliança para o Progresso, partilhavam com Johnson a fé no ativismo social das leis contra a segregação, dos programas de saúde e assistência aos pobres da "Great Society". Mas eram soldados da Guerra Fria, dispostos a pagar, nas fatídicas palavras de Kennedy,

qualquer preço e confrontar qualquer adversário para assegurar a liberdade.

Na sua *História da Guerra Fria*, André Fontaine vê no golpe brasileiro a primeira manifestação de uma tendência: o apoio dos EUA a movimentos armados contra governos simpáticos à União Soviética. Logo depois da derrubada de Goulart, ocorreria o incidente do Golfo de Tonquim, começo da trágica escalada da Guerra do Vietnã. No ano seguinte, a intervenção na República Dominicana, o golpe contra Ben Bella na Argélia e o massacre de 300 mil comunistas na Indonésia dariam sequência à série, que culminaria no golpe argentino de 1966 e no dos coronéis gregos de 1967. Não foram os americanos que provocaram a polarização e a radicalização da sociedade brasileira. Quis, porém, a fatalidade que coincidisse com o acirramento do conflito ideológico mundial um fenômeno nacional que, em condições diversas, talvez não nos tivesse feito perder vinte anos de democracia.

Em 1976, ano da publicação da série de reportagens sobre a Brother Sam, uma guerra fria estava instalada bem dentro do governo militar brasileiro. Seguia em meio à gestão do general Ernesto Geisel, que compartilhava as opiniões de seu chefe de Gabinete Civil, Golbery do Couto e Silva, no sentido de conduzir o país a uma abertura política de forma "lenta, gradual e segura". Nem todos os chefes militares, entretanto, concordavam com a ideia.

Em outubro de 1975 havia sido divulgada como suicídio a morte do jornalista Vladimir Herzog em uma cela do DOI-Codi, órgão máximo de repressão do regime, morte denunciada pela imprensa imediatamente como sendo provocada por tortura. Em janeiro de 1976, era a vez de o mesmo acontecer com o operário Manoel Fiel Filho. Veio então a Lei Falcão, que impedia o aparecimento de candidatos ao vivo no rádio e na televisão. Em 1977, o Congresso

Nacional foi fechado por catorze dias, por não ter aprovado uma proposta de reforma do Poder Judiciário encaminhada pelo governo. E neste mesmo ano havia sido editado o violento "Pacote de Abril" que, além da interferência para pior nas regras eleitorais do Legislativo, ainda estendia o mandato do sucessor de Geisel para seis anos.

A revolta crescia. Os movimentos de esquerda se fortaleciam. Estudantes saíram às ruas em São Paulo, Brasília e Minas. A Universidade Nacional de Brasília (UnB) foi invadida pela polícia. Universitários, presos. Parlamentares de oposição (reduzida a um único partido, o MDB), cassados: Marcos Tito, por ter lido da tribuna um texto do jornal *Voz Operária*, do Partido Comunista Brasileiro (PCB), e Alencar Furtado, por ter feito um discurso criticando as prisões arbitrárias e o desaparecimento de pessoas:

> O programa do MDB defende a inviolabilidade dos direitos da pessoa humana para que não haja lares em prantos, filhos de órfãos de pais vivos — quem sabe? Mortos, talvez. Órfãos do talvez e do quem sabe. Para que não haja esposas que enviúvam com maridos vivos, talvez, ou mortos, quem sabe? Viúvas do quem sabe e do talvez.

Em outubro desse mesmo ano, 1977, Geisel demitiu seu ministro do Exército, general Silvio Frota, que acobertava os militares responsáveis pelos setores que comandavam prisões, desaparecimentos e torturas, e cuja candidatura à sucessão presidencial era articulada por setores militares identificados com a chamada "linha-dura", enquanto definia o general João Figueiredo como seu candidato à sucessão. Mas a batalha dentro da caserna entre os que eram a favor e os que eram contra a tal da abertura democrática lenta, gradual e segura duraria muitos anos. E afetaria diretamente o *Jornal do Brasil*.

M. F. do Nascimento Brito continuava a conversar com os poderosos. E seu jornal, agora sob o comando de Walter Fontoura como diretor de redação, continuava a dar liberdade editorial aos jornalistas. Brito foi interlocutor de Frota e teve bons e maus momentos com outro general próximo a Geisel, Hugo Abreu, chefe da Casa Militar do presidente. Como lembraria anos depois:

> Fizemos uma série de matérias sobre o Acordo Nuclear Brasil-Alemanha. Eu era contra. Achava que se estava gastando demais e que o Brasil tinha outras prioridades. Fizemos uma campanha grande, fazíamos editoriais e começamos a engrossar. Fui chamado pelo chefe de gabinete da Casa Militar do Geisel. Era um coronel que não tinha uma das mãos. Ele havia sofrido esse acidente em um atentado contra o Costa e Silva, em Recife. Quando chegou o Hugo Abreu, ele colocou o dedo em riste para mim e eu disse: "Vou embora e só volto aqui preso. Não posso ser tratado como uma criança de escola, sou diretor de um jornal." E o coronel com mão de borracha riu um riso ordinário. E me mostraram o caminho para sair.

As relações com Hugo Abreu, entretanto, nem sempre foram ruins. Brito relembra outro encontro, em que houve simpatia e até mesmo cumplicidade entre ambos. O chefe da Casa Militar de Geisel, que também comandava o Conselho de Segurança Nacional, não se conformava com a intenção de Geisel em fazer do general Figueiredo seu sucessor. Ele próprio almejava o cargo. Em novo convite, desta vez a um almoço, na casa do general preterido, lá se foi Brito, que relembraria, anos mais tarde, como ajudou o general a expressar suas ambições sucessórias ao presidente da República:

> Sentamos à mesa e estava toda a família do general, que estava em dissensão com o Geisel. Estavam a mulher, Consuelo, e as filhas, cada uma mais bonita do que a outra. Depois do

almoço, junto a uma janela de onde se via o Palácio, ele me disse: "Vou lhe mostrar uma carta. Mas, antes, quero dizer uma coisa. Eu sou mais antigo que o Figueiredo. Aquele lugar [apontando o Palácio] é meu." Eu modifiquei a carta. Tornei a carta mais enfática. E ele continuou. "É para lá que eu vou. Para o Palácio do Planalto. Até porque o Frota não quer ser presidente." Olha a dissensão que havia lá dentro!

O general Hugo Abreu entregou esta carta ao presidente Geisel. Mas não o demoveu, como sabemos, de sua determinação em colocar no seu posto o general que preferia o cheiro de cavalo ao do povo.

Em 3 de janeiro de 1977, o afável anfitrião do dr. Brito, ainda esperançoso de se tornar presidente do Brasil, enviaria a Geisel outro documento, intitulado "Medidas contra o *Jornal do Brasil*". Na introdução, se explicava:

> A atuação do *Jornal do Brasil*, sua ação contestadora e subversiva permanentes, está a exigir medidas repressivas do Governo. Não é possível, numa situação ainda de consolidação do sistema revolucionário, quando o próprio Congresso sofre limitações, que um órgão da imprensa, na defesa de interesses escusos, continue a investir impunemente contra todos os atos do Governo, visando a dificultar-lhe a ação. Já foram tomadas, sem êxito, medidas de caráter suasório. Todas elas esbarram na absoluta falta de escrúpulos do vice-presidente executivo do *Jornal do Brasil*, o sr. NASCIMENTO BRITO.

As medidas eram mais que duras, cruéis. Hugo Abreu recomendava que, progressivamente e nesta ordem de prioridade, o governo adotasse:

— Suspensão do crédito oficial
— Suspensão da publicidade oficial
— Suspensão da composição para liquidação dos débitos atrasados com entidades governamentais
— Pressão contra os anunciantes do *Jornal do Brasil* [citando grandes construtoras, para que suspendam seus anúncios sob pena de perda de crédito oficial]
— Verificação do Imposto de Renda [não só nas pessoas jurídicas do grupo, mas nas pessoas físicas de seus diretores]
— Investigação do jornal [administração, contabilidade e conduta política de todos os integrantes de sua direção]

O último item do documento informa que as conclusões da investigação deveriam ser levadas às últimas consequências, com o enquadramento dos diretores na Lei de Segurança Nacional e a colocação do jornal sob intervenção do governo. Nada de mais para um relatório que, na introdução, já dizia: "A censura poderá ser adotada em qualquer fase. A melhor forma de censura será a apreensão do número do jornal depois de impresso, antes da distribuição."

Wilson Figueiredo, nosso conhecido veterano especialista em história jotabeniana, lembra o impacto do golpe:

> O fato é que o jornal marcou e bateu de frente com os militares, e aí a consequência, uma parte, foi essa. O *Jornal do Brasil* não fez daquilo um cavalo de batalha, quer dizer, se o governo quer restringir, que restrinja, mas não se queixe depois. E bastou você, em vez de dar a notícia de um jeito, dar de outro. O *Jornal do Brasil* não passou recibo disso. Mas, a longo prazo, é mortal.

Geisel não aceitou o pacote de Hugo Abreu na íntegra, mas houve retaliações, como lembra o dr. Brito:

> Recebi um telefonema do Ângelo Calmon [na época presidente do Banco do Brasil] me dizendo: "Não publico mais nenhum anúncio aí." Antônio Carlos Magalhães [então presidente da Embratel] almoçou comigo e me alertou: "O negócio é para quebrar vocês, mas continuo dando a você a minha publicidade." Já havíamos comprado a sede nova e o jornal passou por aperto. Mas ainda tínhamos muita publicidade.

Sem dar o braço a torcer, apoiado no faturamento de seus anúncios classificados e no *boom* imobiliário, o *JB* continuaria combativo a um regime que parecia estar se abrindo enquanto, internamente, vivia uma verdadeira guerra entre facções militares que se engalfinhavam contra e a favor da volta da democracia. Essa guerra surda iria provocar uma explosão literal dali a poucos anos. Uma explosão que caiu, também literalmente, no colo dos militares. Mais especificamente, no colo de um sargento. Uma armação golpista da ultradireita que foi desmascarada de forma completa, desde o primeiro momento, pela imprensa. Com a liderança do *Jornal do Brasil*.

9
Imprensa 10 a 0 em um tiro pela culatra

— Entendeu?
— Não, não entendi. Você agora está falando com outra pessoa. Quem atendeu o telefone foi o controlador dos carros da reportagem, que passou a ligação para mim. Sou o chefe da Geral aqui no momento, pode repetir, por favor?

E a voz do outro lado da linha disse exatamente o seguinte:

— Aqui é do Comando Delta. Acabou de explodir uma bomba no Riocentro para acabar com aquela manifestação subversiva. Entendeu? Pode ir que não é boato.

A voz firme se calou e o telefone foi desligado, sem dar chance a seu interlocutor, Gazzaneo, de fazer qualquer pergunta.

Eram mais ou menos 22h30 do dia 30 de abril de 1981, e Luiz Mario Gazzaneo, subeditor da editoria Geral do *Jornal do Brasil*, estava assistindo a uma partida do Grêmio contra o São Paulo, na televisão da sala dele, quando foi chamado para atender o telefone. Imediatamente, mandou o Bira e o Vidal correrem para o Riocentro (centro de convenções em Jacarepaguá). E, dias depois de a imprensa ter revelado todo o caso, relembrava assim sua decisão:

Em geral a gente checa muito bem essas informações. Mas me deu aquele negócio, aquela intuição, e eu, desde o primeiro momento, não duvidei. Foi a primeira vez que não tive dúvida com esse negócio de bomba. Mandei o Bira correr e ele ainda ligou para o CCOS [Centro de Coordenação dos Órgãos de Segurança] enquanto o Vidal se arrumava, e o CCOS confirmou.

Engraçado que, à tarde, eu e o Hedyl [Hedyl Valle Júnior, editor da reportagem local] tínhamos discutido sobre ir ou não fazer a cobertura e acabamos decidindo que era melhor não cobrir, principalmente por causa da hora, muito tarde. Agora eu acho que isso serviu de lição para toda a imprensa carioca, porque ninguém estava lá. Uma reunião com mais de 20 mil pessoas, às vésperas do 1º de maio, a gente realmente tem que mandar alguém nem que seja só para ver se ia acontecer alguma coisa.

Quando o Bira saiu, eu não fazia a menor ideia do que tinha acontecido. Avisei ao Hedyl e ao Paulo Henrique [Paulo Henrique Amorim, editor-chefe do jornal]. O Paulo Henrique, também ainda sem saber o que era, decidiu de cara segurar a primeira página para dar uma chamada. E ficamos na dependência de alguma informação do Bira. Estávamos com um carro na rua, não me lembro cobrindo o quê, e mais o que saiu com o Bira e com o Vidal. Eu enviava rádio para o Bira a toda hora e não recebia nada, mas logo imaginei que o rádio estivesse quebrado, porque era comum o sistema não funcionar em alguns pontos da cidade, principalmente longe do centro. De repente, começamos a receber telefonemas de coleguinhas e também a ligar para outras redações, para saber mais ou menos o que estava acontecendo, porque o Bira continuava mudo e eu já estava rouco de tanto gritar no rádio. [Na época, quando não existiam ainda no país os telefones celulares — os primeiros chegaram ao Brasil em 1990 —, os carros de reportagem dos jornais eram equipados com um sistema de comunicação por rádio conectado a uma central nas redações.]

Sorte para a cobertura e azar para os militares ser Bira o repórter que estava na redação naquele momento. Ubirajara Moura Roulien era um típico repórter de polícia. Poucos jornalistas escolhem a função, que é a dos que pegam o trabalho mais pesado, os piores horários e permanecem, na maioria dos casos, no total anonimato, ganhando os salários mais baixos. Bira, naquela época, já trabalhava havia muito tempo quase que exclusivamente na cobertura dos "casos de polícia". Aqueles onde o prestígio e a fama raramente são conquistados, mas nos quais se aprende a raciocinar, a ter agilidade, a apurar bem. Como ele costumava me dizer, a mim, estagiária ávida por aprender sobre tudo um pouco: "Não é como cobrir uma conferência, onde você fica lá sentado ouvindo um cara falar e ainda recebe um release. O repórter de polícia chega sempre com uma hora de atraso no mínimo, porque ninguém vai marcar hora e te chamar para assistir a um assassinato, um desastre de trem. Então é emocionante, você tem que investigar." Lembro que fiquei eletrizada quando ele me contou que até ameaça de morte já havia sofrido por causa de um grande furo, que ainda daria bode sete anos depois. Uma reportagem que denunciou o envolvimento de tenentes, coronéis, generais do Exército, detetives e delegados em operações de contrabando. Publicada, a matéria deu origem a um Inquérito Policial Militar que indiciou 84 pessoas.

Mas nem sempre era assim. Além do trabalho de investigação e de uma convivência diária nada agradável com o que Bira chamava de "a escória da sociedade", o repórter de polícia muitas vezes se deparava com outro problema: como publicar uma notícia que envolve pessoas importantes, autoridades, em crimes escandalosos e casos de alta corrupção? Trabalho perdido, em alguns casos, quando o próprio jornal decide que esse tipo de notícia não vale a pena. Ou sensação de missão cumprida quando, ao contrário, se consegue a divulgação de uma denúncia importante, como foi o caso da matéria do contrabando que gerou o IPM e como seria esta para a qual Gazzaneo acabara de convocá-lo. Bira lembra como foi:

> Eu tinha começado a trabalhar às 17h daquele dia e ia largar à meia-noite. Mais ou menos às 22h30 o Gaza gritou lá da sala dele: "Explodiu uma bomba no Riocentro. Bira, vê isso aí." Eu liguei para o 244-2020 [telefone do CCOS]. Um cara me disse que tinha recebido essa informação, que tinha avisado a DPPS [Divisão de Polícia Política e Social] e mandado uma equipe para lá. Saí quase imediatamente para o Riocentro, com o Vidal [Vidal da Trindade, fotógrafo]. No meio do caminho, o Gaza já estava me chamando pelo rádio para eu passar alguma coisa para o primeiro clichê. Eu ia até dar uma sacaneada nele, porque ainda nem tinha chegado lá, quando deu a merda: meu rádio só recebia. O Gazzaneo não ouvia nada do outro lado.
>
> Quando eu cheguei, já estavam lá *O Dia*, *O Globo*, a TV Globo e a *Veja*. Os jornalistas estavam todos juntos, rodando que nem peru por fora do isolamento do carro, feito com umas cordas a 8 ou 10 metros. Os policiais estavam dentro do cerco e eu vi gente que conhecia de vista, gente da DPPS e do DGIE [Departamento Geral de Investigações Especiais].
>
> Uma cara da TV Globo me disse que achava que os caras do Puma eram militares. Nessa hora, saiu do isolamento um senhor de cabeça branca, aquele de prancheta na mão que depois apareceu em foto nos jornais, o Tatá. Eu fui em cima para confirmar se o ferido e o morto eram militares. Me apresentei e perguntei se ele tinha o nome do morto. Ele abanou que não e disse: "Essa história é muito séria. Um negócio muito sério aconteceu aqui." Eu perguntei por que e ele respondeu: "Tinha outra bomba dentro do carro e vocês já estão sabendo que tem um ferido no hospital. Não sei se esse que está aí é o sargento ou o capitão." Ele me disse

também que a outra bomba tinha sido desativada e depois não quis responder mais nada.

Eu fiquei maluco, chamei os outros jornalistas e contei o que o cara tinha me dito. Nessas horas não tem essa de furo. Isso não existe. Existe é a solidariedade de socorrer um colega que chegou mais tarde. Furo é válido se você pega a informação sozinho, mas se está todo mundo no local o que conta é a solidariedade, e, num caso como esse, conta também a preocupação de dividir a responsabilidade.

Logo depois dessa conversa com o Tatá, veio andando na nossa direção um outro policial, um moreno baixinho de japona de couro com uma pistola no cinturão, segurando um walkie-talkie e uma metralhadora. Depois, me disseram, ele ameaçou quebrar as máquinas e mandou apreender os filmes, e os fotógrafos trataram de correr. Eu conhecia esse cara porque ele estava naquele tiroteio da Ilha [captura de um assaltante escondido em um conjunto residencial no bairro dos Bancários, na Ilha do Governador, que Bira também tinha coberto para o *Jornal do Brasil*]. Fui chegando perto dele e perguntei: "O que você achou do noticiário lá da Ilha?" Ele respondeu: "Apesar dos pesares, a imprensa trabalhou bem." E eu disse: "Ainda bem, porque agora vem a reciprocidade. Quero saber o nome do morto." Ele falou: "Nem de brincadeira, nesse caso não há reciprocidade, não tem condição."

O Gazzaneo estava desesperado, se esgoelando no rádio do carro, e eu tinha que passar essas informações. Era mais ou menos meia-noite. Tentei ainda o rádio do carro, mas não funcionou mesmo. Aí saí procurando um telefone no Riocentro. Implorei para um segurança de lá me deixar falar, mas o telefone não dava linha de jeito nenhum. O Gazzaneo parecia que ia morrer de tanto gritar pelo rádio. Resolvi pegar o filme com o Vidal e sair do Riocentro. Mandei o motorista ir na direção de Jacarepaguá, porque sabia que tinha uns motéis pelo caminho. No primeiro motel, que era longe paca, a uns 15 quilômetros, paramos. Aí salto eu na portaria do motel, com o carro do *JB*, e o cara não queria me deixar entrar de modo algum. Pensava que era para fazer matéria de denúncia, acho. Foi um sacrifício para o gerente me deixar usar o telefone. Mas já passando um pouco da meia-noite eu finalmente passei o que tinha para o Gaza. Na volta, o carro me deixou no Riocentro e seguiu com o filme para a redação.

Outra sorte para a cobertura e outro azar para os militares foi ter acompanhado o Bira naquela saída o Vidal. Um fotógrafo mais do que especial. Vidal era capaz de levar uma bomba de gás lacrimogêneo no pé e continuar fotografando. Foi assim no dia da morte do estudante Edson Luiz, no centro do Rio de Janeiro, no auge dos protestos do movimento estudantil de 1968. O ferimento sangrando, que depois pediria sete pontos, não impediu a série de fotos que estariam na primeira e nas várias páginas do *Diário de Notícias*, um dos muitos jornais onde trabalhou o profissional que começou "lambe-lambe", fazendo fotos 3x4 para documentos em um estúdio do bairro do Catete, no Rio de Janeiro, logo depois de chegar, muito jovem, do Nordeste. Ele ainda fez muitas fotos de perícia no Instituto Médico-Legal antes de chegar à grande imprensa. No Riocentro, Vidal não mudou seu método, que sempre foi chegar e sair fazendo tudo, antes que alguém dissesse: "Não é permitido fotografar." Ele contaria assim, dias depois da cobertura:

> Cheguei mais cedo aquele dia. Normalmente eu entro às 23h, porque cubro a madrugada. Mas acho que não eram ainda 22h30 quando passei pela redação, e já fui logo ouvindo o Gazzaneo gritar: "Vidal, pega a máquina. É uma bomba no Riocentro." Saí quase que imediatamente com o Bira.

Quando chegamos ao Riocentro, tudo parecia normal. Nos identificamos com o porteiro do estacionamento, que pensou que nós íamos cobrir o show. Ele não sabia de nada, mas nos indicou um lugar cheio de gente, um pouco distante, no estacionamento, quando perguntamos pela bomba.

Era mesmo o lugar onde estava o carro destroçado, ainda com o corpo do sargento. Minha instrução era fotografar o máximo e mandar o filme o mais rapidamente possível para o jornal. O carro estava isolado, mas dava para fotografar. Nessa hora, os cordões de isolamento nos afastavam uns 8 ou 10 metros do Puma. Eu não me preocupei em olhar o que estava dentro do carro, mas em documentar o estrago e o morto.

Me lembro quando um dos peritos falou conosco. Ele disse para não nos aproximarmos muito: "É melhor vocês se afastarem porque pode ter mais uma bomba aí." Ficamos então a uns 12 metros. Quando já tínhamos fotografado à vontade o carro, de todos os ângulos possíveis, pegando até mesmo os peritos e policiais que estavam dentro do isolamento, trabalhando, apareceu um rapaz e disse: "Não pode fotografar nada. Vamos parar de fotografar." Aí um fotógrafo da *Manchete* bateu mais uma foto e esse rapaz se virou para aquele perito que tinha conversado conosco — aquele que depois nós identificamos como Humberto Guimarães, do DPPS — e mandou: "Pega o filme dele." O tal do Humberto pegou o filme do fotógrafo da *Manchete* e os outros fotógrafos procuraram sair de perto. Na confusão, me abaixei depressa e escondi meu filme na meia. Eu já tinha praticamente acabado com ele, que era mais ou menos de 28 exposições. Paramos de fotografar por uns cinco minutos e o rapaz se afastou. Pouco depois, o perito que tinha pegado o filme do cara da *Manchete* chegou perto dele, começou a conversar e se afastar um pouco do resto do pessoal e devolveu o filme.

Foi chegando muita polícia civil e acho que a ordem era afastar todo mundo. Eles iam nos tirando de junto do carro e o isolamento foi aumentado, acho que mais três vezes, cada vez a gente ficando mais longe da ação do Puma. Enquanto iam mandando a gente se afastar iam dizendo que era perigoso ficar ali, porque ainda poderia haver mais bombas dentro do carro.

Mandei meu primeiro filme para a redação pelo motorista e continuei no local. Eu ainda não sabia, mas tinha feito uma foto importante: aquela em que aparece claramente o detetive inspetor Humberto Guimarães, que tinha falado aos repórteres sobre a outra bomba. Nos dias seguintes, quando todas as informações oficiais contestavam a existência dessa segunda bomba dentro do Puma, nós nos lembramos das fotos. Pegamos todos os contatos daquela madrugada e reconhecemos o perito. E foi a partir da fotografia que nós conseguimos fazer a sua identificação.

Estamos em um cenário em que 20 mil jovens assistem a um show de artistas que tradicionalmente protestam, há anos, contra a ditadura militar. Revezam-se no palco do Riocentro, entre outros cantores famosos da MPB, Chico Buarque e Gonzaguinha, autores com o maior número de músicas censuradas pelo regime. As bombas anônimas, àquela altura, não eram novidade. Explodiam em sedes de jornais de esquerda, em bancas de jornais, e já haviam feito uma vítima — Dona Lyda, secretária da presidência da Ordem dos Advogados do Brasil (OAB), morta por uma carta-bomba no dia 27 de agosto de 1980. Eram os setores ultradireitistas do militarismo, contrários à abertura política. Mas, até aquele momento, nunca haviam sido identificados. Nada havia sido provado contra eles. Jamais se havia podido ligar, comprovadamente, algum atentado, nem de perto, às Forças Armadas brasileiras.

De volta do motel onde havia conseguido passar as informações a Gazzaneo, Bira encontrou um cenário já totalmente diferente no estacionamento do Riocentro. O isolamento dos destroços do carro agora estava muito maior, e o local, lotado de policiais militares e militares. Ele ainda conseguiu conversar com três jovens que haviam assistido à explosão do carro e visto, depois que a fumaça baixou e o capitão saiu do escombro, um rapaz pegar uma carteira no chão e comentar: "Ih, sujou, o cara é cana", e falar o nome Guilherme. Bira relembra:

> Eu já sabia um nome e tinha que falar com o jornal de novo. Aí pedi ao cara de *O Dia*. Ele passou as informações para o jornal e pediu para ligarem para o *JB*. Finalmente eu tinha identificado o morto: o tal do Tatá tinha dito que não sabia se o morto era um sargento ou um capitão. Mas no jornal, com informações do Miguel Couto, eles já tinham me dito que o capitão era o ferido. A garota contou a história e aí eu juntei — sargento Guilherme. Acho que não deu tempo, porque o *JB* não deu o nome dele no jornal do dia seguinte.
>
> Fiquei lá pelo local e peguei mais alguns detalhes da movimentação dos policiais, da expansão da área de isolamento. Acharam um dedo do sargento em cima de um carro e eu queria falar com a redação de novo. Chamei um segurança do Riocentro, que me ajudou. Me disse que na administração tinha um telefone direto funcionando, porque os da mesa eu já tinha visto que estavam desligados. Para chegar à administração, eu tive que passar por dentro do show. Na porta, passei por um grupo de policiais da DPPS, que eu conhecia de vista. Um cara desse grupo me disse: "Você sabe que negócio é esse. Podes crer que é coisa do coronel Zamith." O coronel Zamith era um cara que diziam ser torturador, e trabalhava na Baixada. Lá dentro do Riocentro estava lotado, centenas de jovens estavam deitados

no chão. Eu pensei na bomba que disseram ter achado na casa de força. Imaginei explodindo e aquilo tudo no escuro. Ia ter gente que não ia ter tempo nem de se levantar antes de morrer pisoteada.

Falei pelo telefone com o Gazzaneo. Disse tudo que eu tinha. Eram mais ou menos duas horas. Quando voltei para o lugar do Puma, tomei um susto, porque o isolamento estava descomunal. O rabecão já estava lá tirando o corpo do sargento. E a perícia continuava trabalhando em volta, pegando pedaços de carne do morto e recolhendo dentro dos celofanes que tiravam dos maços de cigarros. Às 3 horas tiraram o corpo e nem deu para fotografar.

O boato de que havia mais duas bombas no carro persistia. O tal do Tatá já tinha me confirmado uma e eu queria esclarecer esse negócio. Foi quando vi o Petrônio [delegado Petrônio Romano Henrique, da 16ª Delegacia Policial, na Barra da Tijuca]. Ele estava indo embora. Eu fui em cima e parei perto do Chevette dele, que eu já conhecia, e fiquei de um jeito que ele não podia abrir a porta do carro sem falar comigo. Os outros jornalistas ficaram por perto. Eles não foram em cima do homem porque a gente sabe que se chegar uma turma grande eles não falam. Mas ficaram a uma distância que dava perfeitamente para ouvir a minha conversa com o delegado.

O motorista dele entrou no carro e um outro policial da 16ª entrou no banco de trás. O Petrônio parou na porta e me disse: "Quando eu saí da delegacia por volta das 22h, falei com o Gilberto [inspetor Gilberto Francisco Lessa] e ele disse que estava tudo calmo. Me surpreendi quando tomei conhecimento da bomba, pela TV. Quando voltei para a delegacia, uma equipe já tinha vindo para cá e eu resolvi vir também. Não posso dizer nada porque não fiz nada aqui, só dei apoio aos colegas." Eu perguntei ao Petrônio o nome do rapaz morto, porque queria confirmar a história da garota que tinha assistido à explosão. Ele me mandou procurar o Gilberto, que tinha feito a ocorrência e sabia o nome. E aí eu perguntei: "E as duas bombas?" Perguntei assim porque queria esclarecer se uma ou mais duas bombas tinham sido encontradas no Puma e desativadas. Foi aí que o Petrônio me esclareceu. Ele disse: "Não tem duas bombas. Foi arrecadada uma bomba. Havia duas bombas no carro, uma explodiu e a outra foi arrecadada." Eu perguntei: "Arrecadada por quem?" Ele disse: "Pelo DGIE, que inclusive expediu a guia de remoção do corpo." Eu me lembro que ainda insisti: "Quer dizer que não tinha duas bombas?" E aí o policial que estava no banco de trás no carro debruçou sobre o banco da frente, arriou o vidro para falar comigo e disse: "Só arrecadaram uma bomba." Os jornalistas que estavam perto ouviram essa conversa e depois a gente conferiu tudo que o Petrônio tinha me dito, para anotar tudo certo.

Gazzaneo finalmente recebeu as informações de Bira e as fotos de Vidal. Avisou a Paulo Henrique Amorim, editor-chefe do jornal: "Tem milico." E lembra como foi a decisão de fechamento da primeira página daquela edição histórica:

> Assim que as fotos do Vidal foram reveladas, fizemos um bolo em frente à mesa de edição. A primeira página estava lá aberta. Tinha uma foto do Figueiredo no alto. A manchete era o presidente fazendo um apelo ao povo: "Votem contra a Volks e não contra mim." Do meio para baixo da página havia ainda uma foto grande de Cidade [foto de uma perseguição policial a assaltantes]. O primeiro impulso do Paulo Henrique foi substituir a foto de Cidade. Ele ficou chocado com a foto do cadáver do sargento. E disse, fazendo cara feia: "Mas isso é um presunto." O Alberto [Alberto Ferreira, editor de Fotografia] foi o primeiro a pular, defendendo a

foto. Aí eu também pulei e disse para o Paulo Henrique: "Não, Paulo, isso aí não é um presunto, não. É a foto do Aldo Moro!" Porque me lembrei daquela foto do Moro morto, todo encolhido, que também era um presunto, mas de status político. E a foto do Puma acabou subindo para a cabeça da primeira no segundo clichê. Manchetão.

A sacada de que aquela foto de um corpo com o ventre estraçalhado, dentro de um carro retorcido e chamuscado, era uma foto política só poderia ter sido de um jornalista com um passado como o do velho Gaza, que, aos 50 anos, naquela época, já era chamado assim. Nem tanto por seus já 27 anos de profissão, mas por sua grande experiência em todas as áreas de um jornal. E por sua combatividade de homem de esquerda. Cedo entrou e cedo saiu da grande imprensa para trabalhar em jornais ligados ao seu partido, o comunista. Em 1959, por exemplo, já era chefe de redação do jornal *Novos Rumos*, do então legal Partido Comunista Brasileiro (aquele em que Elio Gaspari foi pedir um emprego). Até 1964, trabalhou em órgãos de imprensa ligados à esquerda e, com o golpe, acabou tendo que se afastar do jornalismo, indo trabalhar em uma agência de publicidade. Só dez anos depois voltou, e direto para o *Jornal do Brasil*. Esta prática em jornais pequenos, onde se tem, muitas vezes, que fazer desde o texto de uma matéria até a revisão e o acompanhamento gráfico na oficina, transformou o repórter em profundo conhecedor da "cozinha" do jornalismo. Mais que isso, a atividade política do combativo militante o fazia perceber com clareza as correlações do que poderia ser apenas uma matéria local com o que estava acontecendo no resto do país ou com o cenário da política internacional. Foi assim, dessa mistura de história de vida pessoal, política e profissional, que brotou, de um ímpeto, a frase "mas é a foto do Aldo Moro", ligando a imagem do militar morto dentro do Puma à do primeiro-ministro da Itália, democrata cristão, sequestrado pelo grupo terrorista Brigadas Vermelhas e morto depois de 55 dias em cativeiro, em 1978. A frase convenceu Paulo Henrique Amorim, levou o sargento Guilherme do Rosário ao estrelato imediato no dia seguinte à sua morte e esclareceu ao país de imediato o golpe que a direita militar, nos bastidores da caserna, armava contra o próprio presidente da República e contra a volta da democracia à vida dos brasileiros.

A edição de 1º de maio do *Jornal de Brasil* teve quatro clichês e foi sendo feita à medida que mais informações iam chegando à redação, enviadas do Riocentro por Bira e Vidal e pelos demais repórteres que entraram na cobertura e foram para o hospital Miguel Couto, para onde foi levado o motorista do Puma, que havia saído muito ferido do Riocentro, de carona.

"Bombas em show de 1º de maio fazem um morto" era o título da matéria de vinte linhas com que o jornal noticiou, na primeira página de seu primeiro clichê, as explosões. Informava que haviam ocorrido duas, o horário aproximado, a morte de um homem não identificado, o ferimento do capitão do Exército Wilson Luís Chaves Machado, sua idade, seu estado grave e a internação no hospital Miguel Couto. Informava ainda ter acontecido na casa de força a segunda explosão, não existirem mais vítimas e ter o espetáculo, com 20 mil espectadores, prosseguido até o final. Dizia também que o *Jornal do Brasil* havia sido avisado por telefone sobre as bombas e que o Comando Delta havia assumido a responsabilidade pelo atentado. A manchete deste clichê era "Figueiredo pede voto contra VW", referente a um pronunciamento do presidente Figueiredo procurando desvincular o governo de responsabilidade em relação a demissões na Volkswagen do Brasil.

O primeiro clichê começou a rodar à 1h30. À 1h55, as máquinas pararam para entrar o segundo clichê. As explosões do Riocentro tomaram o alto da primeira página, com chamada em duas colunas sob o título "Bombas matam um e ferem capitão no show de 1º de maio" e a foto do corpo do sargento no Puma, em quatro colunas. A matéria e a foto sobre o pronunciamento do presidente da República "desceram" na página, ficando logo abaixo da manchete.

A página 4 foi escolhida para publicação das informações sobre as explosões no Riocentro por dois motivos: era a única logo no início do jornal onde havia matéria passível de ser substituída e onde a notícia poderia entrar com destaque; era uma página dedicada ao tema "trabalho" (o show do Riocentro era comemorativo do 1º de maio).

A matéria sobre o Riocentro foi diagramada no alto da página 4, à direita, no espaço que no primeiro clichê era ocupado pela matéria "TST contraria Fiesp e dá 100% sobre hora extra". Com a alteração, essa notícia sobre o julgamento de reivindicações de metalúrgicos paulistas "desceu". Ficou no lugar da matéria "Estudo revela que salário mínimo do Brasil está entre os mais baixos na A. Latina" (sobre um levantamento do Dieese), que foi retirada do jornal.

Esta era a única matéria "fria" da página — a única que não se referia a fatos ocorridos na véspera ou no dia da edição — que, ao mesmo tempo, ocupava espaço semelhante ao necessário para noticiar as explosões.

Às 2h15, este segundo clichê começou a rodar, chegando a um total de 60 mil exemplares. O terceiro clichê rodou às 2h45, com mais 70 mil exemplares. O quarto clichê, que entrou na máquina às 3h30, rodou mais 30 mil exemplares. Excepcionalmente, também os assinantes — que normalmente recebiam exemplares do segundo clichê — receberam até o quarto clichê. A chefia de redação convocou o encarregado da circulação e ordenou o remanejamento de exemplares.

Com o acréscimo progressivo de detalhes a cada clichê, a matéria da página 4, no último clichê, informava a existência de mais bombas além das que haviam explodido ("O Puma estava cheio de explosivos", segundo parágrafo); a presença de unidades policiais no local; a violência da explosão segundo peritos (não identificados); o estado do Puma e do corpo de morto (não identificado); a movimentação de peritos, polícia, espectadores do show e seus familiares; e o isolamento progressivo do carro atingido. A última informação, e a única com fonte identificada a entrar na edição, no último parágrafo da matéria, era a seguinte:

> Três testemunhas — Rosana Rodrigues Garcia, Ney Freitas de Oliveira e Fátima Kur —, que estavam próximas do local da explosão, disseram ter ouvido um barulho surdo e em seguida viram um homem sair do Puma com as mãos amparando a barriga, todo chamuscado, gritando por socorro e chamando pelo amigo. Policiais do DGIE, no local, admitiram que a bomba deve ter explodido realmente dentro do veículo.

O Globo, neste dia, ganhou a corrida: seu último clichê da edição de 1º de maio de 1981 rodou uma hora antes do último clichê do *Jornal do Brasil*. A matéria sobre as explosões no Riocentro era maior e mais detalhada. Informava o nome e a unidade do sargento morto; a vinculação do capitão Wilson Luís Chaves Machado ao DOI-Codi; e a desativação no local de uma terceira bomba, encontrada no Puma, por peritos da polícia. *O Globo* publicou ainda uma breve biografia do capitão, baseada em dados do *Almanaque do Exército*, e já repercutia a notícia, ouvindo o presidente da OAB, José Bernardo Cabral, e o deputado federal Waldomiro Teixeira (PP-RJ).

É difícil, vivendo hoje em uma democracia plena, descrever o impacto daquelas notícias, que chegaram também à televisão. Foi um choque revoltante e, ao mesmo tempo, uma alegria emocionante. Significava ver desmascarados os monstros ligados à tortura, aos desaparecimentos, às mortes impunes classificadas de "suicídio", envolvidos em um tiro pela culatra, em um golpe assassino que poderia ter atingido 20 mil jovens e cantores queridos pelos brasileiros e o processo de redemocratização do Brasil. Um tiro pela culatra que agora poderia escancarar ao país quem eram, na verdade, todos eles, qual a extensão da dissensão existente entre os militares que governavam o país. Mas pairavam, é claro, entre todos, muitas dúvidas. Como seria o dia seguinte?

No dia seguinte, a imprensa continuou a exercer o seu papel de Quarto Poder. A cobertura do atentado ao Riocentro foi uma das maiores demonstrações do quanto a imprensa pode influir na conjuntura política e social de um país. A continuidade da cobertura, ou a suíte, no linguajar dos jornalistas, foi definitiva para consolidar a verdade, já no dia seguinte ao atentado, e colocar por terra, desde o primeiro momento, as tentativas dos militares de acobertar o caso com as mais deslavadas mentiras em versões simplesmente ridículas.

Já em 2 de maio, o *Jornal do Brasil* assumia a liderança da cobertura, por sua postura politicamente mais corajosa. Embora a edição de *O Globo* contivesse basicamente as mesmas informações que a do *JB*, foi o *Jornal do Brasil* que ofereceu a seus leitores mais claramente a dimensão do grau de gravidade do atentado no Riocentro. A decisão de transformar em manchete uma declaração exclusiva do ministro da Justiça, Ibrahim Abi-Ackel ("Abi-Ackel diz que bomba explodiu no Governo"), e de dedicar toda a primeira página ao assunto tinha uma mensagem inequívoca: nada mais de tão importante estava acontecendo no país ou no mundo que merecesse dividir com as repercussões das explosões o espaço de maior impacto do jornal.

O Globo não publicou esta declaração do ministro, e, em sua primeira página, o título da matéria sobre o ministro da Justiça, em uma chamada pequena, era: "Abi-Ackel: abertura política nada sofrerá", ao lado da manchete "General Marcondes promete divulgar tudo que for apurado — I Exército investiga bombas no

Riocentro". Logo abaixo, uma outra chamada menor: "Muniz: militares apuravam denúncia." Havia mais oito chamadas na primeira página e um editorial: "A tragédia irlandesa."

A entrevista de Abi-Ackel foi publicada na página 9 do *Jornal do Brasil*. "Esta bomba explodiu dentro do governo", afirmou o ministro da Justiça, Ibrahim Abi-Ackel, depois de repudiar as explosões ocorridas no Riocentro. "Se os autores conseguiram tisnar com um acontecimento lutuoso uma festa universal como o Dia do Trabalho, seus efeitos foram nulos no que diz respeito ao processo de abertura democrática."

Logo abaixo da entrevista, em uma matéria em *off*, também com retranca de Brasília, a fonte oculta revelava as reações às explosões por parte do alto-comando militar. Sob o título "No Comando, constrangida surpresa", a matéria dizia:

> O Alto-Comando Militar recebeu com "constrangida surpresa" as informações bastante minuciosas e precisas sobre o atentado a bomba da noite de quinta-feira no Rio. Uma fonte do Palácio do Planalto, que por deveres da função manteve contatos com diversas pessoas durante todo o dia, depôs sobre a perplexidade dos comandos militares diante do que se afigura uma evidência: as bombas do terrorismo, ao menos neste episódio, estavam sendo colocadas por um capitão e um sargento do serviço de informações do Exército.

A matéria relacionava alguns benefícios que, de acordo com os militares ouvidos pela fonte do Palácio do Planalto, poderiam ser recolhidos do episódio: "O maior deles é que se poderá puxar o fio da meada." Outro seria um intervalo de tranquilidade, "pois pilhado em flagrante, o núcleo será implacavelmente punido e desativado". Depois de afirmar que "talvez a necessidade de aguardar as aparências retarde uma medida que, hoje, parecia muito provável e mesmo inevitável: a desativação dos CODIs, a médio prazo", a matéria concluía: "A bomba abalou o Governo estragando com o feriado. E terá consequências. O Governo não vai fingir que não foi atingido. Mas agirá com a plena noção da responsabilidade e da delicadeza de um fato capaz de abalar os seus fundamentos e seu projeto político."

Mas o governo estava fingindo, sim, que não fora atingido. Na primeira página daquele 2 de maio de 1981, o *Jornal do Brasil* foi obrigado a publicar a versão oficial do atentado. Ótimo exemplo deste fingimento foi a entrevista do comandante do I Exército, general Gentil Marcondes Filho, dada no enterro do sargento Guilherme do Rosário, em que afirmava que os militares atingidos pelas explosões estavam em missão de informações no Riocentro e em que respondia da seguinte maneira ao ser perguntado se o capitão era vítima ou autor do atentado: "É vítima, é óbvio, até que se possa provar o contrário."

Publicando as contradições, o *Jornal do Brasil* continuava confiando em seus repórteres.

Às 5h30 do dia 1º de maio, vindo direto do Riocentro para a redação, Ubirajara havia escrito uma ampla matéria, com tudo o que havia apurado no local da explosão. Era uma matéria a ser publicada na edição de sábado. Bira preferiu escrevê-la logo, porque, naquela sexta-feira, estaria de plantão: começava a trabalhar à meia-noite, hora em que o jornal de sábado já estaria fechado. Era melhor redigir o que tinha àquela hora, mesmo cansado da noite em claro e de ter que voltar ao jornal antes de seu horário para entregar a matéria a tempo.

Bira acabou tendo que chegar mais cedo: por volta das 19h foi chamado em casa para ir à redação, tentar, entre as fotos tiradas no local, identificar o perito que lhe havia assegurado existir no Puma mais uma bomba além da que havia explodido. E ele reconheceu, em uma das fotos, o homem de cabelos grisalhos, prancheta na mão, com quem havia conversado na madrugada anterior (dias mais tarde, este homem seria reconhecido pelos jornalistas como Humberto Guimarães — o Tatá —, detetive-inspetor da DPPS). A chefia pediu que ele telefonasse ao delegado Petrônio para confirmar a informação, que dera a Bira na madrugada, de uma segunda bomba no carro. Ubirajara não se fez de rogado e usou de seus estratagemas.

— Alô, 16ª.
— O delegado Petrônio, por favor.
— Ele não está.
— Por favor, quem está falando aqui é o Wilson Sayão. Estou no telefone 254-0401. Você peça ao Petrônio para me ligar assim que ele chegar. Obrigado.

Menos de 15 minutos depois, o delegado Petrônio Romano Henrique, titular da 16ª Delegacia Policial, na Barra da Tijuca, respondia ao recado. Só que quem o atendeu no 254-0401, naquela noite de sexta-feira, 1º de maio, não foi Wilson Sayão, assessor de imprensa do secretário de Segurança do estado do Rio de Janeiro. Foi o Bira, para azar do Petrônio, o mesmo com quem ele havia conversado por volta das três horas da madrugada do dia 30 de abril, no estacionamento do Riocentro, dando explicações sobre a existência de mais uma bomba dentro do Puma avariado e de sua desativação pelo DGIE.

— Alô.
— Alô, Sayão?
— Alô, dr. Petrônio. Quem está falando é o Ubirajara Moura, do *Jornal do Brasil*.
— Mas, Ubirajara, o que é isso? Você não precisava dizer que era o Sayão para falar comigo.

— Dr. Petrônio, eu estou querendo que o senhor me dê mais alguns detalhes sobre aquela outra bomba que o senhor disse que estava no Puma e foi arrecadada pelo DGIE.
— Peraí. Eu não disse que tinha sido arrecadada uma bomba. Eu disse que tinha ouvido dizer que tinha sido arrecadada uma bomba.
— Mas, dr. Petrônio, um policial da sua delegacia, que estava no seu carro, abriu a janela para falar comigo e confirmou, na sua frente, o que o senhor tinha acabado de me dizer.
— Eu não me lembro.

Jornal tem desses negócios. Eu já estava sabendo que ele ia negar. Policial geralmente tem um medo louco de perder a sua delegacia. Mas era minha obrigação tentar. E eu ia usar de todos os meios possíveis para falar com o Petrônio aquela noite.

A matéria de Ubirajara teve por título "Delegado e perito confirmam outra bomba no Puma" e foi a maior sobre o assunto na edição de sábado, 2 de maio. Todas as informações apuradas pelo repórter constaram do texto final, editado sem cortes. A contradição do delegado Petrônio estava presente. No alto da página 8, a matéria começava assim:

> Foram duas as bombas que explodiram quinta-feira à noite no Riocentro — uma dentro do Puma OT 0297, na pista 5 do estacionamento, e outra perto da casa de força. A explosão da bomba no carro causou a morte do Sargento do Exército Guilherme Wilson Luís Rosário e ferimentos graves no capitão do Exército Wilson Luís Chaves Machado, de 33 anos. Uma terceira bomba, que não explodiu, foi recolhida pela polícia no automóvel destruído, segundo informação de um técnico em explosivos da DPPS, um homem de estatura mediana (cerca de 1,70m), cabelos grisalhos, moreno, usando óculos, que tinha uma prancheta na mão e parecia chefiar

o grupo de policiais. O delegado da 16ª Delegacia, Petrônio Romano Henrique, informara na madrugada de ontem que havia sido recolhida uma bomba no Puma. Explicou não ter visto a bomba, mas afirmou que o artefato havia sido levado pelo DGIE. À noite, porém, ele desmentiu esta informação. Depois de desativada, esta última bomba foi levada, num carro do Departamento Geral de Investigações Especiais, para a divisão de Explosivos da Delegacia de Polícia Política e Social e dali para o Instituto de Criminalística Carlos Éboli.

Luiz Mario Gazzaneo definiu bem o clima daqueles dias tensos.

> O peso que a imprensa teve neste caso foi muito grande, por dois motivos. Em primeiro lugar, temos que levar em conta as circunstâncias em que o fato se deu, as próprias condições de trabalho. Quer dizer, o atentado ter se dado em cima de um fim de semana prolongado, onde todas as coisas quase que deixam de acontecer, porque nada funciona, também pesou. Talvez a apuração do fato fosse mais complicada se as explosões tivessem acontecido numa segunda-feira, quando a vida toda volta ao normal. Em segundo lugar, temos que lembrar que o trabalho dos repórteres foi um negócio fundamental nessa cobertura. Teve gente que trabalhou mais de 12 horas seguidas e depois ainda ficava esperando até sair da redação com o jornal pronto na mão. E o que mais me impressionou, além da disposição, foi a sensibilidade de todos para a responsabilidade do trabalho que estavam fazendo. Toda a imprensa se comportou à altura de suas responsabilidades, mas aquela edição de sábado do *Jornal do Brasil* foi um exemplo.

Além de ter se contraposto a *O Globo* na forma de apresentar as declarações do ministro da Justiça, o *Jornal do Brasil* ousou em formato e conteúdo ao publicar um desenho na primeira página, e desenhos são poucas vezes usados nos primeiros cadernos dos jornais e raríssimos nas capas. Ele mostrava duas figuras de homem, sentadas em bancos semelhantes aos de um Puma. De um objeto quadrado — a bomba — no colo da figura à direita saíam raios que atingiam partes do corpo dos bonecos. Ao lado do desenho, o texto:

> A bomba explodiu nas mãos do Sargento Guilherme Pereira do Rosário. Ele a mantinha na altura do abdômen, dilacerado pelo impacto, que causou lesão às suas pernas, braços e mãos — ossos foram atirados longe. À esquerda do sargento, o Capitão Wilson Luís Chaves Machado dirigia o carro, com as pernas protegidas pelo túnel da caixa de marchas e o console do câmbio. Seu abdômen, sem proteção, foi gravemente atingido, o que não ocorreu com o tórax, protegido pelo braço direito (deste, toda a musculatura foi destruída), que empunhava o volante ou o câmbio; seu rosto foi atingido no lado direito.

Na página 8, "Um carro, dois homens e duas bombas" era o título de um quadro em que o *JB* expunha com clareza o raciocínio sobre o que poderia ter acontecido àquela noite. Constava de uma matéria e várias fotos com legendas. A maioria, sobre o estado do carro, ressaltando elementos que indicavam ser possível determinar tanto a sua posição quanto a de seus ocupantes no momento da explosão. Mostravam ainda que houvera pelo menos uma negligência. Uma das legendas dizia:

> Embora a perícia do automóvel tenha sido feita pelo Exército e Polícia Civil, uma série de objetos e papéis ainda podiam ser vistos — ou recolhidos como lembrança por qualquer curioso — num terreno baldio, na tarde de ontem, em frente

à 16ª DP, na Barra da Tijuca. A perícia não recolheu, por exemplo, o talão de estacionamento no Riocentro, de número 64.270 — seguramente uma pista valiosa para determinar a hora em que o Puma entrou no local.

Citava também, entre os objetos encontrados no carro, fitas magnéticas para gravação, um rolo de fita adesiva (tipo crepom) totalmente usado, caixas de fósforos de restaurante e de motéis e vários outros.

A matéria principal do quadro, além de repetir os elementos com que o jornal contou para fazer o desenho da primeira página, relacionava algumas hipóteses. E desmoralizava por completo as versões oficiais. Era apenas o segundo dia após o tiro pela culatra.

> Em nota oficial, o I Exército considera a possibilidade de os militares terem sofrido um atentado. Policiais do DGIE recolheram no Puma uma segunda bomba intacta. É fora de dúvida que havia duas bombas dentro do carro, na hora da explosão. Não há referências à posição da segunda bomba que, possivelmente, estaria na traseira (se estivesse na frente, ela explodiria por concussão). Esta situação é que cria algumas hipóteses, que ainda não podem ser inteiramente abandonadas.
>
> Primeira hipótese: alguém lançou duas bombas no interior do carro. Isto é particularmente difícil por uma série de razões. A principal delas: havia justamente duas bombas no carro; com o lançamento da primeira, os militares — treinados, pois são da área de informação — teriam reagido. Também seria difícil atirar alguma coisa dentro de um Puma, dadas as pequenas dimensões das janelas. Qualquer outra consideração sempre esbarra na falta de uma explicação razoável para a presença da segunda bomba, principalmente se ela estava na traseira.

Segunda hipótese: as bombas já estavam, por alguma razão, dentro do carro. É a mais provável, e as investigações é que irão determinar as razões que levaram dois militares, especialmente treinados, a ficar num carro com duas bombas — ou dois volumes suspeitos — e numa área de grande movimentação de pessoas. O cuidado dos militares deveria ser redobrado, uma vez que estavam em missão.

Terceira hipótese: as bombas foram achadas e eles as estavam removendo. A hipótese é quase absurda — implicaria acreditar que eles não estavam observando as regras de segurança pessoal e, mais do que isso, colocando em risco outras vidas. O procedimento correto seria chamar especialistas em explosivos para retirar as bombas e desarmá-las. Além de tudo, não se removem bombas, antes de sua desativação total — essa é uma regra de largo conhecimento, que dificilmente eles violariam.

Mas o *Jornal do Brasil* não parou por aí. Outro desenho chamou atenção nesta edição: a charge do genial Chico Caruso. Ele tinha a missão de preencher, como sempre, o quadrinho da página 10, a nobre página de Opinião do jornal. E conta como foi:

> Eu soube das bombas pela televisão e desde o primeiro momento deu para sentir que essas explosões teriam uma repercussão tão grande quanto a morte do Vladimir Herzog.
>
> Naquela quinta-feira, 30 de abril, tinha sido a vez de Ziraldo fazer a charge, e por isso, na sexta-feira, fui eu para o *Jornal do Brasil* à tarde, como normalmente fazia quando era a minha vez de fazer a charge política do dia seguinte. Fui como sempre para a editoria Nacional. Lá, tinha a minha mesa e um pouco de recolhimento para bolar o desenho. Era lógico que a charge tinha que ser sobre as bombas no Riocentro, e para mim ficou claro que tinha que ser em cima da esfinge, que eu vinha usando desde as bombas da OAB.

Essa esfinge nasceu justamente com a bomba que matou Dona Lyda [Dona Lyda Monteiro, secretária do então presidente da Ordem dos Advogados do Brasil, Seabra Fagundes, morta em 1980]. Foi uma morte que chocou todo mundo, mas a mim em particular, porque, na véspera da explosão, eu estivera na OAB para falar com o advogado que depois se tornou seu presidente, Bernardo Vasconcelos. Eu vi Dona Lyda lá e ela me lembrava minha mãe e uma tia, que trabalham em escritório, em repartição, exatamente como ela. Aí eu criei a esfinge.

Inicialmente, as charges não se referiram especificamente à morte de Dona Lyda. A esfinge ficava lá, cobrando. Mas as pessoas me perguntavam muito, já estavam até me parando na rua para saber sobre a esfinge, e então eu aproveitei a ida do presidente Figueiredo ao Chile e fiz aquela charge dele com o Pinochet [no desenho, que mostra os dois presidentes sentados lado a lado, Pinochet pergunta a Figueiredo: "Acá entre nosotros, quién mató a D. Lyda?"].

Naquela sexta-feira, 1º de maio, o *Jornal do Brasil* sofreu uma mudança muito grande. De repente, deixou de ter aquele ar de hospital, frio, tudo separado. A gente sentia o jornal extremamente movimentado, os repórteres saindo toda hora para a rua, pareciam heróis indo para uma batalha. Eu ia vendo e sentindo esse clima novo enquanto lia os jornais do Rio e São Paulo, como faço normalmente antes de desenhar a charge. Depois, escolho o assunto, faço alguns esboços, desenho.

Neste dia, não tive dúvida: a charge tinha que ter esfinge e Riocentro. Até chegar à ideia final [o desenho do Puma atingido entre o presidente Figueiredo e a esfinge, que lhe pergunta: "Vai decifrar, ou quer que embrulhe?"], escrevi outras frases. Uma delas, lembro, era mais ou menos assim: "Decifra-me ou te devoro, digo mais: ou vai ou racha, agora ou nunca." Mas me decidi pelo que foi publicado.

O talento de Chico, que continua brilhando em *O Globo* e na TV Globo, espelhou de forma sensacional o que estava acontecendo — o presidente, diante do dilema de ir vendo desvendados tão rapidamente os bastidores sujos das forças armadas de que era o supremo chefe, teria que decidir com urgência quando assumiria publicamente o papel de cúmplice ou conivente.

Se a opinião em forma de imagem foi contundente, a opinião na forma tradicional — o editorial — não ficou atrás. Enquanto o de *O Globo* tratava dos conflitos na Irlanda, que culminaram até com mortes em greve de fome por parte dos adeptos do antigo IRA, o *Jornal do Brasil* trazia como editorial "Esclarecimento urgente". Wilson Figueiredo, a esta altura já há décadas integrante do corpo de editorialistas, relembra:

> Só fui saber das explosões em casa, pela minha mulher. Por causa do adiantado da hora, os jornais deram uma cobertura mais circunstancial. Através das notícias do dia seguinte e mesmo pelo noticiário do dia transmitido pelas televisões já se podia entender que aquele episódio teria profundas influências na vida do país.
>
> Esse foi o entendimento do dr. Nascimento Brito. Na sexta-feira mesmo [1º de maio], ele telefonou de Angra dos Reis passando uma orientação: que se fizesse um editorial cauteloso, pedindo que o governo fosse até o fim das investigações.

O editorial, publicado na página 10 do dia seguinte, era incisivo e contundente, mas comedido:

> Continua a sequência de explosões que pretendem intranquilizar e impor um sentimento coletivo de insegurança. Na sequência da falta de resultados em apurar todas as responsabilidades por esses atentados — de inequívoca

intenção política — mais duas bombas explodiram na noite de 5ª-feira nas cercanias do Riocentro. A primeira, dentro de um automóvel em que se encontravam um capitão, ferido, e um sargento morto pela explosão.

[...]

Mais do que nunca, depois das explosões no Riocentro, torna-se indispensável a prevalência da clareza, a fim de que se dissipem as piores suspeitas que começam a se sedimentar. A sociedade quer conhecer a extensão dessa trama que orienta uma ação contrária à intenção reiterada pelo Governo de fazer deste país uma democracia. Qualquer democracia é incompatível com esse grau de atentado e com a impunidade até aqui resultante.

Indignação mesmo, ou cacete, no linguajar da redação, estavam bem ao lado, na página 11, também página de Opinião, na coluna de Villas-Bôas Corrêa. A coluna "Coisas da Política", do veterano e respeitado jornalista, sob o título "A bomba explodiu no Planalto", lamentava o "acidente de serviço" e relacionava as duas bombas que explodiram no Riocentro aos atentados contra a OAB, a ABI e a Câmara de Vereadores do Rio de Janeiro. Alguns trechos:

Alguma surpresa? Nenhuma. Salvo a hipótese fantástica de uma diabólica transa de coincidências, aconteceu precisamente o que todos ansiosamente esperavam. Que um dia os deuses do acaso armassem as coisas de modo a que o fio das dezenas de atentados misteriosos, jamais apurados, mostrasse a sua ponta.

Desde as bombas da covardia contra bancas de jornais, que se torcia para que lá um dia alguém visse, fizesse o flagrante, colhesse as provas. Quem sabe? Um pneu furado, um motor que enguiça, arrancando máscaras para exibir fisionomias pressentidas.

Tudo parece que deu certo até demais. Na exatidão do quadro de enredo completo. Na morbidez do atentado para a colheita de vítimas a granel. Na identificação imediata dos personagens, enrolados em suspeição que não admite o simples desmentido, a desconversa. Gente da área que todo mundo adivinhava com o simples apelo ao singelo exercício do raciocínio, pela pista das evidências, pelo caminho do bom senso.

Não foram duas bombas que explodiram na noite de quinta-feira, na véspera do 1º de Maio. Mas uma fieira delas. Desde as Lombas contra os jornaleiros, até as bombas mais sofisticadas, mais técnicas, contra a OAB, matando Dona Lyda Monteiro, ou a da ABI e Câmara de Vereadores. Os estampidos de dezenas de bombas se juntam, se somam num ruído uníssono. Todas elas estão com os seus estopins à mostra. Esta bomba de agora leva às outras. Basta um pouquinho de boa vontade, da vontade de apurar que faltou até aqui.

E não só as bombas do Rio. Mas as de São Paulo, de Porto Alegre, de Belo Horizonte e de Belém. As bombas contra os jornais, as bombas contra a abertura, as bombas contra o presidente João Figueiredo, desafiado por elas, sob ameaça de desmoralização, bracejando para segurar pelo gasganete os mascarados com a cauda de fora.

Bem, e agora? A encenação do Governo não merece reparos. Notas, declarações, providências, os clássicos inquéritos, uma bela movimentação de bastidores. Nada, realmente nada justifica a suspeita de que o Planalto vá botar panos quentes. Pois que, como Geisel no episódio da tortura, é o presidente Figueiredo o primeiro a ser atingido por todos os desatinos do banditismo terrorista. Mas, convém não facilitar. Ninguém é tolo para ser enganado diante de tantas evidências amontoadas pelas artes providenciais. Nessas bombas estamos jogando com coisas muito sérias. Com a credibilidade do Governo e das Forças Armadas. Com o projeto político de abertura; com as eleições de 82; com a palavra e com o juramento do presidente João Figueiredo.

Villas lembra como se inspirou:

> Eu nem de longe imaginava que, com aquele artigo, estava compondo o meu "Chão de estrelas". A história é singela, sem mistério. Era o titular da coluna "Coisas da Política" aos sábados, função que separava bem da editoria de Política, que coordenava. Quando assinava matérias nas páginas 3 e 4 [Política e Governo], elas eram mais informativas e de análise interpretativa, com linguagem contida e solene. Já a coluna, naquele dia, era minha, escrevia e assinava com minha exclusiva responsabilidade pessoal.
> Na sexta-feira, já ao acordar eu tinha na cabeça o tema da coluna. Seria "Votem contra a Volks, não contra mim", pois acho que, pela primeira vez, o presidente Figueiredo tocara na tecla nacionalista, aliás para dar ao seu partido uma bandeira para as eleições de 1982.
> Li o jornal superficialmente e fui à praia. Ao voltar e ler o jornal atentamente é que a evidência das coisas entrou pela minha vista e percebi que não se tratava apenas de mais uma bomba.
> Já no jornal, liguei para a sucursal em Brasília e sondei a reação política. Conferi informações com o pessoal da Reportagem Geral e fiz o artigo que o Dácio Malta e o Rogério Coelho Netto [repórteres da editoria Política] leram e acharam bom. Entreguei-o e esqueci. No sábado, dia 2, fui para Friburgo, onde tive a primeira noção da repercussão, porque três amigos que não tinham meu telefone de lá — recém-instalado — pediram o número aqui do *JB* e telefonaram para comentar o artigo

Eu concordo com a teoria de que o líder não é aquele que orienta, mas o que exprime, não é o que puxa, mas é empurrado. Aconteceu que eu exprimi naquele momento uma convicção coletiva, meio engasgada em gargantas que não têm como gritar.

Por vias transversais, soube da profunda irritação de certas áreas quanto ao artigo, considerando que eu me precipitara ao dar como exata uma versão. Mas não me arrependi nem acho que me precipitei e até hoje não há o que retificar.

A verdade é que sem liberdade de imprensa não teria havido bomba, mas um papo no Riocentro. O que você não conhece, não existe.

Os jornais do dia seguinte continuaram na carga. No dia 5 de maio, o *JB* chegou a publicar um editorial na primeira página, o que só havia acontecido no dia do golpe de 1964. "Autoridade" começava e terminava assim:

É de real gravidade o momento brasileiro.

Desde as vésperas do AI-5 a nação não vive momento tão alarmante.

[...]

A sociedade escolheu a democracia e o presidente fez dessa aspiração nacional seu compromisso de posse. Terá de ser sua, portanto, a iniciativa para repor o lado democrático em vantagem exclusiva sobre seus inimigos ocultos nas sombras

Enquanto isso, os órgãos militares continuaram na defensiva, produzindo notas cada vez mais estapafúrdias. Mas, progressivamente, a tática passou a ser exatamente tentar o que Villas-Bôas Corrêa vaticinou: fazer não conhecer e, portanto, não existir

Passados os primeiros dias de cobertura, em que quase exaustivamente todas as possíveis testemunhas daquela noite haviam sido procuradas com insistência diária, começaram a se sentir mais claramente as pressões sobre as fontes e o aumento do silêncio como resposta. O diretor do Departamento de Polícia Federal, coronel Moacir Coelho, esteve no Rio, em 6 de maio, e se recusou a falar com a imprensa. Todas as perguntas sobre o laudo pericial das explosões eram desviadas pela assessoria de imprensa da PF com a observação de que a sede ficava em Brasília. O superintendente da Polícia Federal no estado do Rio de Janeiro, Roberto Porto, também preferiu não mais conversar com os jornalistas, e o chefe da assessoria de comunicação da Secretaria de Segurança do estado do Rio de Janeiro, Wilson Sayão, informou em nota que o general Waldyr Muniz, secretário, não mais falaria a respeito das bombas por estar o caso entregue ao I Exército. Na 16ª Delegacia Policial, o delegado Petrônio Romano Henrique também não recebia repórteres. Pelo menos um de seus funcionários, depois de haver dado algumas informações a *O Globo*, fora chamado à Secretaria de Segurança, onde depôs durante quatro horas. O perito Humberto Guimarães — o homem de cabelos grisalhos e prancheta na mão que informara a vários jornalistas sobre a existência de mais explosivos no Puma além da bomba que explodiu — não foi mais encontrado. O tenente Cezar Walchulck, chefe da segurança do Riocentro, depôs durante oito horas no I Exército e, a partir de então, não mais falou à imprensa.

No domingo, 10 de maio, os jornais haviam publicado em suas primeiras páginas a reprodução fotográfica do boletim de entrada do capitão Wilson no Hospital Miguel Couto. A linha destinada à "causa eficiente da lesão (alegada)" estava preenchida: "Alega explosão motor automóvel." Segunda-feira, 11, na primeira página, ao lado da fotografia de François Mitterrand, eleito na véspera presidente da França, o *Jornal do Brasil* repercutia a divulgação do boletim. Na chamada "Abi-Ackel diz ser impossível apurar atentado às pressas", logo após a declaração do ministro da Justiça — "Não é possível apressar, confundir ou eleger culpados" —, o diretor do Miguel Couto, médico Nova Monteiro, comentava: "Qualquer versão apresentada por qualquer paciente aqui no hospital é aceita pelos médicos."

No dia 12, a remoção do capitão Wilson do Miguel Couto para o Hospital Central do Exército, feita com grande aparato de segurança, era assunto de primeira página. A partir dali, a imprensa foi informada de que notícias sobre seu estado de saúde seriam divulgadas em boletins do HCE diretamente pelo I Exército.

A remoção, aliada ao sumiço ou ao silêncio de todos os que haviam estado no Riocentro, parecia quase que um ponto final. Ziraldo, na página 10 do *JB*, se preocupou. Sua charge, neste mesmo dia 12 de maio, mostrava dois leitores de jornal. Um deles segurava um exemplar com manchetes sobre a eleição de François Mitterrand e perguntava ao vizinho: "Você viu, rapaz, a vitória dos socialistas na França?" O boneco ao lado, que lia um jornal cuja manchete era "A bomba do Riocentro", respondia zangado: "Não muda de assunto!!!"

Dois repórteres, da categoria repórter especial, e eram mesmo repórteres muito especiais, estavam, durante todo este tempo, tratando de que não se mudasse de assunto.

O que se confirma, vale, o que se prova, vira matéria. E o caso Riocentro voltou a ter destaque no domingo, 17 de maio, em uma ampla retrospectiva em que tudo era confirmado e provado. O título era "Demora na apuração do atentado pode confundir opinião pública", e a matéria estava assinada: Fritz Utzeri e Heraldo Dias.

Heraldo Dias tinha 36 anos, quinze de jornalismo. "Foca" por curiosidade, jornalista por amor à profissão que a família mineira achava pouco séria e incapaz de substituir o futuro de advogado, largado em meio, Heraldo se especializou na área de transportes, mas sempre foi repórter de Geral. É do setor uma de suas melhores matérias: a tentativa de percorrer a Transamazônica, dois anos e meio depois de inaugurada. Foi um trabalho inesquecível. O relato da experiência provou que a estrada era absolutamente inviável, o retrato de um erro político muito grave.

Fritz Utzeri, 36 anos, treze de *JB*, gostava mais da imprensa universitária do que da medicina, que acabou abandonando, ainda que formado. No *Jornal do Brasil*, onde foi aprovado no curso de jornalismo em que era professor Fernando Gabeira, cobriu Saúde por muito tempo. Trabalhava na Saco, a editoria de Saúde e comportamento, enquanto quase todas as outras estavam sob censura, investigando inúmeras denúncias sobre as condições de saúde da população. Uma delas, uma pesquisa de semanas comparando bulas de remédios americanos e brasileiros, chegou a criar novas normas regulamentadoras para o setor. A epidemia de meningite trouxe a censura também à Saco, e Fritz viajou, cobrindo a queda de Isabelita Perón, na Argentina, e a morte de Pedro Joaquín Chamorro, estopim da guerra civil na Nicarágua.

Mas o maior feito, até então, para Heraldo e Fritz, havia sido em dupla: dois anos e meio antes do atentado no Riocentro, o *JB* publicou quase que um Caderno Especial inteiro com uma incrível reportagem: seis anos depois, contava como se tivesse acontecido na véspera, a história do desaparecimento do ex-deputado Rubens Paiva, que sumiu em 1971 e, oficialmente, foi dado como sequestrado. Décadas mais tarde, a Comissão da Verdade chegaria às mesmas conclusões a que aqueles dois haviam chegado naquele tempo e publicado naquelas páginas. Era a técnica jornalística impecável respaldando uma coragem que beirava a ousadia. Os dois enfrentaram a versão dos militares, provaram inexistir o muro em que diziam ter se abrigado da troca de tiros com os supostos "terroristas" que teriam levado Rubens Paiva do carro em que estaria com os policiais dos órgãos repressores e praticamente provaram que ele havia sido morto.

Com a matéria de retrospectiva sobre as explosões que mataram o sargento e feriram o capitão, isto se repetiu. Heraldo relembraria, ainda no calor dos acontecimentos, como desenvolveu aquele trabalho:

> É muito importante o trabalho em dupla por uma série de razões. Às vezes você é forçado a um contato com uma pessoa onde não pode tomar notas nem gravar. Dois repórteres conseguem, melhor do que um, reproduzir muito bem o que foi dito e a própria fonte, aberta ou não, vai ter sempre a certeza de que falou com duas pessoas e que será mais difícil negar as informações. Em dupla, a gente também pode ampliar a linha de investigações, em direções diferentes e com o mesmo objetivo. Um critica o trabalho do outro, exige dados concretos, e assim se dá mais organização e coerência à reportagem. Agora, num trabalho de dupla tem que haver a absoluta confiança de um repórter no outro e não pode haver estrelismo no meio.
>
> Acho que foi importante termos trabalhado em dupla na cobertura do Riocentro, mas acho também que o fundamental para o esclarecimento das explosões foi o que aconteceu na sexta-feira e no sábado seguintes, quando todas as pessoas ainda estavam sob o efeito direto dos acontecimentos e tão assustadas que não se negavam a comentá-los, abertamente, sabendo que estavam falando para jornalistas. Creio que o erro de avaliação de alguns que foram testemunhas do que houve, em não perceber a importância daquilo de que tinham sido testemunhas, explica por que os jornais de sábado estavam tão carregados de informações sobre o fato. Na verdade, depois de sábado, não faltava praticamente nada a contar sobre o que acontecera. A partir do enterro do sargento, entretanto, parece que as coisas foram ficando mais claras para as pessoas. Com isso e mais o destaque

que o assunto ganhou nos jornais, veio o medo. Mais do que medo, pânico, realmente, das pessoas. Quem tinha visto alguma coisa não queria confirmar, todos se escondiam sob a afirmação "Está sob investigação do I Exército", e o silêncio era a ordem.

Evidentemente que as pessoas não conversavam mais com jornalistas. Mas as pessoas que foram testemunhas de tudo aquilo são como as outras: conversam, têm parentes, têm amigos. Aí começa o nosso trabalho, que é o de conhecer as pessoas certas para conversar. Eu e o Fritz trabalhamos juntos nesta linha, de procurar o parente do parente, o amigo do amigo de cada testemunha, que era a única linha capaz de nos fazer continuar contando aquela história. Para nós, o mais importante, além da resposta à cobrança do nosso trabalho pelo jornal, era contar aquela história com toda a honestidade, sem nenhuma predisposição de botar a culpa em A ou B, mas contar o que aconteceu.

Começamos a fazer contatos com as pessoas que pudessem nos contar qualquer coisa sobre o Riocentro. A técnica de trabalho é a que a gente usava desde uns três anos atrás, quando fomos fazer a investigação do caso Rubens Paiva. A técnica é a seguinte: qualquer informação, seja ela qual for, independente da fonte, é anotada. Fazemos um relatório diário do que cada um fez, onde foi, com quem falou, evidentemente resguardando nomes quando é o caso. E não temos a preocupação de fazer uma matéria diária. O objetivo é ir reunindo informações e, num dado momento, quando a coisa cresce, sentamos e examinamos tudo para ver se há algo de concreto. A partir daí podemos apresentar ao jornal uma reportagem concreta, com fatos que se possa bancar sem risco do próprio jornal e, principalmente, sem risco para nós mesmos.

Fizemos uma pasta organizada com todos os recortes de jornal sobre o caso e fomos entremeando informações, revendo o que aconteceu, buscando mais detalhes de cada fato. Qualquer dúvida, procurávamos um especialista. Com essa pasta, revendo todas as matérias e relacionando-as com novas informações, é que fomos levantando algumas coisas. Por exemplo, por uma razão qualquer que a gente não tem certeza, a segurança do Riocentro, para um espetáculo como aquele com milhares de pessoas, estava muito reduzida. Outra coisa que me impressionou foi aquele batalhão da PM de Jacarepaguá ter conseguido mobilizar uma enorme quantidade de homens àquela hora. A procura e a dificuldade em encontrar respostas para estas e outras perguntas é o que estava naquela nossa matéria de domingo.

Heraldo, algum tempo depois, passou a ser chefe de reportagem no *Jornal do Brasil*, cargo que exerceu também em *O Globo*. Trabalhou na assessoria de imprensa do governo do estado do Rio de Janeiro (gestão Moreira Franco) e estava fundando uma empresa de assessoria de imprensa quando morreu, em uma festa, dançando com a mulher, Sônia, felizmente muito felizes, ao som de "New York, New York", na voz de Frank Sinatra, no dia 6 de fevereiro de 1993, de infarto.

A página 8 do *Jornal do Brasil*, a matéria de domingo, 17 de maio, começava assim:

> Passados dezesseis dias da explosão no interior de um Puma, dentro do pátio de estacionamento do Riocentro — com a morte do Sargento Guilherme Rosário e ferimentos graves no Capitão Wilson Luís Chaves Machado, ambos do Exército —, está caracterizado um processo de desinformação, aparentemente destinado a confundir a opinião pública. Todas as pessoas que, direta ou indiretamente, sabem de alguma coisa a respeito do que ocorreu naquela noite, na Barra da Tijuca, preferem o silêncio, na espera de uma versão oficial.

E, logo em seguida, apontava a lembrança da primeira grande contradição: "Nem mesmo a existência de uma segunda bomba no interior do carro, fundamental para o perfeito esclarecimento do propósito dos militares naquele local, foi definitivamente descartada — e há testemunhas de que existiu." Sobre a principal dessas testemunhas — o perito que, na noite de 30 de abril, confirmara a diversos jornalistas a desativação de uma bomba no local —, informava:

> Desde o dia 1º de maio, não foi permitido qualquer contato do policial com a imprensa e, segundo seus superiores, ele ainda não depôs no IPM. O delegado titular da DPPS, Borges Fortes, se mostrou mesmo surpreso ante a possibilidade, levantada por um jornalista, de que o detetive fosse chamado a depor, uma vez que entende ser de exclusiva responsabilidade do jornalista a divulgação da notícia. Humberto Guimarães continua trabalhando normalmente, mas não há possibilidade de uma entrevista, formalmente proibida pelo secretário de Segurança.

Na detalhada retrospectiva de toda a cobertura, a matéria do *JB* relacionava outros pontos a esclarecer: o afastamento do tenente Cezar Walchulck, duas horas antes do show, de suas funções de chefe de segurança do Riocentro; e o não envio, pela Polícia Militar, do reforço de policiamento, pedido por Walchulck em ofício.

> Há um testemunho importante sobre a movimentação de carros, logo em seguida à explosão do Puma. Um funcionário do Riocentro, do qual se conhece apenas o apelido, *Passa Fome*, procurou a segurança para relatar a saída, em velocidade, da área, de um Passat branco. Ele cruzou com o carro próximo a uma das cabinas de acesso ao estacionamento; os ocupantes do Passat reduziram a marcha e gritaram para o

> *Passa Fome* (segundo o testemunho de um dos membros da segurança do Riocentro):
> "Vocês ainda não viram nada. Pior é a que vai explodir lá dentro."
> Esse carro, cuja placa o funcionário não anotou, passava pelo local após a explosão do Puma, antes, portanto, da bomba lançada contra a casa de força também explodir. Este episódio, devido a uma coincidência, pode interessar às investigações: o Sargento Guilherme Rosário, segundo amigos e vizinhos, tinha um Passat branco, carro que não foi visto no dia seguinte ao atentado.

Este era outro trecho da matéria de domingo, 17 de maio, do *Jornal do Brasil*, ilustrada por uma foto do tenente Walchulck. Em uma reunião da qual ele participara, três dias depois das explosões, foi recolhida grande parte das informações que constavam do texto final daquela reportagem.

Fritz também relembraria, ainda em 1981, como foram seus dias de apuração:

> No primeiro dia de cobertura, no enterro do sargento Guilherme Pereira do Rosário, já era possível sentir as dificuldades que os jornalistas teriam para seguir contando aquela história. Eu fui, naquela tarde do dia 1º de maio, para a casa do sargento na estrada da Água Branca, em Irajá. A porta do apartamento estava aberta e eu fui entrando. Havia um choro dos diabos, muita gente, e eu no meio da sala. Logo depois que cheguei, me abordaram, perguntando se eu era colega do sargento. Eu disse que era e continuei lá, mas me esqueci de um detalhe: o fotógrafo que tinha ido comigo. Quando ele se aproximou de mim com aquela baita Nikon ficou evidente a minha posição de não colega do sargento. Aí foi um negócio, todo mundo

gritando "fora daqui, urubu". Descemos e algumas das pessoas que estavam lá — uns caras mais ou menos altos, mais ou menos parrudos, que eram os colegas do sargento — desceram também e fecharam até a portaria do prédio. Ainda tentei falar com eles de uma maneira amigável, disse que o que eu queria eram informações sobre como o sargento era como pessoa. Mas nada, nada, nada. As únicas informações que consegui foram as crianças que me deram, porque nem os vizinhos nem os donos das lojas ali por perto queriam falar nada.

No cemitério foi ainda mais complicado. Estava aquele clima pesado. Me lembro que havia uns caminhões parados, todos sujos de barro, e, num momento de paranoia, nós começamos a achar que aquilo tinha um significado maior. Fui falar com um tenente e ele me explicou que os caminhões tinham levado soldados para prestar honra fúnebre. Logo depois, chegou um cara à paisana e disse ao tenente: "Entrevista só para milico e credenciado." Perguntei quem ele era: era o coronel-comandante daquela unidade. Me explicou que os caminhões estavam sujos de barro porque tinham voltado de treinamentos em Gericinó e me disse: "Não me pergunte mais nada, que a dúvida que vocês têm eu também tenho." E lembrou do que eu já sabia: que vinha todo o pessoal do I Exército e que era com eles que eu devia falar. Falei, falamos todos os jornalistas com o comandante do I Exército. Mas, quando saí de lá, eu sabia que, para conseguir mais informações sobre a noite de 30 de abril, teria que procurar as minhas próprias fontes.

Na segunda-feira, 4 de maio, com uma velha fonte minha, um militar, fui à casa do tenente Cezar Walchulck, seu amigo, em Jacarepaguá. O Walchulck estava absolutamente tenso e foi com esse militar que me levou até lá e comigo para Niterói, à casa do Dickson [coronel da reserva paraquedista Dickson Grael]. O Dickson tinha sido demitido da diretoria do Riocentro pouco antes, em uma reunião extraordinária, a que não compareceu. Na casa dele havia mais um outro oficial e ninguém, além da minha fonte, sabia que eu era jornalista.

O Walchulck estava apavorado. Estava também furioso por ter sido retirado do comando da segurança do Riocentro poucas horas antes de as bombas explodirem. O Dickson começou a fazer um questionário para o Walchulck, para ver se ele ficava mais calmo e contava o que tinha acontecido. Aí uma porção de coisas ficou clara: o Walchulck tinha recebido a informação de que existia uma bomba no carro pessoalmente pelo Tatá e depois pelo inspetor Gilberto, da 16ª DP. Havia ainda uma testemunha que é aquele tal de Passa Fome, funcionário do Riocentro, que viu passar um Passat. E havia ainda a possibilidade de se saber o horário em que o Puma chegou ao Riocentro pelo canhoto do estacionamento.

Na reunião, o Walchulck lembrou também a questão do policiamento. Ele disse que não tinha havido nenhuma ameaça de nada este ano. Mas, como no ano anterior tinha havido uma ameaça por telefone e tinha estourado uma bomba em uma das agências de caderneta de poupança que vendia ingressos para o show, o Walchulck, depois de conversar com o Dickson, resolveu mostrar o mesmo esquema do ano anterior, com policiamento ostensivo do batalhão de Jacarepaguá e mais o pessoal do Riocentro, que é composto de ex-militares, pessoas de confiança do Walchulck.

Quem já teve a oportunidade de conhecer de perto sabe que, entre os militares, tem muito disso, grupos, panelinhas, que não se dissolvem, mesmo na reserva, e o Walchulck era do grupo do Dickson, que por sua vez era um dos oficiais que participara da campanha de articulação da candidatura do general Euler Bentes Monteiro à presidência da República.

Bem, depois de falar com o Dickson às vésperas do show de 1º de maio, o Walchulck pediu por telefone e reiterou por ofício o seu pedido de que o batalhão de Jacarepaguá mandasse soldados da PM para dar cobertura ao show. Nas duas horas antes do show, o Walchulck conta que ainda telefonou para lá, mas não obteve resposta [o batalhão estava trocando de comando naquele dia]. Quando explodiu a bomba, ele ligou pessoalmente para o Cerqueira [coronel Newton Cerqueira, comandante do Batalhão da PM] e aí começou a chover PM na área.

A minha presença nessa reunião explica em grande parte as informações que usamos naquela matéria de domingo 17 de maio e em outras anteriores. Evidentemente que tivemos muitas outras fontes. Todos os jornais, desde antes do AI-5, criaram formas de obter informações. Na época da censura, os jornais tinham como prática fazer todas as matérias, mesmo as que sabiam que não iam sair. Foi uma posição correta dos jornais, e cada um deles formou a sua pasta, com as matérias censuradas, que ficaram como uma memória do jornal. Essa prática gerou fontes e técnicas, que agora passaram a valer. Antigamente, uma ordem bastava para que uma matéria não saísse; agora, com a abertura, sai muito do que é apurado.

Isso não significa que a gente não selecione. Na verdade, acho que temos a mesma postura que os órgãos de informações: não se despreza nada, vai se relacionando nomes com locais e situações, vai se acumulando dados até se ter algo de concreto. Nós também temos graus para nossas informações. Por exemplo, as informações que eu peguei na reunião na casa do Dickson eu não tenho nenhuma dúvida de que eram verdadeiras, por causa da emoção das pessoas que estavam falando e porque eles não sabiam que eu era jornalista.

Fritz Utzeri permaneceu mais oito anos no *Jornal do Brasil*. Foi correspondente em Nova York, entre 1982 e 1985, e em Paris, de 1985 a 1989. De volta ao Brasil, foi ainda editor de Nacional do jornal. Depois, trabalhou na Rede Globo, como editor de Ciência e Tecnologia. Na televisão, participou da produção de um episódio do *Globo Repórter* que rememorou o caso: "Riocentro, quinze anos depois." Trabalhou também como diretor de relações corporativas da empresa Alcatel e como superintendente de comunicações da Fundação Roberto Marinho. Foi editor de artigos do jornal *O Globo* e, em 1999, estava de volta ao *Jornal do Brasil* como articulista e editorialista. Fritz morreu em fevereiro de 2013, depois de três anos lutando contra um tipo raro de câncer. No mesmo dia em que a Comissão da Verdade divulgaria que era, sim, verdade, o que a matéria dele e de Heraldo havia revelado 35 anos antes sobre a morte de Rubens Paiva.

A equipe do *Jornal do Brasil* ganharia o troféu principal — diploma e 350 mil cruzeiros — do Prêmio Esso de 1981 pela cobertura das bombas no Riocentro, tendo a justificativa ressaltado: "Revelou pela primeira vez a existência do 'terrorismo oficial' entre os métodos de intimidação dos opositores do regime." A direção do jornal decidiu que Fritz e Heraldo dividiriam o prêmio.

Todo aquele cuidado deles e de toda a reportagem de checar e rechecar informações, todo o tempo, pouco importou para os que estavam sendo acuados. Exatamente e apenas uma semana depois da publicação da retrospectiva, outra matéria de domingo trazia o Riocentro de volta à primeira página. Com um culpado identificado: a imprensa. A chamada trazia o cabeçalho do Informe nº 233-20/81/PM-2 que o *Jornal do Brasil* divulgava, com exclusividade. Sob o título "Informe da PM sobre bomba acusa imprensa", revelava:

> Através de um informe reservado, dirigido "ao público interno", a Polícia Militar faz comentários sobre o atentado no Riocentro e acusa "a imprensa infiltrada da área" de há

muito vir trabalhando no sentido de formar uma opinião pública desfavorável às ações das Forças Armadas, em relação à defesa interna.

O documento informava que o I Exército havia expedido uma Ordem de Missão deslocando para o pavilhão do Riocentro uma equipe do DOI/IEX, supervisionada pelo capitão Wilson Luís Chaves Machado, e afirmava: "A imprensa, aproveitando a oportunidade, passou a explorar o fato de formar sensacionalistas, acusados e condenados sem qualquer prova ou fundamento e sem nenhuma chance de defesa, dentro da técnica de 'orquestração', nos periódicos da área, com reflexos em todo o país."

Três dias mais tarde, o I Exército divulgava nota com acusações mais abrangentes:

> Elementos de esquerda infiltrados na imprensa e outros, por eles influenciados, inconformados diante das medidas vigentes de salvaguarda e sigilo, vêm se utilizando de todos os meios, forjando fatos e situações, sem o mínimo de fundamento. Desse modo, apresentam as mais variadas deduções das menores atividades de rotina, com a finalidade de influenciar a opinião pública, segundo versões por eles arquitetadas.

"Em que o noticiário dos jornais e demais veículos de comunicação é tendencioso? Que tendência pode ocultar-se atrás do desejo de esclarecimento disputado livremente no noticiário dos jornais?" As perguntas, no editorial do *Jornal do Brasil* de 26 de maio, refletiam a surpresa com que foi recebido o informe. Mas a indignação que ele imediatamente causou também estava presente no texto. O *Jornal do Brasil* falava em nome da nação: "A Nação brasileira tem o direito de ser considerada como um todo e não se enquadra em artifícios que separem perigosamente os brasileiros em duas categorias de público (interno e externo)." E era veemente: "As nações que se deixaram conduzir ao fascismo legaram à humanidade uma lição contundente sobre os perigos do divisionismo. O que se vê é o prenúncio insensato de desviar-se o Brasil da sua possibilidade democrática para a aventura totalitária, que é inviável sem dividir os cidadãos perante a Constituição."

Sinais de perigo (título do editorial) foram reconhecidos não só pelo *JB*. Reagiram praticamente todas as instituições e personalidades democráticas da sociedade civil. No dia 27 de maio, o conselho administrativo da Associação Brasileira de Imprensa aprovava nota assinada pelo jornalista Barbosa Lima Sobrinho afirmando que "o noticiário dos jornais se caracterizou pela divulgação de fatos, e não de versões em torno do episódio da explosão de bombas no Riocentro, cumprindo, nessa divulgação, o mais sagrado de seus deveres, que é o dever de informar". A ABI — que havia sido palco da primeira manifestação da sociedade civil contra o atentado (logo no dia 1º de maio, quando lá se reuniram representantes dos diretórios regionais dos partidos políticos e associações diversas) e tivera seu presidente, Barbosa Lima Sobrinho, ao lado de Bernardo Cabral, da OAB, como diretor da reunião de todos os partidos políticos, em Brasília, no dia 7 de maio — reiterava seu apoio à imprensa e seu repúdio ao terrorismo.

Também divulgaram nota conjunta, contra "a evidente intenção de atribuir à imprensa responsabilidade pelo estado de perplexidade e insegurança em que se encontra a Nação", o Sindicato dos Jornalistas de São Paulo, a seção paulista da ABI e o Sindicato dos Trabalhadores em Empresas de Radiodifusão e Televisão de São Paulo. Dezenas de deputados de todos os partidos de oposição fizeram pronunciamentos. O presidente da Ordem dos Advogados do Brasil, Bernardo Cabral, e o jurista Heleno Fragoso se uniram às críticas à condenação à imprensa.

A reação e a repercussão foram tão grandes que até mesmo Pelé, tão avesso a comentários políticos, depois de discursar em inglês na 72ª Convenção Internacional do Rotary Club, alguns dias mais tarde, afirmava à imprensa: "O povo quer a abertura política e nem o terrorismo irá atrapalhá-la."

Mas se as reações existiram e se a repercussão foi grande, elas não impediram o prosseguimento das acusações: no dia 27 de maio, uma pequena nota no *Jornal do Brasil* informava:

> Adesg acha imprensa de má-fé. [...] O presidente da Adesg, procurador Álvaro Teixeira de Assumpção, divulgou carta--circular por ele enviada a 3 mil diplomandos da Escola Superior de Guerra, na qual acusa a imprensa e alguns políticos, cujos nomes não revelou, de se aproveitarem de má-fé no atentado do Riocentro.

Não impediram também novas bombas. As primeiras páginas dos jornais deste mesmo 27 de maio noticiavam a suspensão da sessão do Senado da véspera depois de vários comunicados de um homem que se dizia do Comando Delta anunciarem que uma bomba ia explodir no plenário. A bomba era falsa, um brinquedo de plástico. O *JB* registrava: "O ministro da Justiça, Ibrahim Abi-Ackel, mostrou a 'bomba' à imprensa e ironizou: 'Eis o perigo explosivo.'" Na mesma edição, em editoriais e artigos, os comentaristas políticos viam insegurança, tensão e seriedade na "brincadeira". E na mesma chamada de primeira página que noticiava a falsa bomba do Senado, o *Jornal do Brasil* informava que o governador do Espírito Santo, Eurico Rezende, qualificara de "crime de caráter altamente terrorista" um outro atentado a bomba, contra o jornal *A Tribuna*, na capital daquele estado.

Pouco mais havia a apurar sobre o Riocentro. Mesmo assim, no dia 30, os jornais publicavam entrevista do procurador da Justiça

Militar que acompanhava o IPM, Gilson Ribeiro Gonçalves, informando que pediria prorrogação de vinte dias para as investigações. E uma "alta fonte militar" dizia ao *Jornal do Brasil* o que virou o título de chamada na primeira página: "Capitão Wilson Depõe e se declara vítima."

Um jornalista muito experiente previra este desfecho lá atrás. Mais do que isto, ele foi desvendando, quase que diariamente, em sua coluna, o que as bombas do Riocentro iam fazendo com os principais personagens do poder civil e militar do país e com o enredo do processo de abertura democrática.

No dia 3 de maio e antes que praticamente toda a "imprensa alternativa" encontrasse no fato alvo justo para todas as piadas e *cartoons*, foi Carlos Castello Branco quem, com bom humor e em primeiro lugar, melhor apontou no episódio os elementos de um estremecimento daqueles personagens e daquele enredo. "Estranho dom de adivinhação tem o general Muniz" era a primeira frase de sua primeira coluna sobre o Riocentro, referindo-se justamente ao fato de o secretário de Segurança do Rio de Janeiro ter, logo no dia seguinte às explosões, declarado o capitão como vítima. Depois de ressaltar a intensa convivência do secretário com o ministério, Castello relacionava a declaração de Abi-Ackel — "a bomba explodiu no Governo" — a uma passagem histórica: "As palavras do ministro da Justiça trazem o eco de uma confidência de Getúlio Vargas, no dia seguinte ao atentado contra o jornalista Carlos Lacerda, confidência depois divulgada, de que a bala atirada contra seu adversário ricocheteara e lhe batera no peito." O comentarista via "felizmente diversas" as situações de 1954 e daqueles dias de maio. Mas advertia: "O Governo está ferido pelos estilhaços das bombas." No correr dos dias, Castello iria revelar com mais detalhes o quanto as explosões haviam ricocheteado na figura do presidente da República e a extensão de seu isolamento no meio militar.

Apenas cinco dias depois das explosões, Castello era novamente o primeiro a afirmar: "Sem desrespeito ao General-Comandante do I Exército", que não havia "muitas esperanças de que o Inquérito Policial Militar termine por transmitir à opinião pública informações completas sobre a operação no Riocentro". Ainda em 1981, ele comentaria assim a repercussão de seu trabalho naqueles dias conturbados:

> As colunas de maior repercussão são as dos períodos de crise. São as que têm por base grandes informações, porque, quando há problemas críticos, a coluna é lida por um maior número de pessoas. Foi assim, por exemplo, durante praticamente todo o Governo João Goulart, uma crise de três anos, e foi assim com o episódio do Riocentro. Houve, em primeiro lugar, uma cobertura excelente desde os primeiros dias, um trabalho jornalístico de primeira grandeza em que destaco os repórteres do *JB*, que foram muito bons. A partir do volume de informação recolhido e publicado, criou-se na opinião pública uma consciência do que tinha havido, através de indícios muito fortes. Ao mesmo tempo, havia, também desde cedo, a expectativa de que o Exército não quisesse ou não tivesse condições de revelar até o fundo o que acontecera. O meu trabalho se baseou em obter informações supletivas que analisassem o que havia sido apurado pela reportagem, para tornar mais ostensivas e mais ditas as evidências a partir da apuração dos fatos.
>
> A repercussão da coluna foi muito grande. Recebi cartas, muitos telefonemas, telegramas entusiasmados, que não é aconselhável se publicar, porque são elogios. Recebi também, é claro, muitas reclamações, a maioria em cartas anônimas. Isso sempre acontece quando a matéria-prima é o fato. E fatos são sempre publicados. Análises e repercussões dependem de quem é a fonte e da maneira como a fonte

coloca a informação. Escrevo com segurança sobre as duas coisas — fonte e conteúdo —, e isso assegura antecipações acertadas.

Antes de o presidente Figueiredo vir ao Rio, por exemplo, quando da festa das bodas de ouro do ex-presidente Médici, ele teve uma reunião com o general Otávio Aguiar Medeiros, chefe do SNI, e com o general Danilo Venturini, chefe da Casa Militar. O Medeiros representava a opinião da comunidade de informações e o Venturini, a do Exército. Nesse encontro, ficou decidido que o caso deveria ser entregue ao I Exército e que não se ia puxar o fio da meada. Se o assunto fosse investigado em profundidade, poderia envolver oficiais de maior nível, muitos na reserva, mas até coronéis em serviço ativo. A apuração seria restrita ao fato em si. Quando o presidente Figueiredo desceu na base aérea, encontrou o general Gentil Marcondes lhe esperando e comunicou-lhe a decisão de entregar o caso ao I Exército. A conversa foi fria e rápida, porque o presidente não queria falar muito na presença do governador do Rio de Janeiro, Chagas Freitas, que também o esperava na base. No dia seguinte, eu soube que o Sarney andava à cata de informações sobre como seguiria o episódio Riocentro. Ele encontrou-se com um general, que lhe disse: leia a Coluna do Castello que ele está antecipando tudo o que vai acontecer. O que eu dizia era que dificilmente o Inquérito Policial Militar chegaria a apontar toda a extensão do episódio. Era dia 5 de maio.

Ainda nesse período, houve uma outra coluna que irritou muito os personagens envolvidos, mas era rigorosamente autêntica e baseada em uma carta que o Guilherme Figueiredo leu para um amigo comum.

Os personagens irritados eram, além de Guilherme Figueiredo, seus irmãos João, Diogo e Euclides, respectivamente presidente da República, comandante da Escola de Comando e Estado-Maior e comandante da Vila Militar. No dia 23 de maio, a crônica "A família Figueiredo" começava assim: "Noticiou-se que o presidente da República teria sido notificado por seus dois irmãos generais de que, na hipótese de conflito entre o Palácio do Planalto e o Exército, eles ficariam com o Exército." Nela, Castello conta ainda algumas rusgas internas, antigas, íntimas, embora envolvendo assuntos e cargos públicos:

> O General Euclides, quando coronel, serviu no Palácio do Planalto, e seu irmão João era o Chefe do Gabinete Militar. Um dia, Euclides pediu ao então Coronel Octávio Costa, diretor da AERP [Assessoria Especial de Relações Públicas da presidência da República], que admitisse no seu serviço como estagiário um filho dele que fazia curso de comunicação. Costa atendeu imediatamente ao pedido, mas quando o General Chefe da Casa Militar soube do que se passara determinou ao Coronel que excluísse o sobrinho da lista de estagiários de relações públicas.

Poucos dias mais tarde, Castello publicava a versão do agora general Octávio Costa. Não chegava a ser um desmentido; retificava cargos e cursos do contratado/demitido. Não importava. O que importava era que, pela coluna, Castello estava cumprindo a proposição de tornar mais ostensivas, mais ditas, algumas tendências. E essa não era pouco importante: era a tendência ao isolamento profundo do general presidente em seu meio militar.

Muito antes desta coluna do dia 23, Castello comentou o Riocentro com sua avaliação evoluindo. A confiança — "o presidente tem experiência e discernimento para ler e entender o que lhe for entregue" (8 de maio) — e a expectativa — "o que ninguém quer é um presidente atingido por bombas ou manietado na sua tentativa de expor a verdade à nação" (9 de maio) — duram pouco.

Já em 10 de maio Castello anunciava "O reverso de Brasília":

> O reverso da reunião de Brasília [reunião entre representantes de todos os partidos políticos para prestar apoio ao presidente na apuração das explosões] poderá ser uma reunião sagrada dos remanescentes bolsões, "sinceros mas radicais", de que falava o General Ernesto Geisel e que, em certos momentos, sentiram sobre os ombros a mão pesada do ex-presidente. O General Figueiredo fala grosso, mas sua mão ainda não baixou sobre qualquer opositor da política da abertura e não será neste momento, depois que ele uniu a Nação, que irá cometer novas imprudências. Até novembro, o Chefe do Governo estará vinculado a constrangimentos na convivência com os companheiros que o ajudaram na carreira ou que o auxiliaram a chegar à Presidência da República. Até aquela data, basta que ele permaneça fiel ao seu juramento e espere que a irreversibilidade dos acontecimentos fortaleça sua posição e o passar do tempo elimine as pressões morais.

No dia 13 de maio, Castello sentenciava ainda mais claramente qual seria o resultado da dicotomia em que se encontrava o presidente da República: *Não se puxará o fio da meada*. E, de acordo com explicações que recebera de fontes militares, dizia que a decisão do governo seria a de preservar seu prestígio tendo em vista a "opinião interna". A "opinião externa" seria outro problema "a ser tratado no correr dos tempos".

O condicionamento do processo de abertura política à concordância das Forças Armadas era ainda tema das colunas de 14 e 16 de maio. A coluna do dia 17 analisava a decisão do presidente de não conceder entrevistas à imprensa durante sua viagem à Alemanha. Ao mesmo tempo que lembrava que "não é estilo do general João Figueiredo calar a boca", Castello discordava de opinião recente do general Ferreira Marques, que estava assumindo a chefia do estado-maior do Exército, e concluía: "O presidente não está em condições de levar a abertura democrática às últimas consequências."

Mais do que o desagrado, o impasse que a situação impingia ao país também esteve presente. "Em 1968 tudo era claro. Agora tudo é obscuro, inclusive a margem de riscos, que é imprevisível." Eram as primeiras frases da coluna do dia 20 de maio. O tema era a substituição do encarregado do IPM sobre as explosões no Riocentro. As informações oficiais davam conta de que ele saíra por motivos de doença.

Castello foi claro:

> O Coronel Prado Ribeiro, apresentado como um profissional competente, desvinculado de questões políticas, afastou-se da chefia do IPM por motivos de saúde que serão apurados.
> [...]
> Qual a versão verdadeira, jamais a saberemos enquanto vivermos sob este regime. O coronel foi substituído por outro oficial de igual patente, atualmente na chefia de relações públicas, a quem se atribui ter orientado o desmentido da TV Globo sobre a existência da misteriosa segunda bomba.
> [...]
> Assim como a segunda bomba, a expectativa da verdade desapareceu no horizonte.

Outras expectativas — até mesmo a da renúncia do presidente da República — permaneciam no ar. No dia 28 de maio, embora informasse existir uma versão de que o presidente Figueiredo teria aludido já à hipótese de "deixar tudo isso e chamar o Pires para governar", Castello dizia que, de acordo com a expectativa ministerial, o desfecho não seria de recuo: "O presidente está com a voz embargada pela emoção. Daí o seu silêncio, não, não a sua conformidade."

A conformidade aí não se referia à apuração do episódio Riocentro. Com o desaparecimento da verdade no horizonte, o presidente estava já conformado. O que estava em jogo era a continuidade ou não do processo de abertura política. No dia 29 de maio, Castello traçava o quadro:

> Ainda as bombas do Riocentro. Qual o outro tema? A nação está intranquila, o Congresso e os partidos estão isolados e o Palácio do Planalto fechou-se em copas. É claro que o Governo continua a operar administrativamente como sempre o fez nesses longos anos de predomínio militar, mas opera como uma entidade ensimesmada e distante, tomando decisões que, mostrando o atraso do programa de abertura, não refletem senão opções do pequeno grupo que tomou a si governar o Brasil.

Castello assegurava que o presidente não havia desistido do projeto, mas questionava já sua qualidade:

> O que se discute é até que ponto o projeto permitirá a límpida apuração da vontade popular, pois os indícios são de adoção de salvaguardas para assegurar o predomínio do partido governista, evitar a entrega de alguns estados à oposição e manter a maioria do Congresso, indispensável para frustrar uma nova etapa da liberalização que seria a convocação de eleição direta para Presidente da República em 1984.

As bombas do Riocentro haviam antecipado o confronto entre grupos radicais e o Governo em relação ao projeto, era o que em síntese a coluna comentava.

Apenas dois dias depois, o comentarista político previa que o resultado desse confronto não seria traumatizante, mas não seria também desejado um passo à frente em direção à democracia mais concreta:

> Para preservar a unidade, o Marechal Castello Branco assinou o Ato 2 e concordou em passar o Governo ao Marechal Costa e Silva, que, por sua vez, com o mesmo objetivo, teve de assinar o Ato 5. O General Geisel reacomodou a unidade a seu próprio modo, eliminando as dissidências ocasionais. O General Figueiredo, diante de um fato que inicialmente parecia dramático, sem abandonar seu projeto de abertura, tomou como base dele a solidariedade e o apoio das Forças Armadas e foi por isso que o vice-presidente Aureliano Chaves formulou com felicidade a ideia de que a abertura passa pela unidade militar. Sem o consenso dos generais, nada feito. Os generais consentem, mas no episódio havia ou há decisões a preservar, como, por exemplo, a de que, em função da anistia e da liberdade de imprensa, nenhum militar se sentará no banco dos réus.

Se era por um lado tranquilizador, o desfecho — e Castello assegurava que o presidente não recorreria à medida de exceção — era também revelador da fraqueza do conjunto da sociedade civil ante a entidade abstrata mas poderosa da unidade militar: "O poder de reação civil, quando os comandos se entendem, é extremamente limitado, tanto mais quando há no horizonte a esperança de eleições e de melhoria do pacto político. Os políticos vivem de esperanças e a convocação das eleições atende ao principal." A coluna terminava afirmando que o governo ganhara a batalha e que as regras do jogo não seriam antecipadas nem modificadas, "mesmo que novas bombas explodam em locais em que se reúnem liberais ou esquerdistas de variados matizes". A primeira frase do comentarista neste dia era "vai-se relaxando a curiosidade pelo que se passará no país depois do episódio do Riocentro". E o título da coluna, "O Riocentro fora de pauta".

No dia 30 de junho de 1981, quase sessenta jornalistas — convocados pelo I Exército para uma estranha entrevista coletiva onde eram formalmente proibidas as perguntas — conheceram as conclusões do Inquérito Policial Militar sobre as explosões no Riocentro, relatadas pessoalmente por seu encarregado, o coronel Job Lorena de Sant'Anna. Tudo que havia sido visto, fotografado, apurado, ouvido, escrito, televisionado e irradiado naqueles dois meses estava errado. O coronel Job de Sant'Anna falou durante pouco menos de uma hora e meia aos jornalistas credenciados pelo I Exército. Numa sala às escuras — para que melhor fossem vistos os slides que ia projetando à medida que explicava o que acontecera oficialmente naquela noite de 30 de abril —, ele desmentiu oito versões, detalhou o conteúdo do relatório do IPM, inocentou de qualquer responsabilidade pelas explosões o capitão Wilson Luís Chaves Machado e o sargento Guilherme Pereira do Rosário, levantou suspeitas de que os militares tenham sido vítimas de grupos de esquerda, mas concluiu sua exposição informando que o IPM estava encerrado sem que fosse possível identificar qualquer culpado.

A charge de Ziraldo — um imenso e simples OH! — na página 10 do *Jornal do Brasil* de 1º de julho resume a reação aos resultados do IPM.

Nos dias seguintes, o *Jornal do Brasil* rememorou, em pormenores, muitos pontos não bem esclarecidos no IPM, colocando por terra a credibilidade das investigações cujos resultados tinham sido desmentidos pelo trabalho de apuração da imprensa, antes mesmo que o inquérito tivesse sido iniciado.

Carlos Castello Branco morreu aos 76 anos, em 1º de junho de 1993, de infarto. Foi um dos mais brilhantes, bem-informados e prestigiados colunistas políticos da história do Brasil, tendo exercido a profissão ao longo do governo de treze presidentes da República e da vigência de três Constituições. Quanta clareza tinha o analista. Mais de trinta anos depois e tendo voltado, novamente através da imprensa, o caso Riocentro à tona (em *O Globo*, através das reportagens de Chico Otavio, em 1999, e, em 2014, pelo garimpo de José Casado, que, nos documentos dos inquéritos sobre o caso, descobriu ter o presidente Figueiredo conhecimento prévio do atentado), vemos que Castello tinha toda a razão. Não teve a reação civil naquela época, nem no decorrer das décadas, a força para, com todas as manchetes, punir os responsáveis pelo ato terrorista ou seus comandantes. A juíza Ana Paula Vieira de Carvalho, da 6ª Vara Federal Criminal do Rio de Janeiro, decidiu, em 2014, acolher a denúncia do Ministério Público Federal e mandar a julgamento o agora coronel Wilson Luiz Chaves Machado, os generais reformados Nilton de Albuquerque Cerqueira (ex-comandante da PM) e Newton Araújo de Oliveira e Cruz (ex-chefe da Agência Central do Serviço Nacional de Informações — SNI) e outras autoridades militares e policiais envolvidas. No mesmo ano, o Tribunal Regional Federal da 2ª Região decidiu trancar a ação penal, discordando do enquadramento do atentado em crime contra a humanidade e considerando o episódio coberto pela Lei da Anistia.

Frustração para uma ampla maioria que torcia contra a impunidade. Entretanto, o exercício do direito de fazer saber, de um lado, e o de saber, do outro, foi praticado desde a primeira hora. Como bem disse o comentarista político Villas-Bôas Corrêa, "o que se sabe, existe". O que existiu e se soube ficou mais perto, mais parte da vida de cada um. E já seria menos possível não termos nada a ver com isso.

Essa era a regra que norteava os jornalistas do *Jornal do Brasil* desde os tempos da reforma. Em tempos em que as liberdades estão ainda por um triz e as instituições se encontram frágeis, quando as notícias são veiculadas por empresas que são concessões fornecidas pelo governo e quando qualquer notícia pode ser censurada por ele, a informação se torna uma arma de peso. Certamente pesou contra as maquinações da linha-dura naquele 1981.

Foi muito parecido com o que aconteceu, pouco tempo depois, em outra grande cobertura, quando a apuração foi responsável por impedir uma fraude que, outra vez, colocava em risco a democracia brasileira.

10
Apuração vence fraude: o caso Proconsult

"Iam garfar a eleição do Brizola. Foi uma operação armada dentro do SNI, que o Golbery confessou que foi do SNI, malfeita. Era para garfar, com a cumplicidade da TV Globo, do Léo Simões e do Moreira. O Moreira sabia do esquema."

Quem acusa é Paulo Henrique Amorim, o jornalista que o Brasil se acostumou a ver na telinha, nas décadas de 1980 e 1990, como repórter, comentarista e apresentador de programas de temas econômicos, ou correspondente em Nova York, primeiro na TV Globo, depois na Band. Os personagens e o enredo que ele cita são da eleição ao governo do estado do Rio de Janeiro em 1982: Leonel de Moura Brizola e Wellington Moreira Franco, candidatos ao cargo, o primeiro pelo PDT e o segundo pelo PDS; Léo Simões, deputado do partido de Moreira; e o general Golbery do Couto e Silva, chefe do Gabinete Civil da Presidência da República. A TV Globo era a TV Globo. Já havia, muito antes, se tornado a emissora de maior audiência no país.

P. H., como é conhecido pelos amigos, tem agora, aos 73 anos, seu próprio programa na TV Record (*Domingo Espetacular*) e o blog Conversa Afiada. Naquela época, era editor-chefe do *Jornal do Brasil*. O mesmo editor que havia bancado, um ano antes, a cobertura do caso Riocentro. Um editor que bancaria, neste caso, a cobertura de seus repórteres, que foi caminhando, solitária mas incansável, na contramão dos dados do Tribunal Regional Eleitoral do Rio de Janeiro. E que acabou dando posse, através de suas manchetes de primeira página, a um candidato que os militares no comando do país consideravam um sapo difícil de engolir, e que afirmava publicamente, pouco depois do pleito e durante a novela em que se transformou a apuração, temer ver fraudada sua eleição.

Ao se reler os jornais da época tem-se a sensação de não ser possível aquilo ter acontecido. As trapalhadas, os disparates, os absurdos, tudo se parece com o desenrolar de um filme passado em uma Republiqueta das Bananas. Para se ter uma ideia, o resultado final das eleições no Rio, realizadas em 15 de novembro, só foi divulgado oficialmente pelo TRE quase um mês depois, em 13 de dezembro! O atraso estava longe de ser um problema técnico, como lembra, até hoje, Paulo Henrique:

> Tem algumas precondições que precedem a história em si. A primeira é que o Moreira foi dar uma entrevista à Rádio JB, passou na redação do jornal e, na conversa comigo, tinha me advertido de que ia haver um número muito grande de votos nulos na Baixada Fluminense, porque, como era o chamado voto "camarão" — você tinha que votar no mesmo partido de cima a baixo —, o povo pobre, a galera da Baixada, não ia saber votar voto camarão. Achei aquilo esquisito.
>
> A segunda: veio um repórter de Política, muito bom, malandro, cheio de mumunha. Era o "carioca de Niterói", Rogério Coelho Neto. Rogério chega para mim e diz assim: "Paulo Henrique, o Léo Simões — que era um deputado do PDS, muito ligado ao SNI e ao presidente Figueiredo — me avisou que vai ter muito voto nulo na Baixada." Eu pensei: "Opa." Aí, o Josa, filho do dr. Brito, me apresenta um cara, dizendo que era o dono de uma empresa de computação, muito bom, que ia totalizar para *O Globo*, e que a gente entregasse a apuração a ele. Nós já tínhamos

armado o nosso esquema de apuração para as eleições. Para não parecer uma implicância minha com o dono da empresa, o filho do dono, eu nomeei para ver que história era aquela o Hedyl Valle Junior [editor da reportagem local] e o Pedro do Couto — que tinha trabalhado no Ibope e que eu havia contratado para me ajudar a fazer pesquisa para a eleição. O Hedyl e o Pedro do Couto voltaram no dia seguinte e disseram: "É armação, tão querendo desarmar a nossa jogada, a nossa apuração própria, e botar na mão de um cara que a gente não sabe quem é." Eu, então, disse ao Walter Fontoura [diretor] e ao Josa que nós íamos fazer por nossa conta.

O Brasil de 1982 vivia mais uma vez eleições atípicas. Tentando manter-se em maioria, o governo do presidente Figueiredo havia conseguido impor uma legislação que instituiu o voto vinculado. O eleitor era obrigado a votar em candidatos do mesmo partido para todos os cargos eletivos. Daí o apelido "camarão" — muitos candidatos minoritários faziam a propaganda com o apelo ao eleitor que não simpatizava com o candidato majoritário lembrando a possibilidade de jogar o cabeça de chapa para escanteio e votar apenas nele mesmo. Voto sem cabeça acabou virando, na boca do povo, voto "camarão"...

Eram candidatos também Sandra Cavalcanti, pelo PTB, e o peemedebista Miro Teixeira, que começaram polarizando a disputa. Moreira, com o slogan "Nem Miro nem Sandra", chegou a subir nas pesquisas. O estreante PT tinha como candidato Lysâneas Maciel, e Brizola corria por fora, como gostavam de dizer os pedetistas. A candidatura do exilado que regressara com a anistia era malvista pelo governo e sua vida política foi alvo de tentativa de boicote, com a manobra que fez com que ele perdesse sua tradicional sigla PTB para Ivete Vargas, a veterana trabalhista, de temperamento mais palatável à ditadura. Sua eventual vitória no Rio era o que menos queriam os militares linha-dura incrustados no SNI.

Sempre bem informado, o jornalista Elio Gaspari, então editor adjunto da revista *Veja*, escreveu em "Coisas da Política", sob o sugestivo título "Uma nova sigla eleitoral no Rio de Janeiro", na edição de 21 de outubro daquele ano, na página 11 do *JB*, um artigo que mudaria o comportamento dos pedetistas e ajudaria a salvar a pele do seu comandante. Alguns trechos:

> Se não bastassem todas as complicações aparecidas na campanha eleitoral fluminense, nota-se agora a existência de mais uma: a atividade de pessoas ligadas ao Serviço Nacional de Informações em favor do PDS e do seu candidato Wellington Moreira Franco. De todas as siglas de três letras em ação no Rio, o SNI é a mais discreta, pela própria natureza de suas operações. Até agora, pode-se estimar que este pelotão agiu em duas direções: numa contribuiu para orientar as forças conservadoras em benefício do PDS fluminense, o mais débil do país, e noutra, deu a estas mesmas forças uma concepção estratégica tanto na manobra de seccionamento do governador Chagas Freitas, hoje separado do PMDB, quanto na exibição das armas disponíveis para atacar a maré brizolista.
>
> [...]
>
> O Serviço, por definição, jurisdição e pela lógica administrativa, é um órgão de exclusiva coleta de informações. Isso, porém, é uma ficção legalista. Nem no Brasil, nem em lugar algum, os serviços de informações, quando informados, abstêm-se de agir. Afinal, essa distorção potencial faz parte do próprio gênero humano.
>
> [...]
>
> Deixe-se de lado essas observações da burocracia do segredo, é a própria situação política do Rio quem exibe a

ameaça. Onde agiram pessoas ligadas ao SNI, isso não foi feito porque se precisava da ação de um serviço de informações. O que se precisava era de uma coordenação política. Ou seja, mesmo onde foram conseguidas belas vitórias táticas, isso foi obtido ao preço de uma distorção institucional.

[...]

Exatamente por isso, seria preferível que aos partidos coubesse a função dos partidos, que é a de amortecer divergências, vícios e até mesmo tolices das sociedades, pois, se um serviço de informações passa a achar que é capaz de se desincumbir de tarefas de articulações políticas, assina, sem perceber, sua inscrição no vestibular da esquizofrenia.

A partir deste artigo, Brizola se convenceu de que o esquema de apuração própria de votos proposto por Cesar Maia — um economista até então desconhecido no meio político, que trabalhava como gerente em uma fábrica da Klabin — era necessário, e o aprovou. Cesar passou a comandá-lo a partir da abertura das urnas, recebendo cópias dos boletins eleitorais através de motoqueiros e fazendo a finalização da contagem em computadores no Centro de Processamento de Dados da Construtora Sérgio Dourado.

Paulo Henrique montou o esquema de apuração do jornal. O jornalista Procópio Mineiro lembraria, anos mais tarde, como foi o esquema que, paralelamente, ele também montou na rádio:

> Como chefe do departamento de jornalismo da Rádio Jornal do Brasil-AM, onde começava a implantar o sistema de jornalismo total, o chamado *all news*, ocorreu-me oferecer aos ouvintes uma apuração paralela, ágil, que desse a progressão dos números, em vez de esperar o calhamaço do TRE. Com uma pequena equipe, integrada em grande parte por estudantes de jornalismo, foi possível oferecer inúmeros boletins diários, formados do somatório dos mapas

coletados nas juntas de apuração. Ao final do primeiro dia, tínhamos cerca de 2% dos votos totalizados e pude ousar a previsão de que Leonel Brizola era o vitorioso contra Moreira Franco, candidato do regime, inflado por uma campanha de marketing extraordinária.

Extraordinário era também o esquema montado pelo jornal *O Globo* para a apuração daquelas eleições, conforme o anunciado em matéria da sua edição de 15 de novembro, véspera do dia da votação:

> Tudo está pronto, no GLOBO, para colocar em funcionamento, a partir de amanhã, o maior esquema já montado por um jornal brasileiro para cobertura da marcha da apuração de uma eleição em todo o País. A cobertura mobilizará, em todo o País, cerca de 25 mil pessoas, dentre repórteres, redatores, técnicos e estudantes universitários em todos os Estados e Territórios, nos quais serão usados 14 jornais, 24 emissoras de televisão e nove de rádio para acompanhar a contagem de todos os votos na boca da urna e apresentar os resultados da apuração em primeira mão.
>
> O trabalho de cobertura — nunca executado na imprensa brasileira — será tão amplo que O GLOBO teve de ampliar seu Centro de Processamento de Dados, interligando a seu computador de quarta geração quatro Cobra 520, última palavra em tecnologia nacional de computadores, além de uma vasta rede de terminais.

Na véspera, o jornal havia publicado, cobrindo metade da primeira página, um editorial que desqualificava Brizola — apresentado como um candidato que desconhecia o estado do Rio de Janeiro, não possuía programa de governo nem quadros — e que declarava o seu voto: "Se nossa preocupação, nesse momento, é, como deve ser, dar ao Rio um governante capaz de enfrentar com êxito nossos problemas graves e prementes, o voto em Moreira Franco será por certo o mais indicado."

Pelo lado oficial, pela primeira vez na história, os votos no Brasil seriam contados através de sistemas informatizados que somariam os votos dos mapas enviados pelas juntas eleitorais. Na maioria dos estados a função coube à empresa estatal Serpro. No Rio, o TRE optou pela empresa Racimec, dirigida por militares, que criou a Proconsult, vencedora da licitação realizada para a execução da tarefa, na qual foi a única participante. Joaquim Arcádio Vieira Filho era seu vice-presidente. Arcádio começou a oferecer os serviços da Proconsult a Procópio Mineiro em outubro. A princípio, Procópio recusou, pois não queria desmontar seu próprio trabalho. Depois chegou a pensar ser uma boa ideia ter os dados da empresa para fazer uma comparação. Estes contatos viriam a se transformar, rapidamente, de oferta de parceria em ameaças por parte da Proconsult.

Procópio — que depois se filiaria ao PDT e teria sua vida profissional toda ligada a Brizola e ao partido, até seu falecimento, aos 65 anos, em 2005 — havia montado um esquema que computava apenas os votos para governador, senador e o total das legendas. Com a eliminação da contagem dos votos para os cargos minoritários (vereadores e deputados), a apuração e a computação da rádio corriam rápido e bem. O sistema do jornal pifara. Os computadores não conseguiam processar os resultados. O jornal do dia 17 saiu com os números fechados pela rádio e Paulo Henrique decidiu adotar o seu sistema: só computar dados dos candidatos majoritários.

A manchete do *Jornal do Brasil* daquele dia, primeiro em que se noticiavam dados das apurações, foi: "Simon atribui sua derrota a Brizola/ PDT lidera primeiras urnas do Rio." Depois de informar que o senador gaúcho Pedro Simon, do PMDB, admitia a derrota para o candidato do PDS, Jair Soares, na disputa pelo governo do

Rio Grande do Sul, e a atribuía à falta de apoio de Brizola, o *JB* fornecia dados da eleição fluminense: "Um levantamento da Rádio JORNAL DO BRASIL, em 477 urnas (343 no Rio e 104 no interior), apurou 53 mil 71 votos para Leonel Brizola, 37 mil 983 para Moreira Franco, 27 mil 318 para Miro Teixeira, 14 mil 922 para Sandra Cavalcanti e 4 mil 930 para Lysâneas Maciel." Informava além disso que o TRE ainda não havia processado nenhum boletim e que o primeiro resultado oficial só seria divulgado naquele dia, às 10h.

Em *O Globo* do mesmo dia, a chamada sobre a eleição dividia o alto da primeira página com placar de futebol. Seu título era: "Brizola lidera no Rio, Moreira em Niterói." Informava:

> Com 551 urnas processadas no Centro de Computação do GLOBO, Moreira Franco lidera a apuração no Rio de Janeiro com 47.903 votos contra 40.864 para Miro Teixeira e 33.657 para Leonel Brizola. Mas a maior parte dos votos apurados provém do interior (425 urnas) e, na Capital, onde o trabalho das Juntas é lento, Brizola vem liderando com boa vantagem...

No dia seguinte, as diferenças entre os dois jornais se acentuaram. *O Globo* trazia a imagem dos três candidatos mais citados nas pesquisas no alto da primeira página. Brizola, sorridente, colocando na cabeça o cocar que ganhara de presente do índio Juruna, sucesso total nas urnas por seu partido; Moreira, que dizia ser ainda cedo para afirmar quem seria vencedor; e Miro, que reconhecera a vitória do pedetista. A manchete era: "Decisão só nas últimas urnas", encimada por um título menor: "Diferença será inferior a 60 mil votos." O texto da chamada informava que, a partir de dados do centro de computação do jornal, Brizola tinha, na noite anterior, 57 mil votos de vantagem sobre Moreira. Acrescentava, entretanto, que técnicos — sem nomeá-los — asseguravam que a percentagem apurada era baixa, dando margem a erros, e concluía: "O que se pode prever é que a definição, a favor de Brizola ou de Moreira, se dará por menos de 60 mil votos."

O *Jornal do Brasil* parecia estar em outra dimensão. Sua manchete, no mesmo dia 18 de novembro de 1982, estampava: "Brizola deve vencer Moreira por 34% a 29%/Montoro condena frente de governadores." O texto da chamada informava que o jornal havia computado 3.284 urnas, em um total de mais de 300 mil votos (18,7%).

No dia 19 de novembro, o *JB* prossegue confiante em suas projeções, reafirmando a dianteira de Brizola na primeira página com a chamada "Brizola, em 7 mil urnas, tem 40 mil votos à frente". No texto, informava ainda que a empresa Proconsult não tinha previsão para o término de seus trabalhos. Ela havia computado apenas 109 urnas. O *JB*, em torno de 7 mil, de um total de cerca de 17.500. O Caderno Eleições — encarte que havia sido lançado com a eleição dominical de 14 de novembro — já trazia até um quadro detalhado de como o eleitor havia votado em cada uma das 25 zonas eleitorais de todo o estado. Uma nova projeção era feita. Brizola venceria a eleição por 32,7% dos votos contra 31,1% de Moreira Franco.

O atraso já dava margem para Brizola falar em fraude. Na mesma chamada da primeira página ele dizia: "Só a fraude ameaça nossa vitória." E, na matéria, o Caderno Especial detalhava: a declaração havia sido dada em um Hotel Glória lotado de correspondentes estrangeiros. Brizola afirmava confiar nos juízes eleitorais, com um senão: "Nesse clima tumultuado que se criou no Rio de Janeiro tememos que fraude venha a se desenvolver."

O Globo ainda insistia em dar dianteira ao candidato do PDS. Sua manchete era: "Brizola mais próximo de Moreira." Mas o grande assunto deste 19 de novembro era outro. Brizola fora, na véspera, à sede da TV Globo, logo em seguida à coletiva concentrada na imprensa internacional, em que tinha divulgado ao mundo sua convicção na vitória e o temor de ser, como diria P. H., garfado. Às 22h, havia chegado à sede da emissora para participar do programa *Show das Eleições*, que aceitara sua exigência de que a entrevista fosse ao vivo. Acabou tendo um embate memorável com o jornalista Armando Nogueira, que entrou no ar, ao vivo, de um estúdio em São Paulo. Brizola havia reclamado no ar da lentidão com que a Globo divulgava os resultados do Rio. Armando apelou, colocando-se no papel de defensor dos brios dos jornalistas. Alguns trechos do debate:

> **Armando Nogueira**: [...] eu perguntaria ao senhor, governador, se é justo que profissionais com passado, alguns com futuro, quase todos com futuro, devam merecer, numa hora de paixão, um tratamento tão rigoroso da parte de um homem público por quem a gente tem um apreço. Eu gostaria de fazer essa pergunta que ela é quase pessoal, o senhor me desculpe introduzir uma pergunta pessoal, mas em nome de cerca de 2 mil jornalistas eu me sinto no dever de fazer essa pergunta ao senhor.
>
> **Brizola**: Com muito carinho, com muito prazer, Armando, que eu dou essa resposta, com a franqueza que me caracteriza. Nós devemos sempre usar o método da franqueza e da lealdade, não é? Eu registrei o que era real. Não cheguei a entrar no mérito e não cheguei, de forma nenhuma, a considerar que tivesse havido má-fé. Eu registrei uma situação real, existente aqui no Rio de Janeiro, e também os meus próprios sentimentos. Eu senti o nosso Rio, no conjunto, desmerecido. Chegava a ser anunciado: "Olha, agora, em seguida, vem o Rio de Janeiro!", e depois vinha o Acre, vinha Rondônia, e nada. Então eu registrei isso, faltava essa informação. Agora, pode ser que os canais tenham se entu-

pido. Organização grande é assim. Às vezes, o gigantismo é uma doença das organizações. Isso pode acontecer, isso pode ocorrer sem desmerecer os profissionais. Muitas vezes, grandes médicos vão fazer uma operação e o doente morre.

[...]

Mas felizmente eu acho que tudo está retornando aos seus níveis normais. Eu fiquei aqui muito honrado de ouvir essa projeção final canalizando no sentido de um reconhecimento da possibilidade que a maioria eleitoral se estabeleça [...].

Eu espero que o amigo Armando Nogueira considere que não há nenhum conteúdo de desmerecimento a vocês todos que certamente estão trabalhando muitíssimo no cumprimento dessa enorme tarefa.

Armando Nogueira: Eu gostaria que o senhor, já nesse estado de espírito, de compreensão, o senhor aproveitasse a oportunidade para desagravar a Rede Globo, desagravar também, de certa maneira, o Tribunal Regional Eleitoral.

[...]

O senhor sabe perfeitamente que os números que estão chegando agora estão chegando porque correm num ritmo normal, e não no delírio, governador. Nós não entramos no delírio dos números. Aqui em São Paulo também, no primeiro dia, nós ficamos aquém, mas quisemos ficar aquém da fantasia, para ficar de acordo com a realidade, governador. Eu peço licença para não importunar mais a sua entrevista, vou continuar como telespectador, muito obrigado.

Brizola: Não há de quê, foi uma satisfação muito grande contar com a sua participação, sobre tudo, uma honra maior ainda.

[...]

Eu não tenho nada que dizer, que desagravar a Justiça Eleitoral, ao contrário, o meu primeiro passo como candidato foi visitar a Justiça Eleitoral e prestigiá-la. Eu tenho uma tradição de prestígio e de acatamento ao Poder Judiciário. Agora, a minha referência a uma possibilidade de fraude não se refere aos juízes, se refere a esse submundo que passou a se mover em função desta confusão que se criou aqui, porque nós temos indícios muito concretos a esse respeito, então isso pode se passar independentemente do cuidado, do zelo dos juízes.

[...]

Nas minhas críticas, porque na verdade é crítica mesmo, no bom sentido, não tem nada com exaltação. Me desculpa, Armando. Pelo contrário, a cabeça aqui, quando começa a adquirir uma temperatura, eu boto na geladeira, cabeça fria, a minha. Mas como eu posso me conformar que vocês computem, a toda hora, urnas do interior, compreendeu? E deixem as urnas da cidade aqui... Custa muito mais uma viagem, me desculpe, lá de Campos, lá de Bom Jesus, lá de Itaperuna, do que uma corrida de automóvel dali, em Bonsucesso, em Campo Grande, na Baixada, e isso foi ficando para trás. E eu acho que era conveniente uma ideia parelha dos resultados das eleições. Isso, se foi alguém que teve a intenção de esvaziar, não é verdade?, a projeção dos resultados do Rio de Janeiro cometeu um erro, porque, ao contrário, isso vai dar um refluxo agora, porque agora toda a nação está acompanhando o que está ocorrendo no Rio de Janeiro. Mas enfim, Armando, olha, com toda a franqueza, pode crer que em mim não existe mais nenhuma restrição a esse respeito. Eu, sempre, para mim, o passado recente ou remoto, eu recolho dele lições. Eu acho que essa é a grande conduta para qualquer um de nós. Pode crer que ao assumir essas responsabilidades de governo no Rio de Janeiro, nós vamos ter que trabalhar juntos, nós vamos ser companheiros de viagem, nós vamos ter que conviver, vamos ter que trabalhar juntos por essa comunidade.

Mas o clima na Vênus Platinada, como a Globo era chamada pela cor de seus símbolos nos cenários e vinhetas, e que se estendia a seus carros de reportagem, não ficou quente apenas durante a entrevista de Brizola. Anos mais tarde, no livro *A história secreta da Rede Globo* — tema também de sua tese de mestrado na Universidade de Brasília, em 1983 —, Daniel Heiz descreve o seguinte diálogo, travado naqueles dias tensos:

> — Quem era o responsável pelo jornalismo da Rede Globo ontem à tarde?
> — Pelo jornalismo nacional, Eduardo Simbalista; pelo jornalismo local, eu mesmo, Luís Carlos Cabral.
> — É com você mesmo que eu quero falar. Você me desobedeceu.
> — Dr. Roberto, se desobedeci foi involuntariamente.
> — Você me desobedeceu. Eu disse que não era para projetar e você passou o dia inteiro projetando, dizendo que o Brizola vai ganhar. Você me desobedeceu.
> — Mas, dr. Roberto, eu não podia desobedecer a ordens que não recebi. Projetei segundo a orientação de meus chefes.
> — E quem são os seus chefes?
> — Os meus chefes são, pela ordem, Alice Maria, Armando Nogueira e Roberto Irineu.
> — Eles não são chefes coisa nenhuma. O chefe aqui sou eu e você me desobedeceu.
> — Bem, dr. Roberto, não desobedeci.
> — Vai trabalhando aí que na segunda-feira a gente conversa. Até logo.

Luiz Carlos Cabral, responsável pelo jornalismo local da TV Globo naquela época, com quem conversei enquanto escrevia este livro, acha que muito tempo se passou para se voltar a analisar hoje o assunto, mas lembra que foi exatamente como descreveu, mais tarde, em artigo para o jornal *Nacional* de Tarso de Castro: "A mão tremia. Não era medo do desemprego. Era o terror de quem vê desabar sobre si, repentinamente, o próprio Spectro."

O interlocutor de "voz cavernosa" era, é claro, Roberto Marinho, o todo-poderoso dono, naquela época, das Organizações Globo, incluindo jornal e TV.

Na rua, começava a se tornar popular o slogan "o povo não é bobo, abaixo a Rede Globo", e repórteres de passado profissional honrado, como o gaúcho Paulo Alceu, passavam a ser hostilizados por sua identificação com a emissora.

No dia 20, o *JB* saiu com a manchete "Vantagem de Brizola é de 119 mil votos", baseada na própria apuração, que já computara 11.528 urnas, mais da metade do total. Na mesma edição, uma matéria informava que o TRE só havia divulgado até aquele momento 1,4% das urnas e que 80% dos boletins tinham sido rejeitados pelos computadores da Proconsult. Naquele ritmo, o jornal calculava, só em oito meses se poderia saber o resultado das eleições no Rio.

O Globo desta mesma data publicava na primeira página a chamada "Brizola avança no Rio; interior quase no fim", informando no texto que, de acordo com seu centro de computação, Moreira tinha 865.654, e Brizola, 833.355 votos. O jornal trazia ainda, também na primeira página, chamada para matéria com o ministro da Aeronáutica, Délio Jardim de Mattos. Sob o título "Délio diz que Brizola é incendiário", informava: "Ao reafirmar sua previsão de que a vitória no Rio caberá ao candidato do PDS, Moreira Franco, disse o Ministro: 'Quem começa a falar em fraude está com medo de perder, porque sabe que vai perder. Ninguém fala em fraude quando acha que vai ganhar.'"

O *JB* tripudiou o adversário. "Quem lê o *Jornal do Brasil* está ganhando as eleições." Em página inteira, eram estes os dizeres do anúncio publicado neste mesmo dia 20 de novembro, com direito a assinatura em letras com tipo na forma de caligrafia: "Um jornal é tão bom quanto as verdades que ele diz."

No dia seguinte, *O Globo* insistiu em dar esperanças de vitória ao candidato do PDS. Sua edição dominical deu destaque ao futebol e trouxe na primeira página uma chamada com o título: "Resultado final no Rio ainda indefinido." O subtítulo informava: "Brizola passa à frente por 93 mil votos", mas o texto ressalvava: "A vantagem para Leonel Brizola não implica definição do resultado eleitoral no Rio de Janeiro, pois corresponde a pouco mais de um por cento dos votos do Estado."

O *Jornal do Brasil*, por sua vez, trazia na capa um placar eleitoral informando que sua computação chegara a 66% do total das urnas do estado e estampava como manchete: "Brizola consolida liderança na apuração." E encerrava neste dia a publicação de seu Caderno Especial Eleições.

Nesta tarde, 21 de novembro, em entrevista na sede da Rádio Jornal do Brasil, Brizola assumia sua condição de governador do estado do Rio de Janeiro, o que daria a manchete do *JB* do dia seguinte, com direito a uma foto dele ao lado da futura primeira- -dama, Dona Neuza.

Com Brizola já se declarando governador na capa do *JB*, em 22 de novembro *O Globo*, pela primeira vez, daria vantagem a ele, com chamada na primeira página informando: "Projeção das urnas apuradas dá a vitória a Brizola por 144 mil votos." Voltava, no entanto, a fazer ressalvas no texto: "Essa projeção tem valor relativo: funciona como simples especulação matemática e não como antecipação de resultado, pois os números finais que o TRE divulgará poderão ser diferentes."

No dia 23, Brizola voltava a ser destaque no *JB*, dessa vez por declarações do general Euclydes Figueiredo, irmão do presidente Figueiredo e comandante militar da Amazônia. Até ele já reconhecia a vitória do gaúcho e se conformava, com a delicadeza peculiar à família: "Brizola é um sapo que a gente engole, digere e, na hora certa, expele."

A primeira página deste dia de *O Globo* simplesmente não toca no nome do futuro governador do estado do Rio, que já recebia até cumprimentos de personalidades internacionais, como o ex--chanceler alemão Willy Brandt. Sua manchete era "TRE: números oficiais devem divulgar os que a imprensa já divulgou". Isso porque, passada mais de uma semana da eleição, o tribunal ainda não havia apurado sequer 10% do total das urnas.

Novo anúncio, na página 7 do *Jornal do Brasil* desta data trazia em letras gigantes o título "O Grande vencedor das eleições está lendo esta página neste momento" e um minieditorial ressaltava o respeito do jornal à inteligência dos leitores, seu compromisso com a notícia e a verdade "doa a quem doer" e terminava assim: "É por isso que ele tem um nome que nenhum outro jornal pode ter." Vinha ainda, de novo, com a assinatura com tipo na forma de caligrafia: "Um jornal é tão bom quanto as verdades que ele diz."

Ambos os jornais, no dia seguinte, dão destaque ao reconhecimento, por Moreira Franco, da vitória de seu opositor. O *JB* anuncia ter encerrado seu esquema de apuração e projeta uma diferença final de 173.587 votos a favor de Brizola. A contagem oficial ainda não havia terminado e a demora na computação dos votos pela Proconsult estava irritando partidos e candidatos. A reportagem do *Jornal do Brasil* apurava, o tempo todo, o porquê daquele estranho atraso. E eis que cai em mãos de um repórter uma prova inequívoca de um erro muito grave. E logo em que mãos? As de Heraldo Dias, o mesmo repórter que havia desvendado o desaparecimento de Rubens Paiva, comprovando que na verdade ele havia sido morto pelos órgãos de repressão, e o mesmíssimo repórter que, em dupla com Fritz Utzeri, havia recebido o Prêmio Esso no ano anterior pela acachapante cobertura do caso Riocentro.

A manchete do *Jornal do Brasil* do dia 26 de novembro era: "TRE admite que errou boletins e vai reprogramar computador." Heraldo havia levado pessoalmente ao presidente do TRE, desembargador Marcelo Santiago, dois boletins oficiais de apuração, emitidos pela Proconsult, um do dia 22 e outro do dia 23. Apesar de o número de urnas apuradas ter aumentado, o número de votos nulos e brancos tinha diminuído! Na primeira página, a chamada reproduz a confissão de culpa do responsável técnico da Proconsult, Haroldo Lobão, e a matéria da página 8, assinada por Heraldo e Antero Luis, detalha os números e informa ainda que, por um erro de programação, os votos brancos estavam sendo computados como válidos para candidatos. O diretor da empresa disse que o programa seria consertado, mas, passados onze dias da eleição, não quis dar uma previsão de quando seriam divulgados os resultados finais do estado do Rio.

Parece muito. Mas ainda faltava o pior. Na edição do dia seguinte, a primeira página do *Jornal do Brasil* trazia uma chamada assustadora: "Proconsult pressionou apuração do *JB*." Revelava ter sido o jornal procurado durante cinco dias pelo diretor da empresa, Arcádio Vieira, para que mudasse seus métodos de apuração e os resultados que estava divulgando. Informava o texto:

> O diretor da Proconsult, Arcádio Vieira, por telefone e contato pessoal, tentou impor seu modelo de projeção que pressupunha o crescimento dos votos brancos e nulos que levariam à vitória o candidato do PDS. Este crescimento (dos brancos e nulos) era chamado por Arcádio Vieira de Diferencial Delta.
>
> Ao concluir uma de suas conversas com o Chefe do Departamento de radiojornalismo da Rádio Jornal do Brasil, Procópio Mineiro, Arcádio Vieira afirmou:
>
> — Se derem os seus números, um de nós dois terá de fugir para Paris.

Dividem a primeira página com esta revelação duas outras chamadas. A manchete informa que técnicos do Fundo Monetário Internacional (FMI) chegaram ao Brasil para levantar informações sobre as contrapartidas oferecidas pelo país para um pedido de crédito de US$ 4,5 bilhões. Entre as contrapartidas estava o arrocho salarial dos que ganhavam até três salários mínimos. Na outra chamada, o ministro da Aeronáutica, Délio Jardim de Mattos — aquele mesmo que chamara Brizola de sapo que a gente engole, digere e depois expele —, afirmava, referindo-se às eleições, que "quem ganhou leva. Leva não somente a glória, mas também e principalmente a responsabilidade por tudo quanto possa acontecer".

Uma das teorias da conspiração que o caso fez render durante anos junta as três notícias: o atraso na apuração no Rio tinha a ver com a negociação com os gringos. Os militares temeriam que um governador como Brizola — representante de um tempo pré-disposição de João Goulart — atrapalhasse a concessão do crédito. Ao mesmo tempo, declarações como a de Délio eram necessárias — o Brasil, perante as nações evoluídas, não podia voltar atrás em sua marcha lenta e gradual para a democracia.

Na prática, na página 4 desta edição, o *Jornal do Brasil* explicava o assédio da Proconsult a Procópio Mineiro desde a madrugada do dia 17 até as 7h do dia 21 de novembro. Sempre procurando demover o jornalista de divulgar as projeções que davam vantagem a Brizola e alertando-o para o Diferencial Delta — a influência que teriam os brancos e nulos. Informava também a participação no esquema de Tadeu Lanes, gerente de sistemas e métodos do *Jornal do Brasil*, que servia de intermediário entre Arcádio e o jornal. Lanes chegou a convocar uma reunião com a redação para dizer que os métodos de apuração do jornal estavam errados e repetir a mesma lenga-lenga sobre votos nulos e brancos. Paulo Henrique e Procópio ignoraram a recomendação e continuaram com seus esquemas. Tadeu Lanes foi demitido no dia 24 de novembro.

A reportagem, com direito à reprodução dos desenhos que Arcádio fazia para demonstrar o tal do "Diferencial Delta", revelava que ele também havia procurado o PDT, tentando convencer a direção do partido de que os métodos de Cesar Maia estavam errados porque, devido à falta de habilidade dos eleitores menos instruídos e da novidade do voto vinculado, haveria muitos votos nulos e brancos na Baixada e no interior, o que daria uma vantagem de cerca de 60 mil votos a Moreira Franco sobre Brizola. A mesma história que Paulo Henrique ouvira antes da eleição!

A novela prosseguiu e durou muito. O TRE, pressionado pelas denúncias de erros publicadas pelo *JB* e por partidos e candidatos indignados com o atraso, contratou o Serpro para fazer uma auditoria na Proconsult. A Polícia Federal abriu inquérito para verificar por que Arcádio havia tentado modificar o esquema de trabalho da Rádio JB e do *Jornal do Brasil*. Durante as investigações, o programa-fonte — o software da Proconsult — que transferia indevidamente votos brancos e nulos para candidatos sumiu. A Proconsult voltou a computar os votos depois que o Serpro não conseguiu incriminá-la na auditoria. Enquanto isso, o TRE ia pedindo mais prazo para divulgar o resultado final das eleições no Rio.

Acredite-se, apenas no dia 13 de dezembro, quase um mês depois do dia da eleição, veio o anúncio oficial do fim das apurações. O *Jornal do Brasil* não perdeu a oportunidade. Deu a manchete no dia 14: "Brizola ganha a eleição por 34% a 30%", e, no texto da chamada, depois de informar o total de votos dos dois primeiros colocados na disputa e o dos dois candidatos ao Senado, relembrou:

> Estes números confirmam a previsão de 18 de novembro do JORNAL DO BRASIL de que Brizola venceria por 34,1% a 29,5%. A projeção do JB de 24 de novembro, quando encerrou seu esquema de apuração, indicava uma vitória final

com vantagem de 173 mil 588 votos. O erro do jornal foi de 4 mil 948 votos, sobre o resultado oficial (0,08% sobre o total de votos).

Paulo Henrique Amorim também relembra, com gosto:

Eu fiz uma correção. E foi uma coisa que fiz com orgulho na minha vida. Peguei uma página e coloquei assim: "Correção — o *Jornal do Brasil* disse que o Brizola ia ganhar com a vantagem de tanto, errado. Ganhou com vantagem tal." A diferença era mínima.

Era mesmo. O anúncio arrasava qualquer possibilidade de contestação à eficiência do esquema de apuração e computação de dados da Rádio JB e do *Jornal do Brasil*. Na página 9 da edição de domingo, dia 19 de dezembro, sob o título "Correções", em negrito, dizia:

> O JORNAL DO BRASIL errou na edição de 18 de novembro três dias depois das eleições — ao dizer, baseado em 11% dos votos que apurou, que Leonel Brizola deveria vencer Moreira Franco por 34,1% a 29,5%. Na verdade, com a divulgação, no dia 13 de dezembro, dos resultados oficiais do Tribunal Regional Eleitoral, Leonel Brizola venceu Moreira Franco por 34,2% a 30,6% dos votos válidos.
>
> [...]
>
> O JORNAL DO BRASIL errou também na página 8 da edição de 24 de novembro, ao concluir sua própria apuração, com 83,6% das urnas do Estado, quando projetou uma diferença de 173 mil 588 votos de Leonel Brizola sobre Moreira Franco. Na verdade, com a divulgação dos dados oficiais do TRE, verificou-se que Leonel Brizola venceu Moreira Franco por 178 mil 536 votos. O JORNAL DO BRASIL, portanto, errou por 0,082% dos votos em disputa.

A assinatura já estava ficando clássica: "Um jornal é tão bom quanto as verdades que ele diz."

Paulo Henrique credita o sucesso a alguns outros fatores, além do esquema bem montado e da boa qualidade da apuração de seus repórteres:

> Foi fundamental termos o Pedro do Couto, que foi fazer este serviço extra de montagem do nosso sistema de computação. Também foi importante termos, logo no início, descoberto que o Tadeu Lanes, do Departamento de Informática do jornal, era mancomunado com o Arcádio da Proconsult e termos tomado a providência de demiti-lo. Além disso, demos maior repercussão à nossa cobertura "emprestando" o nosso editor de Política, o Villas-Bôas Corrêa, para a TV Band. O Villas entrava no ar com boletins direto da redação. Aí ampliou bastante. Tivemos ainda o respaldo dos dados do sistema do Cesar Maia, do sistema de computação que ele montou para o PDT. Muitas vezes o Cesar estava ao meu lado no fechamento do jornal.

A Polícia Federal encerrou as investigações sobre a Proconsult no final do ano. O *JB* deu a notícia na edição do dia 31 de dezembro, na primeira. A matéria informava que o superintendente da regional do Rio, Waldir Zacharias, alegava "absoluta ausência de elementos caracterizadores de irregularidades". O representante do Ministério Público no TRE, procurador Carlos Rosemberg, discordava e declarava na mesma matéria que "o confronto com outros elementos já requisitados pelo Promotor Celso Barros podem conduzir à reabertura do inquérito".

O procurador continuou lutando pela abertura do inquérito e o *Jornal do Brasil* não deixou morrer o assunto. No dia 30 de janeiro a manchete do jornal foi "Perícia do JB mostra os erros da Proconsult". Uma equipe de dezoito jornalistas e técnicos em computação realizou, durante 29 dias, o mesmo trabalho feito pela Proconsult, em um programa de computador original, usando os mesmos dados oficiais do Tribunal Regional Eleitoral que a empresa utilizou. A conclusão é o início do texto da chamada:

> A Proconsult estava computando votos brancos e nulos em excesso. Os votos brancos e nulos cresciam, de um boletim para outro, provavelmente numa percentagem fixa. Para o número de leitores que votaram, a Proconsult registrou um volume de votos desproporcionalmente maior. Esse erro — mais votos que eleitores — ocorreu, principalmente, em seções da Capital.

A manchete do jornal informava que o resultado da perícia não permitia afirmar que a Proconsult queria fraudar o resultado das eleições. Mas também não se podia dizer que os erros teriam sido acidentais. "Podem ter sido erros técnicos sem o objetivo de alterar o resultado da eleição. Mas também é possível que o estoque de votos brancos e nulos, a certa altura, fosse sendo destinado a um, dois ou quantos candidatos a governador a Proconsult quisesse beneficiar", informava o texto.

Em duas páginas, a matéria de Ronald Carvalho expõe os boletins que registravam mais votos que eleitores — em um total impressionante de mais de 314 mil votos fantasmas. Mostrava também quadros comparativos do somatório de votos computados com os números pela Proconsult ao lado dos números computados pela perícia do *JB*. Fica clara a disparidade do total dos brancos e nulos e também o momento em que a Proconsult para de errar. Exatamente quando Brizola se declara governador, depois da sequência de manchetes do *Jornal do Brasil* com as projeções indicando sua vitória.

A sociedade reage. No dia 2 de fevereiro, o jornal publica, em primeira página, o resultado de uma pesquisa realizada pelo Instituto Gallup em que a maior parte dos entrevistados responsabiliza, pela ordem, a Proconsult, o TRE, Moreira Franco e o governo federal pela suspeita de fraude na eleição.

No dia 10, quem ganha a primeira página é o juiz aposentado Dalpes Monsores, coordenador da apuração das eleições do Rio, acusado de ter determinado a publicação pelo TRE de boletins oficiais com dados errados. Denúncia de um dos técnicos do Serpro que periciaram a Proconsult, Fernando Porto. Em 4 de março, o *Jornal do Brasil* noticiava, também com destaque na primeira página, que, apesar de o Serpro já ter realizado uma auditoria na Proconsult e dado parecer de que não havia elementos suficientes para uma reconstituição da apuração, o procurador-geral da República, Inocêncio Mártires Coelho, havia enviado novo ofício à estatal solicitando mais uma auditoria "para esclarecer eventual ocorrência de crime eleitoral".

Não demorou muito para o caso ser encerrado. No dia 25 de março, o *JB* informava em chamada de primeira "Procurador-Geral acaba inquérito sobre Proconsult". Inocêncio Mártires Coelho enviara instruções ao promotor Celso Barros para terminar em definitivo as investigações "por ser impossível reconstituir os dez primeiros boletins da totalização das eleições do Rio de Janeiro". Não tinha lido a matéria de Ronald de Carvalho!

O escândalo da Proconsult ainda povoou por mais algum tempo as páginas do *JB*. O promotor Celso Barros era osso duro de roer e tentou não deixar o caso morrer. Teve apoio da OAB, das associações de profissionais de processamento de dados, e conseguiu que o TRE lhe enviasse as fitas magnéticas com dados dos votos, mas só a partir do décimo boletim, pois do 1º ao 9º — justamente os que a perícia feita pelo *Jornal do Brasil* mostrava conterem os piores erros — todos os dados haviam sido destruídos.

Proconsult foi virando metonímia, usada para denominar qualquer coisa em que houvesse a possibilidade de falcatrua. E alcançou o cobiçado espaço da coluna de Zózimo Barroso do Amaral. Dia 2 de abril de 1983, ele deu a nota:

> À venda
> A Proconsult está à venda.
> Desta vez, parece, no sentido mais nobre do termo.

Paulo Henrique Amorim escreveu um livro sobre todo o caso. É de uma apuração super-rigorosa e, ao mesmo tempo, muito agradável de ler, porque escrito quase como o roteiro de um filme. Foi sua parceira na empreitada a jornalista Maria Helena Passos, que já tinha sido repórter e editora das revistas *Carta Capital* e *Veja* e estava na *IstoÉ* na época do caso Proconsult. As apurações de ambos vão além do publicado nos jornais e dão ao livro um tom de suspense policial, narrando caso de cédulas rasuradas encontradas nas ruas da periferia carioca; canetas de eleitores fazendo sua tinta apagar horas depois; e caminhão tombando na avenida Brasil, espalhando laranjas e urnas eleitorais. A TV Globo é apontada como vilã. Paulo Henrique e Maria Helena afirmam que a emissora manipulou o resultado das eleições.

Sobre *Plim-Plim* — título do livro — escreveu assim o jornalista Mino Carta, ex-editor da *IstoÉ* e *Veja* e atualmente diretor de redação da revista *Carta Capital*:

> O titular da mais contagiante risada da minha vida (ou seria o caso de dizer do país?) é um dos raros jornalistas confiáveis da mídia nativa, Paulo Henrique Amorim. A disponibilidade para o bom humor ajuda.
> *Castigat ridendo mores*, diziam os antigos romanos. De fato, ao rir, ele castiga. Quem vai lê-lo neste livro, ou o leu em outras instâncias, ou o acompanha no vídeo, sabe que

essa característica da personalidade de Paulo Henrique condimenta graciosamente a sua prática do jornalismo de inúmeros quilates. Fidelidade canina à verdade factual, exercício desabrido do espírito crítico, infatigável fiscalização do poder. Castigado, nestas páginas, nosso colega Roberto Marinho. Perdão, esqueci as aspas, enxerguem-nas, por favor, sem vê-las.

A TV Globo tem sua defesa sobre o caso on-line no portal Memória Globo, hospedado no site globo.com. Sob o título "Acusações falsas", que abrange outros temas, como o caso Time-Life, o desempenho da emissora durante o escândalo da Proconsult tem um amplo relato com textos e vídeos de telejornais e programas jornalísticos da época, inclusive o Show das Eleições, em que Armando Nogueira e Brizola debatem (neste caso, a TV Globo colocou no site apenas o áudio do programa). O portal atribui a lentidão ao esquema de apuração escolhido pelo jornal e pela TV e começa a desmentir qualquer envolvimento seu em fraude apresentando um vídeo do programa *Eleições 82*, comandado pelo jornalista Carlos Montfort, que divulgou uma pesquisa de boca de urna, realizada pelo Ibope, indicando a provável vitória de Leonel Brizola.

Paulo Henrique volta à carga. Está lançando *O Quarto Poder* (editora Hedra), livro em que, através de documentos e anotações que foi guardando ao longo de toda a carreira, traça um panorama da história política brasileira recente, do ponto de vista dos bastidores, destacando o papel da mídia desde a Era Vargas e, é claro, passando pela criação da Rede Globo na ditadura militar e por diversos episódios envolvendo personagens da política e dos impérios de comunicação do Brasil.

Ele sempre quis ser jornalista. É filho de jornalista e parece que nasceu fazendo jornal. Sua primeira grande cobertura foi sobre o levante gaúcho, em 1961, quando o presidente Janio Quadros renunciou e o então governador do Rio Grande do Sul, Leonel Brizola, mobilizou soldados e jornalistas para garantir a posse do vice, João Goulart. Mas ele gosta de contar como tudo começou:

> Eu fui ser jornalista porque eu nasci jornalista. Meu pai era jornalista, meu pai era repórter e editorialista, escrevia muito bem. Mas não podia sustentar a família como jornalista e foi ser funcionário público. Ao mesmo tempo fazia bico. Lembro que ele trabalhava num jornal chamado *O Radical*. E ele levava para casa aquelas resmas de papel de paginação e eu desenhava as primeiras páginas. Eu me alfabetizei assim. Eu desenhava a primeira página do jornal, ia desenhando as manchetes. Então isso já fez parte do meu DNA. Durante um período muito breve eu pensei em fazer Itamaraty. Mas, quando estava estudando para fazer concurso para o Rio Branco, fui convidado para fazer um freelancer que consistia em subir a Rio-Bahia num caminhão da Fenemê. Eu subi a Rio-Bahia no caminhão da Fenemê e achei aquilo muito divertido e nunca mais pensei em deixar de ser jornalista. O jornalismo para mim é ser repórter. E hoje sou repórter de blog, de internet. Faço alguma coisa na televisão, mas sobretudo sou repórter.

O repórter P. H., na condição de editor-chefe do *Jornal do Brasil*, além da Proconsult e das bombas no Riocentro, enfrentou outras situações em que sua decisão como responsável final pelo editorial do jornal não foram, digamos, simples. Era ele quem estava lá, para dar mais só um exemplo, quando o *JB* publicou aquela manchete sobre os cearenses comendo calango para não morrer de fome, na mesma edição que mostrava Delfim Netto se refestelando em um bom restaurante francês, arrematada com a charge do "Tim-Tim!" de Chico Caruso.

Em 2003, Paulo Henrique Amorim escreveu um artigo para o *Jornal do Brasil*, que já se encontrava sob o comando de Nelson Tanure. No texto, comentava estes momentos de edições e coberturas cruciais e sobre como, enquanto "chovia canivete", o dr. Brito estava ali, firme. Até certo ponto.

Lendo alguns trechos, podemos conhecer um pouco mais sobre sua trajetória. E sobre o dr. Brito.

> O dr. Brito tinha atributos que os outros, como Chateaubriand e Roberto Marinho, não tinham. A começar pela altura. E especialmente o garbo. O dr. Brito não era um empresário, no sentido de empreendedor. Nem um administrador. Ele era "dono de jornal", atividade que dispensa as outras. Aliás, Chateaubriand e Roberto Marinho também eles foram mais "donos de jornal" do que empresários. Ser "dono de jornal" precede a profissionalização do negócio da comunicação e tinha muito a ver com controle político e glamour. O dr. Brito olhava para o Norte e para o Sul. Para o Norte, por influência da mãe, inglesa. Para o Sul, porque pertencia a uma elite que protegia e desdenhava. Vou tratar do dr. Brito virado para o Norte. Porque foi com ele nessa posição que vivi algumas das experiências mais ricas do meu trabalho como jornalista. Trabalhei com ele no período que começa em Geisel e quase chega a Tancredo. Fui editor de Economia, redator-chefe e editor do jornal. [...] O papa veio ao Brasil. Chovia canivete. Uma cerimônia no Pacaembu, à noite, o estádio cheio. O papa debaixo do guarda-chuva, com a ajuda de um operário, foge do script e começa naquele português do papa: "Pela justiça! Pela justiça social!" Manchete do *Jornal do Brasil* no dia seguinte: "Papa aos operários: 'Pela justiça. Pela justiça social!'" Com interjeição e tudo. Choveu canivete de novo. Um cavalheiro de suspensórios bradava do Palácio do Planalto: "Mentira! O papa não disse isso!" E o dr. Brito, firme.

Nunca tive muita certeza de o dr. Brito comprar essas brigas. Porém, uma certeza eu tinha. Ele queria demonstrar, todo dia, que era melhor que "ele". Quer dizer, *O Globo*. E para ser melhor que *O Globo* era preciso fazer um jornal virado para o Norte. Foi por isso que Odylo Costa, filho, Janio de Freitas, Alberto Dines e Walter Fontoura sentaram naquela cadeira. Duas, três vezes por semana, na hora mais alucinada do fechamento, lá vinha o dr. Brito com o dr. Bernard [Bernard Campos, seu escudeiro, a vida toda] a tiracolo, à minha sala, para saber "como é que nós vamos pegar 'ele' amanhã?". Vivi esse cotejo entre o Norte e o Sul em dois momentos inesquecíveis. Em 1981, na bomba do Riocentro.

[...] Choveu canivete. Mas, muito. O governo Figueiredo mostrava a cara. Me lembro que "ele" deu uma manchete para anunciar uma terceira bomba no carro. O dr. Roberto foi chamado ao I Exército e no dia seguinte teve que engolir a manchete. Fez outra com o desmentido. E o dr. Brito? Firme? Firme. Em 1982, o candidato a governador pela Arena, Wellington Moreira Franco, foi fazer uma visita ao *Jornal do Brasil* e me disse para ficar atento, porque havia a possibilidade de o pessoal da Baixada não ter aprendido a votar — e o Brizola perder muito voto.

[...]

Aí, apareceu na redação alguém para oferecer os serviços de apuração da Proconsult, a empresa de informática que ia contar os votos para o Tribunal Eleitoral.

[...] Ficar com a Proconsult — que ia fazer o mesmo serviço para "ele" — saía mais barato. Montar estrutura própria, mesmo com a ajuda da Rádio JB, era mais caro.

[...] O que o dr. Brito achava disso tudo? O representante da Proconsult que nos procurou era da confiança da empresa. O dr. Brito não deu palpite.

[...] Àquela altura, eu não sentia firmeza absoluta sob os pés. O dr. Brito e o dr. Bernard já não vinham tanto à minha sala. Uma coisa era acertar quem ia ganhar a eleição. Outra, mostrar que o SNI ia fraudar o resultado da eleição. Choveu canivete. E o dr. Brito, bem, o dr. Brito, digamos, firme. Aí, o dr. Brito passou muito tempo voltado ao Sul. A situação econômica do jornal se deteriorou e a redação tinha que fazer cortes. E mais cortes. Até que um dia ele me mandou embora, com a maior elegância — e ele não faria de outra forma. Eu, de minha parte, de tanto escutar o Hedyl, que já estava na televisão, me convenci: chega de ajudar a construir a imagem dos outros — trate da sua. [...] A essa altura, vinte anos depois, isso não tem a menor importância. O que importa é que eu trabalhei no *Jornal do Brasil* quando ele era o melhor jornal do Brasil. Fiz muita coisa que não queria. E fiz muita coisa que só seria possível no *Jornal do Brasil*.

O artigo foi solicitado pela redação do *JB* a Paulo Henrique por ocasião da morte de M. F. do Nascimento Brito.

11
Do apogeu ao on-line

— Alô, dr. Brito? Recebi um recado para ligar para o senhor.
— Olá, Walter, como é que você vai?
— Eu estou pensando em ir a Portugal, a Lisboa, porque não vou lá há muitos anos e quero ver como andam os desdobramentos daquela Revolução dos Cravos de perto.
— Você não quer deixar isso para outro dia, outra ocasião, e se encontrar comigo? Eu estou indo a um campeonato de pesca em La Guaira, que fica a uns 100 quilômetros de Caracas.

O diálogo aconteceu em 1978. Walter Fontoura, já editor-chefe, estava em Paris. O presidente da França na época, Giscard d'Estaing, havia concedido entrevista a três jornalistas brasileiros, no Palácio do Eliseu, no dia 2 de outubro, sobre sua visita ao Brasil, que aconteceria dali a dois dias. Walter era um deles. Concordou com o pedido do dr. Brito e relembra, hoje, ainda emocionado, o que aconteceu naquela viagem à Venezuela:

> Peguei um avião, me encontrei com ele, jantamos juntos, tomamos um conhaque e ele disse: "Olha, eu vou dormir, porque amanhã acordo cedo para pescar, mas lá pelas 16h, 17h, vou voltar e a gente janta de novo aqui." No dia seguinte, fui almoçar sozinho no restaurante do hotel, comi *pabellón*

criollo, que é uma espécie de feijoada deles lá, e fui dormir. Estou dormindo, quando toca o telefone. Era o Adolfo Mayer, amigo do dr. Brito: "Walter, olha, o Brito teve um infarto." Tinham ligado para o Brasil e avisado ao jornal. E ele me achou. Aí quem quase teve um infarto fui eu.

O Adolfo me deu o endereço de onde o dr. Brito estava. Cheguei no posto médico em La Guaira, um lugar parecido com Magé, pobre mesmo. Encontro com ele de bermuda branca, tênis tipo Rainha, de andar em barco, sem camisa, com um relógio Rolex no pulso, um Rolex de ouro, que eu logo capturei, botei no meu bolso. Chamei o motorista do táxi que eu tinha contratado e disse assim: "Me traz o melhor médico que tem aqui na praia." Veio um médico lá e disse: "Ele não teve um infarto, ele teve um acidente vascular cerebral e tem que ser movido para Caracas, porque aqui não temos como tratá-lo." Eu expliquei quem era o Brito e perguntei quem poderia procurar em Caracas. E ele me disse: "Dr. Abraham Crivoi." Fomos. Por sinal, em uma ambulância que não tinha onde pendurar a garrafa de soro, eu fui segurando o soro. E ainda por cima, a viagem de La Guaira para Caracas, em um domingo à tarde, se assemelha a uma vinda de Cabo Frio para o Rio. Trânsito horrível.

Chegamos em Caracas, o dr. Crivoi examinou o dr. Brito, internou na UTI do centro médico de Caracas e me disse: "Ele deve ficar bom, não deve morrer nem nada, mas essas 48 horas iniciais são importantíssimas e ele vai provavelmente ficar bom, mas sem os movimentos mais finos da mão direita, porque esse negócio afetou, sei lá, o lado esquerdo do cérebro." Aí eu fui ligar para o Brasil e não me lembrava do telefone do Bernard. Mas me lembrava do telefone da casa do Elio Gaspari. Liguei, contei o que tinha acontecido, pedi o telefone do Bernard, ele me deu e me disse: "Liga para o dr. Sheldon Wolf, em Boston, que ele é o médico do Brito." Liguei e esse dr. Sheldon Wolf disse que o dr. Crivoi era um dos três nomes que ele tinha selecionado para me dizer para procurar em Caracas, o que me tranquilizou muito.

Eu estava lá sozinho com o dr. Brito. Só neste momento consegui falar com o Bernard, que me avisou que o José Antônio [filho do dr. Brito] estava em Washington e já indo para Caracas. Ele chegou à uma da manhã e aí entreguei a pasta. No dia seguinte chegaram a Dona Leda, mulher do Brito, e o Júlio Mesquita [diretor do jornal *O Estado de S. Paulo*] com a mulher dele, Dona Zulu. Eles eram muito amigos. O Júlio estava indo para uma conferência da SIP [Sociedade Interamericana de Imprensa] na Costa Rica e parou lá para ver o Brito.

M. F. do Nascimento Brito chegou a ficar pesando 71 quilos, o que para seu 1,90 metro era estar em pele e osso. Fez quatro cirurgias e passou os 22 anos do restante de sua vida em sessões diárias de fisioterapia. Nunca se recuperou totalmente. Como sequela, teve o lado direito do corpo semiparalisado, principalmente o braço. Na avaliação de mais de um dos que estiveram no comando editorial, começou ali, com o AVC, o processo de decadência do *Jornal do Brasil*. A gestão Walter Fontoura, que durou de 1973 a 1984, ainda daria, entretanto, ao *JB* muitos momentos de glória, capazes de manter sua tradição de influência na vida da sociedade brasileira.

Walter Fontoura até hoje diz que sua profissão não era o jornalismo, era o direito. Teve participação ativa na vida do mundo empresarial como, por exemplo, vice-presidente da Fiesp (Federação das Indústrias de São Paulo). E hoje, aos 79 anos, é sócio dos publicitários Luiz Salles, Alex Periscinoto e Sérgio Guerreiro na agência SPGA, em São Paulo.

O jornalismo, entretanto, teimou em entrar na sua vida cedo e meio por acaso. Seu pai era amigo de João Calmon, diretor dos Diários Associados. Ele foi até a sede da empresa, conversou, fez um teste em *O Jornal*, escrevendo um texto sobre um concurso de Miss Brasil, e, devidamente aprovado, passou a fazer um estágio na seção — naqueles tempos nem era chamada editoria — de Polícia. Walter relembra:

> Era o dia do sesquicentenário da criação do Corpo de Bombeiros do Rio. A palavra "sesquicentenário" só viria a ter curso muito mais tarde na imprensa e no Brasil quando, em 1972, cogitou-se da transferência dos restos mortais do Dom Pedro de volta para o Brasil. Eu não tinha a menor ideia do que era sesquicentenário. E não deu tempo de procurar, porque o Nodgi Lustosa, fotógrafo, estava apressado, queria sair logo... Na volta, o Paulo Corrêa, que era o chefe da redação, diz: "Faz um texto-legenda." E eu, para não repetir a palavra sesquicentenário, botei que era o sexto centenário da fundação do Corpo de Bombeiros. O Paulo leu aquele papel e disse assim: "Ô Walter, eu estou aqui botando tanta fé em você, e você me dá uma dessa? Quer dizer que você acha que o corpo de bombeiro estava aqui pronto quando o Cabral chegou ao Brasil?" Eu caí em mim e fiquei arrasado. Mas acho que foi a única vez que cometi uma gafe.

Walter tinha 20 e poucos anos e ainda passaria pela *Última Hora* de Samuel Wainer antes de chegar ao *Jornal do Brasil*. Lá, estava preocupado em fazer o vestibular para direito e sonhava em ser diplomata, mas obedecia às ordens do chefe, mesmo quando eram para ligar para a casa do governador às 6h da manhã. Ficou feliz quando, com um desses bizarros telefonemas, conseguiu uma primeira página. Era uma chamadinha, um "olho", mas era uma primeira página. E logo teve sua própria coluna, e ligada ao mundo diplomático, de que tanto ele gostava: antes de sua entrada era "Ontem no Itamaraty". Ele mudou para "Hoje no Itamaraty"

Walter era ambicioso e continuou ascendendo rapidamente, mas seu início de vida adulta foi tumultuado por uma perda muito dura. Ele foi mandado por Paulo Corrêa a Brasília, para cobrir um veto do então presidente Janio Quadros. A capital mal começava a engatinhar como cidade e ele acabou hospedado na casa de um colega e no mesmo quarto que Augusto Marzagão. O jornalista, que havia sido, muito jovem, assessor de Janio em seu primeiro mandato como prefeito de São Paulo, perguntou, espantado: "Walter, você não tem emprego público?" Era comum, naquela época, jornalistas serem convidados para cargos nos governos. E, assim, Walter aceitou um lugar no IBC (Instituto Brasileiro do Café). Em pouco tempo era íntimo do presidente:

> Entrei pela janela e, graças ao Marzagão, acabei funcionário do IBC. No mesmo dia em que eu fui apresentado ao ministro Sérgio Armando Frazão, presidente do instituto, o Marzagão viajou para a Itália, para Milão, onde assumiu um lugar no escritório do IBC de lá. Aí, o Darwin Brandão deu uma nota em uma coluna que ele tinha no *Correio da Manhã*, dizendo que o Marzagão havia acabado de embarcar na noite anterior com uma diária de 350 dólares. Uma fortuna. O Frazão ficou uma fera e mandou me chamar: "Esse cara é meu amigo, como é que ele dá uma nota dessas?" Eu perguntei: "Ministro, de quanto é a diária do Marzagão?" E ele: "35 dólares." E eu, imediatamente: "Então, o senhor vê, evidentemente, é um erro de tipografia, puseram aí 350, mas são 35 dólares. Sugiro que a gente faça uma carta, assinada pelo senhor, ao Darwin, dizendo que ele se enganou." Ele chamou a chefe de gabinete, mandou me dar a pasta de correspondência pessoal, eu fiz uma notinha e fui entregar pessoalmente. E o Darwin publicou a nota no dia seguinte. Com isso eu conquistei as boas graças do Frazão, que passou a mandar me chamar diariamente na redação

do jornal, onde eu havia assumido a Secretaria da Oficina. Ele tomava dois uísques antes de ir para casa, no gabinete. E mandava me chamar para tomar uísque também. Só que, nesse tempo, eu tomava um uísque e ficava de porre. Mas depois tinha que voltar para o jornal. A distância era muito pequena, era menos de 100 metros. O IBC ficava de frente ao Armazém quatro da Rodrigues Alves, e o jornal ficava na rua Sacadura Cabral, 103, quarto andar.

O Frazão tinha um filho que morreu, depois de fazer uma carreira até brilhante no Itamaraty, que era o Armando Sérgio... Ele era Sérgio Armando e o Armando Sérgio era o filho. E, numa dessas conversas, ele falou comigo que, se eu quisesse, ele me financiaria para eu estudar para ser diplomata e que eu pagaria a ele com os rendimentos dos meus primeiros salários. Eu respondi: "Olha, ministro, eu já estou com quase 26 anos, eu não estou mais em idade... Vou ser embaixador com 40 anos, eu não quero, não. Eu gostaria era de um lugar no escritório do IBC em Nova York." Isso era o ano de 1962. Ele disse: "Ah, eu arranjo."

Mais uma reviravolta sortuda e Walter acabou pegando um posto melhor do que o que esperava. Decidiu se casar. Quando sua mulher ficou grávida, ele veio com ela para ter o bebê no Brasil. Mas seu bebê morreu. O impacto de perder o primeiro filho aos 28 anos foi tão grande que ele não quis mais voltar para Nova York. E decidiu retornar de vez ao Brasil, disposto a só trabalhar ou em *O Estado de S. Paulo* ou no *Jornal do Brasil*. Foi dureza. Inacreditável começo para quem, em uma década, se tornaria o poderoso chefão. Mas Walter tinha algo mais que sorte:

> Eu achava que esses dois jornais não eram apenas bons jornais, eles eram algo mais. Regressei, em 1964. Ainda assisti ao comício do Jango na Central do Brasil. E eu tinha

um amigo, que era o Wilson Figueiredo, que trabalhava no *Jornal do Brasil*, e fazia lá a "Segunda Seção". Ele, sabendo que eu queria um emprego — eu nem sei até hoje como é que ele fez isso —, arrumou o seguinte: eu dava umas notas para ele e ele me dava um dinheiro na mão. Acho que tinha um acerto lá com a direção do jornal e ganhava um dinheiro para poder contratar pessoas.

Afinal, depois de muitas tentativas, fui falar com o Dines e ele disse: "Walter, eu não tenho dúvidas de que você, uma vez aqui, você vai estar nos cornos da lua em pouco tempo, mas a única coisa que eu tenho a oferecer a você é um lugar de repórter C." Era um dos cargos mais baixos da redação. Depois eu vim a saber até que isso foi um palpite do Lemos, que hoje é meu grande amigo. Que o Lemos disse para o Dines: "Propõe a ele aceitar repórter C, vamos ver. Se ele está mesmo disposto a vir para cá, vai aceitar." Eu aceitei. Três dias depois, estava querendo sair. Nada dava certo, não me habituava àquele esquema. Fui me despedir do Wilson para agradecer. Nisso, encontrei o Pedro Gomes [repórter do jornal] e comuniquei ao Pedro que estava saindo. O Pedro disse: "Não sai, não, porque fui convidado para substituir o Wilson na coluna 'Segunda Seção' e fiz várias exigências. Dois redatores, um em Brasília e outro aqui, e uma secretária." O redator de Brasília ficou sendo o Evandro Carlos de Andrade [jornalista que anos mais tarde se tornaria o todo-poderoso diretor de *O Globo*], e o do Rio, eu. E a "Segunda Seção" virou o "Informe JB".

Uma vez fui entregar a coluna para o Silveira e ele disse: "Olha, os coronéis estão se reunindo." Eu disse: "Ah é? Então me dá aqui as laudas." E acrescentei, à mão mesmo, no Lance Livre [notinhas no fim da coluna]: "Os coronéis estão se reunindo." Isso teve uma repercussão tão grande, incrível. Todo mundo começou a falar... Eu ia almoçar no Country Club, falavam, comentavam o que poderiam ser as tais das reuniões dos coronéis. Foi o Informe que me deu visibilidade.

Walter soube por Wilson que a direção da sucursal do jornal em São Paulo seria trocada. Pediu o cargo a Dines, que recomendou que ele falasse com Bernard, e assim foi feito, assim foi negociado, e assim deu certo. Em 1968, Walter assumiu o posto. No comando do escritório da avenida Paulista, tornou-se amigo de poderosos empresários, entre eles Gastão Eduardo de Bueno Vidigal, banqueiro, dono do Banco Mercantil, uma das principais lideranças empresariais apoiadoras dos militares. E também consolidou amizades com "camaradinhas", como ele diz, tais como Delfim Netto e Roberto Campos.

O convite para ser editor-chefe do *Jornal do Brasil* não chegou de repente. Walter conta:

> O Dines de vez em quando me dizia: "Ah, você tinha que ser superintendente do jornal." E eu não queria ser superintendente. Eu não queria me desligar da redação. O Bernard, com quem eu estabeleci uma relação de amizade muito importante, porque eu ia para o Rio toda hora, ligava: "Quando é que você vem para cá?" Eu dizia: "A hora que você mandar." Um dia, o Bernard disse: "Não matricula criança na escola não, vem aqui que o Brito quer falar com você." Eu fiquei em uma situação ruim, porque não queria dizer ao Dines que estava indo falar com o Brito. Então fui no meu carro para o Rio. Cheguei na casa do Brito, em Santa Teresa, e o Brito explicou que o Dines ia sair. Eu disse: "Acho que é uma loucura esse negócio de eu assumir o jornal. Eu acho que eu não tenho competência para isso." Ele: "Não, tem sim." E eu: "Mas por que não o Lemos? O Lemos é o chefe da redação, já sabe tudo." O Brito: "Não, o Lemos não serve, não pode." Eu digo: "E o Otto, o Otto Lara Resende?" Ele: "Também não."
>
> No dia seguinte publicaram aquela famosa nota: "Dines não é mais editor do jornal, não sei o que mais", e, no outro

> dia, saiu outra nota dizendo que o Luiz Alberto Bahia ia ser o novo editor de Opinião do jornal e eu o editor. Eu não estava informado disso e não gostei. Fui à casa do Bahia e o Bahia me disse que ele não queria assumir porque jornal dá notícias, você faz inimigos, não sabe quem são eles: "E eu estou velho", me disse ele, "e não quero mandar." Aí eu falei: "Eu quero. Eu quero mandar."

A nota sobre a saída de Dines foi publicada, em seis linhas, na página 3 do dia 7 de dezembro. Informava ainda ter o jornal decidido extinguir seu cargo: vice-diretor editor-chefe. No dia 11 do mesmo mês, em 1/4 de página, na mesma 3, era noticiado o pedido de demissão irrevogável de Otto Lara Resende. Muitos elogios foram feitos ao escritor e contista mineiro que era diretor do jornal e editorialista. Os currículos de Luiz Alberto Bahia e Walter Fontoura, também recheados de enaltecimento, eram resumidos para apresentá-los aos leitores como os novos editor e editor de Opinião do *Jornal do Brasil*.

Dines, que havia feito toda aquela revolução no *JB* durante a década anterior, foi pego de surpresa. E demitido friamente, três meses depois da edição histórica da morte de Salvador Allende. Para quem estava fazia onze anos no comando do jornal mais importante do país, cuja importância ele havia, certamente, contribuído em muito para construir, um baque de derrubar manadas.

O único balanço público de sua gestão foi feito em 1971, por ocasião do octogésimo aniversário do jornal. Um caderno de dezesseis páginas, intitulado "Jornal do JB", publicado em 13 de abril, mostrava detalhadamente "Quem faz o Jornal", com fotos e nomes dos gestores, desde a redação — passando por todas as editorias — até os bastidores da oficina e incluindo o pessoal do comercial, do financeiro, da publicidade e até mesmo da distribuição. Os números estavam lá. O jornal tinha 1.561 funcionários, 262 jornalistas, sucursais em sete estados, correspondentes em mais treze, além dos internacionais, em Roma, Bonn, Londres, Tel-Aviv, Paris e Nova York. A tiragem média diária era de 112.086 exemplares de terça a sábado e de 205.733 aos domingos, e a participação do mercado publicitário, em centimetragem de anúncios publicados, de 41,52% contra 20,28% do segundo colocado.

Os 80 anos foram comemorados solenemente na Igreja da Candelária, com um concerto regido pelo maestro Isaac Karabtchevsky, no dia 16 de abril de 1971. A diretora-presidente do *JB*, Condessa Pereira Carneiro, acompanhada do comando do jornal, recebeu o governador do Rio de Janeiro, Chagas Freitas; o vice-governador, Erasmo Martins Pedro; o secretário de Educação, Fernando Barata; o padre Viveiros de Castro, reitor da PUC, e, representando o Itamaraty, o embaixador Miguel do Rio Branco, entre mais de 2 mil convidados.

O maestro Dines, que ainda orquestraria a sinfonia na redação por mais dois anos, atribui a alguns fatores a decisão de Brito de demiti-lo:

> No período em que aconteceu, 1973, se articulava a candidatura de Geisel, presidente da Petrobras, cujo ministro da Guerra era seu irmão, Orlando, para substituir Médici na Presidência da República. Eu tinha ouvido conversas de que pessoas da direção do jornal haviam estado na casa do Miguel Lins [advogado que já havia sido consultor da República e senador, presidido várias empresas e era na época diretor do *Jornal do Brasil*], uma figura encantadora, adorável, tio do José Luiz Magalhães Lins [então presidente do Banco Nacional de Minas Gerais]. Reuniões com Brito, Otto Lara, Castelinho, na casa da rua Visconde de Albuquerque [no Leblon], com o objetivo de apresentar um candidato civil à sucessão do Médici. Que civil era esse? Era o Leitão de Abreu, chefe da Casa Civil do Médici, linha-dura, autoritário, de acordo

com tudo que o Médici tinha feito. Primeiro presidente civil, mas uma continuidade. E o Brito estava prometendo apoio, achava que o esquema militar estava muito bem armado. Acreditava que o movimento pelo Geisel estava circunscrito aos castelistas e botou as fichas dele, pelo menos participou destas reuniões. Evidente que o Geisel soube disso e não sei se chamaram a atenção do Brito.

Em 6 de outubro estourou a guerra do Yom Kippur, um conflito violento. Veio o choque do petróleo, o preço do barril saiu de 3 e subiu para 30, 40 dólares, foi uma revolução, e o Brasil percebeu que não tinha autossuficiência para enfrentar países da Opep, na maioria países árabes, apoiando a ação militar do Egito e da Síria, com aval da URSS. Formou-se uma crise internacional muito grave. Minha versão: o que o Brito fez? Precisava assumir que o *Jornal do Brasil* tentava se rebelar contra a escolha do Geisel, mas não tinha sido iniciativa dele. Precisava preservar o *Jornal do Brasil*. Pegaram alguns artigos que eu tinha escrito sobre a Guerra dos Seis Dias, e outros, de depois da guerra do Yom Kippur. Convém registrar que fui designado para cobrir a Guerra dos Seis Dias por ordem pessoal do Brito. Cinco anos depois, o Brito precisou de um bode expiatório para justificar sua súbita mudança de opinião. Eu era a figura ideal, facilmente imputável como anti-Geisel.

Algumas evidências: pouco antes de eu ser demitido, no dia 6 de dezembro de 1973, o Luiz Alberto Bahia foi enviado para fazer matéria nos países produtores de petróleo no Oriente Médio, e eu nem sabia disso. Algumas vezes, editorialistas faziam matérias a pedido do Brito.

Outra: por que o meu substituto não foi o Lemos? Foi preparado para isso, era o meu substituto formal e natural. O Brito gostava dele, tinham relações, conversavam sem a minha interferência. Por que o Lemos não foi escolhido? Foi logo em seguida mandado para a Inglaterra, para fazer um curso? Por que quase todos os jornalistas judeus da redação, com exceção de um, foram sendo demitidos, inclusive a Clarice Lispector? O Hélio Fernandes publicou, durante alguns dias, na *Tribuna da Imprensa*, as repercussões da minha saída e mencionava o fato de que os jornais estavam proibidos de tocar no assunto.

Foi um choque muito grande na redação [vários jornalistas se demitiram em solidariedade a Dines]. Muita gente foi na minha casa. Mas o dado mais grave foi a convocação de um profissional alheio à redação e alheio ao jornalismo para comandar um esquadrão golberista. Não tenho nada contra o Elio Gaspari, mas ele não é ingênuo, atilado repórter político. Estas coincidências não chamaram a sua atenção. Acredito que houve, realmente, uma tentativa do Brito de aplacar o apoio que ele tinha dado ao Leitão de Abreu, e ele oferecia a minha cabeça. Estava pleiteando junto ao governo federal a renovação da concessão dos dois canais de TV, um em São Paulo e outro no Rio, porque não tinha tido recursos para fazer a tempo. E sabia que a TV Globo ia estraçalhar o *Jornal do Brasil*, como estraçalhou.

O *Jornal do Brasil* foi um pouco de esquerda no final do Janio e no início do Jango, e houve um momento em que o Brito teve dois editorialistas de oposição — Hermano Alves, oriundo da *Tribuna da Imprensa*, e Mario Faustino. A virada se deu quando o Brito fez a tal viagem para a União Soviética que resultou em um texto de um reacionarismo total. Ali ele assumiu a guerra fria, com uma posição pró--"mundo livre", e não brincou mais em serviço. O Brito era um gentleman, sobretudo com aqueles de quem precisava. Quando não precisava, era implacável.

Em um depoimento ao Centro de Memória e Cultura do Sindicato dos Jornalistas Profissionais do Rio de Janeiro, anos mais tarde, o jornalista Fritz Utzeri corroboraria a avaliação do ex-chefe sobre a chegada de Fontoura — ele estava vindo para dar uma sacolejada no ônibus. Uma arrumada na casa, ao gosto do patrão. Mas o veterano repórter viu também virtudes no recém-promovido:

> Quando o Dines sai do *Jornal do Brasil*, o Walter Fontoura vem com a missão de "descomunizar" o *Jornal do Brasil*. Ou seja, o Britão achou que o jornal estava muito à esquerda e chegou com essa coisa linha-dura, um cara de direita e tal. Tudo bem, ele reúne todo mundo em um andar, foi um mal-estar geral, todo mundo: "Pô, o que vai acontecer, o que não vai acontecer..." E o Walter chega e diz: "Olha, eu cheguei aqui porque esse jornal está muito faccioso. Não é que a gente não tenha que dizer o que está acontecendo, tem sim, mas não pode ser faccioso. Por exemplo, outro dia eu demiti um repórter na sucursal de São Paulo porque teve a missa, na Catedral da Sé, em memória de um delegado que foi morto por subversivos. E esse cara escreveu que a Catedral estava vazia e tinha quinhentas pessoas na missa. Quinhentas pessoas não enchem a Sé, mas não é para dizer que estava vazia. Então, o cara foi desonesto e foi demitido. Foi faccioso, tendencioso. Com o Chile, teve o golpe e aí toda hora tem fulano foi assassinado no Chile, ciclano assassinado no Chile, massacre no Chile... As pessoas morrem no Chile." Aí eu perguntei: "Walter, está havendo uma epidemia no Chile? Qual é a epidemia que está havendo no Chile?" O Luiz Orlando, que estava do meu lado, começou a gaguejar. O Walter ficou puto da vida, mas não respondeu e continuou. Eu sentei: "É que eu perco o emprego, mas não perco a piada", e ele nem riu. Aí, cheguei na redação pensando: "Mais um daqueles casos de 'Tô demitido e boa noite.'" Vem o contínuo e diz: "Fritz, o Walter quer falar contigo." Chego lá e ele: "Você é médico, não é?" Falei: "Sou." Não entendo bem o preâmbulo e ele pergunta:

"Quais são as possibilidades que uma pessoa tem de morrer num hospital?" Continuo não entendendo o preâmbulo e respondo: "Walter, em princípio, maiores de quem não está no hospital, porque quem está no hospital deve estar no mínimo doente, não é? Quer dizer, não estou entendendo a sua pergunta." E ele: "Não, por erro." Respondi: "Ah, então você está falando de erro médico? Razoáveis, dependendo do hospital... Mas de que hospital você está falando?" Ele: "Estou falando de hospital privado." Falei: "Ah... aliás, teve uma 'caca' imensa com essa menina na Casa de Saúde São José. Não, nas casas de saúde assim assado, no Guilherme Romano, Santa Lucia. Você quer uma matéria sobre isso." Ele: "De quanto tempo você acha que precisa?" Eu disse: "Me dá umas três semanas e eu faço." E ele: "Está bem, então faça." Saí e pensei: "Não estou entendendo absolutamente nada." Achei que fosse ser demitido e fui desafiado. Esse cara, sabendo que eu sou médico, acha que eu não vou ter coragem de fazer essa matéria. Não sei. Eu pensei que chegaria lá e ele diria: "Fora daqui, epidemia no Chile é a mãe!" Não, pelo contrário. Fiz a matéria e o jornal publicou grande, no domingo. Eu lembro até hoje que era assim: "Erro médico tem na ganância sua causa essencial." Mostrando verdadeiros absurdos, latas de lixo passando dentro de UTI ou berçário, contaminação e histórias apavorantes.

Eu chego no jornal no dia seguinte, tem uma garrafa embrulhada, uma garrafa de um Black Label Johnnie Walker, com um bilhete: "Não sei se médico bebe, mas meus parabéns!" E, por incrível que pareça, foi o Walter que me deu todas as grandes chances profissionais a partir daí: eu fui para a Nicarágua na revolução sandinista, fui para a Argentina quando caiu a Isabelita Perón, fiz as matérias do Rubens Paiva. Ele deu seis meses para o Heraldo [Dias] e eu sairmos atrás e éramos os repórteres mais bem pagos do jornal. Cobri vários casos, como o caso Aécio, o caso do Sérgio Macaco do Para-Sar, o caso do Riocentro mesmo. Quer dizer, tudo isso foi durante a gestão do homem da direita, mas que estabeleceu entre nós uma relação de respeito e amizade, até porque ele realmente me desafiou. Naquele momento, ele disse: "Quero ver se esse cara é tão desaforado assim, se é bom mesmo." Como eu fiz, ele passou a me respeitar e passou a respeitar a redação, o que aliás era uma coisa que o Brito tinha: muito respeito pela redação.

A chegada de Walter foi acompanhada de contenção de gastos. Foi extinta, por exemplo, a editoria de Pesquisa, e cancelada a publicação dos "Cadernos de Jornalismo" — única no gênero no país, criada por Dines, em que jornalistas debatiam os rumos da profissão e eram publicadas matérias sobre o que de mais moderno havia nas ciências da comunicação de massa, na época —, mas o novo editor-chefe trouxe aquisições de peso e brilhou.

A convite de Walter, foi para o jornal Elio Gaspari e, por indicação de Elio, chegou Marcos Sá Corrêa. Foi Walter também quem abriu as páginas do *JB* para revelações sensacionais como Luis Fernando Verissimo, indicado pelo conterrâneo gaúcho José Silveira. A tiragem subiu e seu prestígio também. Fora e dentro do jornal. Não sem antes passar por um começo um tanto constrangedor. Ele conta:

> Os melhores dias de circulação foram os do meu "mandarinato", como diz o Elio Gaspari, quando o jornal chegou a 300, 400 mil exemplares por dia. Mas, logo que eu entrei... Todo dia eu chegava 11 e pouco, e o Brito mandava me chamar na sala dele. Já no primeiro dia de serviço ele perguntou: "Você prefere lápis vermelho ou azul?" Eu disse: "Azul." E ele começou a riscar: "Isso aqui eu não gosto, não sei o que lá." No terceiro dia, pedi demissão. Mas ele disse: "Walter, se eu não te disser do que eu gosto e do que eu não gosto, como

é que você vai saber?" Depois das primeiras semanas de aprendizado, nunca mais vi lápis, nem azul nem vermelho.

O jornalismo não é um meio de vida como qualquer outro, porque você tem uma sensação de que está a serviço de algumas causas. Eu tinha a impressão, gostava de pensar, que eu era o bem contra o mal. Uma vez fui chamado à Polícia Militar porque o jornal publicou uma coisa contra um procedimento da polícia. Aí os sujeitos me inquiriram dizendo que o *Jornal do Brasil* estava denegrindo a imagem da PM. Eu disse: meu amigo, quem está denegrindo são vocês, não somos nós. Nós estamos registrando o fato. Se o fato é mentiroso, o senhor prova que é mentiroso e nós vamos desmentir. E não era nada mentiroso, era verdade. Então, quando eu saía de casa de manhã, eu ia me sentindo o "Cão do Terceiro Livro".

Em outra ocasião, levei um representante da ONU, um japonês, que veio ao Brasil, para um passeio de barco. Havia tanto calhau na água, tanto troço, tanta sujeira, tanta lata, garrafa pet, nas águas da baía de Guanabara, que o homem nem ousou mergulhar. Mandei fazer uma matéria. A matéria foi publicada, ficou muito boa, e o Andreazza [ex-ministro dos Transportes] me telefonou: "Walter, olha, eu vou mandar aí o presidente do BNH e o diretor-geral de Portos e Vias Navegáveis." Estava me comunicando que eles iam começar, a partir dali, a fazer um plano de limpeza da baía de Guanabara, que até hoje, aliás, não está limpa, mas a matéria surtiu aquele efeito, naquela época. É o que eu dizia para o Elio: a gente não pode perder a noção das coisas, porque você não sabe o poder que você tem. É um poder enorme e você precisa usar bem esse poder.

Por outro lado, como o dono influi no jornal? O Brito tinha amigos, um deles, muito amigo, o Chagas Freitas, que implicava com o Amaral Peixoto [na época, articulador da campanha do PDS ao governo do estado do Rio de Janeiro].

Então, o Chagas começou a mandar para o Brito umas notas falando de um grupo Lysâneas-Amaral Peixoto. O Brito passava as notas para mim e eu passava para o Elio. Não havia esse grupo. Era uma invenção do Chagas, que queria fixar a ideia de que o Amaral Peixoto era aliado do Lysâneas Maciel [candidato do PT ao governo do Rio em 1982]. Quando veio a segunda ou terceira nota dessas, o Elio chegou para mim e disse: "Walter, isso não dá, não existe esse grupo." Eu disse: "Elio, o 'Informe JB' não é assinado por você, o Brito manda essa nota para mim e eu só tenho dois caminhos. Ou eu publico, ou não publico. Se eu não publicar, eu tenho que me demitir. Como não estou disposto a me demitir, é melhor você olhar essa nota e dizer: 'Mas que nota boa, vou publicar.' E você publica a nota achando que é bom, assim você não se aborrece e seu fígado não sofre. É um preço a pagar relativamente baixo por essa pequena traição ao leitor."

Walter conquistou o respeito de Brito, que um dia lhe prometeu se tornar um "amigo incomparável". Em um momento em que se viu, novamente, na iminência de ser obrigado a pedir demissão, a promessa se mostrou verdadeira. Já diretor — ele havia passado o cargo de editor para Paulo Henrique Amorim —, a situação envolvia diretamente a família e era séria. Walter não esquece até hoje a forma como seu amigo incomparável se comportou.

O correspondente do *JB* em Natal havia morrido em um acidente de motocicleta. Logo depois de me informarem isso — eu tinha acabado de ligar para a família dele, dar as minhas condolências —, o Humberto Borges [repórter] entra na minha sala: "Walter, eu soube que morreu o correspondente e eu quero dizer que sou candidato à vaga dele." Eu estava justamente pensando em como fazer a substituição com alguém que não fosse facilmente cooptado por aquelas facções políticas eternamente em luta, porque no Rio Grande do Norte era Dinarte Mariz ou era Aloísio Alves. E eu não sabia, naquele momento, que o Humberto tinha uma origem potiguar. Então falei: "Humberto, tudo bem, quando for oportuno eu vou levar em conta seu desejo." No dia seguinte, o Isaac Piltcher [editor dos Cadernos Especiais] entra na minha sala às 11 e pouco da manhã, como ele fazia quase todo dia, e diz: "Você está sabendo que o Humberto Borges está namorando a Maria Teresa, filha do Brito?" Eu: "Não, não estava sabendo." E ele continua: "Pois é, ele está namorando e parece que ele vai para Natal, levando a Maria Teresa e a filha da Maria Teresa." A filha, uma menina que estava em uma escola suíça ou uma escola americana, no Rio de Janeiro. Fiquei quieto, porque eu ia me encontrar com o Brito em Nova York.

Lá, estávamos no hotel Sherry-Netherland, no bar do hotel, tomando um drinque, eu falei: "Dr. Brito, o senhor está sabendo que a Maria Teresa namora um rapaz lá da redação?" Ele respondeu: "Estou, e se você me perguntar se eu gosto, eu te digo, não gosto. Porque essas coisas acabam tendo repercussões que batem no meu coco." Ele falava isso, no meu coco. Cheguei ao Brasil e aí começaram Humberto e a Maria Teresa a vir à minha sala. A Maria Teresa dizia assim: "Por que você não usa esse prestígio que você tem com o papai para demovê-lo dessa ideia de não deixar a gente ir?" Eu dizia: "Maria Teresa, eu não tenho intimidade para entrar em um assunto desses, esse é um assunto de família, eu não posso." E ela insistia. Até que falei assim: "Eu acho que vocês erraram na cidade. Se você escolhesse Londres, o Brito ia gostar, o seu pai ia gostar muito mais. Ele ia ter um pretexto para ir lá e visitar você." E eu falei isso sinceramente. O Brito chegou para mim, não me lembro se foi no mesmo dia, e disse: "Olha aí, você que é culpado, está me criando o maior problema."

Eu digo: "Como?" E ele: "Porque você foi meter na cabeça da Maria Teresa que ela tem que ir para Londres. Para Londres não vai, para Londres não há a hipótese!" E aí ele falou, mais calmo: "Tem vaga em Madri?" Eu digo: "Vaga não tem, mas eu crio, se o senhor quiser, a gente cria em qualquer lugar." Nessa mesma noite, o Humberto foi para Madri, com a Maria Teresa e a filha da Maria Teresa.

Mas a história não termina aí. Eu havia colocado a Dorrit Harazim [jornalista] como coordenadora dos correspondentes. E a família toda do Brito estava em um chalé que ele alugava em uma estação de esqui, perto de Genebra. Aí morre na Suíça, em Vevey, o Charlie Chaplin. A Dorrit — não fiquei nem sabendo disso — resolveu deslocar o Humberto para Vevey. O Humberto se recusou. Até me surpreendeu, porque eu achava que ele, sendo um sujeito esperto, ia ser dócil e não dar uma de independente, sendo casado com a filha do dono. Ele e a Dorrit tiveram uma altercação pelo telex que acabou com o Humberto dizendo: "Vai para o inferno." A Dorrit: "Como? Não estou entendendo..." E o Humberto transcreveu o Aurélio: "Inferno. Lugar onde vive o diabo, não sei o que, parará, parará...." A Dorrit veio à minha sala, com as cópias do diálogo, e falou: "Assim não é possível." Eu respondi: "Diga a ele para se entender com o Letício Camara", que era o secretário administrativo da redação. Subi para comunicar ao dr. Brito o que estava acontecendo. Subi pensando que, se o Brito não me apoiasse, eu iria realmente me demitir, porque eu não estava mais aguentando aquele negócio de entrar nos assuntos da família.

Cheguei lá e o encontrei com os dois pés cruzados em cima da mesa, uma posição em que ele gostava muito de ficar: "Então, o que é, Walter?" Eu disse: "Problemas. Problemas com o Humberto Borges. Vou precisar mandar o Humberto Borges embora." E o Brito arrematou: "Bota esse vagabundo na rua."

Walter Fontoura deixou o *JB* em 1984. Ele relembra:

> O Bernard veio me pedir um corte de 30%. Se eu concordasse, significava que, até ali, eu tinha sido tão mau gestor que havia trabalhado gastando 30% a mais do que devia. Além disso, na revista *Viva*, uma revista sobre corridas, maratonas, que passou a ser encartada no jornal, o José Inácio Werneck, editor, ganhava mais do que o Paulo Henrique Amorim, que a esta altura era o editor-chefe, já que eu havia passado ao cargo de diretor. Eram decisões do José Antônio [filho do Brito] com as quais eu não concordava. A minha saída se deu em uma reunião dramática, porque o Brito não queria que eu me demitisse. Mas ir ao jornal havia deixado de ser um prazer para ser uma chateação.

Marcos Sá Corrêa — que viria a ser chefe de redação do *Jornal do Brasil* no ano seguinte, 1985 — também tinha o dr. Brito em alta conta. Sobre seu patrão, escreveu assim no Caderno Especial 110 anos, publicado no aniversário do jornal, em 2001, quando já havia deixado o *JB* e era editor da revista eletrônica *Notícia e Opinião*:

> O que veio primeiro: M. F. ou *JB*? Com os nomes grafados por extenso, não há dúvida: aos 110 anos, o *Jornal do Brasil* anunciava uma nova fase enquanto seu diretor, Manoel Francisco do Nascimento Brito, se retirava aos 78 anos das funções administrativas. Mas com as siglas é diferente. Como os suplementos que se encartam em edições regulares, em mais de meio século de história do jornalismo brasileiro, elas não circularam separadamente.
>
> [...]
>
> Em muita coisa as quatro letras se confundiam. O jornal e seu chefe eram bons de briga, tinham humor, funciona-

vam melhor nas crises de antigovernismo e eram tão bem paginados que, ao sair às ruas do Rio de Janeiro 40 anos atrás, causavam espanto pelo tamanho de sua elegância. Diante do *JB*, os outros jornais se sentiam feios e antiquados. E ficou na memória de quem passou pela redação daquele tempo o dia em que o diretor chegou da rua se queixando da ostensiva curiosidade que o cercava.

[...]

Trajava um daqueles ternos de corte tão preciso que lhe permitiam passar horas sentado sem afrouxar um botão e emendar o expediente com um jantar de cerimônia sem trocar de roupa, sinal de boa educação e bom alfaiate. "Claro que só podia chamar a atenção. O senhor parece um Galaxie", comentou o jornalista Pedro Gomes. O Galaxie era então o maior e mais luxuoso automóvel fabricado no Brasil.

[...]

Nesses 52 anos, M. F. e o *JB* cresceram e adoeceram juntos, sem nunca se entregarem inteiramente às administrações profissionais convocadas para resolver seus problemas financeiros. Até nisso eles continuaram parecidos. Transformaram a velha valentia em briga diária pela sobrevivência. Com a crise, a empresa ficou atrasada em muita coisa. Mas, exatamente pelo anacronismo, manteve pelo menos um oásis no primeiro plano da imprensa brasileira: uma redação à antiga, onde os jornalistas não fazem de conta que são executivos. M. F. sempre disse que preferia jornalistas a executivos.

M. F. do Nascimento Brito morreu em 8 de fevereiro de 2003.

O início dos problemas financeiros o dr. Brito creditava ao cerco sofrido naquela época, lá atrás, do cruel manual do general Hugo Abreu, chefe do Gabinete Militar de Geisel, orientando o cancelamento da publicidade de todos os órgãos diretos e indiretos do governo no *Jornal do Brasil* e sutilmente indicando ao restante dos anunciantes do país que fizessem o mesmo...

> Já havíamos feito compromissos com a nova sede. O Delfim [Delfim Netto, na época ministro da Fazenda] me avisou da desvalorização do dólar e eu paguei uma parcela adiantada de US$ 5 milhões. Tivemos uma concessão de TV do presidente Médici, ele me deu, mas argumentaram que o Rio de Janeiro não tinha mais canal, então teríamos que ir para Niterói. Verificamos que uma estação isolada era morte certa. Mais tarde, já no governo Geisel, também obtivemos, mas teríamos que inaugurar em dois anos. Mas se o Roberto Marinho ficou catorze anos para inaugurar! Tive que devolver...

A morte da Condessa, em 1983, ele também comentava sempre, abalou as estruturas da família. Mas todos, sem exceção, apontam a construção da nova sede como um dos fatores que mais contribuíram para o agravamento da situação econômica da empresa.

O projeto de arquitetura foi inspirado no prédio do jornal *Miami Herald*. Para dar uma ideia do luxo, ninguém menos que Burle Marx projetou os jardins do terraço. A Condessa levou os móveis e o relógio de pêndulo do conde Pereira Carneiro para seu novo "gabinete" e fez questão de acionar a rotativa para a primeira impressão do jornal em sua nova sede, em junho de 1973.

Os reveses financeiros foram interferindo nas posições políticas do dr. Brito. O diretor que já havia quase sido preso pela repressão da ditadura virou e desvirou casaca algumas vezes.

Em 1970, foi chamado à Polícia Federal para explicar por que o *Jornal do Brasil* — e somente o *Jornal do Brasil* — publicara a lista de presos políticos que seriam trocados pelo embaixador da Alemanha, Ehrenfried von Holleben. Era, então, íntimo do poder, como contaria anos depois:

> O inspetor-chefe me disse: "Se não der a fonte, vai dormir no xadrez." E eu respondi a ele que estava para nascer o que me metesse medo. E disse: "Vou sair daqui e telefonar para a pessoa que me deu a lista e dizer a ela que eu não quis dar a fonte a você." Ele acabou me liberando às 23 horas. A fonte era o Armando Falcão [na época, o ministro da Justiça]!

Na mesma casa de Miguel Lins, em que apoiou a candidatura de Leitão de Abreu, o dr. Brito participou, em 1983, do famoso jantar que entrou para a biografia de Otto Lara Resende, em que o escritor, depois de alguns uísques, cobrou do então governador de São Paulo, Franco Montoro, uma atitude em relação às eleições diretas para presidente da República. Ali nascia o momento das Diretas Já. Mas o próprio dr. Brito confessaria anos depois: "Apoiamos as eleições indiretas e o jornal sofreu muito, tivemos um grande cancelamento de assinaturas."

Na verdade, em 1984, o jornal apoiou Paulo Maluf, e a reação dos leitores foi pedir o cancelamento de assinaturas, com muitos nem querendo o dinheiro de volta, como relembra Luiz Caldeyra, que foi superintendente de circulação entre 1982 e 1990, época em que as assinaturas chegaram a subir de 45 para 100 mil. Ele recorda:

> Tivemos duas semanas de incêndio, com pedidos de cancelamento sem ressarcimento do pagamento das anuais, que era à vista. Isso foi contornado com muito esforço, com script, treinamento das atendentes, porque o grau de irritação do outro lado da linha era brutal. Tratamos como boato e buscamos contornar, como cabia ao atendimento.

Claudio Chagas Freitas (empresário e jornalista) lembra de um momento de grande pujança do *JB*. E de como a dívida da família Brito foi aumentando:

> Eu era ainda muito menino, mas lembro bem. Porque aquilo me impressionava. Era sempre aos sábados. O jornal *A Notícia*, que era de propriedade do meu pai, tinha escritório na avenida Rio Branco, esquina com rua da Assembleia, bem próximo à sede do *Jornal do Brasil*. O Chagas Freitas era muito amigo do Nascimento Brito e eram frequentes essas visitas, me levando junto. Íamos a pé. Enquanto eles conversavam, eu apreciava a sala ao lado. Uma sala cheia de dinheiro, maços e maços e maços de dinheiro.
>
> "Era a arrecadação dos Classificados. Naquela época, início dos anos 1960, o *Jornal do Brasil* publicava vários cadernos de anúncios, e os classificados eram a sua maior força comercial, principalmente aos domingos. Não existiam os cartões de crédito e praticamente não se usavam os cheques. Além disso, não existia central telefônica.
>
> A prática da publicação dos classificados era tanta que o *JB* tinha lojas de classificados espalhadas por todos os bairros da cidade, e era para esta sala, que eu tanto admirava, que convergia, justamente no sábado, todo o faturamento dessas lojas. Era, realmente, muito dinheiro.
>
> É preciso entender a força do *Jornal do Brasil* naquela época. Era total. *O Globo* era vespertino e não tinha classificados. Só nos anos 1970 se transformou em matutino e lançou este tipo de anúncio em que, até o fim da década, o *JB* liderou.
>
> Além de tudo, é preciso relembrar a força dos jornais nesta época. Meu pai foi presidente do Sindicato dos Jornais desde o final da década de 1940 até assumir o governo do então estado da Guanabara (1971 a 1975). Eram uns quinze jornais de relevância, com proprietários do quilate de As-

sis Chateaubriand, que chegou a ser dono de mais de cem jornais e no Rio tinha o *Jornal do Commercio,* o mais antigo da cidade, e o *O Jornal;* Samuel Wainer, fundador, editor-chefe e diretor do jornal *Última Hora; Paulo* Bittencourt, fundador e proprietário do *Correio da Manhã;* Orlando Dantas, do *Diário de Notícias;* Hélio Fernandes na *Tribuna de Notícias,* Mario Filho no *Jornal dos Sports,* além de Roberto Marinho em *O Globo.*

Chagas e Brito foram amigos a vida inteira. Com um senão. Um artigo publicado pelo *Jornal do Brasil* elogiando Faria Lima, o governador da Arena que sucedeu meu pai como governador biônico quando da fusão do estado da Guanabara com o antigo estado do Rio de Janeiro. Mas esta cisão durou pouco e fomos visitar o Brito em Nova York quando ele teve o derrame, em 1978. Brito chegou a chorar quando viu o Chagas e pediu desculpas. E os dois continuaram amigos até a morte de meu pai, que tentou, inclusive, ajudar quando a situação financeira do *JB* ficou muito difícil, mas era uma dívida impagável, com juros de mais de 80% ao mês.

Em 1995, o *Jornal do Brasil* passou a ser impresso na gráfica de *O Dia* e entregou ao jornal também parte de sua distribuição.

Em 19 de janeiro de 2001, uma nota na primeira página, intitulada apenas "Aos leitores", informava que havia sido assinado um acordo entre a DocasNet, de propriedade do empresário Nelson Tanure, e a Agência JB em torno das marcas e domínios jornaldobrasil.com.br, jbonline.com.br e jb.com.br, assim como da propriedade e da digitalização dos acervos fotográfico e editorial do jornal, e que a parceria tinha como objetivo "desenvolver negócios na área de multimídia e os benefícios dessa associação se estenderão ao JORNAL DO BRASIL, consolidando definitivamente o JB às vésperas de completar 110 anos de existência".

O empresário pegou um jornal devastado. Sonhava alto. Como foram raríssimas as vezes em que falou à imprensa em veículos que não fossem de sua propriedade e controle, hoje tem valor histórico a entrevista que concedeu a *Jornalistas e Cia.* — uma *newsletter* da empresa Jornalistas Editora, especializada em publicações voltadas para o jornalismo. Foi publicada em 2006, na edição on-line da série "Protagonistas", em que o jornalista Eduardo Ribeiro, diretor da empresa, entrevistou também outros proprietários de grupos jornalísticos, como Otávio Frias Filho, da *Folha de S.Paulo*, e Victor Civita, da editora Abril.

Eduardo apresentou Tanure assim:

> Desde que desembarcou na mídia, cinco anos atrás, assumindo o controle do então insolvente *Jornal do Brasil*, Nelson Tanure transformou-se numa das mais polêmicas figuras da mídia brasileira. Dele tudo se fala: que é arrogante e predador, que está atrás apenas de bons e lucrativos negócios, que compra empresas quebradas para tirar proveito da situação sem necessariamente reergüê-las, que não tem qualquer compromisso com a ética e com o jornalismo, que é frio e calculista nas ações empreendidas e vingativo com os desafetos, que cultiva e se aproveita das boas relações com a Justiça e com o Poder. Um perfil, enfim, nada lisonjeiro, sobretudo para quem, como ele, cultiva a discrição e o isolamento.
>
> Parte desta "fama" ele construiu, de certo modo, pela turbulenta agenda trabalhista que acabou sendo obrigado a montar ao adquirir o controle do *Jornal do Brasil*. Agenda que, por sinal, cresceu substancialmente com a segunda aquisição feita pela sua Companhia Brasileira de Multimídia: o jornal *Gazeta Mercantil*, que, do mesmo modo que o *JB*, estava em situação pré-falimentar. No pico, ele e seu staff chegaram a enfrentar mais de 4 mil ações trabalhistas, e

hoje, centenas de audiências depois, ainda se defronta com perto de seiscentas delas, em todo o país.

Acusado de não dar vida fácil aos desafetos, também ele enfrenta duros e constantes ataques. Na sua defesa, diz que nunca atacou quem quer que seja, apenas reagiu às agressões sofridas. De todo modo, tem hoje contra si, por exemplo, os dois maiores sindicatos de jornalistas do País (São Paulo e Rio de Janeiro), a própria Federação Nacional dos Jornalistas — Fenaj, a Associação dos Credores da *Gazeta Mercantil* e, obviamente, a concorrência. De quebra, ainda enfrenta a recorrente desconfiança sobre suas reais intenções no mercado jornalístico. "Vim para ficar. Os jornais e as empresas estão hoje recuperados, a operação voltou a ser lucrativa e a credibilidade está voltando. E os investimentos não vão parar" — afirma, na sua defesa, rebatendo as críticas feitas, inclusive na questão-chave que é a da credibilidade.

A seu favor, estão aí, vivos, os próprios veículos, que não sobreviveriam a duas primaveras nas mãos do empresário, conforme muito se falou. As equipes minguaram, é verdade, com a demissão de centenas de profissionais. Ainda assim, os dois jornais e mais a revista *Forbes* contam hoje com uma equipe de 350 jornalistas. "Um belíssimo número" — diz, lembrando que um dia, no passado, a *Gazeta Mercantil* era tão megalomaníaca que chegou a ter uma redação maior do que a do *The New York Times*.

Tanure nega uma a uma todas as acusações que lhe são feitas. Diz que são, na essência, superficiais e feitas por quem não conhece de perto as operações e ele. Mostra-se conformado com o que chama de ingratidão das pessoas, e garante que seu sonho não é, como muitos afirmam, construir um império de comunicação, mas sim deixar como legado para as futuras gerações essas duas verdadeiras instituições que são o *Jornal do Brasil* e a *Gazeta Mercantil*. "Não sou dono de nada. Essas marcas nos transcendem. Nós vamos passar e elas permanecerão" — assegura.

Natural de Salvador, onde nasceu em 1951, filho de pai espanhol e mãe brasileira, Tanure deixou a Bahia em 1977, aos 25 anos de idade, já formado em Administração de Empresas e dominando com fluência os idiomas francês e inglês. Chegou a morar por seis meses, em 1975, na França, e depois, já casado, nos Estados Unidos, em meados dos anos 1990. Deu os primeiros passos profissionais ao lado do pai, José Sequeiros, numa empresa do setor imobiliário — a Cinasa —, ainda na Bahia, mas seu voo empresarial começou a se desenhar efetivamente no Rio de Janeiro, a partir da aquisição da Sequip, em fins da década de 1970. De lá para cá, estiveram sob seu controle Sade (equipamentos industriais), Verolme Ishibrás (construção naval), Cia Docas (operação portuária) e, desde o ano 2000, a Editora JB.

A apresentação segue descrevendo o escritório de Docas, na praia de Botafogo, com vista para a baía de Guanabara, onde foi gravada a conversa. Revela também a irritação do empresário ao falar das brigas que enfrentava com repórteres de *O Estado de S. Paulo* — que descambaram para processos —, além de uma muito aguerrida com o então presidente do Sindicato dos Jornalistas do Rio, na época editor da revista *IstoÉ*, Aziz Filho. Abaixo trechos da entrevista:

> **Protagonistas** — Até onde vai a sua ambição na mídia? O senhor quer ter um império de comunicação? Ou está nessa área de passagem, atrás apenas de bons negócios?
>
> **Nelson Tanure** — Primeiro, eu não quero um império de comunicação e nem gosto desse tipo de expressão e acho que ela é falaciosa. Agora eu gostaria de fazer uma empresa de mídia que fosse um exemplo, um *benchmark* da área, ou seja, uma empresa com uma saúde financeira muito boa, com os melhores títulos, presente em muitas áreas da mídia, entendendo mídia como meio, seja na área eletrônica,

seja nas áreas tradicionais. Gostaria de deixar um legado, porque no fundo isso não nos pertence. Essas marcas vão nos transcender. Nós vamos passar e elas vão ficar. Se for possível contribuir para fazer com que essas marcas, que são verdadeiras instituições brasileiras, sejam perenizadas, independente de ser ou não em papel, é uma grande contribuição, é um legado fantástico.

[...]

Protagonistas — E o senhor acha que vai conseguir isso? De que forma?

Nelson Tanure — No fundo eu vou conseguir isso com a perseverança. Quero levar para dentro dessa empresa, desses jornais, conceitos empresariais. Quero destruir os paradigmas ultrapassados, acabar com os clichês, produzir um jornalismo de qualidade, ter as melhores pessoas, as pessoas mais preparadas, dispor de moderna tecnologia, ter links no mundo inteiro. Enfim, quero levar a modernidade para dentro desses veículos. Trabalhar em cima de conceitos. A verdadeira liberdade de uma empresa de mídia passa por sua saúde financeira. É condição *sine qua non*.

Protagonistas — De uma forma sucinta, quais são os paradigmas que o senhor considera que precisam ser quebrados dessa imprensa tradicional?

Nelson Tanure — Primeiro levar para dentro da empresa o conceito de que aquilo é uma empresa. Ela não é um partido político, não é o Quarto Poder da República, não deve ser subsidiada. Para que uma empresa sobreviva, ela precisa de resultados positivos. Ou seja, no fim do mês, na conta do padeiro, tem que entrar mais dinheiro do que sair. Aparentemente essa é uma visão simplória, mas não é. Não é especialmente numa empresa que vem carregada de vícios, de pessoas que acham que ali está um dos pilares do país.

Protagonistas — Podemos entender essa sua afirmação como uma crítica aos veículos de comunicação de uma forma geral?

Nelson Tanure — Eu vi muito isso no *Jornal do Brasil*. Eles se achavam parte da República, que aquilo era um poder institucionalizado.

Protagonistas — O senhor não tem medo de a mídia se voltar contra sua pessoa, de ela o considerar prepotente, fazendo uma afirmação dessas?

Nelson Tanure — Eu não sou prepotente, em primeiro lugar. Em segundo, eu não sei por que a mídia seria contra.

Protagonistas — Os barões da imprensa, digamos assim?

Nelson Tanure — Eu acho, pelo pouco que conheço, que eles hoje pensam também nessa linha. Há a percepção de que aquelas empresas precisam ter lógica econômica. Sem ela, e hoje isso é crença no mundo todo, nesse segmento, não se vai a lugar algum.

Protagonistas — Quantos jornalistas havia quando os senhores chegaram às empresas e quantos têm atualmente?

Nelson Tanure — Muita gente já tinha saído, muita gente estava lá, mas já não recebia salário fazia muito tempo. Temos uma redação de 350 jornalistas nos dois jornais. Que é um belíssimo número. Hoje, temos um sistema chamado Unidade de Conteúdo e todos trabalham para essa unidade e não existe mais muita diferença entre quem é do *Jornal do Brasil* ou da *Gazeta Mercantil*. Claro que, como são segmentos distintos, alguma diferença acaba existindo, mas nós estamos trabalhando muito para acabar com essa separação.

Protagonistas — Eu gostaria que o senhor comentasse um pouco o cenário da mídia impressa, que demonstra, no caso dos jornais, uma tendência histórica de queda de circulação.

Nelson Tanure — Nós entramos numa atividade chamada multimídia. E a nossa empresa se chama Companhia Brasileira de Multimídia. E mídia é, como a própria palavra diz, meio. Ela é um veículo. Nós temos hoje duas marcas que são no fundo *quality papers*, tanto a *Gazeta Mercantil* quanto o *Jornal do Brasil*. São jornais que não disputam o mercado popular, onde estão os títulos de tiragens elevadas. Por isso sofremos menos nessa questão da circulação. Até porque o público da classe AAA é diferenciado. Fora isso, estamos investindo muito no mundo digital, com o InvestNews e com o JB Online, o primeiro jornal eletrônico brasileiro, além do BIG, que é um jornal em várias línguas.

Protagonistas — Como está a circulação dos jornais?

Nelson Tanure — Veja bem, são 75 mil pagantes na *Gazeta Mercantil* e 60 mil no *JB*. Circulação paga!

Os que trabalhávamos no jornal também fomos esperançosos quando ele chegou, porque não queríamos ver morto o *Jornal do Brasil*. Qualquer preço nos parecia válido pagar para manter vivo o *JB*. Apesar da dureza de vermos serem mandadas embora levas de colegas. Eu mesma, editora de Cidade, fui responsável pelo texto, entusiasmado, publicado na edição da segunda-feira, 4 de fevereiro de 2002, que marcou o fechamento da sede da avenida Brasil, 500, quatro anos antes desta entrevista de Tanure.

Em uma página inteira, ilustrada por uma foto de um grupo ainda grande e sorridente de jornalistas abraçados no salão já sem móveis do sexto andar da sede esvaziada, a manchete dizia: "*JB* está de volta à sede eterna." E assim começava a matéria:

Esta é a primeira edição do *Jornal do Brasil* concebida no que é, simultaneamente, a nova sede e a velha casa. A volta ao nº 110 da avenida Rio Branco — num prédio construído depois da demolição do que abrigou o diário entre 1910 e 1973 — marca a conclusão de um processo de reestruturação sem precedentes na mídia impressa brasileira. A mudança vai muito além da transferência física para o Edifício Conde Pereira Carneiro, assim batizado em homenagem ao homem que consolidou e ampliou os horizontes do *JB*. Nesse processo modernizador, a empresa reciclou padrões de eficiência, modificou paradigmas e adaptou-se à era digital. Ganhou solidez para preservar a independência.

Os problemas trabalhistas foram se agravando. O Sindicato dos Jornalistas não aceitava a nova norma do jornal de "all content", nome supostamente chique que significava a gente trabalhar para dois jornais ganhando salário único. Hoje uma realidade em todo o setor — ganha-se por um e trabalha-se para todos os veículos do grupo. Repórter filma, fotografa, edita na hora, coloca no site, depois escreve para o jornal, manda nota para a emissora... é assim e pronto. Quem não quiser, olho da rua. E quem quer, às vezes, também, já que o mercado do jornalismo impresso se reduz cada dia mais, sendo crescente o número de demissões, mesmo nas empresas maiores e consideradas mais sólidas financeiramente.

Na diretoria do *Jornal do Brasil*, por volta daquela época, 2002, duas correntes se formaram, uma defendendo que, para escapar desta briga com o sindicato, o jornal deveria transferir sua sede para Brasília. Não chegou a tanto, mas o *JB* fortaleceu sua sucursal na capital, passou a imprimir o jornal lá, criou um Caderno Brasília e teve sucesso nesse empreendimento, tornando a operação no DF, comandada pelo empresário Paulo Marinho, autossuficiente e lucrativa.

Dirigido pelo jornalista Augusto Nunes e tendo como editor-chefe Ricardo Boechat, o *Jornal do Brasil* ainda conseguiu momentos de brilho. No 11 de setembro do ataque às torres gêmeas em Nova York, no mesmo 2001 em que Tanure havia arrendado a marca, o *JB* publicou uma edição extra, vespertina, em formato tabloide, o que foi um feito extraordinário para uma redação que ainda estava tentando se reerguer das cinzas.

Augusto Nunes, com Octavio Costa, Marcus Barros Pinto e Nélio Horta, ganhou um Prêmio Esso Especial de Primeira Página, em 2004. Foi mesmo genial a contraposição da declaração do então ministro da Previdência usada na manchete do jornal — "Ministro Berzoini: eu odeio filas" — com a foto que ocupava a página de alto a baixo mostrando uma fila de mais de 10 mil aposentados em frente ao prédio da Justiça Federal, no Rio, para pedir revisão no valor de seus benefícios.

Tanure chegou até a tentar montar uma emissora de TV, com sede na Lagoa, no Rio de Janeiro. Infelizmente, eram uns últimos suspiros. A última edição do *Jornal do Brasil* impresso foi publicada no dia 31 de agosto de 2010. Na primeira página, que tinha como destaque a foto da desocupação de um prédio invadido, uma chamada intitulada "JB digital vai estrear com artigo de Lula" informava que o *JBDigital* iria representar "uma nova fase do *JB*, o primeiro jornal 100% digital".

Ricardo Boechat analisou assim a morte do *Jornal do Brasil* nas bancas:

> Trabalhei naquela casa em duas ocasiões, inicialmente em 1987/1988, depois em 2001/2004. A sentença de morte estava selada naquela primeira temporada. A família Brito foi a grande responsável por parte da glória e por toda a tragédia, sem dúvida, com decisões suicidas, entre as quais a construção da nova sede e a instalação de um parque gráfico

obsoleto já na inauguração. Tanure foi incapaz de reverter o processo agônico, mas jogou ali uma quantidade de dinheiro quase irracional para manter o *JB* ativo. Também cometeu muitos erros, mas o paciente não tinha mais cura quando o abraçou, na virada do milênio. Uma pena para todos nós, brasileiros, e especialmente para os jornalistas de minha geração e da geração que nos antecedeu. Foi o maior jornal que este país já teve!

Alfredo Herkenhoff, jornalista que dedicou 25 anos de sua vida profissional ao *JB*, lançou, com uma festa, um livro — *Memórias de um secretário: pautas e fontes*, publicação independente e já praticamente esgotada —, no mesmo dia do encerramento da impressão, em que também houve uma manifestação de ex-funcionários na avenida Rio Branco. Contém, além do relato de sua própria trajetória e muitas homenagens ao pauteiro e premiado repórter José Gonçalves Fontes, depoimentos chorosos, nostálgicos e ao mesmo tempo ainda esperançosos. A sensação de perda era tanta, mas tanta mesmo, que alguns desejavam que o *JBonline* fosse forte e continuasse a manter viva a marca do *JB*. Mas a decisão da empresa de não mais publicar o jornal deixou a imensa maioria dos jornalistas e leitores inconsoláveis. Afinal, o Rio de Janeiro já vira a morte de muitos jornais importantes e queridos do público e parecia caminhar para um perigoso monopólio.

Jorge Antônio Barros, nosso repórter dos dois prêmios Esso, aquele que penetrou no presídio disfarçado de pastor, morou na Rocinha e encarou Hélio Vígio, ele mesmo, escreveu um e-mail para a Condessa, divulgado no portal da ABI. Citava mais de sessenta colegas e fazia um resumo da história do jornal, relembrando suas próprias passagens mais marcantes. Na época da publicação do texto, comentou: "Como nunca vivi, nas últimas três décadas, a experiência de ver um jornal diário se extinguir, exceto a *Última Hora*, este é um e-mail-desabafo. Não se trata de uma posição de vanguarda, de forma alguma. Mas da dilapidação de um dos maiores patrimônios da história da imprensa brasileira e até mesmo mundial."

Alguns trechos:

Estimada Condessa Pereira Carneiro,

Venho por meio deste, mui respeitosamente, lhe dar essa triste notícia, em primeira mão. O *Jornal do Brasil* acabou em papel. Primeiro perdeu o tamanho standard e virou berliner. Já havia doído em mim aquela transformação. Eu sou da época em que jornal era grande e se lia com as duas mãos, dobrando em quatro partes, no ônibus, na praia ou no banheiro.

Aprendi a ler jornal no seu matutino, ensinado por meu falecido pai, que insistia que eu começasse pela Coluna do Castello. Como eu não engrenava em assuntos complicados, comecei mesmo foi pelo Caderno B, o pioneiro suplemento de cultura, onde mais tarde admirei algumas das repórteres mais bonitas de uma Redação.

Foi no seu jornal onde vivi as emoções do princípio no exercício do ofício de repórter, o mais puro e carregado de perplexidade, entre as funções do jornalismo.

Tudo bem, senhora Condessa, eu tenho saudades. Tenho saudades até de um tempo que não vivi. Imagine dos anos que vivi no *JB*...

Dos amigos maravilhosos que fiz, que apesar da distância só nós sabemos o quanto nos une. Saudade de passar o dia na rua, batendo perna, e voltar no fim da tarde para escrever a matéria. Era a supremacia do papel, nem sonhávamos com computador. Era indescritível o barulho das máquinas de escrever, como uma sinfonia desorganizada e metálica, todas as tardes, no calor do fechamento. As laudas — o papel com medidas especiais para a impressão — com cópias em carbono, para deixar na chefia, na pesquisa e na Agência JB, que pagava uma merreca de direitos autorais, no fim do ano. Eu gostava tanto da minha Olivetti Lexikon 80, que até hoje sua imagem me acompanha como avatar no Twitter. Twitter, a senhora jamais imaginou, é aquilo que chamam de mídia social, onde todo mundo passou a ser dono da própria notícia e acreditar piamente que a qualquer momento jornal impresso vai se tornar algo obsoleto. Uma falácia. Jornais jamais vão acabar. Poderão apenas mudar de superfície. Mas tenho certeza de que vai doer, como a perda de um ente querido. Eu sou fanático por papel, tinta e letras.

[...]

Um dos períodos mais críticos da história recente do *JB* ocorreu às vésperas da última eleição indireta para a Presidência da República, quando se dizia pelos corredores da Redação que o jornal estava nas mãos de um político do mal — Paulo Maluf, que disputava a eleição com Tancredo Neves. O assunto nunca foi tratado abertamente e nem sequer ventilado pela imprensa. Deixo aos historiadores a tarefa de comparar a cobertura daquelas eleições. Coincidentemente foi quando a cúpula do jornal foi dominada por um grupo de jornalistas que veio de São Paulo, alguns deles muito talentosos e até simpáticos. Esse grupo era liderado pelo jornalista J. B. Lemos, que substituíra Paulo Henrique Amorim, um dos criativos editores que vi passar pelo *JB*. Mas nos bastidores começava um questionamento silencioso da tradição democrática do jornal. Era a primeira vez que se ouvia falar da necessidade de o jornal receber não apenas investimentos financeiros mas a influência direta de grupos de lobistas de plantão.

[...]

Em 1985, o jornal iniciou seu primeiro programa de informatização, que não foi adiante, sendo retomado mais tarde, com certo atraso. Fiquei fora do jornal entre 1988 e 1991, retornando para o centenário. A Redação estava sob o comando de Dácio Malta, que me convidou para assumir a chefia de reportagem da seção onde eu começara dez anos antes, como estagiário. Voltei com o entusiasmo de estar lá no centenário, crente que estava vivendo um momento histórico. Mas a festa foi pífia e só me recordo de apenas uma edição especial, no dia do aniversário. Não me lembro de coquetel nem de algum livro ou exposição especial. Eu sonhava com uma semana de debates, intercâmbio com jornalistas do *The New York Times* e um Caderno Especial com as melhores reportagens dos últimos cem anos. Que nada. Com certeza, agora dá para entender que era o princípio das dores.

A nossa Elefantinha do *JB* não respondeu até o momento.

Ficamos, para sempre, com a marca do que, para sempre, será inesquecível: o que o *Jornal do Brasil*, com o valor de sua brava gente, fez durante décadas pela história do nosso país. Provando que o jornalismo não muda o mundo, mas, realmente, pode fazer uns bons estragos enquanto caminha. Na diagonal.

* * *

No cursinho do *JB*, com o Mauro Santayana, ele falou: "Vocês estão pensando que vão fazer jornalismo e vão dar a metade da vida de vocês? Não, vocês vão dar muito mais da metade das suas vidas, se não derem a vida inteira." Nunca esqueci disso e ele tinha razão. Porque jornalismo é uma coisa que toma conta de você. Sempre que algum pai, alguma mãe me pede: "Tira essa coisa da cabeça da menina, a gente está falando para ela fazer administração de empresas, em que ela vai ter trabalho, vai ganhar dinheiro", eu respondo para a filha: "Vai ser jornalista, por favor, vai, é a melhor coisa que você pode fazer." Eles procuram a pessoa errada, porque eu acho que jornalismo é uma profissão maravilhosa.

Norma Couri

A profissão, ela própria, hoje transformada em natureza, ensinou-me uma noção do tempo benevolente, nada assustadora. Jornalismo em todos os idiomas e versões está profundamente impregnado do espírito sequencial, passagem e prolongamento. *Journal*, em francês ou inglês, é diário. *Zeitung*, em alemão, origina-se de *Zeit*, tempo.

Nosso ofício que começa e se esgota a cada novo dia é, no entanto, o exercício da permanência, da continuidade, duração. Por melhor ou pior que tenha sido a edição anterior, o que vale é a seguinte. E depois dela, a outra. É um nunca acabar, ou eterno renascer.

Alberto Dines

O jornalismo me deu esperança, a capacidade de conhecer as pessoas, de dar valor ao caráter das pessoas. Jornalismo é humildade. Tem que se ler muito, tem que se estudar muito, procurar saber direito como é que foram as coisas e estar sempre preocupado com um princípio: aquilo que se imprime, não se "desimprime".

José Silveira

O *Jornal do Brasil* me deu uma ideia de como o jornalismo é muito mais do que fazer jornal. O jornalismo é uma maneira de você viver e você conceber o todo. É uma maneira tolerante, é uma maneira ampla, é uma maneira democrática de ver o mundo.

Wilson Figueiredo

O jornal me fez jornalista. Eu me fiz escritora no jornal, aprendi a escrever no jornal, para o jornal. Mudou a minha vida. Além de me dar um marido. Era muito emocionante, porque nós nos sentíamos farejando o tempo inteiro, como uma raposa, como um animal farejando. A colheita era muito viva, muito intensa. Não era um trabalho de funcionário público, não era uma marcação de ponto, era uma entrega vital. Foi muito bom.

Marina Colasanti

Era muita gente de alto quilate. Houve um momento em que essas pessoas, esses corações e mentes se juntaram e fizeram do *Jornal do Brasil* o jornal de referência nacional e internacional. Nós passamos a ser o *The New York Times* do Brasil. O jornal se consolidou com pessoas criativas que se uniram. E foi isso que fez um grande jornal. As pessoas. Corpo e alma. É muito difícil explicar. Muito mal comparando... Como é que surgiu o universo? É muito fácil dizer que foi o Big Bang. Mas quem é que apertou aquele negócio para dar o Big Bang?

Luiz Orlando Carneiro

O *Jornal do Brasil* era um dos jornais mais importantes do mundo. Era o símbolo do jornalismo moderno no Brasil. E nós tínhamos 45 fotógrafos, era um negócio de louco. Eu acho que viajei o mundo inteiro fazendo Copa do Mundo, Jogos Olímpicos, moda em Paris. Mas tinha porrada, também. Ditadura, passeata. Emoção. Esse romantismo, esse jornalismo sério, o jornalismo investigativo, nada disso existe mais. O que é uma pena, mas o mundo não acabou. Estamos vivendo outras épocas e vamos tocar o barco para a frente. A fotografia para mim sempre valeu a pena e vale a pena. O jornal acabou para mim, morreu. Mas eu estou vivo, estou fotografando.

Evandro Teixeira

Nós éramos uma família. A amizade ficou, e, em um show da minha filha, Mariana Baltar, veio o grande sambista Monarco, que foi guardador de carros no *JB*, e enquanto a Mariana cantava, ele pegou na minha mão e apertava assim, com carinho. Aquilo me emocionou de uma maneira... há muito tempo eu não via uma coisa tão bonita. Então, sobre o fim do jornal, é melhor cantar com o Monarco:

"Pega esse lenço e não chora
Enxuga o pranto, diga adeus e vá embora."
Tarcísio Baltar

Fontes de pesquisa

Bibliografia

ABREU, Alzira Alves (org.). *A imprensa em transição: o jornalismo brasileiro nos anos 50.* Rio de Janeiro: FGV, 1996.

AMORIM, Paulo Henrique; PASSOS, Maria Helena. *PLIM-PLIM: a peleja de Brizola contra a fraude eleitoral.* São Paulo: Conrad, 2005.

GASPARI, Elio. *A ditadura encurralada.* São Paulo: Companhia das Letras, 2002.

HERKENHOFF, Alfredo. *Memórias de um secretário: pautas e fontes.* Edição do Autor, 2010.

LORENZOTTI, Elizabeth. *Suplemento literário: que falta ele faz! 1956-1974 do artístico ao jornalístico: vida e morte de um caderno cultural.* São Paulo: Imprensa Oficial do Estado de São Paulo, 2007.

MARCHI, Carlos. *Todo aquele imenso mar de liberdade: a dura vida do jornalista Carlos Castello Branco.* Rio de Janeiro: Record, 2015.

RIBEIRO, Belisa. *Bomba no Riocentro: o fim de uma farsa.* Codecri, 1981; Sisal, 1999.

SOUZA, João Barcelos de. *Os fatos sem retoque.* Edição do Autor, 1995.

Depoimentos colhidos pela autora

Affonso Romano de Sant'Anna, jornalista e escritor, Rio de Janeiro
Aguinaldo Ramos, fotógrafo, Rio de Janeiro

Alberto Dines, jornalista, Rio de Janeiro
Alberto Jacob, fotógrafo, Rio de Janeiro
Armando Strozenberg, jornalista, Rio de Janeiro
Carlos Lemos, jornalista, Rio de Janeiro
Chico Caruso, chargista, Rio de Janeiro
Cristina Lemos, jornalista, Marselha, França
Edilson Martins, jornalista, Rio de Janeiro
Elio Gaspari, jornalista, São Paulo
Emília Silveira, jornalista, Rio de Janeiro
Esdras Pereira, fotógrafo, Campos, Rio de Janeiro
Evandro Teixeira, fotógrafo, Rio de Janeiro
Fernanda Pedrosa, jornalista, Rio de Janeiro
Iesa Rodrigues, jornalista, Rio de Janeiro
Ique, chargista, Rio de Janeiro
Jamari França, jornalista e crítico musical, Rio de Janeiro
Janio de Freitas, jornalista, Rio de Janeiro
Jorge Antônio Barros, jornalista, Rio de Janeiro
José Carlos Avellar, diagramador e crítico de cinema, Rio de Janeiro
José Carlos de Assis, jornalista e professor de economia, Rio de Janeiro
José Silveira, jornalista, Rio de Janeiro
Luiz Morier, fotógrafo, Rio de Janeiro
Luiz Orlando Carneiro, jornalista, Brasília
Malu Fernandes, jornalista, Rio de Janeiro
Marina Colasanti, jornalista e escritora, Rio de Janeiro
Norma Couri, jornalista, São Paulo
Paulo Henrique Amorim, jornalista, São Paulo
Ricardo Boechat, jornalista, São Paulo
Roberto Quintaes, jornalista, Rio de Janeiro
Tânia Malheiros, jornalista, Rio de Janeiro
Tarcísio Baltar, jornalista, Rio de Janeiro
Virgínia Cavalcanti, jornalista, Rio de Janeiro

Walter Fontoura, jornalista, São Paulo
Wilson Figueiredo, jornalista, Rio de Janeiro

Teses, artigos, documentários e portais

Amilcar de Castro e a página neoconcreta, de Ana de Gusmão Mannarino, tese de Mestrado, Departamento de História do Centro de Ciências Sociais, Pontifícia Universidade Católica do Rio de Janeiro, 2006.

Caderno B do Jornal do Brasil: trajetória do segundo caderno na imprensa brasileira (1960-85), Patrícia Ferreira de Souza Lima, tese de Doutorado em História Social, Universidade Federal do Rio de Janeiro, Instituto de Filosofia e Ciências Sociais, 2006.

Desenho de Moda Recorta e Costura — Revolução Cultural da Década de 60 — O Papel do Jornal do Brasil *na Formação da Moda Brasileira*, Gilda Maria Carôllo Chataignier, tese de Pós-graduação em Design, PUC-Rio —, 2005.

Fundação Museu da Imagem e do Som, Série "Memórias do Jornalismo Brasileiro", depoimento de Manuel Francisco do Nascimento Brito, prestado a Wilson Figueiredo, vice-presidente do Conselho Editorial, e Rosenthal Calmon Alves, editor-executivo do *Jornal do Brasil*; André Motta Lima, diretor de intercâmbio e divulgação do Conselho da ABI; Fernando Teixeira, diretor de Finanças; e Jorge Roberto Martins, presidente da Fundação do Museu da Imagem e do Som em 24 de outubro de 1995 (convênio de cooperação técnica entre a FMIS e a ABI).

"Medidas contra o Jornal do Brasil", documento do General Hugo Abreu, chefe da Casa Militar da presidência da República ao Presidente Ernesto Geisel em 3 de janeiro de 1977, arquivo reunido por Elio Gaspari, integrante da coleção "Arquivos da Ditadura".

"Minha História do Golpe", artigo de Rubens Ricúpero publicado no Caderno Especial "50 Anos do Golpe" do jornal *Folha de S.*

Paulo em 31 de março de 2014.

Muito além do cidadão Kane, filme de Simon Hartog, lançado em 10 de março de 1993.

"Proconsult, um caso exemplar", artigo de Procópio Mineiro publicado em "Cadernos do Terceiro Mundo", número 219, abril/maio.

Programa Observatório da Imprensa. Entrevista de Millôr Fernandes a Alberto Dines, 28 set. 1998.

Revista de História da Biblioteca Nacional, 3, n. 31, abr. 2008, pp. 50-55. Entrevista de Luciano Figueiredo e Lorenzo Aldé com o jornalista Marcos Sá Corrêa.

www.acervo.oglobo.globo.com, acervo de exemplares antigos do jornal *O Globo*.

www.bndigital.bn.br/hemeroteca-digital, acervo de jornais digitalizados da Biblioteca Nacional.

www.ccmj.org.br, site do Centro de Cultura e Memórias do Jornalismo, do Sindicato dos Jornalistas do Município do Rio de Janeiro. Entrevista de Fritz Utzeri a Carla Siqueira, 4 fev. 2013.

www.jornalistasecia.com.br, entrevista de Nelson Tanure a Eduardo Ribeiro, publicada em 2006 na edição online da série "Protagonistas".

www.nominimo.com.br, artigo de Zuenir Ventura intitulado "Fim de Semana de imersão" na revista eletrônica *No Mínimo*, já extinta, reproduzido em 23 de novembro de 2002, no site do *Observatório da Imprensa* www.observatoriodaimprensa.com.br

www.oeco.org.br, vídeo "Marcos Sá Corrêa por doze amigos", 16 out. 2013.

www.premioexxonmobil.com.br, portal com histórico das concessões do Prêmio Esso desde sua criação, em 1956.

Este livro foi composto na tipologia Palatino
LT Std, em corpo 11,5/16,5, e impresso em
papel off-white no Sistema Cameron da
Divisão Gráfica da Distribuidora Record.